U0711819

高等政法院校法学系列教材

法律文书写作教程

主　编：焦悦勤

撰稿人：（以撰写章节先后为序）

焦悦勤　贺红强　靳　欣

中国政法大学出版社

2018·北京

编 写 说 明

法律文书写作课程是西北政法大学法学专业本科阶段开设的一门专业必修课，按照学校安排，由刑事法学院刑事诉讼法教研室负责编写本教材。

本教材具有如下特点：

1. 体现法律文书改革和研究的最新成果。近年来，我国对三大诉讼法陆续进行了修改和完善，增加了一些新制度、新规定。为了确保修改后的诉讼法律制度得以顺利实施，公安部于 2012 年出台了《公安机关刑事法律文书式样（2012 版）》，最高人民检察院于 2012 年发布了《人民检察院刑事诉讼法律文书格式样本（2012 版）》，最高人民法院分别于 2015 年、2016 年制定和发布了《行政诉讼文书样式（试行）》《民事诉讼文书样式》《人民法院民事裁判文书制作规范》。为了落实司法责任制、增强司法工作透明度、提升司法公信力、让人民群众在每一个案件中都感受到公平正义，2017 年最高司法机关针对法律文书说理工作发布了意见，要求司法机关进一步加强和规范法律文书说理工作。与此同时，在法律文书研究领域，中国法学会法律文书学研究会在近几年的学术年会期间，对法律文书学教学、法律文书理论与实务，尤其是裁判文书如何说理等进行了深入的研究和探讨。本书作者均参加了学术年会，了解了国内外法律文书的最新动态和研究方向。本书力求体现法律文书改革和研究的最新成果和改革方向。书中所介绍的文书格式均是实务部门使用的最新格式。

2. 力求契合应用型法律人才培养的需要。应用型法律人才是指能够利用法律专业知识和技能解决法律实际问题的专门人才。在应用型法律人才培养过程中，课堂教学必须突出实践性特征。法律文书写作课是一门具有法律专业性质和特点的应用写作课，它以培养、提高学生法律文书写作能力为目的，具有极强的实践性和可操作性。因此，在应用型法律人才培养过程中占据重要位置。为了契合应用型法律人才培养的实践性需要，本书在编排体例上加大实践教学比例，除介绍法律文书写作基础理论、各种法律文书的概念和功能等写作必备的理论知识外，各章节均重点讲授各种法律文书的写作方法和技巧，并配以格式、实例与评析、实训练习题等实务内容，将法律文书理论与实务有机结合起来，使学生通过课堂学习、课后阅读和实训练习，既能掌握法律文书写作的必备理论知识，又能学会各种法律文书的写作方法和技巧，以便毕业后走上法律工作岗位能够迅速适用工作环境，制作出合格的法律文书。

本教材由主编提出编写体例和要求，经集体讨论后分工撰写。所述内容主要体现了作者对学科内容的理解和把握。全书由主编设计、统稿、审定。

本教材撰写分工如下（以撰写章节先后为序）：

焦悦勤　　第一章、第三章、第七章、第十章；

贺红强　　第二章、第六章、第八章；

靳　欣　　第四章、第五章、第九章。

本书的出版得到了中国政法大学出版社阚明旗、艾文婷编辑的大力协助，在此，我们全体编撰人员向其表示诚挚的谢忱。

焦悦勤

二〇一七年九月三十日

| 目 录 |

第一章
法律文书写作基础理论

1. 领会法律文书的概念、性质、特征、写作要素、写作方法和基本要求。
2. 了解法律文书的作用、分类和历史沿革。
3. 明确法律文书语体属于公文语体。
4. 掌握法律文书语言运用的特点。

导读案例

拒奸杀人之判[1]

(清)张船山

审得陶丁氏戳死陶文凤一案，确系因抗拒强奸，情急自救，遂致出此。又验得陶文凤赤身裸体，死在丁氏床上，衣服乱堆床侧，袜未脱，双鞋又并不整齐，搁在床前的脚踏板上。身中三刀，一刀在左肩部，一刀在右臂上，一刀在胸，委系重伤毙命。本县细加检验，左肩上一刀，最为猛烈，当系丁氏情急自卫时，第一刀砍下者，故刃痕深而斜；右臂上一刀，当系陶文凤被刃后，思夺刀还砍，不料刀未夺下，又被一刃，故刃痕斜而浅；胸部一刀，想系文凤臂上被刃后，无力撑持，即行倒下，丁氏恐彼复起，索性一不作、二不休，再猛力在胸部横戳一刀，故刃痕深而正。又相验凶器，为一劈柴作刀，正与刀痕相符。而此作刀，为死者文凤之物。窗前台上，又有银锭二两。各方推勘，委系陶文凤乘其弟文麟外出时，思奸其弟媳丁氏，又恐丁氏不从，故一手握银锭二两，以为利诱；一手执柴刀一把，以为威胁。其持刀入门之际，志在奸而不在杀也。丁氏见持凶器，知难幸免，因设计以诱之。待其刀已离手，安然登榻，遂出其不意，急忙下床，夺刀即砍，此证诸死者伤情及生者供词均不谬也。按律"因奸杀死门（类）"载："妇女遭强暴而杀死人者，杖五十，准听（任凭）钱赎

---

〔1〕 资料来源：宁致远主编：《法律文书学》，中国政法大学出版社 2011 年版，第 8～9 页。

（用钱赎罪）；如凶器为男子者（的），免杖。"本案凶器，既为死者陶文凤持之入内，为助成强奸之用，则丁氏于此千钧一发之际，夺刀将文凤杀死，正合律文所载，应免予杖责（杖刑）……

这份文书是清朝一位司法官员制作的判词，判词是判决书的旧称，属于法院裁判文书范畴。

第一节　法律文书的概念、分类和作用

一、法律文书的概念

所谓文书，有两层含义：一是指记载一定内容的文字材料，如公文、书信、契约等；二是指人，如机关或部队中从事公文、书信的人员。

法律文书是"法律"与"文书"两个名词组合而成的词语，但其意义绝非"法律"和"文书"两个性质不同名词的简单相加。

法律文书，是指一切用文字表述的并涉及法律内容的具有法律效力或者具有法律意义的文件、文书的总称。可见，法律文书中的"文书"指的是记载一定内容的文字材料。

从外延来看，法律文书的内容涉及面广。广义上的法律文书包括规范性法律文书和非规范性法律文书两大类。

规范性法律文书，是指有关机关在其职权范围内制定的要求人们普遍遵守的行为规则文书。规范性法律文书仅指用条文表述的法律、行政法规、地方性法规和部门规章。其特点是具有普遍的约束力，它是适用于所有人的行为规范。

非规范性法律文书，是指有关机关或者个人依照法律、法规所制作的，只对特定的人和特定的事具有法律效力或者法律意义的文书。实践中，进行诉讼活动的国家专门机关[1]、国家授权的法律机关或组织、案件当事人及其辩护人、代理人，依照法定程序，在进行诉讼或者与诉讼有关的非诉讼活动中，依据事实、适用法律所制作的具有法律效力或者法律意义的文书，都是针对特定的人和特定的事制作的法律文书。因此，都属于非规范性法律文书的范畴。

非规范性法律文书大体包括三项内容：①进行诉讼活动的国家专门机关为处理诉讼案件制作的法律文书，如公安机关制作的刑事拘留证、人民检察院制作的刑事起诉书、人民法院制作的裁判文书、监狱制作的起诉意见书。②国家授权的法律机关或者组织制作的法律文书，如公证机构制作的公证文书、仲裁机构制作的仲裁文书、律师事务所制作的委托代理合同。③案件当事人及其辩

---

[1]　包括公安机关、人民检察院、人民法院、国家安全机关、军队保卫部门、海关缉私机关和监狱。

护人、代理人制作的法律文书，如当事人制作的起诉状、辩护人制作的辩护词、代理人制作的代理词。上述三个方面的文书虽然性质不完全相同，但从根本性质和功能来看，都是属于具体实施法律或者保障法律有效实施的文字载体和重要工具，具有促进各项法律活动正常运作和顺利开展的法律功能和性质。

狭义上的法律文书，专指非规范性法律文书所涵盖的文书。本书所指的法律文书，就是狭义的法律文书。

二、法律文书的分类

法律文书涉及面非常广泛，而且种类繁多，可以从不同的角度按照不同的标准对其进行分类。目前，学术界对法律文书的分类，大体有以下几种划分方法：

1. 依法律文书制作主体的不同，将法律文书划分为：公安机关的法律文书、人民检察院的法律文书、人民法院的法律文书、监狱法律文书、律师实务文书、仲裁文书、公证文书等。这种分类方法与诉讼程序的具体运作过程基本相同，既便于高等法律院校法律文书授课教师结合不同法律文书制作主体的具体职能讲授各种法律文书的功能和写作要求，使学生能够结合程序法的相关知识学习法律文书制作的方法和技能，又可避免内容的重复。因此，本书的结构安排就是采取这种分类方法。

2. 依法律文书的具体功能不同，将法律文书划分为：报告类文书、命令类文书、通知类文书、决定类文书、裁判类文书、诉状类文书、笔录类文书等。

3. 依法律文书的外在结构形态不同，将法律文书划分为：文字叙述式文书、填空式文书、笔录式文书、表格式文书等。

4. 依法律文书的行文体式不同，将法律文书划分为：信函式文书、致送式文书、宣告式文书等。

三、法律文书的作用

法律文书是法律活动的必然产物，是法律活动的文字结论和推动诉讼程序正常运作的凭证。因此，法律文书并不是孤立地发挥作用，而是伴随着法律活动的进行而发挥其作用的。其作用主要表现在以下几个方面：

（一）具体实施法律的重要手段

法律的制定和颁布在于实施，否则便是一纸空文。所谓"徒法不足以自行"，法律是不能自行实施的。国家司法机关和国家授权的法律机关或者组织通过办理诉讼案件和非诉讼法律事务，依法制作相应的法律文书，就是具体实施法律。法律文书把法律规定适用于五花八门的具体案件，把各种社会关系纳入法制轨道。因此，它是具体实施法律的重要手段和不可或缺的工具。如刑事裁判文书是实施刑法、惩罚犯罪、保护人民、维护社会秩序的重要手段；民事裁判文书是实施民事、商事、经济、劳动等法律，确认民事权利义务关系，制裁民事违法行为，维护当事人合法权益的重要手段。

（二）进行法制宣传的生动材料

法律文书是法制宣传的活材料。司法机关处理各种案件所形成的法律文书，凡是对外公开的，都有明显的法制宣传教育作用。其宣传教育不是单纯地讲解抽象的法律条文，而是通过具体案件的处理，用生动的事例，说明哪些是人们应当"作为"的，哪些是人们不应当"作为"的，什么是合法，什么是违法和犯罪，为什么法律对该行为要予以制裁或者保护。如人民法院裁判文书一经宣告，就向人们明示了某种行为是否属于违法，是否属于犯罪，应该受到何种惩处等。这样的法制宣传也最为有效。

（三）法律活动的忠实记载

法律文书是办案活动的记录和凭证。司法机关在办理各种诉讼案件过程中，每一个环节都要制作相应的法律文书，如实记录办案活动的实际情况。这些法律文书既是对本阶段活动的忠实记录，又是进行下一阶段活动的文字凭证和前提条件。如公安机关向人民检察院提交的起诉意见书，既是对其侦查活动的记录，又是检察机关开始审查起诉活动的文字凭证和前提条件。起诉书既是公诉机关对被告人提起公诉的记录，又是人民法院对被告人进行审判的前提。对每一个案件都要求法律文书的真实性和完整性是很重要的。在一个完整的案卷中，通过一整套法律文书可以看到诉讼活动的全过程，了解整个案件的处理情况。法律文书为检查监督法律执行情况提供了文字依据。二审案件一般是通过查阅原审案卷材料进行书面审理的，死刑复核程序、审判监督程序也多是依靠审阅原审案卷材料作出复核、再审裁定的。许多法律文书，特别是证票类文书，不仅是办案的真实记录，而且是必不可少的办案凭证。如逮捕犯罪嫌疑人时，执行人员必须出示逮捕证，否则被逮捕人有权拒绝。

（四）考核法律从业人员素质的重要尺度

法律文书的质量绝不仅仅是一个文化水平和驾驭语言文字的技巧问题，而是法律从业人员的政治素质、法律素养、文化水平、文字表达能力和办案作风等综合素质作用的结果。要制作一流的法律文书，就必须有一流的办案质量；要有一流的办案质量，必须有一流的高素质法律从业人员。现在，许多司法机关都将制作法律文书的质量作为考核司法人员业务素质和工作能力的重要指标。

（五）国家的重要文字档案

法律文书是反映社会现实的一面镜子，能够真实地反映案发当时的各种社会关系、社会治安状况和国家法律、法规的执行情况，对于今后检查法律的执行情况，总结司法工作经验，纠正错误而言是必不可少的参考材料。因此，应将其作为国家重要文字档案予以保存。

第二节　法律文书的性质和特征

一、法律文书的性质

法律文书是反映法律活动的专业文书。从法学上讲，法律文书是一个法学概念；从写作学或文章学上讲，法律文书又是一个文章概念。前者主要揭示其法律实质及其特征；后者主要揭示其文体实质及其特征。这反映了法律文书既是法学体系中的独立学科，又是写作学或文章学中的一个重要分支。我们只有从上述两个方面对法律文书进行全面深入的研究，才能充分认识其性质和特征。

从文书内容看，法律文书所调整和研究的对象是法律事实的确认与法律的适用。制作法律文书，必须根据案件事实，综合运用法学理论知识和司法实践经验，具体解决法律活动中的实体问题和程序问题，使之符合法律、法规、法理，进而揭示文书的法律实质及其特征。法律文书的制作和使用，涉及各个法学学科知识的综合运用。

法律文书是一种实用文书，是实用文体中公文类的一个分支，是法律业务的专门公文。它的制作必须符合写作学的理论知识和写作技巧，体现实用性特点。

二、法律文书的特征

法律文书作为一种反映法律活动的实用文书，具有不同于其他文书的显著特征，表现在以下几个方面：

（一）制作的合法性

法律文书是为了处理特定的法律事务而制作的，是具体实施法律的工具，必须依法制作。合法性是法律文书区别于其他文书的本质特征。

法律文书的制作主体由国家法律规定，有特定的范围。我国《刑事诉讼法》第195条规定："在被告人最后陈述后，审判长宣布休庭，合议庭进行评议，根据已经查明的事实、证据和有关的法律规定，分别作出以下判决：①案件事实清楚，证据确实、充分，依据法律认定被告人有罪的，应当作出有罪判决；②依据法律认定被告人无罪的，应当作出无罪判决；③证据不足，不能认定被告人有罪的，应当作出证据不足、指控的犯罪不能成立的无罪判决。"第197条规定："判决书应当由审判人员和书记员署名……"上述规定表明，人民法院法律文书的制作主体只能是人民法院及其审理案件的审判人员，其他任何机关和个人均无权制作判决书。《民事诉讼法》第119条规定："起诉必须符合下列条件：①原告是与本案有直接利害关系的公民、法人和其他组织；②有明确的被告；③有具体的诉讼请求和事实、理由；④属于人民法院受理民事诉讼的范围和受诉人民法院管辖。"第 120 条第 1 款规定："起诉应当向人民法院递交起诉状，并按照被告人数提出副本。"可见，民事起诉状应由具有原告主体身份的公民、法人或其他组织制作，与本案无关的机关和个人无权制作民事起诉状。

在诉讼活动中，大多数法律文书都是为了解决案件的实体问题制作的。为了确保案件处理结果的公正、合法，办案人员在制作法律文书时陈述案件事实、阐述处理理由和作出处理结果，都必须与实体法的规定相适应。比如婚姻法是处理婚姻家庭关系的准则，司法人员在处理婚姻纠纷案件时所制作的民事判决书，无论是判决当事人离婚，还是判子女归谁抚养或者财产如何分割，均应当符合婚姻法及最高人民法院相关司法解释的规定。当事人向司法机关提交的诉状类文书，如果涉及刑事责任的追究或者民事权利义务争议的实体内容，也应当正确适用相关实体法的规定进行分析论证，说明自己的起诉、答辩、上诉是有法律依据的。

程序法是规定进行诉讼活动的法定步骤和诉讼各方权利义务的法律。进行诉讼活动，必须遵守有关程序法的规定。制作法律文书遵循程序法是诉讼活动遵循程序法的重要表现。因为法律文书是诉讼活动的书面表现形式，在制作时就应当忠实地体现诉讼活动。比如民事案件的办理，人民法院无论是立案、向被告送达起诉状副本，还是发送传票、开庭审理、宣判、执行等诉讼环节，都需要办案人员制作相关的法律文书，作为民事诉讼活动的文字记载。当事人参与民事诉讼活动同样也需要制作法律文书，原告起诉时需要制作民事起诉状，被告答辩时需要制作答辩状。另外，人民法院裁判生效后，当事人不服的，可以申请再审。当事人申请再审时需要制作再审申请书。再审申请书应该写明以下事项：再审申请人和被申请人基本情况；作出生效法律文书的法院名称；申请再审的生效法律文书名称及案号；申请再审的事由及其依据的事实、理由及证据；请求裁定再审，撤销或者变更生效法律文书的具体诉讼请求及所依据的事实、理由及证据；受理再审申请书的法院名称；再审申请人签名或者盖章；递交再审申请书的日期。再审申请书如果没有写明上述内容，则可能会被法院拒绝接受。

在处理各类法律案件时，有关机关或者个人所制作的法律文书都必须遵循法定的期限要求。《刑事诉讼法》第 83 条规定："公安机关拘留人的时候，必须出示拘留证。拘留后，应当立即将被拘留人送看守所羁押，至迟不得超过 24 小时。除无法通知或者涉嫌危害国家安全犯罪、恐怖活动犯罪通知可能有碍侦查的情形以外，应当在拘留后 24 小时以内，通知被拘留人的家属……"这一规定对公安机关制作呈请拘留报告书、拘留证、拘留通知书等法律文书提出了时间要求。当事人进行诉讼活动也需要恪守法律规定的期限，比如民事案件的被告如果对原告起诉的法院管辖有异议，就应在答辩期限内提出管辖异议并制作管辖异议申请书提交人民法院，否则异议不能成立。另外，公证机关出具的公证文书、仲裁机构出具的仲裁文书也都有法定的期限要求。

在司法机关内部，有些重要的法律文书在制作时必须履行规定的法律手续才能生效。比如公安机关在逮捕犯罪嫌疑人之前，需要先制作提请批准逮捕书，向同级人民检察院提请批准逮捕，经人民检察院批准并送达批准逮捕决定书之后，公安机关才能签发逮捕证，对犯罪嫌疑人实施逮捕。人民法院制作的一审判决书的正本及副本的末端，必须加盖"本件与原本核对无异"的蓝戳。人民检察院决定不起诉的案件，必须制作不起诉决定书，并将不起诉决定书送达被害人或者其近亲属及其诉讼代理人、被不起诉人及其辩护人以及被不起诉人的所在单位。送达时，还应当告知被害人或者其近亲属及其诉讼代理人，如果对不起诉决定不服，可以自收到不起诉决定书后7日以内向上一级人民检察院申诉，也可以不经申诉，直接向人民法院起诉；告知被不起诉人的，如果被不起诉人不服，可以自收到不起诉决定书后7日以内向人民检察院申诉。上述法律文书，如果不履行相应的法律手续，就会影响其法律效力的正常发挥。

（二）形式的规范性

所谓形式，即事物的外形。法律文书的形式要求规范化。因为法律文书属于公文的一个分支，公文的最大特点就是行文结构的规范性。法律文书是一种高度规范化的文书。其严格的形式不仅仅是一种外在的表现形式，而且对内容的表述也形成了一种固定的要求。在实践中，对法律文书的制作，国家有关机关下发了规范的样式及制作规范，有关机关和个人在制作法律文书时，必须严格遵守这些样式和规范的要求。只有做到内容合法与形式规范的有机统一，才能制作出高质量的法律文书。

在法律文书中，除了少部分文书之外，绝大多数法律文书都有固定的结构。法律文书一般均需具备首部、正文和尾部三部分内容，其中每一部分的内容基本上也是固定的。首部一般包括标题、文书编号、当事人及诉讼参与人基本情况、案由和案件来源等内容；正文部分一般包括案件事实、处理的理由和处理决定等内容；尾部一般包括署名、制作日期、印章、附项等内容。

法律文书形式的规范性除了要求结构固定之外，还要求用语规范化。为了方便有关机关和个人制作法律文书、提高诉讼效率，同时也为了有效避免文书制作者用语不准确、不统一，影响文书作用的正常发挥，有关机关在制定文书样式时，对有些部分设定了规范的文书用语，要求制作者严格遵照执行。2016年最高人民法院为了指导全国法院民事裁判文书的制作，确保文书撰写做到格式统一、要素齐全、结构完整、繁简得当、逻辑严密、用语准确，制定了《人民法院民事裁判文书制作规范》，对法院民事裁判文书中的法院名称、案号、当事人及委托代理人的基本情况、案件由来和审理经过、案件事实、理由、裁判依据、裁判主文、诉讼费用的负担、告知事项、署名、日期、核对戳等内容提出了规范性要求，并对部分用语做了限定。比如，理由部分要求以"本院认为"作为开头，最后用"综上所述"引出对当事人的诉讼请求是否支持的评述。对依法可以上诉的一审判决书，尾部向当事人交代上诉权时要求表述为："如不服本判决，可以在判决书送达之日起 10 日内，向本院递交上诉状，并按对方当事人的人数或者代表人的人数提出副本，上诉于××××人民法院。"另外，公安机关和人民检察院的法律文书样式中也有一些文书的内容要求用语规范化，在制作相关法律文书时都应恪守这些规定。

在法律文书中，有些法定的内容是以项目要素的形式表现出来的，在制作时必须写明这些要素，以体现法律文书的规范性。比如，从 2016 年 1 月 1 日开始，人民法院民事裁判文书的案号由收案年度、法院代字、类型代字、案件编号四个要素构成。制作民事裁判文书时不仅应将这四个要素反映出来，而且各个要素的排列顺序也不能颠倒。当事人的基本情况包括诉讼地位和基本信息两项内容，其中的基本信息由规定的要素组成。对于自然人，要求写明姓名、性别、出生年月日、民族、职业或工作单位和职务、住所等要素；对于法人或其他组织，应写明名称、住所、法定代表人或主要负责人的姓名和职务等要素。

在制作法律文书时，对当事人的称谓，必须严格按照法律的规定书写。在刑事案件的不同诉讼阶段，由于承办案件的机关不同，各办案机关在根据自己的职能制作的不同法律文书中，对当事人的称谓不一致。在民事案件和行政案件的不同审级当中，人民法院在其制作的法律文书中，对当事人的称谓也不同。第一审案件的当事人被称为"原告""被告""第三人"等；第二审案件的当事人被称为"上诉人""被上诉人""第三人""原审原告""原审被告""原审第三人"等。

（三）语言的准确性

语言是人类最重要的交际工具，在法律实践活动中也不例外。在法律活动中，无论是法官、检察官，还是律师、公证员、仲裁员，在处理法律事务时，要想正确实施法律，维护社会公平正义，都必须通过相应的法律文书来实现。在制作法律文书时，不管是对事实的认定，还是对法律条文的分析，都对语言的使用提出了一系列的特殊要求。对语言的表达与技巧的掌握是衡量法律从业人员工作能力的重要指标。英国著名法学家丹宁勋爵曾经说过："要想在与法律有关的职业活动中取得成功，你必须尽力培养自己掌握语言的能力。"

由于法律文书都是为了解决实际法律问题而制作的，涉及国家利益、集体利益和当事人的切身利益，有些法律文书在法律上具有证明作用，有些法律文书则要求当事人严格按照办案机关的处理决定去执行，为了确保这些法律文书作用的有效发挥，对语言运用的要求就必须做到准确无误、解释单一。在制作法律文书时，对当事人主体资格的确定、案件性质的认定、是非责任的分辨、法律责任承担者及其责任大小的认定、法律依据的引用等都必须准确无误。比如，刑事法律文书中对犯罪嫌疑人、被告人罪名的认定和表述，必须严格按照《刑法》与《刑法修正案》中规定的罪名进行，坚决禁止法外定罪、滥造罪名。为了避免法律文书的语言结构出现歧义或者模糊不清，文书制作者在选词造句时必须认真推敲。

（四）使用的实效性

法律文书既不同于仅供人们阅读欣赏的文学作品，也有别于泛泛的法制宣传材料。任何法律文书都是为了解决实际法律问题而制作的，因此是讲求实效性的。无论是司法机关处理诉讼案件，还是公证机关、仲裁机构处理非诉讼法律事务，其办案人员所制作的法律文书都是针对具体的法律问题进行的，这些法律文书都具有十分明显的实效性。特别是司法机关制作的法律文书，都是为了贯彻实施法律而制作和发布的，都是要收到实效的。比如，公安机关制作的拘留证，一经生效后付诸实施，就是要剥夺某个犯罪嫌疑人的人身自由；最高人民法院制作的核准死刑的刑事裁判文书，一旦生效，就要将刑事被告人交付执行死刑；当事人制作的诉状类文书，虽然不具有强制执行的效力，但对司法机关的诉讼活动具有一定的制约作用，一旦呈送给司法机关，司法机关就应对之进行审查，并应在法定期限内作出相应的答复。如果当事人提出的诉讼请求是合理合法的，司法机关就应当对案件进行审理并作出裁判。

（五）效力的稳定性

具有法律效力或者法律意义是法律文书与一般的行政公务文书的显著区别。国家有关机关制定的行政公务文书，虽然某些文种也具有一定的约束力，但却不具有法律效力或者法律意义。而法律文书则是具有法律效力或者法律意义的文书。具有法律效力的法律文书，是可以依靠国家强制力保证实现其法律规定所要达到的效果的，有关机关和当事人必须遵照执行。比如，公安机关制作的拘传证、逮捕证，检察机关制作的起诉书、抗诉书，人民法院制作的裁判文书等法律文书，都是具有法律效力的文书。这些法律文书一旦生效，在没有因为存在错误而被法定机关依照法定程序变更或者撤销之前，其效力是稳定的，有关机关和个人必须按照其确定的内容执行，如果拒绝执行，司法机关可以强制执行。我国《刑法》第313条规定："对人民法院的判决、裁定有能力执行而拒不执行，情节严重的，处3年以下有期徒刑、拘役或者罚金；情节特别严重的，处3年以上7年以下有期徒刑，并处罚金。单位犯前款罪的，对单位判处罚金，并对其直接负责的主管人员和其他直接责任人员，依照前款的规定处罚。"最高人民法院《关于审理拒不执行判决、裁定刑事案件适用法律若干问题的解释》第1条规定："被执行人、协助执行义务人、担保人等负有执行义务的人对人民法院的判决、裁定有能力执行而拒不执行，情节严重的，应当依照刑法第313条的规定，以拒不执行判决、裁定罪处罚。"《民事诉讼法》第244条规定："被执行人未按执行通知履行法律文书确定的义务，人民法院有权查封、扣押、冻结、拍卖、变卖被执行人应当履行义务部分的财产……"第252条规定："对判决、裁定和其他法律文书指定的行为，被执行人未按执行通知履行的，人民法院可以强制执行或者委托有关单位或者其他人完成，费用由被执行人承担。"第253条规定："被执行人未按判决、裁定和其他法律文书指定的期间履行给付金钱义务的，应当加倍支付迟延履行期间的债务利息。被执行人未按判决、裁定和其他法律文书指定的期间履行其他义务的，应当支付迟延履行金。"由上述规定可以看出，对于生效的法律文书，负有执行义务的机关和个人如果拒不执行，除司法机关可以强制执行外，被执行机关和个人还必须承担相应的法律责任甚至刑事责任。

第三节　法律文书的历史沿革

法律文书是在有了较健全的司法工作和系统的文字之后产生的。从我国发掘的出土文物可以概略地看出，我国法律文书的产生和发展经历了如下轨迹：

一、雏形时期

法律文书的出现最早可以追溯到西周时期。1975年，陕西省岐山县董家村出土了一件青铜器"匜"，上面刻的铭文中有一份西周时期的判决书，约157个字，详细记载了西周晚期发生的一起诉讼案件的始末。大意是说有人指控一个名叫牧牛的人抢走了他的奴隶，法官伯扬父审理了此案，并作出判决。对被告牧牛处以鞭刑并罚铜。这是我国目前所能看到的最早最完整的判决书。

同是1975年，在湖北省云梦县睡虎地出土的《云梦秦简》中，发现了部分法律文书的样式和例证。其中的《封诊式》竹简中保存了大量的勘查笔录的制作模式规定。如《爰书》中就记录了一个经死（吊死）案件与案情有关的各种现场情况：死者尸体悬挂的位置、绳索的质地和粗细长短、绳套的相交处、绳子套在脖子上勒出的痕迹和形成的颜色、舌头伸出的情况、大小便失禁的状况、解下绳索后应注意勘查的其他情况。可见，早在两千多年前，我国就有较完备的法律文书了。在《封诊式》中与《经死》一同保存下来的法律文书，还有《贼死》《穴盗》《出子》。这四份法律文书是迄今为止我国发现的最早的勘查记录文书。《封诊式》代表了秦代法律文书的最高成就，在法律文书写作的诸多方面，都有突破性的贡献，至今仍具有很大的参考价值。

两汉之际，常援用典型判例审理案件，判例之多，不可胜数。这一时期法律文书尤其是判词的写作有了很大的进步，除了有依据律令断案的判词外，还有依据儒家经典断案的判词，即所谓"春秋决狱"。另外，汉代扬雄曾综判取士，以两造之词，判其曲直，开制判取士的先河。但汉代法律文书留传下来的不多，其原因可从南朝著名的文章理论家刘勰在《文心雕龙》中所写的一句话，即"虽政事之先务，然艺文之末品"得到答案。

魏晋南北朝时期，也很重视法律文书，但因社会动荡变化，保存下来的甚少。

二、形成时期

隋朝开科举制度之先河，唐朝则正式确立了科举制度，并且采用开科取士的做法。唐代《新唐书·选举志》中云："凡择人之法有四：身、言、书、判。"其中之一就是制判。由于当时的科举制度以判取士，以判词写作的优劣作为能否登科授官、走仕途之路的必经途径。这就促使部分文人学士开始重视判词的写法，这对判词的发展有很大的促进作用。部分举人为了得到实授的官职，在参加考试之前，认真进行判词的写作练习。由于他们所写的判词都是虚拟的案情，所以称为"拟判"，以便与"实判"相区别。唐代的"实判"留传下来的很少，而"拟判"却很多。原因是当时封建统治者十分重视"拟判"。"拟判"的代表作是盛唐时期文学家张鷟的《龙筋凤髓判》，其影响波及当时的新罗、日本等国。这些拟判大多是用骈文写成，目的是应试，用典较多，注重辞藻，故又被称为"骈判"。"骈判"的正式确立，说明在唐代判词已形成一种文体，即骈体判。

宋朝和元朝沿袭了唐代以判取士的科举制度。宋朝在法律文书写作上较前代有两点突破：一是判词风格有了变化，逐渐革除骈体，代用散体，形成散判。散判的语言注重平实、朴素，行文注重简明扼要，与现实接近，能被社会各界所接受，对后世影响很大。二是判词形式发生转变，改"拟判"为"实判"，开始有"实判"的专集传世。如《名公书判清明集》就是朱熹、刘克庄等人所写的"实判"。但由于骈文旧风影响深厚，对骈体判的消除直到清朝才得以彻底完成。宋、元两朝的许多典集中都收录了法律文书。

到了明清时期，法律文书有了长足的发展和改进，主要表现在：①法律文书在数量上形成一定规模，呈现出不同功能的各类法律文书。如勘验笔录和法医鉴定，不仅有合理的格式，而且有很强的科学性。②把判词列为专门的文体进行研究。如明代文章学家吴讷的《文章辨体》和徐师曾的《文体明辨》中都把判词列为专门的文体进行研究，总结其写作特色，对其进行分类，探讨判词的特点。③保留下来的"实判"较多。明清两朝，各级司法官吏沿袭了宋代判词务实之风，更加重视对具体个案判词的制作，个人判词专集相继问世。明朝的判词专集，以李清的《折狱新语》最为著名。清朝保留下来的"实判"专集更多，而且质量上乘，在后世广为流传。如李渔的《资治新书》、樊增祥的《樊山判牍》、张船山的《清代名吏判牍》等，都收集了清朝不少著名司法官的判词。这些判词叙事清楚，文字准确凝练，尤其擅长说理，对案情的分析合情合理、无懈可击，判决恰如其分。④出现了专门研究诉状写法的著作。如明朝的《肖曹遗笔》中对诉状的写法提出了十项要领，即硃书（案由）、缘由（由来）、期由（时间）、计由（案件发端）、成败（构成犯罪的条件）、得失（讲究计谋）、证由（证据）、截语（断语）、结尾（要求）和事释（目的）。并且还要求诉状应该达到"字字超群，句句脱俗，款款合律，言语紧切，事理贯串"的标准。⑤总结法律文书写作经验。如清朝的王又槐所著的《办案要略》一书，共有14篇，其中的《论批呈词》《论祥案》《叙供》《作看》《论作禀》《论驳案》《论祥报》等都是有关法律文书的专论。在上述著作中，王又槐还对反映案情事实的文书包括判词，提出所谓的"八不可"的要领。⑥清末法律文书制作格式规范化。清末开始吸收西方国家制作法律文书的经验。宣统年间，奕劻、沈家本编纂的《考试法官必要》中对刑事、民事判决书的格式和内容作了统一规定。如刑事判决书结构及内容包括：①罪犯之姓名、籍贯、年龄、住所、职业；②犯罪之事实；③证明犯罪之理由；④援引法律某条；⑤援引法律之理由。民事判决书结构及内容包括：①诉讼人之姓名、籍贯、年龄、住所、职业；②呈诉事项；③证明理由之缘由；④判决之理由。

三、发展时期

清末的法律文书格式和内容在民国年间经司法机关的沿用，不断改进和完善，逐渐形成了"当事人基本情况—主文—事实—理由—尾部"这一固定的模式。

在国内革命战争时期和解放战争时期，在革命根据地的司法工作中，为适应战争环境和人民的文化需要，法律文书种类有所减少，使用浅显文言文，较为通俗，文书格式没有变化。民刑判决书的正文部分仍然采用"主文—事实—理由"的三段论结构，并一直沿袭到20世纪50年代后期。

新中国成立后，废除了旧的法律文书格式，并根据司法实践发展状况，在借鉴国外裁判文书写法的基础上，将判决书正文部分的格式变为"事实—理由—结论"这样一种具有较强逻辑性的结构模式。1951年，司法部制定了《诉讼用纸格式》。1956 年司法部又制定了《公证文书用纸格式》。[1]

十一届三中全会以后，随着司法机构的恢复、重建，法律文书也重新得到重视。自 1979 年开始，公安部、最高人民检察院、最高人民法院、司法部又相继颁布了 6 套完整的诉讼文书样式，为法律文书的规范化制作提供了保障。20 世纪 90 年代，为了适应新形势下司法实践工作需要，最高人民法院于 1992 年 6 月下发了包括刑事、民事、行政诉讼文书在内的《法院诉讼文书样本（试行）》（以下简称 92 试行样式）共计 14 类 314 种，自 1993 年 1 月 1 日起施行。92 试行样式实现了诉讼文书的规范化和统一化。1996 年修正后的《刑事诉讼法》出台后，公安部、最高人民检察院也于当年颁布了新的《公安机关刑事法律文书格式》《人民检察院刑事检察文书样式》。1999 年，为了适应修订后的《刑法》《刑事诉讼法》以及刑事审判工作的发展需要，最高人民法院又对 92 试行样式中的刑事诉讼文书样式作了相应的修改，并于 1999 年 7 月 1 日颁布施行了《法院刑事诉讼文书样式》（样本）。后来，还增加了"被告人认罪案件"刑事判决书样式、"未成年人犯罪案件"刑事判决书样式。进入 21 世纪以后，最高司法机关又根据形势需要对各部门的文书格式进行了修改。2002 年，公安部颁布了《公安机关刑事法律文书格式（2002 版）》，共 6 类 92 种文书格式；最高人民检察院颁布了新的《人民检察院法律文书格式（样本）》，共 159 种检察法律文书和 3 个附件；司法部发布了《监狱执法文书格式（试行）》，[2] 共 48 种。最高人民法院也相继出台了证据诉讼文书样式、简易程序诉讼文书样式、申请再审诉讼文书样式、执行文书样式以及破产文书、涉外海事文书等其他民事类诉讼文书样式。

2012 年修正后的《刑事诉讼法》颁布后，为了适应新刑事诉讼程序的需要，公安部出台了《公安机关刑事法律文书式样（2012 版）》，最高人民检察院又发布了《人民检察院刑事诉讼法律文书格式样本（2012 版）》。

2015 年 5 月 1 日施行的修正后的《行政诉讼法》在行政案件立案、审理和执行等方面作出许多新的规定，也增加了许多新的判决方式。为确保新《行政诉讼法》的贯彻实施，最高人民法院制定了《行政诉讼文书样式（试行）》，共 132 个。其中，人民法院制作行政诉讼文书样式 110 个，指导当事人诉讼行为的文书 22 个。新样式对于进一步推动行政审判工作的规范化、透明化，促进司法公正，提高法官自身法律素养，提升司法公信力有着重要意义。

近年来，随着我国经济社会的飞速发展，民事审判工作也出现了新情况新

---

〔1〕　参见朱健主编：《法律文书的制作与应用》，中国政法大学出版社 2012 年版，第 8 页。
〔2〕　参见安秀萍主编：《法律文书理论与实务》，清华大学出版社 2009 年版，第 220 页。

变化，92 试行样式及其他民事类诉讼文书样式已经不能满足司法实践的需要，法院裁判文书的制作也暴露出诸多问题。这主要表现在：①各地区、各审级法院对裁判文书制作要求不同，导致裁判文书格式不规范、不统一，质量参差不齐。②相当一部分以解决权利义务争议为目的的裁判文书缺乏对案件审理过程、争议焦点、裁判理由的充分说明或论证，未能有效说服当事人服判息诉。③有的裁判文书逻辑不清晰、结构不简明、重复内容多，导致裁判文书冗长繁琐。④一部分裁判文书未能体现繁简分流的要求，未能反映审级特点，法官制作裁判文书压力大。⑤修改后的《民事诉讼法》和相关法律、司法解释增加了新的诉讼制度和案件类型。⑥法院裁判文书上网以后，裁判文书存在的上述问题公开化，如不及时解决，将影响司法权威和裁判文书的公信力。⑦当事人使用的诉讼文书类型较少、内容简单，不能满足人民群众日益增长的司法需求。因此，必须对 92 试行样式及其他民事类诉讼文书样式进行修改、补充、整合、规范。[1] 2012 年 8 月 31 日第十一届全国人大常委会第二十八次会议审议通过了《关于修改〈中华人民共和国民事诉讼法〉的决定》后，最高人民法院成立了修改后民事诉讼法贯彻实施工作领导小组，把修订民事诉讼文书样式作为重要工作来抓，于 2016 年 2 月完成了《民事诉讼文书样式（送审稿）》《人民法院民事裁判文书制作规范（送审稿）》。2016 年 2 月 2 日最高人民法院审判委员会第 1679 次会议审议通过了上述规范和样式，并于 2016 年 7 月 5 日发布，8 月 1 日开始施行。新的《民事诉讼文书样式》共有 568 个，其中人民法院制作民事诉讼文书样式 463 个，当事人参考民事诉讼文书样式 105 个。这些样式为人民法院提供了标准化文本，既是规范司法行为、公开司法活动、实现司法公正的体现，也为当事人解决了诉讼文书制作难的问题，对于规范当事人的诉讼行为，落实司法为民方针，具有重要意义，同时也可确保民事诉讼程序依法有序地运作。

第四节　法律文书的写作要素

制作法律文书，首先应对写作的一些基本要素有所了解，这些要素主要包括主旨、材料、语言、结构等，它们贯穿于整个法律文书的写作过程，从不同侧面扮演着不可或缺的角色，发挥着非常重要的功能。

一、法律文书的主旨

（一）主旨的内涵及特点

所谓主旨，是指主要的意义、用意或目的。旨，即宗旨、意图、思想主张。

---

〔1〕 沈德咏主编：《民事诉讼文书样式》，人民法院出版社 2016 年版，第 3 页。

法律从业人员在制作与法律实践活动有关的行政公文、事务文书、法律文书、法制报告等各类法律实用文书时，首先要立意，即确定一个主要的意图或基本观点，通过具体分析和判断，阐明自己的态度是赞成还是反对，是肯定还是否定，是歌颂还是批判，有一个明确的立场。

法律文书的主旨，是指法律文书制作者在文书中所表现的写作目的及其主张。由于法律文书是在法律活动中针对需要解决的法律问题制作的实用性很强的文书，因而要求制作者必须有明确的制作目的和解决具体法律问题的见解。比如，公安机关制作的提请批准逮捕书，其主旨是向人民检察院表明本案犯罪嫌疑人的行为已经构成犯罪，具备逮捕的构成要件，要求人民检察院予以审查批准；民事诉讼的原告方制作的民事起诉状，其主旨是请求人民法院启动审判程序，通过审判活动确定被告的行为系违法或者侵权行为并予以民事制裁，以维护自己合法的民事权益。

法律文书的主旨具有以下特点：

1. 旨意性。由于法律文书的制作主体是法定的机关和人员，这就决定了法律文书的主旨与一般议论文的主旨不同，具有较强的旨意性。法律文书的内容大多是司法机关、国家授权的法律机关或组织行动意图的体现，是其适用法律、惩罚犯罪、制裁民事违法等行为的系统记录，直接反映了国家的政治意向和根本利益，所以通常都具有鲜明的政治目的。另外，法律文书的制作还具有工作目的。实践中，司法机关制作的部分法律文书须将需要交流的意图、情况、要求等上传下达，互通情报，因而具有知照联系、协商接洽工作的目的。如公安机关制作的要求复议意见书、提请复核意见书，检察机关制作的提请抗诉报告书、应当逮捕犯罪嫌疑人意见书等。

2. 直白性。法律文书的主旨具有明显的直白性特点，即采用简明、准确的语言，对法律文书的内容加以概括，并在适当的位置直接而明白地将它们反映出来。有些法律文书在标题部分就显示出其主旨。如公安机关侦查人员制作的呈请延长拘留期限报告书，其标题就明确了制作该文书的目的是提请公安机关负责人批准延长拘留期限。有些法律文书是在正文部分表明其主旨的，如人民法院刑事裁判文书在判决理由和判决主文中阐明被告人的行为构成何种罪名，如何量刑，以反映法官制作该裁判文书的目的及其处理本案法律问题的主张是什么。

（二）主旨的地位和作用

由于主旨是法律文书制作者写作目的及其主张的体现，所以是法律文书全部内容的核心。在具体写作时，主旨应统领全文，指导整个文书的成文过程。其具体作用如下：

1. 主旨引领写作方向。法律文书的主旨体现了制作者对所解决案件的基本认识和评价，它的形成是在文书制作之前。因为法律文书是解决实际法律问题的，在其制作之前就已经开始了法律活动的运作。在法律活动过程中，办案人员首先要查明案情、核实证据、确定案件性质，然后才能根据具体案情，适用法律，提出解决该案的主张和意见。在此基础上，才能确定制作何种法律文书，通过制作该文书，将自己的主张和意见反映出来，从而实现办案的目的。因此，办案人员一旦通过法律活动确定了应当制作何种法律文书的主旨，其就有了明确的方向，从而可以避免盲目性，提高办案效率。

2. 主旨统摄材料。材料是法律文书的血肉，是主旨的基础。如果材料脱离主旨，就容易产生偏差，就缺乏说服力。因此，在法律活动中一旦确立了制作某种法律文书的主旨，文书制作者就应围绕主旨挑选材料，选择那些典型的、最有说服力的材料来写作。

3. 主旨决定结构。法律文书的结构也是由其主旨决定的。有些文书采用不分段一气呵成的结构。这种结构内容简单，文字简短，一般用于通知、批复、公告、证票、决定类文书的制作。这些文书是司法机关反映司法活动中某项工作内容、告知相关事项的，主要解决程序问题。有些采用条款式结构，如合同；有些采用三段论式结构，如判决书的理由部分。无论法律文书采用哪种结构，其段落的形成和各段之意的衔接都是围绕主旨进行的，由主旨决定。

4. 主旨决定语言风格。实践中，有相当一部分法律文书都是司法机关代表国家作出的，体现的是司法权威，具有"晓之以理、告之以规、使人们明行止"的主旨要求。这就决定了其语言风格应当准确、简明、庄重、朴实。使用规范性词语，慎用或不用口语、方言、土语，多用平实得体的语句，少用或不用带有浓厚色彩的描绘性语言。

（三）主旨确立的基本要求

如前文所述，主旨在整个法律文书制作中具有引领作用，因此，对其确立就有特定的要求，具体来讲：

1. 正确。主旨的确立，首先应做到正确。正确是指制作者在法律文书中表达的主张必须符合"以事实为根据，以法律为准绳"的原则，能够切实解决实际法律问题。只有主旨正确了，才能正确实施法律，解决案件中的纠纷和问题，才能有效发挥法律文书的功能。能否正确确立法律文书的主旨，取决于法律从业人员自身的思想素质和业务素质。因为办案人员思想水平的高低及业务能力的强弱，往往决定着其能否正确认定案件事实，抓住争议的实质性问题，准确适用法律，作出公正的评判。而这一评判，就是办案人员对案件所持的主张，在法律文书中反映出来，就是主旨的具体体现。因此，要做到法律文书主旨正确，就必须提高办案人员的思想素质和业务水平。

2. 鲜明。所谓鲜明，是指制作法律文书的目的要明确，解决问题的意见要突出。即文书制作者应旗帜鲜明地表达自己的立场和观点。肯定什么，否定什么，应有理有据，一目了然，绝不含糊。如被评为 2015 年十大影响性诉讼的陈×钧抢劫一案，广东省高院制作的二审无罪判决书，就是一个很好的例子。该判决书的理由部分写道：

　　本院认为，因受制于犯罪的隐蔽性、复杂性及侦查手段局限性等诸多因素，本案目前无法通过证据体系还原客观事实、认定法律事实。在对于上诉人陈×钧是否为本案真凶既无法证实亦无法证伪的两难局面下，人民法院应当恪守证据裁判规则，决不能为片面追求打击效果而背离"疑罪从无"的刑法精神。"疑罪从无"并非放纵犯罪，而是对司法公权力的合理制约和规范使用，是对任何有可能身陷囹圄的公民基本人身权利的有力保障。……

　　综上所述，原判认定上诉人陈×钧构成犯罪的证据达不到确实、充分的证明标准，不能得出系上诉人陈×钧实施本案犯罪的唯一结论，认定上诉人陈×钧犯抢劫罪的事实不清、证据不足，原公诉机关指控上诉人陈×钧所犯罪名不能成立。原审判决上诉人陈×钧赔偿原审附带民事诉讼原告人方×城、方×花、方×红、方×钿、方×霞的经济损失无事实依据。上诉人陈×钧及其辩护人关于陈×钧无罪且不承担民事赔偿责任的上诉及辩护意见成立，予以采纳……[1]

　　在上述判决理由中，法官在案件现有证据对上诉人陈×钧是否为本案真凶既无法证实又无法证伪的情况下，明确表达了自己的主张，即严格按照证据裁判规则处理案件。在认定陈×钧构成犯罪的证据达不到确实、充分的刑事诉讼证明标准，不能得出系陈×钧实施本案犯罪的唯一结论时，果断认定陈×钧犯抢劫罪的事实不清、证据不足，原公诉机关指控的罪名不能成立。该案能够以第二名入选 2015 年十大影响性诉讼，主要是基于判决书中所体现的"疑罪从无"理念。这一理念，对我国建立以审判为中心的刑事诉讼制度将产生巨大的影响。这也反映了此案法官确实是站在中立裁判者的角度审视评判陈×钧的行为。

　　主旨鲜明是由法律文书的实用性决定的。因为大部分法律文书都要付诸实施，只有主旨明确、突出，才便于实施。如果一份法律文书解决问题的意见含糊不清，模棱两可，则难以付诸实施。在实践中有一些法律文书，特别是内部请示性文书，如案件请示报告、审理报告等，案件承办人为避免担责，在报告中只写案情和证据，不敢明确地显示自己的倾向性意见，这种将矛盾上交的思

---

[1]　参见广东省高级人民法院（2014）粤高法刑四终字第 127 号刑事附带民事判决书。

想和写作态度，往往导致所制作的法律文书主旨不明。

3. 集中。所谓集中，是指法律文书中所表现的主观点原则上只能有一个。这个观点应当针对性强，清楚地表达要解决的问题。倘若在一篇法律文书中什么都想说，面面俱到，就会造成头绪繁杂、主旨分散的局面，不利于将需要说明的问题写深写透，最终影响文书作用的有效发挥。如某侦查人员制作的案件请示报告，其中涉及几个问题请求领导审批，但由于对其中的一个问题叙述不清楚，领导无法在法定期限内作出决断，只好将文书打回重写，使得本来可以快速解决的其他问题也一并拖延下来，影响诉讼效率的提高。一篇法律文书不可多中心，也不可将次要的，甚至与主旨无关的枝节问题与主旨放在一个层次上来写，更不能无主旨，东拉西扯，漫无边际。

一般来说，法律文书应力求做到一文一事，一题一议，就题论事。目前，我国有关主管机关下发的法律文书样式对各种法律文书的区分非常细致，要求一种用途使用一种文书。如最高人民检察院下发的《人民检察院法律文书格式（样本）》对几种不起诉决定所使用的文书都规定了具体格式，法定不起诉用法定不起诉决定书，酌定不起诉用酌定不起诉决定书；最高人民法院下发的《民事诉讼文书样式》中的民事判决书就根据不同审级、不同程序规定了相应的格式，而这些种类繁多、功能各异的判决书格式，也正好满足了法律文书主旨应当做到集中单一的要求。

二、法律文书的材料

（一）材料的概念

法律文书的材料，是指文书制作者为了某一写作目的，从办理的法律事务中，搜集、摄取并经分析、归纳、取舍后写入文书之中的一系列事实、证据、法律条款和法学理论。法律文书的材料包括事实材料和法律材料两个方面。写入法律文书当中的当事人及其他诉讼参与人的基本情况、案件事实、证据等都属于事实材料；而用于论证分析的法律、法规、司法解释、法学理论等都属于法律材料。

材料是构成法律文书的重要因素。如果说主旨是核心和灵魂，那么材料就是血肉。缺乏材料，主旨就无法确立。主旨一旦确立，材料就是表现主旨的重要支柱。主旨与材料的关系是互相依赖。在具体制作法律文书时，结构的安排、语言文字的使用等都受材料的制约，因此，在制作法律文书时，必须重视材料的选择和运用。

（二）材料的搜集

搜集材料是法律文书写作的第一个环节，虽然属于基础性工作，但异常重要，因为缺少它，文书的制作将无法起步。材料的获取要靠办案人员的辛勤劳动，一点一点地收集，日积月累，才能占有大量而充分的材料，为文书制作打下坚实的基础。马克思撰写《资本论》时，搜集的材料可谓"堆积如山"，经他仔细钻研并写过摘要的书籍就达1500多本。因此，搜集材料应遵循"多"和"细"的原则。如果搜集的材料量少单薄，那么材料使用时选择的范围就将受到限制，进而会影响文书内容的准确表达。

搜集材料有多种途径。对事实材料的获取，办案人员可以通过亲自调查、勘验、搜查、讯问、询问等方式直接获取物证、书证、证人证言、当事人陈述等证据材料，也可以通过查阅其他机关移送的卷宗材料和接收当事人及其辩护人、代理人提交的诉状、申请书、证据材料、辩护词、代理词等方式间接获取材料。对法律材料的获取，可以通过认真学习国家发布的法律、法规、规章、法律解释、条例和阅读法学著作、论文、参加学术会议等方式实现。

（三）材料的甄别

材料的甄别是文书写作的第二个环节。前文指出，搜集材料的原则是"多"和"细"，因此经过第一个环节后，办案人员手头所掌握的案件材料往往很多很杂，这些材料可能有真有假，有的对表现主旨有用，有的对表现主旨无用。所以，在使用这些材料之前，必须进行一番审慎而扎实的甄别过程，才能决定将哪些材料留用，将哪些材料舍弃。一般来讲，甄别材料的基本原则如下：

1. 挑选材料应紧紧围绕主旨进行。材料的甄别并非写作的根本目的，之所以要精心进行此项工作，其最终结果还是为表现文书主旨提供服务，为了说明文书写作的目的或意图。既然如此，甄别材料就应当考虑主旨表达的需要。将与主旨有关的材料留下，与主旨无关的材料应果断舍弃，无须可惜。以刑事法律文书的制作为例，司法机关在处理刑事案件时，首先要解决的问题是被告人是否构成犯罪。因此，必须区分罪与非罪的界限。如果认定被告人的行为构成犯罪，就应制作刑事有罪的法律文书。这种法律文书的主旨内容是以认定被告人构成犯罪为前提的，在制作相应的法律文书时说明被告人行为事实的部分，就应当选用其构成犯罪的事实材料，舍弃其非罪的事实材料，如思想品德、生活作风方面的事实材料，以免冲淡文书的主旨。

2. 选出的材料应真实，具有针对性。法律文书中使用的材料必须客观真实，因为法律文书是为处理实际法律问题而制作的。只有"事信而不诞"的材料，才能经得住考验，才具有权威性和说服力。这里的"真实"，一是指材料不能虚假，必须是客观存在的事实；二是指材料本身能反映事物的本质。比如，法官在制作判决书时所使用的事实材料，应当是经过审查核实的、有合法确凿证据证明的事实材料。这就要求法官在审查证据时必须严格把好关，以确保建立在证据基础上的案件事实的真实性。如果使用了未经核实的虚假材料或者不合法的证据材料，就会导致案件的错误处理，必然会引起当事人的不服，提出上诉。如果二审法院认定一审判决错误，则一审法官应承担相应的法律责任。如河南省周口市川汇区人民法院法官王某某在办理周口市川汇区人民检察院提起公诉的于某某诈骗一案时，由于对该案证据未认真甄别、慎重履行审查义务，没有审查出案卷中存在矛盾的相关重要书证，亦无核实出卷宗中来源不合法的证据及证据复印件，并对于某某及其辩护人提出的辩解没有认真调查核实，最后据上述证据作出案件事实清楚，证据充分的审理报告，相继汇报到本院审判委员会和周口市中级人民法院，后导致本院审判委员会和周口市中级人民法院作出错误决定，最终造成于某某被错判有期徒刑 10 年，实际服刑 2085 天，国家赔偿 20 余万元的严重后果。法官王某某也因此被舞阳县人民检察院以玩忽职守罪起诉至舞阳县人民法院，该院经审理后以玩忽职守罪判处王某某有期徒刑 1 年零 9 个月。[1] 该案给我们的教训是深刻的，充分说明作为一个司法人员在制作法律文书之前审查鉴别材料的重要性。

在制作法律文书时挑选出的材料不仅应当真实，还应具有针对性。所谓针对性，是指应根据案件中需要解决的问题筛选材料，即筛选出的材料能够恰如其分、合法合理的解决案件中的法律问题。如人民法院的二审裁判文书，在论证说理时既要针对一审裁判文书存在的问题，又要针对上诉人的上诉理由。有一起刑事上诉案件，上诉人张某在上诉状中提出的上诉理由是："我没有剥夺被害人生命的故意，只是想教训他一下，属于伤害致死。原审法院定性不准，要求改判。"而二审法院在二审裁定书中并未针对上述上诉理由进行针锋相对地反驳，而是大谈"上诉人在刺倒被害人之后，不但不积极抢救，反而狂笑，最后畏罪潜逃，被抓后不老实交代罪行，上诉无理，予以驳回"。这样的选材显然没有针对性，导致法律文书中的处理决定缺乏充分的理由，难以令上诉人心服口服。

（四）材料的运用

材料的运用是法律文书写作的最后一个环节。搜集和甄别材料的目的均在于运用。运用材料，也叫剪裁材料，即删除杂芜、保留精华、恰当安排、合理使用。一般来讲，材料的运用应注意做到以下两点：

1. 分类整理材料，使之条理化。在制作法律文书之前所搜集的材料常常是零星分散、杂乱无章的，因此在运用这些材料之前首先要按照材料作用的不同和大小、时间的先后、材料间的逻辑联系等因素将之分类整理，使之条理化。比如，对于一人犯数罪的案件，为了突出被告人的主要犯罪事实，在制作起诉书时一般不按时间顺序写作，而是先写主罪（重罪）的犯罪事实，后写次罪

---

〔1〕　参见河南省舞阳县人民法院（2011）舞刑初字第 167 号刑事判决书。

（轻罪）的犯罪事实。因此，在写作之前应当将主罪和次罪的犯罪事实材料分开排列，将主罪的材料放在前面，将次罪的材料置于后面。这样显得主次有别、轻重有序。

2. 根据主旨表达的需要，合理剪裁。在制作法律文书时对材料的运用，既不能简单堆砌，也不能平均使用。而应当根据主旨表达的需要，决定对材料是详写还是略写，是具体写还是概述，是多写还是少写。对于能够有力说明主旨的典型材料，应详写、具体写；对于与主旨关系不大但对布局行文有一定作用的次要材料应略写、概述。对于受文单位和个人难懂的材料，宜多写，解释透彻；对于通俗易懂的材料，宜少写，点到为止。

三、法律文书的语言

（一）法律文书语言的功能

语言是人类最重要的交际工具，任何文书都是语言的艺术，法律文书也是如此。法律文书写作的整个过程都离不开语言的运用，诸如主旨的确立、结构的布局、材料的使用等都是通过特定的语言一字一句反映出来的。从这个意义上讲，语言是文书制作者认定案情事实、确定行为性质、表明案件处理决定不可或缺的手段。高尔基曾经说过："语言是一切事实和思想的外衣。"法国的司汤达在创作《巴姆修道院》时，每晨必读几页《法国民法典》，从中体会怎样写得自然，不拐弯抹角。作为文学家，他从法律文书中学习语言文字的运用，足见法律文书语言的独特之处。语言运用的好坏对于保证法律文书的制作质量至关重要。制作法律文书，如果语言准确、修辞妥切、句式规范、逻辑清晰，就能保证文书内容的正确性和合法性，全面有效发挥文书的作用。反之，如果语句不通、用词不当、逻辑混乱，就会影响法律内容的正确表现，进而产生法律适用上的错误。这样的法律文书不但不能为当事人解决纠纷，维护社会公平正义，而且还会影响司法机关的权威和公信力。因此，作为法律从业人员，必须加强语言方面的学习，尽力培养自己掌握语言的能力和技巧。

（二）法律文书语言的特点和运用要求

法律文书的语言不同于一般的书面语言，它属于一种公文语体，具有特定的运用要求。公文语体是使用频率较高的一种文体，它在国家机关、社会团体和其他一切社会上层建筑的行政事务工作中起联系、传达或向社会宣布、周知的作用。措词造句主要运用消极修辞方法。用词力求准确，避免使用口语词，力戒歧义词和生僻的简称。其中某些专用词语、习惯用语和句式保留着古语成分，句法完整严谨，较少使用省略句式和感叹语气，同时，异常讲究语言的简练。法律文书的语言运用也体现了公文语体的上述特征，完全以质朴、明白取胜，以简约、准确显功，不事雕琢，不求华丽。具体来讲，法律文书的语言特点主要表现在以下几个方面：

1. 简约性。简约，是指语言简洁扼要。简约是古今中外公文语言的共性特征，而法律文书在追求简约上是各种文书中最突出的。刘勰在《文心雕龙·书记》中指出，写各种文书应"随事立体，贵乎精要"。曾巩在《南齐书目录序》中写道："号令之所布，法度之所设，其言至约，其体至备。"古人的上述观点，对我们今天写作法律文书仍有借鉴意义。法律文书作为实施法律的工具，关系着当事人的诉讼权利与义务及其人身自由、生杀予夺等切身利益，也关系着司法机关秉公执法的公正形象和司法权威，不仅承担了实现司法公正的重任，而且也承载着实现诉讼效益的重担。因此，在制作法律文书时不宜事无巨细，必须精练简洁，这样才便于运作，才有利于提高诉讼效率。

法律文书语言表达如何做到简约呢？从写作实践来看，应当注意做到以下几点：

（1）建立文体观念。即明确法律文书作为公文语体，其性质决定了它不可能做漫无边际、长篇大论的写述。因为法律文书是法律活动的书面表现形式，法律活动是按照特定的程序运作的，法律文书也要随着法律程序进行运转，诉讼方面的法律文书更是如此，只有文字精炼，才方便上传下达。

（2）选择负载较大信息量的语言文字来表达文书的内容。如"持械行凶""证据确凿""供认不讳""违约""防卫过当""继子女""行骗""未遂"等词语，这些词语内涵丰富，用之可以收到言简意赅的功效。

（3）抓住关键情节叙述案件事实。关键情节就是那些决定案件性质、影响当事人法律责任的大小和问题严重程度的情节。如涉及罪与非罪、此罪与彼罪、重罪与轻罪、合法与违法、故意与过失等界限方面的情节。在刑事案件中，关键情节可以通过犯罪的时间、地点、动机、目的、手段、侵害对象、实施犯罪的过程、犯罪后果和证据等要素反映出来。因此，写作时应注意将这些要素简明扼要地叙述清楚。如某起诉书中写道："2012 年 8 月 7 日凌晨 3 时许，被告人周×伙同张×在武汉市硚口区杏园小区，由周×翻窗进入 3 栋 2 单元 209 室被害人王×家中，并将大门打开后，张×溜门入室，二人盗窃时被王×发现，周×、张×二人持刀对其进行威胁，并用毛巾堵住其嘴巴，用电线捆住其双手，将其衣柜里人民币 3000 元、诺基亚 7610 手机 1 部抢走并逃离现场。"这段文字虽然不长，但将一起较为复杂的由入户盗窃转化为抢劫的刑事案件犯罪事实各项要素交代得一清二楚，语言简明清晰。

在追求语言简约性的同时，应当竭力避免苟简现象的发生。苟简的句子，表面上看似乎达到了简约的效果，但由于其省掉了必不可少的词语，容易引起语不达意、于法不合、事理不明、表达不清等问题。比如，"原告李×与第三人王×原系婆媳关系，王×前夫死后，另招夫徐甲，后因不合于2013年脱离关系，当时被告徐乙随母生活"。这段文字中，"后因不合于2013年脱离关系"，是谁和谁不合，没有交代出来，而被告徐乙是王×与前夫的儿子，跟继父姓徐，也没有交代出来，导致案件事实叙述不清。应该写为"原告李×与第三人王×原系婆媳，王×前夫即李×之子死后，王×另招夫徐甲。李×与王×后因不合，于2013年脱离婆媳关系，当时王×与前夫所生之子即被告徐乙随母生活，跟继父徐甲姓徐"。

2. 准确性。语言准确是任何口语、书面语表达都必须遵循的基本要求。法律文书的语言也要求准确，即应做到文字表意精确、解释单一、真实合法。与一般文书相比，法律文书对语言准确性的要求更为严格。因为法律文书是实施法律的工具，是法律活动最重要的信息载体，它在惩罚犯罪、制裁违法行为、保护当事人合法权益的同时，也彰显了司法公正和法律权威。特别是在互联网日益发达的今天，法律文书一旦上网公布，就成为全社会关注的焦点，其中的案件事实、处理理由和处理结论均成为社会公众评价的对象，而这些内容的表达都离不开语言文字。因此，使用准确而规范的语言制作法律文书尤为重要。

要做到语言准确，必须做到以下几个方面：

（1）遣词要准确、恰当。词是构成词语最小的单位。在法律文书中，任何一个案件事实的认定，都需要借助词语来表现，用词的准确性直接关系到案件事实认定的准确性，进而也会影响到适用法律的准确性。在写作实践中，必须注意用词的准确性。稍有疏忽，就可能因一字之差，一词之错，甚至一个标点符号使用不当，造成严重的后果。如有一份判决书将"被告人从2013年7月到2013年末盗窃"中的"末"字写成"未"字，一字之错，致使案件事实发生了重大变化。因此，在写作时选择词语必须认真推敲，特别是对同义词、近义词更要准确区分使用。在法律文书中需大量使用法律术语，其中有些法律术语之间具有形似质别的特点，它们之间差异细微，如不仔细甄别，极易混淆。如"损坏"与"毁坏"，"羁押"与"扣押"，"惯犯"与"累犯"，"过失"与"过错"，"上诉"与"抗诉"，"权力"与"权利"，"调解"与"和解"，"担保"与"取保"，"前科"与"劣迹"等都是相近易混的法律术语，必须精心辨别，慎重使用，不得有半点马虎。否则，失之毫厘，谬以千里。

法律文书中用词还应注意必须恰当。如果词不达意，就不能准确地反映案情。当前，有不少法律文书都存在词不达意的现象，所以不能轻视这一问题。词不达意产生的原因有二：一是词汇贫乏；二是粗心大意。如有一起抢劫案件的起诉书中写道："……用火药枪指着夏××，将刀架在夏颈上，威逼夏摘下手表，催促同伙快抢东西，抢劫完毕，李最后撤离时将夏××反锁屋内。当被告逃离现场经滨江东市场右侧横巷时……"其中的"指着""摘下""催促""撤离""逃离现场"都属词不达意。此段文字可做如下修改："……用火药枪对准夏××，并将刀架在夏的颈上，一面威逼夏交出手表，一面喊叫同伙加紧抢劫。抢劫一通后，李最后逃离现场时将夏××反锁在屋内。当被告逃跑中经过滨江东市场右侧横巷时……"在法律词语中，有些表示程度的形容词，由于蕴含了相对精确的法律内涵，是情节的质的表现，关系到能否定罪量刑，如何定罪量刑，因而必须准确选用；否则，会造成适用法律上的错误。如"显著轻微"与"轻微"，"严重"与"特别严重"。我国《刑事诉讼法》第 15 条规定，情节显著轻微、危害不大，不认为是犯罪的，不追究刑事责任，已经追究的，应当撤销案件，或者不起诉，或者终止审理，或者宣告无罪。第 204 条规定，被害人有证据证明的轻微刑事案件属于自诉案件。二者相比可以看出，情节"显著轻微"的案件，如果危害不大，就不追究行为人的刑事责任。但如果是情节"轻微"的案件，被害人可以将其直接起诉到人民法院，要求追究行为人的刑事责任。在我国《刑法》中，情节"严重"与情节"特别严重"的量刑幅度也是完全不同的。

（2）造句应规范、严谨。制作法律文书，在用词力求准确恰当的基础上，还应注意造句的规范、严谨。要做到这一点，应从以下几方面努力：

第一，合理安排语序。语序在汉语的表意上至关重要，法律文书写作一般都比较重视语序的安排。因为语序一旦改变，将会导致一些逻辑上的变异，最终会影响案件事实的认定。如"虽事出有因，而查无实据"与"虽查无实据，而事出有因"，虽然后句只是改变了语序，但重点已经转移，前句实际上已经否定了这个因，而后句却强调了这个因，这将直接影响对案件事实的具体认定。

第二，表达要周密。叙述事物的发展变化时，要注意做到前后一致，来龙去脉清楚；说明事理时要客观全面地阐述问题的性质和特征，注意区别一般情况与特殊情况，以及某一事物存在的条件和该事物与其他事物之间的联系等。如"经询问被告张甲、张乙否认原告所诉。并称他在自己住房后背墙空道上扩建的房屋是经过城建部门批准的，事后又办理了房地产所有权证"。此段中上文是两个被告，下文却变成一个被告"他"，这个"他"到底是谁，没有表达清楚，导致前后文不一致，影响了语意的准确表达。

第三，论域周密集中。论域是指司法活动中所讨论问题的范围。论域要做到周密、集中，一般不能偏离中心，插入无关的论题。虽然论域是一个比较大的空间，但在法律文书中，一般都是就事论事，针对某一问题进行陈述、解说、论证，因此要抓住要害，很少作额外的发挥。如鲁迅稿酬纠纷案，鲁迅之子周×婴向人民文学出版社追索鲁迅稿酬余款 4 万余元，其代理律师在代理词中写道："五十年代初，许×平、周×婴确曾两次表示愿意将鲁迅稿酬捐赠国家，但是，事实上这一法律行为并未生效。因为：①许、周的捐赠对象是国家。人民文学出版社未经授权，不能代表国家。留在该社的鲁迅稿酬不能认定已属国库，赠与行为未生效。②赠与是双方法律行为。而作为受赠方的国家拒绝了许、周的这一赠与，因为当时周总理在听当时人民文学出版社社长冯雪峰汇报时，明确表示不接受捐赠。赠与行为当然没有生效。人民文学出版社侵权客观存在，该社自1958年起，将鲁迅稿酬4万余元作为自己收入上缴，均没征得许、周同意。"这一代理意见仅仅围绕赠与行为这一论域展开，论据相当充分，逻辑十分严谨，显得干净利落，起到了好的表达效果。[1]

3. 朴实性。法律文书的语言除了追求准确、简约以外，还讲究朴实。朴实是指法律文书的文风朴实，语言平实，绝对排斥夸张、渲染，也不追求文艺性的描绘和形象的比喻。要用朴朴实实的词语把案件事实记叙清楚，用恳切明了的语言阐明处理理由，用明确具体的文字说明处理意见。之所以要求朴实，一是因为法律活动的内容具有社会普及性，与老百姓的日常生活、工作学习密切相关，多涉及婚姻、家庭、财产、人身、经营活动等，参加诉讼活动的人员来自社会各个阶层，文化程度参差不齐，其中也有不识字者，要使一般识字的人都能看得懂，不识字的人也能听得懂，制作法律文书就必须采用平白、朴实的语言；二是因为办案机关处理法律事务，尤其是诉讼纠纷，必须遵循以"事实为依据，以法律为准绳"的原则，作为法律活动文字载体的法律文书也只能如实反映案件事实、处理理由和处理结论，这就决定了它的朴实性。

要做到朴实，应当注意以下几点：

（1）尽量避免使用生僻的词语。在法律活动中，生僻的词语往往造成活动参与主体理解上的困难，而直白易懂的语言不仅有利于活动主体之间的沟通与交流，更有利于问题的解决。因此，如果能用最平常、最习惯的词语，深入浅出地说明复杂、深奥的道理，就不要选用那些艰深、晦涩的词语，以免使人难以领会文书的内容，从而影响法律活动的顺利进行。

（2）忌用渲染性、描绘性以及夸张、比喻类语言。法律文书具有国家公文性质，要求庄重、严谨、贴切。忌用带有渲染性、描绘性色彩的词语。如一份现场勘查笔录中记载了如下内容："现场在距××水泥厂西侧200米处河滩上的一个大坑内，尸体掩埋在坑底东南侧突出地面50cm×30cm×10cm的小土坑内，一只手臂自西向东露出20cm，清除尸体上堆积的沙石后发现，尸体呈俯卧状，上身穿公安89式白涤确良衬衣，左胸前有一10cm×6cm的不规则血迹，色黑、

---

〔1〕 吕岱主编：《法律实用写作》，科学技术文献出版社1994年版，第89页。

干而硬；下身穿公安 89 式警裤，裤子右侧口袋里有一串钥匙和××粮运公司饭菜票 20 张。"这段文字用平实的语言将现场发现尸体的方位、尸体的现状、衣着、血迹及随身携带的物品写得详尽具体，客观周密，没有夹杂任何渲染成分和描绘色彩，为司法机关准确查明案情提供了可靠的证据材料，值得借鉴。制作法律文书，也不宜用夸张、比喻等加强语言艺术性效果的修辞方式。如"流氓成性""悲惨死去""花枝招展"等。在写作实践中，有的人往往不能很好地掌握朴实性这一语体特点，以致造成语言失体。如有一民事上诉状中的上诉请求是这样写的："一条牛腿送法院，偏审偏宣判，莫名其妙多变幻，法院好像杂技团，再去几次区法院，好人要进疯人院，眼看十五大限满，中院再寻救生圈，请二审人民法院依法撤销原判，重新审判。"此例中的语言与法律文书所要求的朴实风格大相径庭，应竭力避免此种写法。

应当注意的是，法律文书追求朴实，并非只是单纯地追求简单，有些案件本身很复杂，必须选择合适的语言将案件事实写清楚，将理由阐述明白。优秀的法律文书应当是雅俗共赏的，应当在不失朴实的前提下，适时使用一些文雅的词语，来增强文书内容表达的活力。如可以选用一些规范的书面语、含义丰富的文言词语。

四、法律文书的结构

（一）结构的概念和作用

结构，是指各个组成部分的搭配和排列。在文章学上指的是文体内部的组织和构造，亦即对表达内容进行材料组织的表现方式。就文章学理论的要求而言，文章的结构安排形式应根据主题的需要，对使用的材料进行有序的设计编排，诸如文意的衔接、观点的归纳等都应以作者的主观意图及写作需要加以灵活设计，因而结构往往没有统一的模式。

法律文书的结构，是指文书作为一个整体而存在的各组成要素之间的有机联系。法律文书的结构与一般文章的结构有所不同，它具有结构内容固定化、格式化的特点。因为法律文书属于公文的一个分支学科，公文的行使涉及的是公务活动，需要按照特定的运转程序进行，其制作必须遵循规范的格式，才便于运作。法律文书当然也不例外。

法律文书的结构包括内容结构和形式结构两部分内容。

1. 法律文书的内容结构，也称实质结构，是指决定法律文书内在联系的各组成要素之间的有机结合，是法律文书的内核和灵魂。法律文书的内容结构一般由事实、理由和结论三个部分组成。这三个组成部分往往存在着内在的、有机的逻辑联系，形成一个不可分割的整体。其中事实是阐述理由和作出结论的根据。因为事实是形成理由的基础和依据，理由是对事实的概括和评论，结论是根据理由部分的分析评论，自然而然得出应当如何处理的结果。法律文书的结构规范化一般是指文书内容整体的规范，具体到文书中某一特定项目的写作，仍然可以根据需要灵活加以设计。如事实部分如何叙述、理由部分如何论证，其具体结构安排可以根据具体案情和写作需要灵活处理。

2. 法律文书的形式结构，也称外部结构，是指法律文书所表现的外在形式，是一定的规格样式。法律文书的形式结构包括首部、正文和尾部。首部是法律文书的起始部分。一般包括文书名称、文书编号、诉讼参与人的基本情况、案由或事由、案件来源和处理过程等项内容。这些项目因文种的不同可以有所增减，但有较为固定的格式，这部分充分体现了法律文书的规范化特点。在制作具体法律文书时应严格按照主管机关下发的文书样式中的规定制作。正文是法律文书的核心部分，几乎每个法律文书的正文都包括事实、理由和结论三项内容。但在具体法律文书中，正文的写述不完全相同。有些文书是将事实、理由和结论一并写在一个自然段，如公安机关的没收保证金决定书；有些文书是将事实、理由和结论分为两个部分写的，事实作为一个部分，理由和结论作为一个部分，如人民检察院的起诉书；有些文书则是将事实、理由、结论分三个部分列写，如人民法院的判决书等。尾部是法律文书的结束部分，一般包括告知事项（或致送机关）、签署、日期、用印、附注说明等项目。这些项目因文种的不同，在具体写作时亦有些许差别，但签署、日期、用印则是每个文书不可或缺的。法律文书尾部与首部一样，规范化特点十分明显。一般用语固定，必须严格遵照执行样式中的规定，不能任意取舍，否则影响文书的效力。

法律文书的内容结构与形式结构是一个有机的整体，二者是相互依存、相互作用的。一方面，法律文书的内容结构决定了法律文书的外在形式；另一方面，法律文书的形式结构一旦形成，将直接影响法律文书的内容结构。因此，在写作时，既要重视法律文书的内容结构，突出每个文书的个性特点，不能千篇一律；也要重视法律文书的形式结构，规范制作，不能随意取舍。

法律文书的结构是法律从业人员长期实践经验的总结。这种结构既反映一定的办案程序，同时又便于写作。其作用是：①能够保证法律文书内容的完整性、准确性及有效性，使其更好地发挥执法作用。②方便制作。有了结构，文书的起草、签发、定稿、制作正本、副本则比较方便，可以减少制作的时间，提高诉讼效率。③便于科学管理。有了结构则便于文书的发文、收文、归类登记、归档保存，检索使用等管理工作的进行，促进文书管理的科学化。

（二）法律文书结构的主要形态

法律文书在形式结构方面主要有表格式、填空式、笔录式和文字叙述式四种表现形态。

1. 表格式法律文书。表格式法律文书,是指采用表格的方式来表现案件内容的文书。这类法律文书种类较多,如公安机关的接受刑事案件登记表、调取证据清单、扣押物品、文件清单,人民检察院的取保候审审批表、查封物品清单,人民法院的送达回证、拘传票、民事诉讼中用于小额诉讼程序的部分判决书等。

表格式文书的内容基本上是要素化的。这些要素明确规定了填写的内容,一般比较简单,用语也很明确。直观地看,表格式文书就像一个平面图,把要填写的有关事项及内容都比较科学地排列在上面。要求制作者准确、具体、如实的予以填写。如民事被告对原告所主张的事实和诉讼请求无异议的小额诉讼程序用的表格式判决书(见下表)。

××人民法院
民事判决书

(××××)……民初……号

原告	写明当事人基本信息
被告	写明当事人基本信息
案由	……纠纷
诉讼请求	1.……;2.……

本院于××××年×月×日对本案适用小额诉讼程序公开/不公开开庭(写明不公开开庭的理由)进行了审理。本案现已审理终结。

依照《中华人民共和国……法》第×条、……(写明法律文件名称及其项序号)、《中华人民共和国民事诉讼法》第一百六十二条规定,判决如下:

……(写明判决结果)。

如果未按本判决指定的期间履行给付金钱义务,应当依照《中华人民共和国民事诉讼法》第二百五十三条规定,加倍支付迟延履行期间的债务利息(没有金钱给付义务的,不写)。

案件受理费……元,由……负担(写明当事人姓名或名称、负担金额)。

本判决为终审判决。

审 判 员 ×××

××××年××月××日

(院印)

书 记 员 ×××

2. 填空式法律文书。填空式法律文书，是指文书构成要素较为单一且大部分内容已经固定，只有少量内容由制作者填写的文书。这类法律文书在整个法律文书中占的比例很大。如公安机关的扣押邮件电报通知书，人民检察院的执行逮捕通知书、拘留决定书，人民法院的提押票、逮捕决定书等。

填空式法律文书有单联、两联、三联、四联、五联、六联填空式文书，所填充的内容和项目不尽相同，往往将一些带有共性的内容用成文化的语言印制在格式之中，而将一些带有个性特征的内容，即需要根据个案具体情况填写的内容空下来，要求制作者如实准确地填写即可。这类文书有时还和表格式文书结合在一起，既要填写某些内容，又要在表格内填写有关要素，但一般都较易制作。如公安机关的指定管辖决定书：

×××公安局
指定管辖决定书

×公（　　）指管字〔201×〕×号

经对＿＿＿＿＿＿＿＿＿＿＿＿＿＿＿＿案件管辖问题进行审查，根据《公安机关办理刑事案件程序规定》第十九条之规定决定由＿＿＿＿＿＿＿＿管辖。请＿＿＿＿＿公安（分）局在＿＿＿日内将与案件有关的证据材料移送该公安机关。

（公安局印）
二〇一×年×月×日

3. 笔录式法律文书。笔录式法律文书，是指以文字形式如实记录案件事实的文书。这类法律文书包括所有笔录，如讯问笔录、询问笔录、调查笔录、验明正身笔录、法庭审理笔录、侦查实验笔录、现场勘查笔录等。

笔录式法律文书的整体结构包括首部、正文和尾部三个部分。首部主要写明笔录的名称、制作的时间、地点、有关诉讼参与人及记录人等情况。尾部包括签署意见、签名、盖章、捺手印。正文部分有的笔录是问答式，采用一问一记，一答一记的方式，将问话和答话准确、如实、扼要地记录下来；有的笔录是将具体办案过程和结果用叙述的方法如实记录下来。这类文书主要在于查明案件事实，记录的内容主要起证据作用，如果内容不真实就失去了制作笔录的意义。因此，制作时一定要实事求是，不能夸大也不能缩小。如公安机关的询问笔录：

询问笔录

时间　<u>2013</u> 年<u>5</u> 月<u>5</u> 日<u>10</u> 时<u>30</u> 分至<u>2013</u> 年<u>5</u> 月<u>5</u> 日<u>11</u> 时<u>20</u> 分

地点　<u>西安市××××公司</u>

侦查员姓名、单位　<u>王××、李××，西安市公安局刑警队</u>

记录员　<u>张××</u>　单位　<u>西安市公安局刑警队</u>

被询问人　<u>赵××</u>　性别　<u>男</u>　年龄　<u>35</u> 岁　单位　<u>西安市××××公司</u>

住址　<u>西安市未央区××路××号</u>　联系电话　<u>×××××××××××</u>

问：我们是西安市公安局的民警，现在有几个问题想找你了解核实。根据刑事诉讼法的有关规定，你应当如实提供证据、证言，如果有意作伪证或者隐匿罪证的，要负法律责任。你明白吗？

答：我明白。

问：5 月 3 日上午你在公司吗？

答：我在公司。

问：5 月 3 日上午经理室发生的事你看到了吗？

答：我看到了一些。

问：你看到了什么？

答：5 月 3 日上午 10 点 30 分左右，我拿着本月的报表去财务科。当我路过经理室时，听到里面有人在争吵，又听到一阵乱响。我刚要走过经理室，忽然经理室的门开了，一个男的从里面冲出，手里拿了一把刀，刀上还带着血。这人顺着走廊跑了出去。这时，附近几个办公室的同事都出来了，进了经理室，我也跟着进了经理室，看到马经理手捂着腹部躺在地上。公司的同事就用电话报了警。

问：那个男的长什么样？

答：他从经理室出来的时候背对着我，然后就跑出去了，正面没有看到。从背后看，大约身高一米七二，中等身材，留寸头，上身穿白色短袖衬衣，下身穿黑色长裤，脚穿一双棕色皮鞋。

问：还有什么特征？

答：他跑得太快，别的没有看清。

问：你以前见过这个人吗？

答：没见过。

问：你听见经理室内在争吵什么吗？

答：没有听清。

问：那个男的从经理室冲出来时，走廊里除了你以外，还有谁？

答：我看到当时走廊距我十几米远的地方有曹××、魏××，其他的人没有看见。

问：还有什么要补充的吗？

答：没有了。

问：以上说的是否属实？

答：属实。

以上笔录我看过，和我说的相符。

赵××（捺指印）

2013 年 5 月 5 日

这是一个询问证人的笔录文书。该文书内容简明清晰、层次分明，侦查人员首先表明自己的身份，然后告知被询问人有关作证义务的要求，最后写了被询问人了解的案件有关情况。

4. 文字叙述式法律文书。文字叙述式法律文书，是指制作主体制作法律文书时在具体格式的框架下需要叙述案件事实、阐述处理理由并在此基础上作出处理结论的法律文书。这类文书包括公安机关的提请批准逮捕书、起诉意见书，人民检察院的起诉书、不起诉决定书、抗诉书，人民法院的判决书、裁定书，辩护人的辩护词，代理人的代理词等。

文字叙述式法律文书是法律文书的重点部分。因为这类文书解决的都是重要的法律问题，在办案过程中发挥着极其重要的作用，但制作难度也较大。这类文书的整体结构呈现出规范化特点，一般由首部、正文和尾部三个部分构成，每部分内容都由其特定的要素构成。但正文部分可以灵活写述。正文部分包括事实、理由和处理结论，这三方面内容的顺序一般不能颠倒，但具体内容应因案而异，写作章法也具有多样性。如下面几种文书正文的结构：

【例1】

河南省××县人民法院
刑 事 判 决 书[1]

（2016）豫 1221 刑初 218 号

公诉机关××县人民检察院。

---

[1] 参见中国裁判文书网。

被告人陈××（又名陈×保），男，1974年7月15日出生，汉族，农民。因犯盗窃罪于2013年6月6日被三门峡市湖滨区人民法院判处有期徒刑一年八个月，并处罚金15 000元，2014年11月1日刑满释放；因吸毒于2015年12月22日被××县公安局决定强制戒毒二年；因涉嫌盗窃犯罪，于2016年1月18日被××县公安局刑事拘留，同年1月29日被逮捕。现羁押于××县看守所。

××县人民检察院以××检公诉刑诉〔2016〕35号起诉书指控被告人陈××犯盗窃罪，于2016年4月22日向本院提起公诉。本院依法组成合议庭公开开庭审理了本案。××县人民检察院指派检察员李××、段×出庭支持公诉，被告人陈××到庭参加诉讼。现已审理终结。

经审理查明：2015年11月29日15时左右，被告人陈××在××县文化街北口乘坐2路公交车，乘车途中将张×手提包内的浅色花纹钱包盗走，钱包内有现金400元、身份证和银行卡等物品，陈××扒窃得手后到××县百货大楼十字路口处下车逃匿。

上述事实，被告人陈××在开庭审理中亦无异议，且有被告人陈××在侦查阶段的供述与辩解、被害人张×的陈述、被告人陈××的户籍信息证明和前科证明、辨认笔录及照片、扣押清单、发还清单、视听资料、破案报告等证据在卷证实，足以认定。

本院认为，被告人陈××以非法占有为目的，在公共汽车上扒窃现金400元，犯罪事实清楚、证据确实充分，其行为已构成盗窃罪。公诉机关指控罪名成立。被告人陈××强制戒毒期间主动如实供述司法机关还未掌握的其他犯罪事实，系自首，可以从轻处罚，但其是在前罪被判处有期徒刑刑罚执行完毕后，在五年内再犯应当判处有期徒刑以上刑罚，系累犯，应依法从重处罚。依照《中华人民共和国刑法》第二百六十四条、第五十二条、第五十三条、第六十五条第一款、第六十七条第一款之规定，判决如下：

被告人陈××犯盗窃罪，判处有期徒刑七个月，并处罚金1500元。

（刑期从判决执行之日起计算。判决执行以前先行羁押的，羁押一日折抵刑期一日。即自2016年1月18日起至2016年8月17日止）

上述罚金于判决生效后十日内缴纳。

如不服本判决，可在接到判决书的第二日起十日内，通过本院或者直接向三门峡市中级人民法院提出上诉。书面上诉的，应当提交上诉状正本一份，副本两份。

审　判　长　董××
审　判　员　刘××

代理审判员　　王××

二〇一五年五月九日

书　记　员　　左××

这份刑事判决书是典型的文字叙述式文书。该文书结构完整，层次分明。从"经审理查明"到"上述罚金于判决生效后十日内缴纳"为判决书的正文。正文包括三个层次的内容：第一个层次写法院查明的事实和证据，为下文书写判决理由和判决结果打下坚实的基础；第二个层次写判决的理由，判决理由是从案件事实中总结归纳出来的，要与事实保持高度一致；第三个层次写判决结果，判决结果是根据前述事实和理由，自然而然得出的处理结论。这种首先叙述案情事实，然后用法律衡量事实，评判被告人有罪或无罪，最后得出判断结论的方式，可称为"三段论"结构。

【例2】

分产契约〔1〕

立契约人：张××，女，72岁，系下列立约人赵××、李××、赵××之母、赵××之祖母。

赵××，男，48岁，张之长子。

李××，女，45岁，张之二儿媳。

赵××，男，52岁，张之养子。

赵××，男，18岁，张之孙子。

张××之夫赵××于2011年5月9日因病去世，生前未留下遗嘱。现遗有房屋两间（坐落于××市××街××胡同××号），赵、张夫妻关系存续期间积蓄有人民币120万元，均存在张的名下。另有彩色电视机、冰箱、家具、生活用品等什物。赵××生前欠他人借款10万元。张××考虑到家庭实际情况，决定分割家庭财产，为做到合理合法，不伤和气，一次分清，永无争执。张××特委托××律师事务所律师王××代书并见证，在征得各继承人认可同意的基础上，依照继承法，共同达成分产契约如下：

一、房屋一间（东厢房）、彩色电视机、冰箱、家具及生活用品等什物，银行存款人民币66万元，全部归赵之配偶张××所有。

二、张、赵之长子赵××为残疾人，一直未婚随张生活，考虑到其实际情况，分得房屋一间（西厢房），人民币11万元。

---

〔1〕　参见宋健主编：《法律文书的制作与应用》，中国政法大学出版社2012年版，第409页。

三、张、赵二儿媳李××，对两位老人尽了赡养义务，张心甚慰，按第一顺序继承人分得人民币 11 万元。

四、张之养子赵××，符合第一顺序继承人条件，分得现金 11 万元。

五、张之孙赵××，父母双亡，应代位继承，分得现金 11 万元。

六、赵××生前债务 10 万元，从 120 万元中支出。

以上各条，立契约人完全同意。立约之时，律师在场，今后永无争执。

立约人：张××（签字）手印

赵××（签字）手印

李××（签字）手印

赵××（签字）手印

赵××（签字）手印

2014 年 8 月 10 日

见证人：××律师事务所

律师王××

本契约一式六份，立契约人各执一份，律师入卷一份。

这份分产契约从"一、房屋一间（东厢房）、彩色电视机、冰箱、家具及生活用品等什物，银行存款人民币 66 万元，全部归赵之配偶张××所有"到"六、赵××生前债务 10 万元，从 120 万元中支出"为文书的正文。这一部分采取分条列项的方式依照我国《继承法》的规定对私有财产进行了合理分割，此种结构称为条款式结构。这种结构常用于法律文书中的合同、协议、公司章程、分产契约、遗嘱、公约、守则等文书的正文部分，其特点是内容单一、简洁明了、眉目清晰、易于制作。

【例 3】

<h2 style="text-align:center">行政答辩状[1]</h2>

答辩人名称：××市公安局

所在地址：××市××大街 84 号

代表人姓名：陈××　职务：局长

电话：×××××××

因刘××等人诉答辩人滥用职权一案，提出答辩如下：

一、刘××等人具有违法事实

---

〔1〕　参见宋健主编：《法律文书的制作与应用》，中国政法大学出版社 2012 年版，第 346 页。

　　××学院学生刘××等7人自2007年入学后，经常聚集在一起躲在学生宿舍或无人上课的教室内赌博。每晚学生宿舍熄灯后，他们就在楼道里或者学院内路灯下继续赌博，直至第二天凌晨。赌资也由最初的几元、十几元发展到几十元、上百元生活费。据刘××在我局交待，最多的一次赌资达数千元，甚至将学习用品、衣物等押上。

　　对于刘××等人的赌博行为，其所在学院多次教育，但刘××等人不思悔改，直至发展到今年4月26日晚刘××等5人闯入其班主任胡××老师的单身宿舍，对曾经批评、教育他们的胡××老师进行恐吓和威胁。刘××等人的行为违反了《中华人民共和国治安管理处罚法》的规定，已构成违法行为。刘××等人在起诉状中称他们的行为"没有构成违法"，与法律规定不符。

　　二、对刘××等人予以行政拘留处罚，是公安机关的正当职权，符合法律规定

　　依法对违反《中华人民共和国治安管理处罚法》的违法者予以行政处罚，是法律赋予公安机关的权力，属于公安机关正当的职权范围。刘××等人的行为构成违法，且经该学院有关领导批评教育仍不能奏效的情况下，公安机关依据《中华人民共和国治安管理处罚法》中的有关规定，对刘××等人分别给予行政拘留7~15日、罚款200~1000元的处罚，既是正当行使国家法律赋予的权力，也是有法可依的。在对刘××等人的处罚过程中，公安机关并无半点滥用职权的表现。

　　三、刘××等人被学院开除，与公安机关无关

　　刘××等人因违法行为被公安机关予以行政拘留。在此期间，刘××等人所在学院根据刘××等人行为的情节、性质和他们的一贯表现，对其作出开除学籍的处理。这是学院自身的职权，也是由学院自主决定的，公安机关并未参与意见。行政处罚与行政处分本是两个不同性质的问题，分别由两个不同的单位行使职权，却被刘××等人混淆，并在起诉状中指责"正是由于公安机关的错误处罚导致了学院作出错误的处理决定"。对于这种无理指责，公安机关是不能同意的。

　　综上所述，公安机关对刘××等人予以行政处罚具有事实和法律依据，并非滥用职权。请人民法院查清事实，驳回刘××等人无理的诉讼请求。

　　此致
××市人民法院

答辩人：××市公安局

2009年5月25日

　　这份行政答辩状从"一、刘××等人具有违法事实"到"综上所述……驳回刘××等人无理的诉讼请求"为文书的正文。这一部分为了证实答辩方对刘××等人予以行政拘留处罚并非滥用职权这一总观点，从三个方面根据事实和法律逐层分析论证，最后总结说明总观点是成立的。这种结构称为并列式结构。并列式结构的文书正文有多个分论点，各自独立、互不关联，但它们又同时围绕总论点去布局和论述。其特点是理由充分集中，说服力强。并列式结构多用于辩护词、代理词、上诉状、答辩状等法律文书的制作。

　　法律文书正文部分的结构除了上述三种以外，还有直叙式、递进式、纵横结合式等结构形式。

第五节　法律文书的写作方法

一、法律文书事实的写作方法

（一）法律文书事实的含义

　　法律文书的事实，指的是案情事实，又称案件事实，也称法律事实。

　　法律事实是已经发生的，有证据证明的，隐含法律构成的事实，其追求的是法律真实。[1] 法律事实属于事实的范畴，但它不同于一般意义上的事实，有了法律才会有法律事实。一般意义上的事实，必须经过法律的规范和调整，才能变成规范的法律事实。法律事实也不同于文学作品的事实，后者追求的是艺术真实，可以用虚构的笔法叙写事实。法律事实与应用写作的事实也不完全相同，虽然两者都讲事实的现实真实性，但法律事实隐含了法律构成，而应用写作的事实却没有。在罗马法中，"因其存在而使主体获得或不再拥有主体权利的那些限制或条件叫法律事实。这些事实在人们之间创立的关系是法律关系"。或者说"法律事实是法律使某一权利的取得、丧失或变更赖以发生的条件，换言之，是引起法律后果的事实"。[2] 可见，法律事实是能够引起法律关系产生、变更或消灭的事实和构成法律关系本身的事实的总称。这种事实是被法律所处理或带有法律性质的社会范围内的事实。就其性质而言，是客观真实和法律真实的统一，与法律构成、权利义务永远相伴。

　　法律事实是已经发生的事实，这种事实是客观存在的现象，需要用证据加以证明，没有证据证明或证据证明不了的情况，如道听途说、捕风捉影得来的

---

〔1〕　侯兴宇：《法律文书制作形成研究》，法律出版社2015年版，第41页。
〔2〕　［意］彼得罗·彭梵得：《罗马法教科书》，黄风译，中国政法大学出版社2005年版。引文转引自侯兴宇：《法律文书制作形成研究》，法律出版社2015年版，第41页。

消息，不是法律事实。法律事实还必须隐含法律构成。所有具备完整内容的刑事、民事、行政案件事实，都隐含着法律构成，即刑事法律构成、民事法律构成和行政法律构成。刑事法律构成也称犯罪构成；民事法律构成也称具体民事权利义务构成；行政法律构成也称具体行政行为的合法与违法构成。在刑事、民事、行政法律文书中叙述的事实，必须是体现上述法律构成的事实。

我国三大诉讼法均明确规定，司法机关处理诉讼案件必须遵循"以事实为根据，以法律为准绳"的原则，这里的事实指的是法律事实。因此，司法人员制作法律文书必须尊重法律事实，即案件事实，决不能虚构和歪曲事实，这是确保案件正确处理的前提和基础。

法律文书事实的写述主要使用的是叙述的表达方式，但有时在叙述过程中也会涉及说明的方法，如在叙述犯罪事实过程中或叙述之后对证据进行说明。

（二）法律文书事实的叙述

1. 叙述的视角。叙述是反映人的经历和事件发展变化的一种表达方式。视角是叙述者观察和认知案件事实的角度。通常情况下，人们对案件事实的认知是凭借自身的感觉感知的，这就使得呈现出的案件事实与叙述者的个体因素密切相关。叙述者观察和认知案件事实的视角各不相同。不同的叙述者从不同的角度观察同一案件事实，得出的结论可能不同。视角作为一种叙述方式，主要涉及叙述的人称、叙述的立场、叙述感知等方面。实践中，不同的叙述主体都是根据自己的需要选择叙述的视点、角度的。如在刑事公诉案件中，公诉人和辩护律师基于履行自身职能的需要，常常会站在对立的立场看待案件事实，因此，他们制作法律文书时的视角是完全不同的。法律文书叙述的视角，应根据案件自身的特点，只选择事物的一面进行叙述，而且一般都以正面叙述为主，极少从反面和侧面叙述。因此，叙述者在绝大多数情况下使用的都是顺叙的方法，即将案件事实的发生、发展过程、造成的后果，从头至尾地叙述出来。很少用插叙、分叙、补叙，基本不用倒叙。

叙述的人称，是指叙述者即写文书的人，采取什么角度叙述事情的发生、发展的过程和事件人物的经历。如果用第三者身份从旁叙述就是第三人称；以当事人的口吻来叙述的就是第一人称。法律文书叙述事实，办案人员多是采取从旁叙述的角度，叙述者以第三者身份出现。所以法律文书的叙述基本上用第三人称。

用第三人称叙述事实，既不受时间、空间的限制，又不受叙述者的生理和心理的约束，叙述者可以根据案件的时空变化直接自如地表达案件事实，不夹杂个人的好恶和爱憎，切实做到客观全面地叙述事实，体现"以事实为根据，以法律为准绳"的原则。

但也有少数法律文书的叙述必须用第一人称。如呈请立案报告书、呈请破案报告书、要求复议意见书、提请复核意见书、结案报告、部分笔录等。用第一人称叙述，是把事实通过"我"或"我们"告诉读者。例如，"2015 年 5 月 18 日晚上 9 点 20 分，灞桥区××派出所接到居民张×报案：其妻马××在家中被害身亡。我队接到报案后，立即组织人员赶赴现场，在××派出所同志的陪同下开展现场勘查和调查访问工作"。再如，"根据现场证据，我们认为，死者财产没有丢失迹象，生前也没有发生性行为，因此基本可以排除财杀和强奸杀人的可能性。凶手很有可能是死者熟悉的人。尤其是死者的王姓同事，应当作为重点侦查对象"。

需要注意的是，法律文书叙事使用第一人称时，往往和第三人称结合起来，交错进行。因此，行文中变换人称要注意衔接、过渡。

2. 叙述的要素。法律文书有自己特定的要素。不同性质的案件是由不同的事实情节组成的，因此，叙述事实的要素也各不相同。从法律事实构成而言，刑事案件事实是犯罪构成；民事案件事实是民事权利与义务构成；行政案件事实是具体行政行为的合法与违法构成。从法律事实要素来说，刑事案件叙述犯罪事实时应当写明犯罪时间、犯罪地点、犯罪动机、犯罪目的、犯罪手段、犯罪过程、犯罪后果、被害人、作案人及其事后态度、证据等要素；民事案件叙述事实时应当写明具体民事法律关系、民事法律关系发生的时间、地点及内容、涉及的当事人、纠纷的起因、纠纷的过程、结果、各方的争执意见和理由以及证据等要素；行政案件叙述事实时应写明具体行政法律关系、行政法律关系发生的时间、地点及内容、涉及的当事人、纠纷的起因、纠纷的过程、结果、各方的争执意见和理由以及证据等要素。

只有将上述要素叙述清楚，才能全面展示案情，帮助司法人员准确判明案件性质和当事人的责任，从而依法正确处理案件。

3. 叙述的特点。法律文书叙述事实与一般文章叙述事实有所不同，它有自己的特点，具体表现在以下几个方面：

（1）最贵求实，最忌虚妄。任何法律事务的处理，办案机关都必须以事实作为基础，判明是非曲直，确定当事人的法律责任。因此，法律文书事实写得如何，既关乎当事人生杀予夺、荣辱祸福，又关系到办案机关能否正确实施法律，公正合法地解决纠纷。在法律文书中交待当事人身份事项要真实、准确、完整，叙述事实强调客观求实，事实是什么就写什么，是侵权行为就表述成侵权行为，是犯罪行为就表述成犯罪行为，绝不夸大、缩小、歪曲事实。

对于初学法律文书写作的人来讲，"最贵求实、最忌虚妄"这句话说起来简单，做起来并不容易。如有一房产纠纷案件，原告李×是家庭妇女，2010 年夏因丈夫工作调动，随夫迁居陕西省三原县……就是这样一件简单的事实，在某法律院校学生的法律文书写作练习中，出现了下面不合实际或不明确的写法：

"2010 年夏，原告李×随夫调动工作，迁居陕西省三原县……"

"原告李×2010 年夏因工作调动，迁往陕西省三原县……"

"2010 年夏，原告李×因故举家搬迁陕西省三原县……"

"李×一家因调动工作迁往陕西省三原县……"

"李随爱人调到陕西省三原县……"

"2010 年夏李×全家搬住其丈夫工作地陕西省三原县……"

这是还没有法律文书写作实践经验的大学生的写作情况。实践中有写作经验的法律工作者，在法律文书叙事求实上，有时也存在不足之处。如有一起继承案件，一审法官与二审法官制作的判决书对同一案件事实的写述就不一样。一审判决书写道，"聂×英在美国期间与美籍人希尔同居生活，生有子女二人玛格和爱德华"，二审判决书则写"被继承人聂×英 1926 年在美国又与希尔（已故）结婚，生有女儿玛格，儿子爱德华"。一审判决书的"同居生活"不完全符合事实；二审判决书的"结婚"符合客观事实。二审判决书在另处还重申："再查，已故的希尔曾于 1926 年在美国与聂×英结婚，此前，聂×英已是有妇之夫，本属于重婚，且在 1941 年双方已自行脱离夫妻关系，希尔偕子女回美国居住。至死亡前的数十年间，双方已无通讯和经济联系。中华人民共和国成立后，聂×英就此向人民政府作了声明，于 1957 年与前妻李×亚离婚后，始准予聂×英再行结婚。"除聂×英与希尔是否结婚这一事实叙述不同外，一审判决书没有写明二人"同居生活"的时间，二审判决书写明二人结婚时间是 1926 年；一审判决书没有注明希尔已故，二审判决书注明希尔已故；一审判决书笼统地写"生有子女二人玛格和爱德华"，二审判决书写得很明确，即"生有女儿玛格，儿子爱德华"[1] 相比之下，可以看出，二审判决书在叙事求实上比一审判决书做得更到位。这起案件并不复杂，一审判决书仍在叙事上存在几处不足。由此可见，叙事求实不是一件容易的事情，需要通过长期的写作训练，不断积累经验，方能做得更好一些。

（2）叙事寓理，法在其中。任何文章的叙事都有一定的目的和意图。法律文书在这一点上表现得尤为突出。文学作品的叙事以寓情为主，在具体写作时往往表现得隐蔽曲折一些，而法律文书叙事则以寓理为主，这个"理"指的是

---

[1]　邱世华主编：《司法文书通论》，群众出版社 1986 年版，第 68 页。

"法理"，因此法律文书的叙事更加直白。法律文书叙事寓理，对刑事案件而言，叙事应当包含犯罪构成的法理，或者不构成犯罪的道理，构成犯罪的，还要包含罪行的性质和严重程度。对民事案件来说，叙事应当包含当事人之间有无民事权利义务关系以及民事违法、侵权行为的法理。如一起抢劫案件的起诉书中对案件事实的叙述：

> 2013 年 10 月 16 日，被告人孙××、陈××共谋对被害人唐××实施抢劫，并准备了催泪喷雾剂、透明胶带、水果刀等作案工具。当晚 8 时许，孙××以装修房子为由将唐××骗至本市东西湖区金银湖街道办事处金南一路张公堤下小树林，在此等候的陈××用催泪喷雾剂喷射唐××的眼睛，使其丧失反抗能力，随即二被告人将其拖至草丛中，用透明胶带绑其手脚，并对其殴打，劫取现金人民币 2200 元及银行卡两张。随后，二被告人威逼唐××说出银行卡密码，后由孙××在银行 ATM 机上取走卡内现金人民币 1400 元……[1]

这段文字说明孙××、陈××具有抢劫唐××的主观故意，客观上也共同实施了抢劫唐××的犯罪行为，因此，孙××、陈××的行为构成抢劫罪，二人共同对此案承担刑事责任。

（3）讲究分寸，注重界限。法律文书的叙事不是随意进行的，而是很讲究分寸的。因为刑事法律文书要界定出犯罪嫌疑人、被告人有罪还是无罪、此罪还是彼罪、重罪还是轻罪的界限，民事法律文书要说明当事人的行为违法或者侵权还是合法，行政法律文书要说明行政机关具体行政行为合法还是违法，有无侵犯原告的合法权益。因此，这些法律文书在叙述案件起因、发展变化的过程和结果时，必须很有分寸地将行为的各个法律方面如实地表达出来。而要真正做到尺寸适宜，界限明确，文书制作者在认识能力、表达能力和技巧方面必须达到较高的程度。

例如，有一起继承案件，一审判决书是这样写的："郭×卿于 1925 年和聂×英的父亲结婚。彼时聂×英已在美国，独立生活。此后聂×英虽回国与继母共同生活一段时间，但聂×英已经成年，显然形不成养母子关系。"对同一事实，二审判决书的叙事是："郭×卿于 1925 年与聂×英之父聂×南结婚。彼时，聂×英虽已成年，但尚在美国求学，经济上不能独立，生活依靠郭×卿夫妇供给。1936 年聂×英回国后至 1955 年曾两度赋闲达 11 年之久。此间，聂×英及

---

〔1〕　王晨主编：《刑事法律文书写作交互指引：以法官审判与律师辩护为视角》，北京大学出版社 2015 年版，第 345 页。

妻、女均靠郭×卿夫妇供养和照顾。1958 年聂×南死后，聂×英与郭×卿仍有经济来往。他们事实上已形成养母子关系，上诉人均不否认这一事实。"[1]　相比之下，可以看出，两份判决书有三处不同：一是一审判决书只写"彼时聂×英已在美国"，没有进一步写在美国干什么，因此所谓"独立生活"就没有事实根据；而二审判决书写的是："彼时，聂×英虽已成年，但尚在美国求学，经济上不能独立，生活依靠郭×卿夫妇供给。"不仅写了聂×英彼时在美国，而且还写了他当时在"求学"。二是一审判决书仅写"此后聂×英虽回国与继母共同生活一段时间"；而二审判决书则写"1936 年聂×英回国后至 1955 年曾两度赋闲达 11 年之久。此间，聂×英及妻、女均靠郭×卿夫妇供养和照顾"。三是一审判决书没有写聂×南死后，聂×英与郭×卿处于什么关系；而二审判决书却清楚地写道："1958 年聂×南死后，聂×英与郭×卿仍有经济来往"。可以看出，一审判决书对事实叙述笼统、粗疏，对事实发展过程没有表达清楚。而二审判决书的叙事详细、周密、清楚，具体分寸把握得很好。二审判决书在上述三个方面详尽叙述的基础上，确认"他们事实上已形成养母子关系"。两份判决书对事实叙述的程度不同，导致一审法院和二审法院对此案作出了截然不同的处理结论。一审判决的结论是"郭×卿对死者聂×英的遗产无权继承"，而二审判决的结论是"原审人民法院仅以'无血亲关系'为由否认郭×卿的继承权利是不妥当的。因此，撤销原判，改判郭×卿有权继承死者聂×英的遗产"。此例说明，在法律文书中叙事只有合乎分寸，才能准确反映案情，得出正确的处理结论。

（4）运用直笔，避免曲笔。法律文书叙事的目的是解决实际法律问题，所叙之事关乎当事人切身利益、法律责任，关乎国家法律、法规的贯彻落实。因此，叙事贵用直笔，忌用曲笔。直笔就是据事直书，无所避忌。曲笔是指不直书其事，将文章写得含蓄曲折。这一点与文学作品截然不同。文学作品是为了供人们阅读欣赏的，为了吸引人，可以采取虚构事实的手法将故事情节写得含蓄曲折。而法律文书叙事追求平铺直叙，要求用朴实的语言文字将案情的始末，从头至尾写清楚，使人一看便知，一听便懂。

4. 叙述的方法。在实践中展示案情事实时，根据案件性质、文书主旨不同，常常使用以下几种叙述方法：

（1）时序法。时序法，也称时间顺序法，是以时间为线索，按照案件的发展顺序加以记叙。这是一种最常用、最基本的记叙方式，适用面宽广。其特点是文章的层次和案件发展的过程基本保持一致。因此，首尾分明、脉络清晰，

---

[1]　邱世华主编：《司法文书通论》，群众出版社 1986 年版，第 72 页。

能够比较详尽地反映案情全貌，符合读者的接受心理。刑事案件在叙述一人一次犯一罪，多人一次犯一罪和一人多次涉嫌同一性质罪名的事实时常用时序法。因为一次作案依时间线索叙述，条理清楚；多次触犯相同罪名依时序陈述，能够让人清楚地把握每次作案的时间、地点、具体过程、后果，以免混淆。民事案件大多采用时序法叙述案情，以客观、全面、真实地再现纠纷事实。但叙述时应注意突出重点，详述关键情节，明确因果关系。

（2）突出主罪法。突出主罪法，是指按照犯罪嫌疑人、被告人所犯罪行的主次重轻顺序来记叙，把罪行严重、情节恶劣、危害性大的犯罪事实放在前面详细叙述，将性质、危害、情节相对较轻的犯罪事实放在后面叙述。这种叙述重点突出，主次责任分明，可以避免定罪失据，量刑畸轻畸重现象发生，适用于刑事案件中的数罪并罚案件。

（3）突出主犯法。突出主犯法，是指以犯罪嫌疑人、被告人在共同犯罪中所处的地位和作用为线索，重点围绕主要犯罪人的犯罪事实进行记叙，同时兼顾其他犯罪人犯罪事实的叙述方法。此种写法能够使复杂的案情条理化，突出各个犯罪人的地位和作用，便于司法机关分辨责任，准确量刑。一般适用于刑事案件中的共同犯罪案件。

（4）总分法。总分法，是指先总括后分叙犯罪事实的写法。此种方法一般适用于记叙多人多罪名的共同犯罪案件的事实，如集团犯罪案件。这类刑事案件的案情一般错综复杂，叙述时需要点面结合，既不能疏漏残缺，又不能平行罗列，写作难度较大。总分法的特点是，先把该案的犯罪事实提纲挈领地总括叙述，然后再依犯罪嫌疑人、被告人的主从顺序或罪行重轻顺序分别叙述，以区分罪责。采取这种写法，可以使人清楚地看出犯罪嫌疑人、被告人共同作案几次，每个人各自参与了几次犯罪。例如，某公安机关制作的一起涉嫌合同诈骗罪案件的侦查终结报告书中对事实的叙述就采取总分法，具体内容如下：

　　2011年6月，犯罪嫌疑人谭×在取得上海佳宛太阳能热水器有限公司的"东方明珠"品牌销售授权后，伙同贺×平、江×、汪××、向××等人以销售江苏虹宇太阳能热水器为名，对经销商采取虚假承诺的方式以骗取经销商的信任，并与多家太阳能经销商签订购销合同。在经销商将定金、货款支付给谭×后，谭×只发一小部分货物后就不再履行合同，而将剩余的货款按比例分赃，骗取严×菊等7名经销商货款共计25.7098万元。后因事情败露，犯罪嫌疑人谭×、贺×平、江×、汪××、向××等人纷纷携款逃跑。

　　案发后，犯罪嫌疑人谭×不仅逃避公安机关的追捕，而且还伙同杨××、陈××、陈×、刘×、赵××、向××、覃××、胡××等人在湖北省武汉市蔡甸区，以杨××取得的湖北靖华雨太阳能热水器在重庆、四川、陕西、甘肃等地的代理为由，继续以类似手段实施诈骗，骗取马×军等52名经销商货款90.1310万元。具体查实个案如下：

1.……

2.……

（具体写明每一起犯罪事实）[1]

该案系共同犯罪案件，共有9名犯罪嫌疑人，实施诈骗59次。该侦查终结报告书对事实部分的写述，先是通过总体概括，围绕合同诈骗罪的犯罪构成要件，初步展示了案件的主要犯罪事实，然后再分别记叙了59起具体的诈骗事实。将犯罪嫌疑人各自参与犯罪的时间、地点、手段、被害人、诈骗金额予以详细展示。整个事实叙述简明清晰，重点突出。

（5）综合归纳法。综合归纳法，是指用概括的语言文字将犯罪嫌疑人、被告人的犯罪事实进行综合归纳的记叙方法。该法多用于记叙犯罪未遂多起、最终既遂以及多次犯同类罪行的刑事案件。其特点是语言简练，节省笔墨，便于使人了解犯罪事实的全貌。但此法将犯罪事实写得过于笼统，难以突出关键情节。因此，在写作时不宜单独使用，应配合其他叙述方法。

（6）罪名标题法。罪名标题法适用于一人或数人犯数罪，数罪中涉案次数又较多的复杂刑事案件犯罪事实的写述。为了能将各罪的犯罪事实相区别，在叙述每一类罪名的犯罪事实之前，先冠以一个小标题"关于××罪犯罪事实的认定"，以此来统领该类罪多宗犯罪事实的写述。如"关于被告人贪污罪犯罪事实的认定：①……（第一宗认定的事实）；②……（第二宗认定的事实）；③……（第三宗认定的事实）"，这种写法可以将一人或多人多罪多情节的复杂案件事实叙述得有条不紊，眉目清晰。

（7）纵横交错法。纵横交错法，是从纵向和横向两个方面结合起来叙述案件事实的方法。纵的方面是叙述案情发展变化及来龙去脉的，横的方面是叙述法律关系具体内容和当事人争执的意见和分歧之处的，纵和横结合起来，才能将整个案件事实叙述清楚。该法多用于民事、行政纠纷案件以及仲裁争议案件的事实记叙。在这些案件中叙述事实，既应叙述纠纷的起因、发展过程和结果，又需要写明当事人各方争执的焦点，同时还要求叙事简洁明了、层次清晰。为达此目的，适宜采用纵横交错法。

---

[1] 王晨主编：《刑事法律文书写作交互指引：以法官审判与律师辩护为视角》，北京大学出版社2015年版，第284页。

（8）揭示矛盾法。在民事、行政案件叙事时，一般都要写明当事人各方争议的事实及其主张，明确揭示出矛盾，为司法机关解决纠纷，查明认定事实奠定基础。在写作时，可将当事人争议的焦点问题逐一列出小标题，分段集中叙写与主题相关的争议经过或具体内容。采用这种方法必须注意叙述的完整性，前后一致，互相照应，做到将所有的陈述连接起来能够构成争议案件事实的全貌。这种方法能够突出争议焦点，强调当事人之间的分歧，故称为揭示矛盾法或突出焦点法。

（9）逻辑顺序法。逻辑顺序法是以反映问题的类别为写作的线索，分项列示，用逻辑顺序叙述案件事实的。这种方法主要用于法律关系较复杂，内容信息量较大的民事纠纷案件。为了做到条理清晰，突出所要表达的问题，写作时常拟一些小标题作为提示，如：①关于……的问题；②关于……的问题；③关于……的问题。

在写作实践中，以上各种叙述方法可以单独使用，也可以结合使用。对于复杂的案件事实，往往需要将几种方法综合使用，才能写清案件事实。

（三）法律文书证据的表述

证据是可以用于证明案件事实的材料。证据存在的价值主要是证明案件事实。在法律文书叙事过程中，证据是案件事实的重要组成部分，属于举足轻重的要素。法律事实与诉讼证据密不可分，没有证据就没有法律事实的存在。证据如何用语言来证明事实的存在，即为证据的表述。实践中，有关机关和个人制作的法律文书对证据的表述，多是仅列举证据的种类，很少有证明关系或证明过程的表述，这是叙述案件事实需要改进的地方。

在刑事案件侦查阶段，侦查机关制作的法律文书对证据的表述，一般只是对证据进行简单的罗列，仅把证据的具体名称与证据种类标明。如郭××盗窃一案提请批准逮捕书中证据的写法是：

认定上述事实的证据如下：

报案记录、被害人的证言、现场勘验记录以及部分涉案赃物等，犯罪嫌疑人郭××供认不讳。

在刑事案件审查起诉阶段，检察机关对证据的表述，同样也是重证据的罗列，即写明证据的具体名称与证据种类。但同时也强调证据列举的针对性，也就是要求列举相关证据必须针对起诉的事实。如孙××、陈××抢劫一案的起诉书中证据的写法是：

认定上述事实的证据如下：

1. 作案工具照片；

2. 报案材料、到案经过、破案经过、扣押清单、银行卡查询清单、刑事判决书、释放证明、身份信息等书证；

3. 辨认笔录、现场指认笔录、现场勘验笔录及照片；

4. 被害人唐××的证言；

5. 被告人孙××、陈××的供述。

这份起诉书对证据的表述，不仅仅列举出证据的名称和证据种类，而且还将证据分类展示，列举证据紧紧围绕起诉的犯罪事实进行。与上述提请批准逮捕书中证据的表述相比，可以看出，检察机关法律文书对证据的写述更加具体、详细。

当事人制作的诉状类法律文书中对证据的表述同样只重证据的列举。如起诉状文书样式中的证据为："证据和证据来源，证人姓名和住址。"其与侦查文书、检察文书相比较，更加强调证据来源的合法性以及证人的住址，以便核实。但同样缺少证据的证明过程。如某伤害案件的附带民事起诉状中证据的写法：

证据和证据来源、证人姓名和住址：

1. ××县医院诊断证明2件；

2. 省立医院、山医大附属医院、九〇医院诊断证明各1件；

3. 医疗费用票据20张，差旅票据15张；

4. 证人刘×香、张×平、商××住济阳县××乡××村。

在审判阶段，人民法院裁判文书对证据的表述要求比之前三者更高、更严格。不仅要求写出证据的名称、种类、来源，还要求写明证据的证明对象和证据之间如何相互印证。法官必须对证据进行分析判断后才能认证，即将证据的证明过程反映出来，以表明法院确认的案件事实有确实充分的证据。如张×持有假币罪一案判决书中对证据的写述：

认定上述事实的证据有：

1. 证人赵×证实2013年4月14日其去被告人张×家时，张送给其面值100元伪造的人民币6张；

2. 搜查笔录记载，2013年5月6日从被告人张×家中缝纫机抽屉搜出面值100元伪造的人民币40张；

3. 伪钞鉴定书证明以上人民币共计 46 张均系伪造的人民币；

4. 被告人张×的供述与以上证据相互印证。

二、法律文书理由的写作方法

法律文书理由的写作方法主要是说理，但有时也会在说理过程中使用说明的方法。如判决理由中对被告人认罪态度、退赃表现的说明，共同犯罪案件中，对各被告人所处地位、所起作用的说明。

说理，在一般文章中叫议论，是指讲述道理，论说是非曲直。在法律文书中，说理也称理由的说明，指的是通过对客观事实和问题的剖析评判，辨明是非，阐明自己的观点，表明自己态度的表达方式。

前面讲的叙述只是客观真实地反映现实事物，说理才能解决对客观事物的本质特征、发展规律的认识问题。从认识论的角度讲，叙事和说理是同一认识过程中的两个阶段。叙事属于感性认识，是认识的初级阶段；说理属于理性认识，是认识的高级阶段。二者关系密切，叙事是说理的基础和依据，说理是对所叙事实的概括和评论。

说理主要体现在法律文书的理由部分。法律文书的理由主要包括事实理由和法律理由两个方面。事实理由是指对法律事实及其证据的分析、认定。法律理由主要是指对具体案情的法律认识和法律适用。法律文书理由来源于法律文书事实，它是依据一定法律事实适用法律进行说明的一种推理。[1] 法律文书制作要求论证推理正确、讲明道理、合乎逻辑、依法说理。

法律文书是诉讼制度的直接反映，而说理是法律文书的灵魂。从社会文明角度看，不予说理是野蛮的，体现的是典型的人治；充分说理能够体现法制健全、社会文明。从对当事人的态度看，不予说理体现粗暴，充分说理体现对人权的尊重。[2] 在现代社会，公民享有充分的知情权是社会文明的标志之一，而国家应最大限度地保障公民的知情权。法律文书说理就是为了满足当事人的知情权，体现司法文明与公正。另外，法律文书说理，亦有利于贯彻落实司法责任制，强化对侦查权、检察权、审判权行使的监督；有利于增强侦查、检察、审判工作的透明度，提升司法公信力，让当事人在每一起案件中都能够感受到公平正义；有利于促进当事人和社会公众准确理解司法机关的办案行为依据，从源头上化解矛盾、促进社会和谐稳定。

---

〔1〕 侯兴宇：《法律文书制作形成研究》，法律出版社 2015 年版，第 67 页。

〔2〕 唐文：《法官判案如何讲理——裁判文书说理研究与应用》，人民法院出版社 2000 年版，第 6~8 页。

（一）法律文书说理的构成要素

一般地说，说理都是由论点、论据和论证三部分构成的。

1. 论点。论点是作者的观点，一般由作者直截了当地提出来。法律文书的论点就是法律文书制作者的观点，表明对案件事实所做的断定和结论。法律文书的种类不同，制作的目的就不同，因此，确立的论点也各不相同。

一般来讲，法律文书的论点要求正确、鲜明。如公安机关提请批准逮捕书的论点是表明犯罪嫌疑人已经具备逮捕的条件，要求检察机关予以批准逮捕。人民检察院起诉书的论点是表明被告人的行为已经构成犯罪，需要追究刑事责任，要求人民法院通过审判活动予以惩处。但公安机关的呈请立案报告书，由于其制作时间是在刑事诉讼的起始阶段，案件的许多情况尚不明朗，只能根据初步获得的证据和线索进行判断，认识案情，因此，其论点可以是或然性的，而且有的必须是或然性的。例如，"王×很可能是作案人""被害人可能是熟睡时被杀的"。

2. 论据。论据是作者建立论点的理由和事实依据。若只有论点，即使其完全正确，但如果没有强有力的论据支持，论点也难以树立起来。法律文书说理的论据，主要有案件事实、证据、法律、法学理论、法律解释，等等。

用于法律文书说理的案件事实，指的是法律事实，即经过证据证明的事实。法律事实与客观存在的事实是两个不同的概念。有时有些客观上确实存在的事实，由于无法用证据证明，便不能作为司法机关定案的依据，因而不能成为说理的论据使用。

作为论据的案件事实，在说理时，不是简单地重复已经叙述过的事实，也不能将已叙述过的事实一笔带过，而是在弄清事实性质和特点的基础上，用精练的语言文字对案件事实加以概括，从而表明制作者对案件所持的主张。如宋××受贿一案的刑事判决书理由部分写道："本院认为，被告人宋××身为国家工作人员，利用职务之便或者职权、地位形成的便利条件，为他人谋取利益，非法收受他人现金、购物卡，价值人民币45万元，其行为已构成受贿罪。"这段文字就是对案件事实高度概括以后形成的判断结论。

用于证明案件事实的证据作为论据出现，在法律文书说理中具有非常重要的意义。在刑事判决书中，如果控辩双方对事实有争议，理由部分需要用法院采信的证据作为论据反驳控辩双方的错误主张。对于无罪判决的案件，特别是对控方指控的证据不足以判被告人有罪的案件，理由部分一般都将证据作为论据使用。在民事判决书的理由部分也常常将证据作为论据使用。对当事人提出的没有证据证明的事实和理由，应直截了当地予以否定。如有一起经济纠纷案件，原告主张"T850汽车贸易"系其与被告汽车进出口部和被告科贸公司三方合作的，并以科贸公司代替汽车进出口部向其付款的行为，来证明汽车进出口部的债务合法转移至科贸公司的事实成立。而科贸公司只承认代为付款，否认债务转移。法院在判决书中认定原告主张债务已经转移的事实不能成立，其判决理由如下：

> 本院认为，因原告所提交的 1997 年 8 月 23 日的公函，被告科贸公司认可其内容是真实的，并于 8 月 27 日复函给原告作出了付款的承诺，故本院对该证据的真实性予以确认。对 1997 年 9 月 8 日原告给科贸公司要求分期还款的函，因被告科贸公司否认收到过，而原告又无证据证明已送交科贸公司，故本院对该证据的效力不予确认。对于原告对该主张所提交的其他证据，因被告科贸公司不持异议，本院对其真实性予以确认，但从这些证据上所记载的内容来看，均是被告科贸公司承诺在被告汽车进出口部委托的情况下，代为向原告付款，并没有意思表示已经接受了被告汽车进出口部欠原告的债务，故原告主张债务已从汽车进出口部转移至科贸公司的事实不能成立，本院不予确认。[1]

这起经济纠纷案件，对证据的认定是说理的关键。因为证据证明的内容是论证原告主张债务已从汽车进出口部转移至科贸公司的事实能否成立的重要论据，所以，判决书在说理时几乎完全是围绕证据进行的，这充分说明证据在说理中的重要作用。

法律文书在阐述理由时，要求依法说理，引用法律条文。因此，法律文书理由中所引用的法律条文便是论据。作为法律文书说理论据的法律，应当是广义的法律，包括宪法、其他部门法、命令、条例、决议、指示、规章等。在大多数情况下，命令、条例、决议、指示、规章都不能直接引用（即不表述为根据某某命令、条例、指示等），而是在理由部分根据说理需要将其作为判案理由的补充（在行政诉讼中，行政规章和规范文件常常被用做裁判文书说理的素材）。但应注意，作为判案理由的命令、条例、指示、规章不得与狭义的法律相抵触。[2]

例如，成都高新技术产业开发区人民法院在处理中行成都高新支行诉沙××信用卡纠纷一案时，所制作的一审判决书中就将宪法作为论据论证不支持信用卡高息的理由。该判决书理由部分写道：

---

[1] 唐文：《法官判案如何讲理——裁判文书说理研究与应用》，人民法院出版社 2000 年版，第 328 页。
[2] 唐文：《法官判案如何讲理——裁判文书说理研究与应用》，人民法院出版社 2000 年版，第 24 页。

　　从反向角度，如果认可信用借款超高额利率将导致为法律及社会民众不可容忍之悖论。《中华人民共和国宪法》第三十三条第二款昭示："中华人民共和国公民在法律面前一律平等。"[1]平等，也是社会主义核心价值理念的基本内容与内涵。平等意味着对等待遇，除非存在差别对待的理由和依据。一方面，国家以贷款政策限制民间借款形成高利；另一方面，在信用卡借贷领域又形成超越民间借贷限制一倍或者几倍的利息。这显然极可能形成一种"只准州官放火，不许百姓点灯"的外在不良观感。《最高人民法院关于审理民间借贷案件适用法律若干问题的规定》将经金融监管部门批准设立的从事贷款业务的金融机构及其分支机构发生的借贷行为排除出民间借贷范围。可见，民间借贷与金融借贷的法律实质特征区别在于是否经金融监管部门批准从事贷款。国家对特定实体予以批准从事金融活动，是期待其通过金融活动在扩大投资和促进消费两方面对社会经济发展作出特有贡献，而并非特许银行可以形成高利、高息，形成特权。对于中国人民银行及其他银行监管部门从维护金融稳定、促进社会经济进步良好目的和愿景出发执行的相关规定进行解读与适用，不能仅仅局限于某个实体和行业利益……[2]

　　在实践中，司法人员在办案时，有时会遇到成文法没有具体规定的问题。如在处理民事案件时，当个案的处理无具体法律条款可依时，法官可依据民法基本原则判案，如依据诚实信用原则、公平原则等，在此情况下制作民事判决书，在理由部分说理时，就需要运用法理进行论证、阐释。

　　除上述论据之外，司法实践中，有些法律文书在说理时，还将情理、案例、专家学者的观点作为论据使用。如南京市玄武区人民法院在审理一起疑难案件过程时发现了生效的刑事判决中未涵盖的新证据，致使民事判决与生效刑事判决可能存在冲突。对于两者如何协调，缺乏相应的法律规定，法官在判决书中直接援引学者观点作为论据论证。此做法系全国首例。该案判决理由是这样写的：

　　关于民事诉讼中出现未涵盖在生效刑事判决中的新证据，致民事判决与生效刑事判决可能存在冲突如何协调的问题，法律或司法解释缺乏相应的规定。对此，南京大学民法学专家叶金强教授在刑民交叉研讨会上认为，刑民交叉案件的处理应当采取分别判断、个案判断，即在该类案件中，案件的事实是同一

─────────────

〔1〕　此处引用宪法并非作为裁判依据而仅用于判决说理论证。
〔2〕　参见成都高新技术产业开发区人民法院（2015）高新民初字第6730号民事判决书。

的，但刑事审判程序与民事审判程序关注的重点不同，需要的案件事实、证据材料不同，裁判的结果也应当根据刑法、民法分别作出判断。东南大学法学院院长刘艳红教授在刑民交叉案件研讨会上认为，刑民交叉案件没有一个简单的处理模式，无论是"先民后刑"，还是"先刑后民"，都是教条化、简单化的处理方法，最重要的原则还是取决于具体个案中民事关系和刑事关系的关联性和相互影响程度。[1]

该案中，主审法官能够突破成文法的局限性，大胆援引专家学者的观点进行说理，加强论证说服力，既凸显了法学理论与司法实践的完美结合，也体现了司法实践对专家理论的最终检验和最高评价。

3. 论证。论证是用论据证明论点的过程，揭示论点与论据之间的逻辑关系，分析事理。

论证是一个比较复杂的过程，需要论证者有逻辑方面的知识，因为说理与逻辑之间的关系密切。具备逻辑知识，是进行说理的必备条件。王力教授曾经说过："要有分析能力就要有科学的头脑，逻辑的头脑。"逻辑是研究人们思维的方法和规律的科学。进行论证，必须遵循逻辑规律，才能论证严密，得出正确的结论。

论证有两种方法：一种是立论。即作者从正面论述自己的观点是正确的，从而使论点建立起来。一种是驳论。即作者运用事实和理论材料，证明对方的观点是错误的，在驳倒对方观点的同时，将自己正确的观点树立起来。通常情况下，立论和驳论是分开进行的，但有时又是互相结合的。

在制作法律文书时，运用什么样的论证方法，要根据论点与论据之间的关系来决定。

(1) 事实论证法。事实论证法，是指以查证属实的事实作为论据证明论点正确的论证方法。列宁曾经说过："事实不仅是胜于雄辩的东西，而且是证据确凿的东西。"文书制作者用经过查证属实的事实证明论点的正确性，本身就具有不可辩驳的说服力。这种论证方法在裁判类文书、论辩类文书中经常使用。如陕甘宁边区高等法院审判员王怀安制作的一份二审离婚案件民事判决书的理由部分：

查侯丁某神经错乱，不识五以上之数，不知自己之年龄，更不知男女之乐及夫妻之情，且患有羊角风病，已当庭证明。上诉人谓侯丁某年轻力壮，并无

---

[1] 参见南京市玄武区人民法院（2013）玄商初字第580号民事判决书。

不治之症，显属遁词。而欲以侯丁某之侄与侯张氏为嗣子，亦何能弥补侯张氏终身幸福之缺陷。侯张氏结婚以来苦恼九年，侯丁某病愈无望，自念青春瞬逝，前途悲观，要求离异，实出诸不得已之衷心，更何得指为张明之教唆图财。原判依边区婚姻条例第十一条第二款、第十一款之规定，判决侯张氏与侯丁某离婚，于法于情均无不合。本件上诉无理，故判决如主文。

　　这一判决理由层次清晰，针对性强，令人信服。理由部分一开始对案件事实进行概括，进行事理分析，说明侯丁某不仅神经错乱，具体表现为"四个不知"，即不识五以上之数，不知自己之年龄，更不知男女之乐及夫妻之情，而且还患有羊角风病，这些事实已经被法院查证属实，从而有力地批驳了上诉人所谓的"侯丁某年轻力壮，并无不治之症"的辩解，为二审法院驳回上诉奠定了坚实的基础。

　　（2）法理论证法。法理论证法，是指运用法律规定或者法学理论作为论据证实论点正确的论证方法。实践中，不论是刑事案件涉及定性、量刑、适用法律问题，还是民事案件确认民事法律关系是否存在，区分民事责任大小等问题，均可以进行法理论证，揭示论据与论点之间的必然联系。运用法理论证法强调论证的周密性，有时除了引用必要的法律条文之外，还应结合具体案件事实和证据加以阐述。如有一起刑事案件，检察机关认为被告人防卫过当，辩护人则认为是正当防卫。辩护词中有如下一段话：

　　对于公诉人指控被告人扎伤被害人的行为事实，辩护人不持异议，但对根据这样的事实得出被告人的行为属于"防卫过当"，应负刑事责任的结论却不敢苟同。因为被告人的行为属于"正当防卫"，不负刑事责任。我国《刑法》第二十条第二款规定："正当防卫明显超过必要限度造成重大损害的，应当负刑事责任……"可见被告人对于不法侵害者的防卫行为，虽然在使用的器械上，较不法侵害者锋利些，但并没有超过必要的限度。对方拿的是短刀，被告人拿的是长矛。这样把不法侵害者扎伤，不能认为是超过了必要的限度，否则被告人遇到手持短刀的不法侵害者的侵害，必须放下手边的长矛不能用，只有找到一把短刀来和不法侵害者对抗，才算是"正当防卫"，那样恐怕早就被不法侵害者砍死或砍伤了。[1]

　　辩护人在上述辩护词中，首先表示对公诉人指控被告人扎伤被害人的行为

---

〔1〕　宁致远主编：《法律文书写作》，北京大学出版社 2000 年版，第 250 页。

事实不持异议，接着明确表明对公诉人提出的"属于防卫过当，应负刑事责任"控诉主张不予认可，然后运用《刑法》第20条之规定，结合案情进行分析，说明被告人防卫行为没有超过必要的限度。

（3）因果论证法。因果论证法，是指运用因果关系理论证明论点正确的论证方法。在刑事案件中，任何犯罪后果的发生，都有其原因，有的是直接原因，有的是间接原因，尽管有的原因表现并不十分明显，但它却是一种客观存在的事实。在民事案件中，由侵权行为所导致的损害后果的发生，同样也有各种各样的原因影响。运用因果论证法，可以从案情纵向发展过程考察犯罪动机的起因、结果或者民事侵权的起因、后果之间的相互联系，从而达到准确判明案情，正确处理案件的目的。但是，运用因果论证法必须注意原因与后果之间应存在必然的联系，必须前后吻合，能够从前因必然推断出后果，切忌生拉硬扯，强词夺理。

（4）对比论证法。对比论证法，是指在对设立的论点进行正面论证后，为了增强其说服力，再用假设的方式从反面予以论证的方法。这种论证方法可以使说理严密，无懈可击，逻辑性强，具有很强的说服力。运用对比论证法应注意关联性和统一性，相对比的双方应当是在同一立论统率下展开，不能相互脱节，否则就无法起到充分的证明作用。

（5）反驳论题法。反驳论题法，就是针对对方错误的论点进行批驳，指出它是错误的、虚假的、不符合实际的，从而将它驳倒。根据反驳对象的不同，反驳论题法可以分为：运用事实作论据反驳；进行法理分析反驳；进行情理分析反驳；用推理形式反驳等四种形式，这是驳论中使用频率最高的一种方法。如××县人民法院审判舒××诉蓝剑公司产品责任损害赔偿案时对证人证言的评析，就运用了反驳论题法。此案案情是：1995年6月10日，原告舒××在其妹夫家中与其妹夫荣××、表弟李×共进午餐，舒××拿起一瓶蓝剑啤酒，尚未启开，啤酒瓶突然爆炸，击伤其左眼，致其左眼失明。舒××向××县人民法院提起诉讼，要求生产者蓝剑集团公司赔偿医疗费、住院期间的护理费、误工损失、生活补助费以及8万元残疾赔偿金，并向法院提交了破碎蓝剑啤酒瓶、××人民医院与××医科大学附属第一医院的病历记录、病情证明。事故发生后不久，被告蓝剑集团派人对荣××、李×做了调查并制作了调查笔录。诉讼中，蓝剑集团将此笔录提交给了法庭。证人荣××、李×系原告亲戚，被告对其证言的真实性提出质疑，对此，法官在论证时指出：

根据《民事诉讼法》第七十二条：凡是知道案件真实情况的单位和个人，都有义务出庭作证。由此可见，我国法律并未禁止当事人亲戚为其作证。所以，不能仅仅从证人与当事人的关系上否认证人证言的真实性；而且，消费者饮用啤酒，通常也只同亲戚朋友饮用。正如被告所承认的，蓝剑啤酒并不限于在公共场所饮用。因此，消费者如果因饮用啤酒而受伤必须要有毫无关系的人作证，否则就不能获得赔偿的话，不仅有悖情理，而且显失公平；更何况，荣××、李×的证言，是被告向法庭提交，在庭审质证中，原告表示没有异议，对于此一双方已经不争的证据，本庭当然予以采信〔1〕

　　上述文字中"消费者饮用啤酒……而且显失公平"一段就是运用情理分析反驳了被告要求该案要有毫无关系之人作证的主张的荒谬性。说明被告主张是错误的，不能成立的，法院不予支持。

　　（6）反驳论据法。反驳论据法，是利用驳倒对方论据的方法来驳倒对方的论题。由于论据是支持论题成立的依据，将对方错误的论据驳倒，其论题就失去了存在的基础，自然也就不攻自破。具体运用时可以是用正确的事实论据反驳对方错误的事实论据；用正确的法律论据来驳斥对方不正确的法律论据；用事理分析作论据来驳斥对方虚假的论据；用揭穿伪证形式来反驳对方虚假论据等四种形式。此法运用得当，能"仅以一击，而致敌方于死地"。实践中，抗诉书、上诉状、答辩状、申诉状、辩护词以及各类判决书理由的批驳部分常常使用反驳论据法进行论证。

　　（7）反驳论证法。反驳论证法，是指分析对方论证方法中存在的逻辑错误，达到证实对方论题错误的目的。当对方运用论据证实其论题过程中出现了逻辑错误，诸如前后矛盾、论据与论题之间不具有必然的逻辑推导关系时，可以运用此法揭露其论证方式的错误。驳倒了错误的论证方式，建立在错误论证形式基础上的论题自然也就不攻自破。

　　（二）法律文书说理的方法

　　大多数法律文书写作都有理由的论述，理由的写作是一项比较复杂且难度较大的工作。因为写每一份文书都会涉及事实的性质、特点、制作主体的职能、具体文书的功能以及诉讼程序等问题，而法律文书理由的篇幅通常都比较短小，且是一个独立、完整的部分，需要在这独立、完整而又有限的篇幅内概括出丰富的内容，阐明深刻的道理。这就需要制作主体必须具备科学的头脑、深厚的法律功底、较强的文字表达能力以及娴熟的写作技能。

　　法律文书的种类不同，理由论述的内容自然也不相同。但不管哪种法律文书，理由的写作都应当明确两个问题：一是写什么；二是怎么写。

---

〔1〕　唐文：《法官判案如何讲理——裁判文书说理研究与应用》，人民法院出版社 2000 年版，第 319 页。

1. 写什么。起诉类文书（如起诉书，刑事、民事和行政起诉状等文书）均要针对一定的事实性质和特点进行说理。在说理时，事实的性质和特点决定了理由的性质和特点。以刑事案件为例，我国《刑法》分则规定了各种犯罪的构成要件，同时总则部分还规定了从重、加重、从轻、减轻、免除处罚的量刑情节，这是准确定罪量刑的法律依据。因此，叙述犯罪事实必须根据《刑法》规定的犯罪构成要件及量刑情节来写。如果在事实部分叙述了被告人的行为构成某种性质的犯罪，并且具有法定从重、加重、从轻、减轻、免除处罚的事实和情节，就必须在理由部分根据事实的性质和特点及制作主体的职能论述其相应的理由，使理由与事实保持一致。

申辩类文书（如抗诉书、上诉状、申诉状等文书）往往是针对原审裁判即第一、二审和再审裁判中的某些不当提出抗诉、上诉或申诉的，其目的是要求法院撤销、部分撤销、变更原裁判，或者依法重新审理。具体来说，如果原裁判认定的事实不清，证据不足，如混淆了罪与非罪、此罪与彼罪、重罪与轻罪的界限，或者遗漏了重要的事实情节，在写申辩理由时就应运用新的事实和证据，通过摆事实，讲道理，说明原审裁判认定的事实如何不当，是把非罪事实认定为犯罪事实、把轻罪事实认定为重罪事实、彼罪事实认定为此罪事实，还是遗漏了重要的事实情节。如果原裁判适用法律不当，如定性不准、量刑不当、严重违反法定的诉讼程序，在写申辩理由时就应从刑事犯罪构成理论或者民事权利义务构成理论进行论证，指出原裁判定性不准；或者从量刑情节方面进行论证，指出原裁判量刑畸轻畸重；或者从程序法角度进行分析，指出原裁判严重违反法定诉讼程序，影响公正裁判。

裁判类文书（如一审、二审、再审刑事、民事、行政判决书、裁定书等文书）理由的写法不同于起诉类与申辩类文书理由的写法。其具有双针对性，一方面针对事实的性质和特点，另一方面针对发生争议的对立双方的意见。裁判文书要写明以下三方理由：第一方理由是审方理由。要针对事实的性质和特点来表述自己的理由，即刑事案件的定罪量刑意见或者民事案件的权利与义务、侵权与违约以及相应责任的意见。第二、三方理由是发生争议的对立双方的理由。一审裁判中对立双方为刑事案件的控辩双方或者民事案件的原被告双方，二审裁判中对立双方为原审未生效裁判与上诉、抗诉程序中的上诉、抗诉意见，再审裁判中对立双方为原审生效裁判与监督程序中的申诉、再审申请、抗诉意见。[1]

2. 怎么写。"怎么写"和"写什么"是紧密联系在一起的。"怎么写"是由

---

[1] 侯兴宇：《法律文书制作形成研究》，法律出版社 2015 年版，第 79 页。

"写什么"决定的。理由写作过程中的各个环节往往是有机地联系在一起的。具体可分为以下三个步骤：

第一步：根据案件事实的性质和特点确定论述的重点。法律文书论述的重点和叙事的重点是一致的。但一般来说，刑事案件、民事案件和行政案件的论述重点各不相同。例如，民事案件理由的论述重点主要是诉讼请求和当事人争议的焦点问题，以说明纠纷产生的原因及其经过，阐明哪一方合法，哪一方违法，应由哪一方承担民事责任以及纠纷如何解决等问题。要求言之有据，依法说理，合乎情理。请看下列判决理由：

> 本院认为，本案属于刑事诈骗财产损失赔偿纠纷。导致本案系争存款被冒领，原、被告双方均有过错。而作为银行的被告，未能识别犯罪嫌疑人的不实印鉴，应承担主要过错责任。原告违法收取高额息差、轻信犯罪嫌疑人、使犯罪嫌疑人有机可乘，应承担次要过错责任。原告收取的 619 980 元高额息差应冲抵本金。第三人收到的 891.3 万元扣除息差应返还被告，并给付按人民银行同期存款利率计算至给付之日的利息。原告应自行承担因第三人不能偿还本金部分的 30%，被告应承担因第三人不能偿还本金部分的 70%。至于公安机关追回的赃款，可按现分摊 3:7 比例分享。根据《中华人民共和国民法通则》第一百〇六条、《中华人民共和国民事诉讼法》第一百三十条和最高人民法院《关于在审理经济纠纷案件中涉及经济犯罪嫌疑若干问题的规定》第十条之规定，经审判委员会决定，判决如下：……[1]

这一判决理由在前文对双方争议焦点展开论证的基础上，明确认定了案件性质和双方的责任。指出被告未能识别犯罪嫌疑人的不实印鉴，应承担主要过错责任；原告违法收取高额息差、轻信犯罪嫌疑人、使之有机可乘，应承担次要过错责任。然后根据双方过错的大小，提出了双方分担责任的比例。整个判决理由的论述坚持"以事实为根据，以法律为准绳"的原则，正确评判双方当事人过错大小，公正合理的确定责任分担的方法和比例。理透责明，令人信服。

第二步：针对事实的本质和具体特点进行综合、归纳、提炼、概括。这是理由写作的一个重要步骤。所谓综合、归纳，就是对具体事实按性质、按类型、按主次、按问题进行排列组合。比如，在共同犯罪案件中，除了应全面论述犯罪事实的性质及其社会危害程度之外，还应按被告人的主、从关系予以排列，以显示理由的逻辑性。这是提炼论据，确定论述条理性的一道重要工序。如果

---

[1] 参见中国裁判文书网。

做不好，不但影响论据的形成，而且还会影响论述的条理性。

所谓提炼，就是从事实中提炼论据。这道工序实质上就是解决如何把理由写得简明扼要的问题。具体是指在综合、归纳的基础上，从各个具体事实中抽出共同的东西，也就是对各个具体事实所作的科学抽象，即所提炼的某个认识。这个认识往往就是一个简单的、然否明确的判断。所谓概括，就是从诸论断（即论据）中提炼理由的论点。具体说来，就是把从事实中提炼的论断进行高度概括后形成的论点。这个论点必须对各个论断进行全面、完整的概括，不能有所错漏。

在写作过程中，综合、归纳同提炼、概括是有机联系在一起的，要求做到准确、全面、中肯、深刻。如一起离婚案件判决书对事实和理由的写述：

原告与被告 2007 年相识恋爱，2008 年 3 月 19 日在××市民政局登记结婚，双方均系再婚。婚后夫妻关系尚好。被告身患疾病，原告一直积极为被告治疗，并为被告缴纳社会保险金。近年来，由于双方性格固执，加之共同外出做生意不顺利，影响了夫妻关系。2012 年 1 月，双方曾协议离婚未果，现仍共同生活。2015 年 2 月 3 日，被告因家务琐事打伤原告，经××市××司法鉴定所鉴定，鉴定意见为原告面部软组织挫伤，评定为轻微伤。现原告认为夫妻感情已彻底破裂，诉至人民法院，要求与被告离婚。

本院认为，原、被告自愿登记结婚，有一定的婚姻基础，双方系再婚，经过了慎重考虑才结合成夫妻。婚后共同生活时间较长，亦建立了一定的夫妻感情。后虽因家庭事务双方产生矛盾，影响了夫妻感情良性发展，但双方之间无大的原则性矛盾，目前夫妻关系仍可维持。若原、被告在今后的生活中互谅互让，加强夫妻间的理解与沟通，其夫妻感情尚存在修复的可能……因此，对原告要求与被告离婚的诉讼请求，本院不予支持。据此，依照《中华人民共和国婚姻法》第三十二条，《中华人民共和国民事诉讼法》第六十四条第一款之规定，判决如下：……[1]

上述判决理由就是在对原被告双方婚姻基础、婚后感情、离婚原因、婚姻关系的现状等方面的事实进行综合、归纳的基础上概括、提炼出来的。表明法院不支持原告的离婚诉讼请求具有事实依据和法律依据。

第三步：根据事实特点进行分析论证。理由部分应根据案件事实的特点进行写述，分析论证必须具有逻辑性，层次清晰。例如，被告人周××受贿一案

---

[1]   参见湖南省津市市人民法院（2015）津民一初字第 63 号民事判决书。

判决书理由部分的写述：

本院认为，被告人周××在担任陕西省安康市中级人民法院院长期间，在建设法院审判综合楼的过程中，利用职务之便为有关工程项目承包商、供应商谋取利益，从中收受贿赂款物合计人民币169.3万元，其行为依法构成受贿罪。西安市人民检察院指控被告人所犯受贿罪事实清楚，适用法律正确，应予支持。对其辩护人关于被告人周××案发前向行贿人退款和自首的辩护意见，经审查认为，依据最高人民检察院、最高人民法院《关于办理受贿刑事案件适用法律若干问题的意见》第九条第二款"国家工作人员受贿后，因自身或者与其受贿有关联的人、事被查处，为掩盖犯罪而退还或者上交的，不影响认定受贿罪"的规定，被告人周××案发前向行贿人陈××和房×退款的行为不影响其受贿罪的成立；依据最高人民检察院、最高人民法院《关于办理职务犯罪案件认定自首、立功等量刑情节若干问题的意见》第一条第三款"没有自动投案，在办案机关调查谈话、讯问、采取调查措施或者强制措施期间，犯罪分子如实交代办案机关掌握的线索针对的事实的，不能认定为自首"的规定，被告人周××不论是否在"双规"前或后如实交代的办案机关业已掌握的受贿线索针对的事实，都不应以自首论，故辩护人上述辩护意见，经查与法相悖，不予采纳。鉴于被告人周××认罪态度较好，受贿赃款业已全部退缴，在侦查阶段又能主动交代办案机关尚未掌握的部分受贿事实，可依法酌情从轻处罚。为保障国家工作人员职务行为的廉洁性，维护公平竞争的社会市场经济秩序，兹依照《中华人民共和国刑法》第三百八十五条第一款、第三百八十六条、第三百八十三条第一款第（一）项、第六十七条第三款、第六十四条之规定，判决如下：……[1]

上述判决理由包括四个层次的内容："本院认为……其行为依法构成受贿罪"为第一层；"西安市人民检察院指控……经查与法相悖，不予采纳"为第二层；"鉴于被告人周××……可依法酌情从轻处罚"为第三层；"为保障……判决如下……"为第四层。第一、三层内容是法院针对事实的性质和特点论证对被告人周××定罪量刑的意见和理由，表明审方对案件性质的认识；第二层是法院对控辩双方主张的评价，表明法院的判决是在充分听取控辩双方意见之后作出的；第四层是法院为了侵害客体的利益适用法律得出的判决结果，表明审方的判决结果及目的。

---

[1] 参见陕西省西安市中级人民法院（2015）西中刑二初字第00010号刑事判决书。

总而言之，上述三个步骤，既有区别，又有联系，缺一不可，在写作过程中必须反复思考才能完成。这就是法律文书理由写作的具体步骤和方法。

三、法律文书首部和尾部的写作方法

法律文书首部是文书的开头部分，集中体现了法律文书的规范化特点。首部主要包括三项内容：①制作机关（单位）名称、文书名称、编号；②当事人及其他诉讼参与人基本情况；③案由、案件来源等。

法律文书尾部是文书的结束部分，一般用语固定，格式严格，不能随便取舍，否则文书无效。尾部主要包括三项内容：①受文单位或告知事项；②签署、日期、用印；③附注事项。

法律文书首部和尾部的制作使用的是说明的方法。

说明是对客观事物的性质、形状、特征、成因、关系、功用或发生发展进行解释、介绍的表达方式。说明的目的是使人们对说明的事物有一个明确、清楚、完整的了解和认识。

说明分为对实体事物的说明和对抽象事理的说明两种。这两种说明在法律文书中都有所体现。在法律文书中对实体事物的说明，忌讳用生动的描绘，不追求绘声绘色地形象描述。在法律文书中对抽象事理的说明，要力求突出事物的特点，把疑似之处说得明白无误，没有丝毫的疑惑，不产生任何歧解。

法律文书的说明，与科技文体的说明相似，是对客观事物的形状特征和性质作平直的说明，其主要特点是：简而得要、明白无疑、周详圆满、言之有序。

法律文书的说明大体可以分为规范性说明和非规范性说明两种。

规范性说明，是指说明的内容是要素化的，说明的程序是法定的，说明时使用的文字基本上是固定的。这种说明是单一使用的，不与其他表达方式结合。在制作法律文书首部和尾部时，使用的说明是规范性说明。如诉状类文书、裁判类文书首部的标题、编号，诉讼参与人的基本情况，案由、案件来源及尾部的附注、签署、日期等的说明；公诉意见书、辩护词中关于公诉人、辩护人出庭参与诉讼合法性的说明。这种说明的要素和用语基本上是规范化的，要求严格按照主管机关下发的文书格式的要求书写，因此较易制作。

非规范性说明，是指要说明的内容是不定的，因案而异，其使用的文字也是灵活的。这种说明不是单独使用，往往是与叙述、说理等表达方式结合使用的。主要表现在法律文书的事实、理由和判决主文部分。

第六节　法律文书写作的基本要求

目前，我国正处于依法治国和构建和谐社会的关键时期，国家法律的正确实施、公民合法权益的维护、社会公平正义的实现都需要借助相关的法律文书来保障和约束，法律文书肩负的重要使命决定了对其制作不能任意进行。在我国，最高人民法院、最高人民检察院、公安部和司法部对各自管辖的法律事务都制定下发了相关的法律文书格式和制作说明，要求有关机关和个人在制作法律文书时严格遵照执行。

一、格式规范，项目齐全

法律文书的格式虽然只是文书的外在形式，但因其对文书内容的写述提出了具体的要求，因此在制作时不可忽视法定的文书格式。有关机关和个人在处理法律事务时，一旦确定了制作某种法律文书，就必须选定相应的文书格式，按照主管机关对格式的规范性要求制作文书，将格式中要求写明的各项要素，如诉讼参与人基本情况中的各种身份要素、案情事实中要求写明的各种事实要素、理由阐述中应阐明的理由和根据等要素、处理意见或诉讼请求中应说明的事项要素，都书写齐全。只有这样，才能避免书写中的误漏，提高文书质量，有效地发挥法律文书在实施法律方面的功能，提高办案效率，方便当事人。

二、叙事清楚，重点突出

事实是案件成立的基础。实践中，大多数法律文书的制作都要求写明案件事实。司法机关处理任何案件所制作的法律文书，都需要首先通过对具体案情事实的分析，判明当事人的是非责任，而后才能对案件作出处理结论。如果事实本身是虚假的、错误的或被歪曲的，就会影响司法人员对是非责任的正确判断，也就难以对案件作出公正的处理结论。将这样的法律文书付诸实施，不可能收到良好的法律效果和社会效果。因此，事实的叙述对法律文书质量的保障至关重要，在具体写述时应注意以下几点：

（一）写清事实的基本要素

事实要素是事实成立的基本成分。在叙述事实时，不同的要素从不同的方面产生不同的功效，组合起来构成一个完整的情节。法律文书叙述事实只有将应当具备的要素明确交待出来，才能保证事实叙述的清楚、完整。事实要素在不同性质的案件中，表现形态不完全相同。刑事案件叙述犯罪事实时应写明犯罪的时间、地点、作案的动机、目的、犯罪手段、犯罪过程、造成的后果、被害人、作案人及其事后态度、证据等要素；民事案件叙述事实时应写明具体民事法律关系及其发生的时间、地点和内容、涉及的当事人、纠纷的起因、具体过程、结果、各方的争执意见和理由以及证据等要素；行政案件叙述事实时应写明具体行政法律关系及其发生的时间、地点和内容、涉及的当事人、纠纷的起因、具体过程、结果、各方的争执意见和理由以及证据等要素。请看下面一份民事判决书记叙的事实：

原告红星金属加工厂于 2015 年 3 月 10 日在其办公室同被告华林灯具厂签订了订购边角废钢材 15 吨的合同。合同约定：每吨单价 360 元，于同月 27 日在原告加工厂内交货。华林灯具厂在合同签订后的次日即向红星金属加工厂索取印鉴齐全的空白支票一张作担保，并于当日擅自在空白支票上填写 5400 元金额，通过银行套取挪用，至今既未交货也不退款。红星金属加工厂遂起诉至我院，要求解除合同，由华林灯具厂返还套取挪用的 5400 元，并按银行规定的利率赔偿利息损失。被告华林灯具厂在答辩中表示愿意退还红星金属加工厂 5400 元，但不同意赔偿利息损失。

这段事实叙述要素完备，符合法律文书事实的写作要求。需要指出的是，对事实要素的写述不能完全机械地理解，并非所有案件的事实都必须写明上述要素，而应该根据案件具体情况及实际需要加以灵活掌握。例如，在某些刑事案件中，犯罪目的属于不言自明的，就可以不写犯罪目的，如盗窃、强奸等案件。但有些案件的犯罪目的因涉及案件性质的认定，就必须在法律文书中明确写明。如诬告陷害罪必须以"使他人受到刑事追究"为目的，如无此犯罪目的，就不能说明被告人的行为构成诬告陷害罪。又如，在民事侵权案件中，损害结果是原告提出诉讼请求的依据，在制作民事起诉状时，必须写明。

（二）关键情节具体叙述

写清事实要素并非要求对所有要素平均用力，平铺直叙、记流水账，而是应该有所区别，突出重点，对关键情节详写，对其他情节简写。所谓关键情节，通常是指有关定性的情节、涉及有无法律责任的情节和影响问题严重程度的情节。由于这些情节关乎案件性质，决定着当事人有无法律责任及责任大小，因此应不惜笔墨，具体写清，以便于司法机关作出正确判断，公正合法地处理案件。例如，在刑事案件中，被告人实施某种犯罪行为时主观上是否存在故意，涉及是否构成犯罪、所犯何罪的问题，必须写明。如果被告有杀人的故意，则构成故意杀人罪，如果没有杀害他人的故意，即使被告人行为造成他人死亡的后果，也不能构成故意杀人罪。

（三）因果关系交代明确

要写清事实还必须注意因果关系的明确。某一行为的目的、行为本身以及产生的后果之间的必然联系，就是因果关系。因果关系常常是判断案件性质的重要依据。在刑事案件中，因果关系是司法机关准确认定罪名，以解决被告人刑事责任所依据的必要条件。在民事、行政案件中，因果关系是司法人员分辨是非、确定当事人法律责任大小的重要依据。因此，在叙述案情事实时，有因果关系的，必须写明因果关系。下面这份损害赔偿案件一审判决书对法院查明事实的写述就较好地体现了这一点：

> 经审理查明：王××于××年7月以西安市阎良区××消烟除尘厂的名义与××鞋厂签订了锅炉改造消烟施工合同。王××在施工过程中将使用的自制简易浮桶式乙炔发生器置放在厂区内丁字形路道和厂医务室南墙外，这是行人去厕所的必经之路。王××停工后，仅将乙炔罐内的电石蓝取出，浮桶未拔，电石渣、废水仍然在桶中。同年12月6日晚6时许，因天黑没开路灯，厕所也无照明，冯××的两个孩子冯甲（男，14岁）、冯乙（男，8岁）用火柴照明去厕所，路过乙炔罐时，在罐跟前晃动内浮桶划着火柴玩耍，因遇明火乙炔罐爆冲，浮桶冲出低罐高约四米，打在冯甲的右前额和冯乙面部下唇处，冯甲当即昏迷。经送西安市中心医院抢救脱险，诊断为重型内开放性颅脑损伤……住院治疗165天，医疗费23 823.80元；冯乙经医院诊断为：①下唇撕裂伤；②下上颌骨前牙区齿槽骨折，上门牙被打掉三颗，花费医疗费1320.22元。冯××及其妻戚××因看护小孩旷工8个月，被扣除工资6300元。[1]

上述案件事实写得条理清晰，文书制作者采取时序法，分四个层次记叙案发经过及造成的后果。首先，着笔叙述被告王××与××鞋厂签订锅炉改造消烟施工合同，进而交待清楚他们之间的关系；其次，叙述被告王××在施工期间将易爆品放置在"行人去厕所的必经之路"，说明其施工违背了操作规程；再次，进一步叙述被告王××在停工后对自制的简易浮桶式乙炔发生器没有采取必要的安全措施，从而交待出此次事故发生的隐患原因；最后，叙写两名被害人夜晚去厕所路经乙炔罐时，点火在罐边玩耍，造成重大人身伤害事故，写明了事故造成的后果。这四个层次的内容逐层深入，由因到果。这样写来，不仅脉络清晰，层次分明，而且明确了损害行为与危害后果之间的因果关系，为法院判决被告承担损害赔偿责任奠定了坚实的基础。

（四）准确写清争议焦点

争议焦点是指在诉讼活动中控辩双方或诉辩双方各自提供的事实和意见所形成的对立观点。案件中的争议焦点必须是诉讼双方争议很大的关键性问题，争议焦点是裁判文书正确有效展开论述评判的基础和立足点，因此必须具体明确地记叙。在刑事诉讼中，控辩双方争议的焦点一般在对被告人的行为如何定性、怎样定罪、如何量刑等问题上。由于控辩双方提供的事实和意见只是为法

---

〔1〕 宋健：《现代法律文书写作》，西安出版社2002年版，第67～68页。

院查明认定事实打基础的，必须写得简明扼要，因此在表述时，应当抓住双方有分歧的关键性问题，提炼出争议焦点，使之形成一种对峙的势态。如在一起被告人将被害人打伤的刑事案件中，公诉机关以故意伤害罪将被告人起诉至法院，要求追究刑事责任。庭审中，辩护人提出被告人的行为属于对不法侵害的自卫表现，是正当防卫，不应承担刑事责任，要求法院宣告无罪。此案中控辩双方，一方以有罪起诉，一方以正当防卫要求宣告无罪，这正是本案分歧的核心，判决书中抓准了争诉的焦点，并将之明确突显出来，这就为下文查明认定事实及判决理由的阐述奠定了坚实的基础。

三、说理充分，折服有力

按照现代汉语词典的解释，"说理"一词有两层含义：一是说明道理；二是讲理，不蛮横。法律文书说理是指办案人员在诉讼各方举证的基础上，对某一特定案件事实如何认定、如何确定案件性质、如何分清是非、如何定罪量刑、如何进行法律推理得出处理结论所发表的法律观点。换言之，即法律文书认定的事实与案件处理结果要有理有据，不武断蛮横。法律文书对证据的采信、事实的认定以及法律的适用都需要说理。法律文书说理必须有事实依据和法律依据，既要充分透辟、入情入理，又要依法论理、切中要害，让当事人看后心服口服。法律文书说理有多方面的要求，并受传统法文化、司法人员个人素质和责任心、相关司法制度的设置等多方面因素的制约。下面谈几点具体要求：

（一）说理应坚持的原则

法律文书说理不是随意进行的，必须坚持以下几项原则：①合法性原则。法律文书是处理法律事务的文字记载，其说理首先应遵循合法性原则。在法律文书中阐述理由应当依据法律、法规、司法解释等的规定，围绕法律文书涉及的案件事实、证据、程序和法律适用等进行，对案件处理结果及其形成过程作出全面解释。②针对性原则。法律文书说理应当根据案件的性质、特点、复杂程度、社会关注度、当事人的具体情况，针对案件争议焦点和当事人的诉（控）辩主张展开说理，对争议焦点问题逐一作出法律判断，论证应与诉（控）辩意见相互对应，肯定或否定的判断应当明确，事理法理分析要与案件处理结果相对应，案件处理结果要与诉讼请求相对应。③逻辑性原则。法律文书说理需要根据办案人员查明的事实，以法律和法学原理为依据，运用逻辑方法，分析和认定案件的性质，阐明处理案件的结论性意见。说理只有合乎逻辑规则，得出的案件处理结论才能经得起检验。这一点在裁判文书说理中表现得尤为突出。裁判文书中理由的阐明过程基本上是一个形式逻辑三段论的演绎推理过程，裁判理由阐明的内容反映三段论的大前提、小前提和结论。在论证过程中应做到案件事实、裁判理由、裁判结论逻辑连贯、逐层递进，不自相矛盾。④充分性原则。制作法律文书时，无论是对当事人行为性质的认定、是非责任的分辨、诉（控）辩意见的回应，还是对法律依据的选择、处理决定的作出都应论证充分，说理透彻，做到法理情相结合，注重办案实效，切实化解矛盾，让当事人能够在案件处理中感受到公平正义，从而自觉履行案件处理结果。

（二）说理应繁简得当

近年来，因受经济转型和社会变革等多种因素的影响，社会矛盾加剧，各种性质的纠纷案件大量增加，公检法机关受理案件的数量也呈递增趋势，办案的压力也越来越大。如果要求所有法律文书的说理都要达到细致化的程度，势必会影响诉讼效率，造成案件积压。因此，法律文书说理有必要实行繁简分流。

要做到繁简分流，关键要把握好分流的标准，即哪些案件的理由需要详写，哪些案件的理由可以简写。总的来说，对于案情简单、事实清楚、法律关系明确、诉讼各方对案件事实和法律适用没有异议的案件，可以少说理，甚至不说理。对于需要说理的地方，也应简明扼要，以节省制作文书的时间，提高诉讼效率。例如，基层法院适用简易程序审理的案情较为简单的案件，如果事实清楚，证据充分，诉讼各方无争议，就没有必要在法律文书中详尽地分析证据，论证说理；如果诉讼各方对案件事实争议不大，但法律适用上存在难点，当事人对此有不同看法的，则应进行说理，但这种说理应当简明扼要。又如，对于可以适用速裁程序处理的案件和当事人达成和解的轻微刑事案件以及调解结案的民事案件，法律文书可以简化说理的内容和方式。因为当事人对案件的处理结果已经达成共识，使得司法人员已无对处理结论进行分析论证的必要性，同时也可体现出对当事人意愿和处分权的尊重。而对于那些案情复杂、事实与证据之间关系不清、法律适用难点多、诉讼各方争议大的案件，应投入更多的时间和精力，把事实证据分析清楚，详细地把理由说透彻，向当事人及社会公众展现案件处理的公正性。另外，对于那些案情重大复杂、社会影响大、社会关注度高的案件，如判处死刑的刑事案件、诉讼标的额很高的民事案件，在说理时应当进行充分的事实论证和法律解释，以树立办案机关公正司法的形象。

（三）事实论证应围绕证据进行

事实论证就是办案人员运用证据证明案件事实的心理过程。事实论证在裁判文书中尤为重要。裁判文书说理中的"理"包括"事理、法理、学理、情理和文理"，其中的"事理"就是事实认定中需要说明的"理"。事理是所有道理的基础，说事理就是把案件的来龙去脉、本来面目和前因后果交代清楚，通过裁判文书中认定的确实充分的证据，还原案件事实的原貌。事理充分的标准是使人看了裁判文书以后，感到案件事实客观、真实、可信，不产生合理怀疑，确信法院认定的法律事实就是案件的客观事实。[1]

事实认定的依据是证据。在刑事案件中，法官进行事实认定首先必须对证据的真实性、合法性和关联性进行审查判断。由于刑事案件事实的证明要求达到"案件事实清楚，证据确实充分，排除一切合理怀疑"的程度，因此，法官制作刑事裁判文书时更应重视事实论证，通过对各种证据的"三性"进行分析、判断，并通过文字将这一过程体现出来，为后面对证据进行综合分析论证，从而认定案件事实夯实基础，同时向当事人和社会公众充分展示法院认定案件事实的依据。例如，云南省高级人民法院在处理褚×健等贪污、巨额财产来源不明案时制作的一审刑事判决书对公诉机关指控的第二桩事实不予认定的判决理由部分，就是通过对证据真实性的审查以及对证据规则和举证责任的综合运用，说明对控方指控的事实为什么不能认定的道理。下面将此部分判决理由展示出来：

本院认为，被告人褚×健指使罗×军将华玉公司账户上的1156万美元转到钟×欣在境外的银行账户上，这一事实清楚，双方并无争议。争议的焦点是指控被告人褚×健具有非法占有的主观故意，证据是否充分；争议的实质是被告人褚×健的行为是否具备贪污罪的主观要件，从而是否构成贪污罪。经审查：

1. 罗×军的证言不能作为认定事实的根据。罗×军直接实施转款行为，在这一指控中有利害关系，作为证人作证时，证言的内容前后不一，特别是出庭作证的内容与开庭前所作证言有重大变化，在重要情节上自相矛盾，对辩护人提出的质疑不能作出合理解释，没有其他证据相印证，故对罗×军的证言不予采信。

2. 钟×欣的证言亦不能作为认定事实的根据。其证言中关于专门为被告人褚×健转款购买公司、开设银行账户一节，经查证，在时间上、用途上均存在矛盾；关于提供给被告人褚×健账号一节，有多种说法，前后不一致，没有其他证据相印证，故对钟×欣的证言不予采信。

3. 公诉机关出示的合同书、付款凭证等证据仅能证明购买烟丝膨胀设备的钱款没有从转出的1156万美元中支付，不能直接证明被告人褚×健具有非法占有的故意。由于对罗×军、钟×欣的证言不予采信，指控的证据不能相互印证，形成锁链。

依照刑事诉讼法的规定，在刑事诉讼中，控方负有提供证据证实犯罪的责任，证据不充分，指控不能成立。该指控中，证据反映出被告人褚×健转款的

---

[1]   参见胡云腾："论裁判文书的说理"，载《法律适用》2009年第3期。

主观故意，同时存在非法占有、购买设备或其他目的的可能性，不具有充分的排他性，因此，指控被告人褚×健贪污 1156 万美元证据不充分，本院不予确认。[1]

在民事案件中，法官制作裁判文书时，对当事人无争议的证据，可以直接采信，但对存在争议的证据，则应从证据形式、证据内容、证明力三个方面对每一证据的采信与否进行详细的解释和严密的论证，并综合全案证据说明当事人举证完成情况以及是否达到高度盖然性证明标准要求的程度，是否达到举证责任分配的要求，并详细阐明心证理由，使案件事实建立在确实充分的证据基础之上。[2]

（四）法律适用说理应分析透彻

在实践中，法律文书对适用法律问题的说理主要表现在裁判文书当中。刑事裁判文书法律适用的说理，应主要针对控辩双方有关案件定性、定罪和量刑的争议焦点，运用刑事法律及相关司法解释，结合法学理论，论证被告人的行为是否构成犯罪，所犯何罪，有哪些影响量刑的情节。例如，上诉人于×故意伤害一案。该案控辩双方对于×的行为是否属于特殊防卫存在争议。出庭检察人员、被害人及其代理人均认为上诉人于×的行为不是特殊防卫，而辩护人则认为属于特殊防卫。对此，该案二审判决书对我国刑法规定的特殊防卫进行了如下解释，并结合案件事实，说明于×的行为不属于特殊防卫，有力地反驳了辩护人的观点：

上诉人于×的行为是否属于特殊防卫。辩护人提出，根据有关司法解释，讨债人员的行为构成抢劫罪，于×捅刺抢劫者的行为属于特殊防卫，不构成犯罪；出庭检察员、被害人及其代理人持反对意见。

根据刑法规定，对正在进行的行凶、杀人、抢劫、强奸、绑架以及其他严重危及人身安全的暴力犯罪，公民有权进行特殊防卫。但本案并不存在适用特殊防卫的前提条件。经查，苏×霞、于×明系主动通过他人协调、担保，向吴×占借贷，自愿接受吴×占所提 10% 的月息。既不存在苏×霞、于×明被强迫向吴×占高息借贷的事实，也不存在吴×占强迫苏×霞、于×明借贷的事实，

〔1〕　参见云南省高级人民法院（1998）云高刑初字第 1 号刑事判决书。这份判决书公布于最高法院 1999 年公报第 2 期上，最高法院在按语中对此判决书给予很高的评价，称其是"在坚持程序公正的前提下，运用事实和法律充分说理的典范"。

〔2〕　参见孙华璞、王利明、马来客主编：《裁判文书如何说理》，北京大学出版社 2016 年版，第 136 页。

与司法解释有关强迫借贷按抢劫罪论处的规定不符。故对辩护人的相关辩护意见，本院不予采纳；对出庭检察员、被害人及其诉讼代理人提出的于×行为不属于特殊防卫的意见，本院予以采纳。[1]

民事裁判文书法律适用的说理，应重点围绕诉辩双方有关民事纠纷的性质、当事人各方的责任等问题上的争议焦点，运用民事法律及相关司法解释，结合法学理论，说明当事人的行为是否构成侵权或其他违法行为，各方当事人应否承担责任，如何承担责任。在解释拟适用的法律条文时，应逐一分析法律条文的构成要件，并与认定的案件事实进行对照，充分说明拟适用法律规范的所有构成要件已经得到满足，法律规范足以"涵摄"本案事实与证据，判决结果与法律规范之间具有必然逻辑联系，并对当事人争执焦点给予明确的肯定或否定的答复。[2]

不管是刑事裁判文书还是民事裁判文书，对法律适用的说理都应做到充分透彻，不仅应对法律规定作出合理恰当的解释，还应结合具体案件事实进行分析论证，得出合法合理的结论。只有这样才能以理服人，令当事人服判息诉。

四、说明客观，具体完备

说明的表达方法主要用于说明介绍客观事物或某种主张、规定等。法律文书中使用说明的方法主要是为了如实记写、反映现场的状貌，为破案提供事实依据和线索。在有些法律文书中为了具体说明某种情况或规定，如对当事人基本情况的客观说明介绍、向当事人交待上诉权、申诉权等，也常使用说明的方法。无论哪种形式的说明，写作时要求做到客观、真实、具体、完备。客观、真实是对事物状貌、景象的写述必须实事求是，如实再现其原始状貌，如对现场状况的写述，要求客观反映现场周围的环境、建筑物的坐落方位、道路的走向、现场的痕迹、各种遗物、受损的具体状况等，使没有到过现场的人看了现场勘查笔录以后有身临其境之感。具体、完备是指对说明的事物或问题要记写得详细而不遗漏。如对当事人的基本情况的写述，要求项目要素齐全；向当事人交待上诉权，应具体写明上诉的方式、期限、上诉法院的名称；对尾部附注事项的写述，应明确写明被告人羁押的处所、卷宗的册数、移送证据的名称、件数，赃款、赃物的处理方式等，这不仅是司法人员办案的程序步骤，也是制作法律文书的基本要求。下面这份现场勘查笔录对现场状况的写述就较好地体现了上述基本要求：

---

〔1〕　参见山东省高级人民法院（2017）鲁刑终151号刑事附带民事判决书。
〔2〕　参见孙华璞、王利明、马来客主编：《裁判文书如何说理》，北京大学出版社2016年版，第137页。

在院外公厕青灰的后矮墙上发现有新蹭蹭痕迹四处，公厕矮墙与该院相连，高190公分，最低一处的蹭蹭痕迹是长条型的，第二、三两处蹭蹭痕迹是无花纹的椭圆形痕迹，第四处是一较完整的波浪形平面花纹胶皮底鞋印半个；顺着矮墙向前在西房的青灰屋顶上，又发现有一趟向北新的模糊不清的胶皮鞋印，通向西院东房之青灰屋顶上，西北角处亦留下较完整的右脚平面土迹的胶皮鞋印一个，长25.8公分，前宽10公分，后宽7.72公分，花纹亦呈波浪形。在此鞋印左边并有横摆着朝东的比较清楚的手印两枚。再继续向北，又有成趟模糊不清的着鞋脚印直到北房后墙右脚，左边的窗台有蹭蹭的凹陷脚步外侧痕迹。[1]

这份现场勘查笔录对现场状况作了客观、真实、具体、完备的说明，将现场遗留下来的几处痕迹的分布位置，形状是否完整、清晰，表达得明白清楚，没有疏漏，这样有利于侦查人员分析认定案情，也使人读后感到特别真实。

▶ **本章思考题**

1. 什么是法律文书？法律文书有哪些特征？
2. 谈谈法律文书的作用。
3. 法律文书属于什么语体？法律文书语言有哪些特点？
4. 什么是法律文书事实？法律文书叙事的要素有哪些？
5. 制作法律文书应如何说理？
6. 法律文书写作的基本要求是什么？

▶ **写作训练题**

根据法律文书语言运用的基本要求，改写下列刑事判决书的事实部分。

2015年5月25日下午，天气晴朗，万里无云，被告人赵某在咸阳市做生意亏了本，在从咸阳市回家的路上，情绪十分低落，走到半路，遇到一位不曾相识的男子，经交谈，得知此人姓马，刚在咸阳市卖完几千斤大蒜回家。赵某心中暗想：这真是天赐良机，马某身上肯定有钱，我何不趁此捞一把。当二人走到王家村村北林地时，赵某猛然从腰间摸出一把闪闪发亮的足有一尺多长的匕首放在马某的腰间，说："小子，放聪明点，快把钱拿出来，不然老子要你的命！"马某一看，大呼救命，赵某挥起匕首，刺进马某前胸左侧，马某当即倒下，一命呜呼。赵某一看，急忙从马某包里翻出3000余元，装进自己的口袋，看看四下无人，一溜烟跑了。

---

〔1〕　邱世华主编：《司法文书通论》，群众出版社1986年版，第96页。

第二章
公安机关法律文书

▶ 学习目标

1. 了解公安机关法律文书的概念、功能、特点、分类。

2. 能够根据具体案情材料制作相应的法律文书，如呈请立案报告书、通缉令、讯问笔录、提请批准逮捕书、起诉意见书等。

▶ 导读案例

浙江温岭杀医案[1]

2013 年 10 月 25 日，温岭市第一人民医院发生一起患者刺伤医生案件，三名医生在门诊为病人看病时被一名男子捅伤，其中耳鼻咽喉科主任医师王××因抢救无效死亡。2014 年 1 月 27 日，台州市中级人民法院一审判处被告人连××死刑，剥夺政治权利终身。2014 年 4 月 1 日下午，浙江温岭杀医案终审维持死刑判决，报最高人民法院核准。

在该案中，立案时需填写呈请立案报告书，讯问犯罪嫌疑人时需书写讯问笔录，逮捕前需要制作提请批准逮捕书，在案件侦查终结时应书写起诉意见书。这些文书都是重要的公安机关法律文书。

第一节　概　述

一、公安机关法律文书的概念和功能

公安机关法律文书，是指公安机关在办理刑事案件过程中依法制作和使用的具有法律效力或法律意义的文书的总称。公安机关制作和使用法律文书，应当严格按照《中华人民共和国刑法》《中华人民共和国刑事诉讼法》以及 2012 年 12 月 13 日公安部发布的《公安机关办理刑事案件程序规定》等相关法律、

---

[1]　资料来源：http://pic.people.com.cn/n/2013/1025/c1016 - 23331187.html。

规定进行，并严格遵循公安部下发的《公安机关刑事法律文书格式（2012版）》的规范要求。

公安机关法律文书是公安机关进行刑事侦查和执行刑罚过程中所使用的法律文书，它是公安机关履行刑事侦查职能和执行职能的书面表现形式；是公安机关办理刑事案件和执行刑罚的真实记录；是检查侦查办案和执行刑罚工作的执法情况的重要材料，是研究犯罪活动规律和刑罚执行规律的依据。

二、公安机关法律文书的特点

公安机关法律文书除具有法律文书的共性外，它还明显地表现出以下特点：

1. 适用的特定性。公安机关法律文书只对所处理案件涉及的单位、个人和被羁押、监管的犯罪嫌疑人、被告人、罪犯产生法律效力或法律意义。

2. 初创性。公安文书是对刑事诉讼活动最初阶段的记录，没有公安文书就难以产生检察文书、审判文书。因而公安文书处于诉讼程序上的起步期，必须慎重对待。

3. 非公开性。绝大多数公安文书是供公安机关内部使用的，不对外公开，具有较强的保密性。因为侦查工作具有一定的保密性，公安文书就具有一定的非公开特点。这一点和检察文书、审判文书相比尤其突出。检察文书中的起诉书、抗诉书皆可当庭宣读；审判文书中的判决书、调解书、裁定书也具有很大程度的公开性。

三、公安机关法律文书的分类

按照公安机关的主要业务范围划分，公安机关法律文书分为8类97种。

1. 立案、管辖、回避文书。包括受案登记表、受案回执、立案决定书、不予立案通知书、不立案理由说明书、指定管辖决定书、移送案件通知书、回避/驳回申请回避决定书。

2. 律师参与的刑事诉讼文书。包括提供法律援助通知书，会见犯罪嫌疑人申请表，准予会见犯罪嫌疑人决定书、通知书，不准予会见犯罪嫌疑人决定书。

3. 强制措施文书。包括拘传证，传讯通知书，取保候审决定书，执行通知书，被取保候审人义务告知书，取保候审保证书，收取保证金通知书，保存证件清单，退还保证金决定书、通知书，没收保证金决定书、通知书，对保证人罚款决定书、通知书，责令具结悔过决定书，解除取保候审决定书、通知书，监视居住决定书，执行通知书，指定居所监视居住通知书，解除监视居住决定书、通知书，拘留证，拘留通知书，延长拘留期限通知书，提请批准逮捕书，逮捕证，逮捕通知书，变更逮捕措施通知书，不予释放/变更强制措施通知书，提请批准延长侦查羁押期限意见书，延长侦查羁押期限通知书，计算/重新计算侦查羁押期限通知书，入所健康检查表，换押证，释放通知书，释放证明书。

4. 侦查取证文书。包括传唤证、提讯提解证、询问/讯问笔录、犯罪嫌疑人诉讼权利义务告知书、被害人诉讼权利义务告知书、证人诉讼权利义务告知书、未成年人法定代理人到场通知书、询问通知书、现场勘验笔录、解剖尸体通知书、　　　　笔录、调取证据通知书、调取证据清单、搜查证、接受证据材料清单、查封决定书、扣押决定书、扣押清单、登记保存清单、查封/解除查封清单、协助查封/解除查封通知书、发还清单、随案移送清单、销毁清单、扣押/解除扣押邮件/电报通知书、协助查询财产通知书、协助冻结/解除冻结财产通知书、鉴定聘请书、鉴定意见通知书、通缉令、关于撤销　　　字〔　〕号通缉令的通知、办案协作函、撤销案件决定书、终止侦查决定书、起诉意见书、补充侦查报告书、没收违法所得意见书、违法所得清单、强制医疗意见书。

5. 技术侦查文书。包括采取技术侦查措施决定书、执行技术侦查措施通知书、延长技术侦查措施期限决定书、解除技术侦查措施决定书。

6. 执行文书。包括减刑/假释建议书、假释证明书、暂予监外执行决定书、收监执行通知书、准许拘役罪犯回家决定书、刑满释放证明书。

7. 刑事通用文书。包括呈请××报告书、复议决定书、要求复议意见书、提请复核意见书、死亡通知书。

8. 规范性文书。包括刑事侦查卷宗（封面）、卷内文书目录、××告知书。

第二节　呈请立案报告书

一、呈请立案报告书的概念和功能

呈请立案报告书，是指公安机关侦查人员按照案件管辖范围，对于有犯罪事实需要追究刑事责任的案件，制作的呈请领导审批立案侦查时使用的文书。

我国《刑事诉讼法》第110条规定，人民法院、人民检察院或者公安机关对于报案、控告、举报和自首的材料，应当按照管辖范围，迅速进行审查，认为有犯罪事实需要追究刑事责任的时候，应当立案；认为没有犯罪事实，或者犯罪事实显著轻微，不需要追究刑事责任的时候，不予立案，并且将不立案的原因通知控告人。控告人如果不服，可以申请复议。《公安机关办理刑事案件程序规定》第175条规定，公安机关接受案件后，经审查，认为有犯罪事实需要追究刑事责任，且属于自己管辖的，经县级以上公安机关负责人批准，予以立案；认为没有犯罪事实，或者犯罪事实显著轻微不需要追究刑事责任，或者具有其他依法不追究刑事责任情形的，经县级以上公安机关负责人批准，不予立案。

立案是公安机关办理刑事案件的初始程序和必经程序。呈请立案报告书是确认案件成立的前提条件，是刑事诉讼活动开始进行的文字凭据，该文书一经领导批准，办案人员就应据此填写《立案决定书》，正式立案之后就要开展侦查工作。该文书的制作和使用也为以后司法机关制作各类刑事法律文书奠定了基础。

二、呈请立案报告书的格式

领导批示	
审核意见	
办案单位意见	

呈请立案报告书

犯罪嫌疑人的基本情况〔姓名、性别、出生日期、出生地、身份证件号码、民族、文化程度、职业或工作单位及职务、政治面貌（如是人大代表、政协委员，一并写明具体级、届代表、委员）、采取强制措施情况、简历等〕。尚未确定犯罪嫌疑人的，写明案件基本情况。如果涉及其他人员的，写明该人基本情况。

呈请事项（立案事项）。

事实依据（详细叙述有关案件事实，并对有关证据进行分析）。

法律依据（写明依据的具体法律规定）。

侦查计划。

妥否，请批示。

承办单位 ××××
 承办人×××
 ××××年×月×日

三、呈请立案报告书的基本内容

呈请立案报告书是叙述型文书，由领导批示栏、审核意见栏、办案单位意见栏和呈请立案报告书组成。

呈请立案报告书由呈请单位制作，主要包括以下内容：

（一）标题

应当写明呈请事项，即"呈请立案报告书"。

（二）正文

包括案件受理情况、呈请领导批示的事项、呈请立案的事实依据和法律依据、呈请立案的理由、侦查计划等内容。

1. 犯罪嫌疑人的基本情况。尚未确定犯罪嫌疑人的，写明案件基本情况。如果涉及其他人员的，写明该人基本情况。

2. 呈请事项。简要写明呈请对××案立案侦查。

3. 事实依据。这部分是呈请立案报告书的重点，是案件成立的关键。一般包括报案人发现案件的经过、现场勘查情况、现场调查访问情况和鉴定意见等内容。

4. 法律依据。写明呈请立案的相关法律条文。

5. 呈请立案的理由。该部分通过对案情的分析判断，阐明立案的理由和法律依据。

6. 侦查计划。侦查计划应根据对案情的具体分析、判断得出的结论，提出侦查方案和具体措施。

（三）尾部

尾部写明结束语、署名、日期。

1. 结束语。立案报告名为报告实为请示性文书，旨在报请上级领导审批是否同意立案。故立案报告的结束语应明确提出审批请求。一般可写为"请审批""以上报告妥否，请领导批准"等。

2. 署名。写明报告人或单位名称并加盖单位印章。具体来说，如是刑侦人员报请所属部门负责人审批的，只署名；如是下级单位向上级部门或领导行文的，写明制文单位名称，并加盖单位印章。

3. 日期。写明制作文书的年月日。

四、呈请立案报告书的写作方法和技巧

（一）呈请立案事实依据的写法

写报案人发现案件的经过时，应简要写明报案人在何时、何处发现案件的以及报案的情况。

现场勘查的目的是发现和搜集犯罪证据，为分析案情、判断案件性质、确定侦查方向和范围提供依据，最终为侦破案件提供线索。现场勘查的材料主要来源于现场勘查笔录，但不能照搬现场勘查笔录的内容，应根据某一具体案件的笔录，从中选择最能体现该案特征、对破案最具有价值意义的材料来写。主要写清三点：①现场环境。即现场位置及其周围环境。②现场状况。应着重写明现场勘查实况，现场留下的各种痕迹和实物。③如果是凶杀案，还应写明尸体的姿势状态、面部表情、伤痕部位、伤状、伤势等。

现场调查访问是获取犯罪信息、侦破案件的重要手段之一。调查访问的对象包括报案人或案件发现人、被害人、现场目击者以及其他知情人。调查访问的主要内容是案件发生或发现的时间、地点和具体经过，犯罪嫌疑人的有关情况以及被害人的有关情况。该部分在写作时，应根据众多被调查者提供的线索、情况，从中筛选出对分析案情、侦破工作有价值的材料，紧扣立案的目的来写作。

鉴定意见直接关系到案件能否成立。应将与案件有关的鉴定内容，如赃物估价、伤情鉴定、尸体检验、司法鉴定意见等写清楚。

在叙写报案情况、现场勘查和调查访问材料时，既要突出重点，又要客观、全面，然后在综合各种材料的基础上作出合乎逻辑的分析判断。不要为了能使领导批准立案而对材料进行加工，或者以偏概全，使其失真。

（二）呈请立案理由的写法

该部分通过对案情的分析判断，阐明立案的理由和法律依据。

对案情的分析判断一般包括：对案件性质、作案动机、目的以及因果的分析、判断；对作案的时间、地点、条件、工具、人数、作案经过的分析判断；对犯罪嫌疑人的特征、职业、身份的分析判断；对现场各种遗留物和痕迹的分析判断；对犯罪嫌疑人的去向、赃款及去向的分析判断等。

在对案情进行分析判断的基础上，说明本案不仅有犯罪事实发生，而且应当追究刑事责任，已经具备我国《刑事诉讼法》规定的立案条件，同时又符合公安部颁布的具体立案标准。最后援引我国《刑事诉讼法》第110条的规定，作为立案的法律依据，并提出立案请求。立案请求应说明此案是立为重大案件，还是特大案件。

五、呈请立案报告书实例与评析

【实例】

领导批示	同意。 王×× ××××年×月×日
审核意见	同意立案。请王局长批示。 张×× ××××年×月×日

呈请立案报告书[1]

20××年5月30日下午4时23分，××市东城区甘谷路派出所转报东城区甘谷路时钟胡同3号居民刘××报案：时钟胡同4号房内发现一具女尸。我队接到报案后，立即组织人员赶赴现场，在××派出所同志的陪同下开展现场勘查和调查访问工作。

现根据初步调查情况，呈请对傅××被杀案立案侦查，理由如下：

据发现人刘××（男，45岁，汉族，××市东风印刷厂工人）讲，时钟胡同4号原本是他们厂退休工人王××的房子，20××年8月，王××搬到他儿子家居住，该房遂被王××租给别人居住。20××年5月25日以来，房子里就不时有臭味传出，开始他以为是死老鼠的臭味也没太注意，但到5月30日后，那种臭味到了令人忍无可忍的地步，加上房子有一段时间没有人来，5月30日下午4点钟，他从王××家的窗户缝往里一看，发现床上好像有一尸体，于是马上到派出所报案。

经勘查，时钟胡同为一死胡同，共有8户居民，4号房位于胡同最里侧，紧邻3号房和5号房，5号房居民是五保户老太太，94岁。4号房外有一明锁，没有撬压的痕迹，室内面积不大，15平方米左右，内有一张双人床，一个衣柜和一个写字桌。双人床位于屋里侧靠窗部位，衣柜置于门后，写字桌靠床而立。死者为女性，头朝门、脚朝窗，身上有被子覆盖，约30岁。全身赤裸，已开始腐败。室内有明显的搏斗迹象，衣柜和写字桌被翻动并有软布等物的擦痕。

据被害人邻居反映，死者来此居住有两个月左右，但邻居和她均没有太多交往，不知她的姓名，也不知她是什么地方人，听说话像是南方口音。死者平常打扮比较娇艳，经常在晚上带男人回来居住，邻居对此均很反感，最后一次看见她是20××年5月20日左右。从王××处了解到，死者叫傅××，广东人，20××年3月份开始租房，王××对她的具体情况也不了解。

经尸体检验，死者颈部有明显的勒痕，系窒息而死；从阴道提取物分析，死者生前曾发生过性行为。

根据以上情况，我们认为，被害人可能系卖淫妇女。20××年5月20日左右，被害人带一男子回家嫖宿，后因嫖资问题发生纠纷，嫖客遂将被害人杀死，并劫走了其房间的财产。犯罪系一人所为，对犯罪现场不熟悉，但有一定的犯

---

[1] 资料来源：宋健主编：《法律文书的制作与应用》，中国政法大学出版社2012年版，第63～64页。略有改动。

罪经验，犯罪嫌疑人极有可能是本地人，但也不排除流窜作案可能。由此，根据刑事诉讼法第86条之规定，此案拟立为故意杀人案侦查。

　　以上报告妥否，请批示。

××市公安局刑警队

（公章）

二〇××年六月一日

【评析】

　　该份呈请立案报告书的书写较为规范，文书开始简要写明了报案的时间、人员及所报案件的基本情况，公安机关在接受报案后采取的处理措施。正文部分对呈请立案的事实依据和理由写得具体、准确、明了，在案情分析中对作案的时间、范围及作案人的推断科学、合理。文末提出的侦查计划切实可行，便于操作。正文部分各项内容呈递进状态，环环紧扣，显示出很强的逻辑性。

　　不足之处在于：呈请立案的法律依据应用全称，具体法律条款应用汉字书写，即应表述为："根据《中华人民共和国刑事诉讼法》第八十六条之规定"。

第三节　通缉令

一、通缉令的概念和功能

　　通缉令，是指公安机关办理刑事案件过程中，对于应当逮捕而在逃的犯罪嫌疑人、被告人、罪犯时所制发的书面命令。

　　我国《刑事诉讼法》第153条规定，应当逮捕的犯罪嫌疑人如果在逃，公安机关可以发布通缉令，采取有效措施，追捕归案。各级公安机关在自己管辖的地区以内，可以直接发布通缉令；超出自己管辖的地区，应当报请有权决定的上级机关发布。《公安机关办理刑事案件程序规定》第265条规定，应当逮捕的犯罪嫌疑人如果在逃，公安机关可以发布通缉令，采取有效措施，追捕归案。县级以上公安机关在自己管辖的地区内，可以直接发布通缉令；超出自己管辖的地区，应当报请有权决定的上级公安机关发布。通缉令的发送范围，由签发通缉令的公安机关负责人决定。

　　通缉令是捕获犯罪嫌疑人、被告人、罪犯归案的凭证，具有法律强制性。发布通缉令是公安机关协同作战并动员和组织群众同刑事犯罪分子作斗争的有效方式。通缉令具有法律效力。对于通缉对象，任何公民都有权利和责任将其扭送至公安机关处理。因此，发布通缉令对于及时抓获在逃人员和顺利侦破刑事案件具有重要作用。

二、通缉令的格式

通缉令分为对内发布的和对外发布的两种，对外发布的通缉令除了不写在逃人员网上编号、工作要求、犯罪嫌疑人社会关系、DNA 编号和抄送部门之外，其余内容与对内发布的通缉令完全相同，现只列对内发布的通缉令的格式。

通　缉　令

×公（　）缉字〔　　〕　　号

犯罪嫌疑人的基本情况、在逃人员网上编号、身份证号码、体貌特征、行为特征、口音、携带物品、特长：_____

_____

_____

_____

发布范围：_____

简要案情：_____

_____

_____

_____

工作要求和注意事项：_____

_____

_____

联系人、联系电话：_____

附：1. 犯罪嫌疑人照片、指纹。

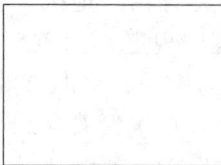

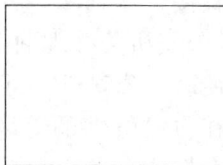

2. 犯罪嫌疑人社会关系。

3. DNA 编号。

公安局（印）

年　月　日

抄送部门：

三、通缉令的基本内容

通缉令属于多联填充型文书，由正本和存根组成。正本是公安机关依法对在逃犯罪嫌疑人进行追捕的依据。存根是公安机关对犯罪嫌疑人发布通缉令的凭证，由签发单位存档备查。

通缉令的正本由首部、正文和尾部三部分组成。

（一）首部

首部包括标题、文书字号和发布范围等内容。

1. 标题。标题应分两行写明："×××公安局（厅）通缉令"；也可以不写制作机关名称，只写"通缉令"三个字。

2. 文书字号。在标题右下角写明"×公（　　）缉字〔　　　〕　　号"。

3. 发布范围。县级以上公安机关在自己管辖的地区内，可以直接发布通缉令；超出自己管辖的地区，应当报请有权决定的上级公安机关发布。通缉令的发送范围，由签发通缉令的公安机关负责人决定。

（二）正文

正文包括通缉对象的基本情况、简要案情、对受文单位的工作要求和注意事项、附件等内容。

1. 通缉对象的基本情况。写明通缉对象的身份事项、在逃人员网上编号、身份证号码、体貌特征、携带物品、特长等内容。

2. 简要案情。应以概括的方法写明通缉对象在何时、何地、以何种手段实施了何种犯罪行为、犯罪情节和后果如何、潜逃简况等。对需要保密的应当有选择地说明。

3. 对受文单位的工作要求和注意事项。这部分应写明对通缉对象的追捕措施及抓获后的处置措施，并写明办案单位、联系人、联系电话及通讯地址等。例如，"请各公安机关接此通缉令后，立即部署力量，严密控制，注意查缉，发现犯罪嫌疑人赵某立即拘留并速告省公安厅四处。联系人：李××、张××，电话：××××××××"。

4. 附件。一般应在通缉令中附上通缉对象的近期照片。可以附指纹及其他物证的照片以及社会关系名单。

（三）尾部

在正文右下方写明通缉令发布时间，并加盖发布机关的公章。当需要时可以在通缉令下方附上抄送部门名单。

四、通缉令的写作方法和技巧

（一）犯罪嫌疑人基本情况的写法

通缉令中应当尽可能写明被通缉人的姓名、别名、曾用名、绰号、性别、年龄、民族、籍贯、出生地、户籍所在地、居住地、职业、身份证号码。

（二）体貌特征、行为特征、口音的写法

应根据通缉对象的不同特点分别写明下列内容：面部特征（脸型、发型及颜色、五官、肤色等）；身高；体态（胖、较胖、瘦、较瘦等）；言行（口音、步态、习惯用语等）；生理病理特征（身上有疤痕、斑痣、胎记、说话口吃、声音嘶哑、驼背、跛子、视觉听觉有缺陷等）；逃跑时的衣着。

描写通缉对象体貌特征时要尽量写得详细、具体，突出特点，以利辨认；语言要简洁、明了、通俗、准确，切忌夸张虚构。

（三）携带物品的写法

携带物品要写明被通缉对象逃跑时，是否携带枪支、弹药、爆炸物、赃款赃物以及有关物品的数量及特征等。

（四）特长的写法

特长应当写明被通缉对象掌握何种技能。

（五）发布范围的写法

通缉令的发布范围由签发通缉令的公安机关负责人根据发布机关管辖的地区和通缉犯可能潜逃的路线等确定。如发往部分省、市、区和本辖区各级公安机关的，一般都不写具体的公安机关名称，只用概称"××、××、××等省市公安厅（局）""本省各地、市、县公安局"。向全国公开发布的通缉令，可以写"各省、自治区、直辖市公安厅（局）"，也可以不写发布范围。

严格掌握通缉令的发布范围，既要防止发布范围过大，导致人力、财力的浪费，又要防止发送的范围过小，使犯罪嫌疑人漏网。发布机关也不能越级发布，超出管辖区域的发布应上报上一级公安机关制发，重大、恶性案件，需要在全国范围内通缉的，则应报请公安部制发通缉令。

五、通缉令实例与评析

【实例】

通 缉 令[1]

×公缉字［20××］24号

各省、自治区、直辖市公安厅（局）：

20××年4月6日，中国人民银行××省××县银行，被盗现金30余万元，

---

[1] 资料来源：宋健主编：《法律文书的制作与应用》，中国政法大学出版社2012年版，第78～79页。略有改动。

案发后犯罪嫌疑人张×携带赃款潜逃。

犯罪嫌疑人张×，男，25岁，××省××县人，系中国人民银行××省××县银行现金出纳员，在逃人员网上编号×××××××××××，身份证号×××××××××××××××，身高1.75米，留平头、长方脸、单眼皮，眉毛较浓，高鼻梁，厚嘴唇，脸上长满粉刺疙瘩，体型较瘦，皮肤较黑，操××省××县口音，逃走时上身穿米色羊毛衫，下身穿深灰色毛料西裤，内着紫红色衬衣，脚穿黑色牛筋底系带皮鞋，携带一把自制手枪，该犯罪嫌疑人曾练过三年摔跤，会驾驶汽车。

请各地公安机关与铁路、交通、民航公安机关取得联系，立即部署力量，严密控制，注意查缉，如发现张犯立即拘留，并速告中华人民共和国公安部×局，电话：(010) ×××××××。

联系人：李×、陈×

附：1. 犯罪嫌疑人照片、指纹。

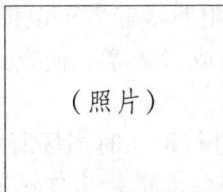

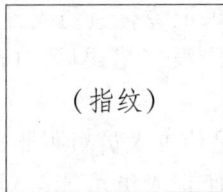

（照片）　　　　（指纹）

2. 犯罪嫌疑人社会关系（不公开）。

中华人民共和国公安部

（公章）

×××年×月×日

抄送部门：××、××市公安局

【评析】

该通缉令写作程式规范，内容完备，用语简洁、明了，符合制作要求。特别是对被通缉犯罪嫌疑人的体貌特征写得明确、具体、详细，这就为准确辨认和及时抓获犯罪嫌疑人提供了有利的条件。本通缉令还描述了犯罪嫌疑人携带物品、个人特长等方面的内容。

本通缉令可做如下完善：在书写犯罪嫌疑人体貌特征时，可以先集中描述其身高、体态，然后重点写明面部特征。

第四节　讯问笔录

一、讯问笔录的概念和功能

讯问笔录又称审讯笔录，是指侦查人员在办理刑事案件过程中，为查明案情，依法对犯罪嫌疑人进行讯问以及犯罪嫌疑人就案情所作的供述和辩解的文字记载。

我国《刑事诉讼法》第118条规定，侦查人员在讯问犯罪嫌疑人时，应首先讯问犯罪嫌疑人是否有犯罪行为，让他陈述有罪的情节或者无罪的辩解，然后向他提出问题。犯罪嫌疑人对侦查人员的提问，应当如实回答。但对与本案无关的问题，有拒绝回答的权利。侦查人员在讯问犯罪嫌疑人的时候，应当告知犯罪嫌疑人如实供述自己罪行可以从宽处理的法律规定。第119条规定，讯问聋、哑的犯罪嫌疑人，应有通晓聋、哑手势的人参加，并且将这种情况记明笔录。第120条规定，讯问笔录应当交犯罪嫌疑人核对，对于没有阅读能力的，应当向他宣读。如果记载有遗漏或者差错，犯罪嫌疑人可以提出补充或者改正。犯罪嫌疑人承认笔录没有错误后，应当签名或者盖章。侦查人员也应当在笔录上签名。

《讯问笔录》是侦查人员对犯罪嫌疑人进行讯问时当场所作的记录。在办理刑事案件过程中，侦查人员可能会对犯罪嫌疑人进行多次讯问，每一次讯问都应当制作《讯问笔录》。《讯问笔录》中记载的犯罪嫌疑人供述和辩解，经查证核实后，可作为认定案件事实的证据之一。由于《讯问笔录》全面、系统地记载了讯问人员提问的内容和犯罪嫌疑人的供述和辩解，因此，可以作为侦查人员分析案情、研究问题、检查办案质量、总结办案经验教训的重要依据。另外，《讯问笔录》是对整个审讯过程的原始记录，可以起到固定证据的作用，既可防止犯罪嫌疑人翻供，又可真实地反映侦查人员的讯问方法是否合法，可以为以后司法机关处理刑讯逼供等刑事案件提供相关的证据材料。

二、讯问笔录的格式

讯问笔录（第 × 次）

时间____年__月__日__时__分至____年__月__日__时__分

地点_____

讯问人（签名）_____、_____工作单位_____

记录人（签名）_____工作单位_____

被讯问人_____性别____年龄____出生日期_____

身份证件种类及号码_____

现住址＿＿＿＿＿＿＿＿＿＿＿ 联系方式＿＿＿＿＿＿＿＿＿＿＿＿＿＿

户籍所在地＿＿＿＿＿＿＿＿＿＿＿＿＿＿＿＿＿＿＿＿＿＿＿＿＿＿＿

(口头传唤/被扭送/自动投案的被讯问人于＿月＿日＿时＿分到达,＿月

＿日＿时＿分离开,本人签名:＿＿＿＿＿＿＿＿＿)。

问:＿＿＿＿＿＿＿＿＿＿＿＿＿＿＿＿＿＿＿＿＿＿＿＿＿＿＿＿＿

答:＿＿＿＿＿＿＿＿＿＿＿＿＿＿＿＿＿＿＿＿＿＿＿＿＿＿＿＿＿

＿＿＿＿＿＿＿＿＿＿＿＿＿＿＿＿＿＿＿＿＿＿＿＿＿＿＿＿＿＿＿

＿＿＿＿＿＿＿＿＿＿＿＿＿＿＿＿＿＿＿＿＿＿＿＿＿＿＿＿＿＿＿

第 页 共 页

三、讯问笔录的基本内容

讯问笔录属于实录型文书,由首部、正文和尾部组成。

(一) 首部

首部包括下列内容:

1. 文书名称。在文书顶端正中写"讯问笔录",之后用括号注明第×次。

2. 讯问的起止时间。在文书名称下写明讯问的起止时间,要精确到某时某分。

3. 讯问地点。应具体写明某机关某房间,如某某看守所审讯室。

4. 讯问人姓名和单位。应写明讯问人的姓名和单位,注意至少有两位侦查人员。

5. 记录人姓名和单位。应注明记录人的姓名与单位。

6. 犯罪嫌疑人姓名、性别、年龄、出生日期、身份证件种类及号码等内容。

(二) 正文

正文是讯问笔录的重点,讯问笔录上所列项目,应当按规定书写齐全。为了保证记录的速度,对侦查人员提问和犯罪嫌疑人的回答,一律使用"问"和"答"表示,而不能用其他符号代替。讯问内容主要包括犯罪嫌疑人的基本情况、告知犯罪嫌疑人诉讼权利义务、记录与案件事实有关的内容等。

(三) 尾部

讯问结束后,笔录应当交犯罪嫌疑人核对,犯罪嫌疑人没有阅读能力的,要向其宣读。如果犯罪嫌疑人阅读后认为有漏记、错记的,应允许其更正或者补充,并在改正或者补充的文字上捺指印。笔录经犯罪嫌疑人核对无误后,应由其在笔录上逐页签名(盖章)或者捺指印,并在末页写明对笔录的意见,即"以上记录我已看过(或者向我宣读过),和我说的相符"。拒绝签名(盖章)或者捺指印的,记录人员应在笔录上注明。侦查人员、翻译人员应在笔录上签

名或盖章，并注明年月日。

四、讯问笔录的写作方法和技巧

（一）犯罪嫌疑人基本情况的写法

第一次讯问时应详细地记明犯罪嫌疑人的基本情况。即写明其姓名、曾用名、别名、绰号、性别、民族、出生年月日、出生地、身份证件号码、籍贯、文化程度、户籍所在地、现住址、职业和工作单位、政治面貌、家庭情况、社会经历、是否受过刑事、行政处罚等情况。在第二次及以后的讯问中，上述情况一般可以不必再记。但如果对犯罪嫌疑人的基本情况有疑问，需要进一步核实的，可有针对性地进行讯问和记载。

（二）告知事项的写法

侦查人员在对犯罪嫌疑人第一次讯问时，应当告知犯罪嫌疑人诉讼权利义务，将《犯罪嫌疑人诉讼权利义务告知书》送交犯罪嫌疑人，如果犯罪嫌疑人没有阅读能力，侦查人员要向其宣读。然后，侦查人员要问犯罪嫌疑人是否看清或听清告知书的内容，以及有何要求，即犯罪嫌疑人是否需要聘请律师、是否申请有关人员回避等。对犯罪嫌疑人有具体要求的，应如实记录。

（三）讯问和回答内容的写法

根据刑事诉讼法的规定，侦查人员在第一次讯问犯罪嫌疑人时，应首先讯问他是否有犯罪行为，让其陈述有罪情节或者进行无罪辩解，然后再向其提出问题。提问应根据供述情况，提出与认定案件事实有关的问题。与案件有关的重要情节应作为发问的重点。如果犯罪嫌疑人承认犯罪，应根据讯问情况，记载犯罪的时间、地点、动机、目的、手段、过程、危害后果及与犯罪有关的人、事、物等。如犯罪嫌疑人否认犯罪，作无罪辩解，也要记录其辩解的理由。在第二次及以后的讯问中，侦查人员主要根据以前对犯罪嫌疑人的讯问和案件侦查情况，有针对性地对案件有关情况作进一步讯问，记录人应将问与答的主要内容准确、清楚地记录下来。

讯问笔录应能如实反映讯问的全部过程和内容，要使不在讯问现场的人看过笔录后，能知道讯问的全部情况。因此，制作笔录时，要准确、清楚地将问话和答话以及讯问的经过不失原意地记录下来。对犯罪嫌疑人在讯问过程中的表现和回答问题时的表情、动作、神态也应记录下来，如低头不语、哭泣等都应写明，这样利于侦查人员分析犯罪嫌疑人的思想动态，以便制定相应的讯问策略。对于犯罪嫌疑人在讯问中气焰嚣张、无理取闹，拒绝签字等情况也应记录下来，可作为起诉时对其提出从严处理的意见依据。对于犯罪嫌疑人供述中的方言土语，黑话暗语，既要照原话记录，又要问明原意，并在其后用括号加以注释和说明。

　　讯问笔录必须全面地反映讯问的情况，不能任意删减和遗漏。同时，也应重点围绕与犯罪有关的情况进行记录。

　　讯问笔录应在讯问时当场制作，如实反映犯罪嫌疑人供述和辩解的原意，不能随意取舍、夸大或缩小。

　　讯问聋、哑犯罪嫌疑人，应有通晓聋、哑手势的人参加，并在讯问笔录上注明犯罪嫌疑人的聋、哑情况，以及翻译人员的姓名、工作单位和职业。

　　五、讯问笔录实例与评析

　　【实例】

讯问笔录（第一次）[1]

时间：200×年12月22日21时40分至200×年12月22日22时59分

地点：××市看守所第×审讯室

讯问人李××　王××　工作单位××市公安局××分局××派出所

记录员人王××　　　工作单位××市公安局××分局××派出所

被讯问人高×　性别　女　年龄　××　出生日期××××年××月××日

身份证件种类及号码居民身份证×××××××××××

□是☑否人大代表

现住址×××××××××　联系方式×××××××××

户籍所在地×××××××××

问：我们是××市公安局××分局××派出所的民警（出示工作证件），现依法对你进行讯问，你应当如实回答我们的提问，对与案件无关的问题，你有拒绝回答的权利。你听明白了吗？

答：听明白了。

问：你的个人基本情况？

答：我叫高×，女，××××年×月×日出生，汉族，中专文化程度，户籍所在地×××××××××，现住×××××××××，现在××××从事××工作，居民身份证号码×××××××××××，联系电话×××××××××。

问：你的家庭情况？

答：母亲×××，无业。弟弟：高××，×××××××××××。

问：你的社会经历？

答：××××年至××××年××小学上学，××××年至××××年×××

────────────

〔1〕　资料来源：某公安机关办案实例。

×学院读初中，××××年至××××年，××××学校读书，毕业后在××××做销售。

问：你以前是否受过刑事、行政等处罚或者被劳动教养、强制戒毒？

答：没有。

问：这是《犯罪嫌疑人诉讼权利义务告知书》，给你阅读，你如果不识字，我们可以给你宣读。

答：我可以看。（看《犯罪嫌疑人诉讼权利义务告知书》约2分钟）

问：你看清楚了吗？

答：看清楚了。

问：知道为什么将你带到××派出所吗？

答：知道，因为我贩卖毒品的事。

问：什么时间在什么地点贩卖毒品？

答：2014年12月22日，21点左右，在××××酒店门口。

问：你向谁贩卖毒品？

答："二胖"。

问：你贩卖的什么毒品？

答：冰毒。

问：贩卖多少？

答：一小包，我不知道多重，跟"二胖"谈的价格是500元，400元毒品的钱，因为我打车来的所以让他加上车费给我500元。

问：讲一下你贩卖毒品的过程？

答：2014年12月22日，下午5点半"二胖"给我打电话说让我给他拿一个东西（意思就是让我卖给他一小包冰毒），我说让他等一会儿，然后我联系了我一个哥（这个哥，我没见过，是在网络上认识的，我知道他是卖冰毒的），我从这个哥这里拿了3小包货（冰毒），然后我与"二胖"联系，让二胖在××××酒店门口等我，商量好一小包冰毒价钱是400元加上100元车费共计500元，一手交钱，一手交货。大约晚上9点左右我坐车到××××酒店门口，我见到"二胖"，我俩正准备交易时被民警抓了，民警从我身上搜出了三小包毒品。

问：讲一下"二胖"这个人？

答：真名不知道，身高175左右，偏瘦，20岁左右。

问：讲一下你们是如何联系交易的？

答：电话联系。我的电话是××××××××××。"二胖"的电话是××××××××××××。

问：你之前贩卖过几次冰毒？

答：就这一次。

问："二胖"为什么向你购买冰毒？

答：我之前和他说过，要是有人购买冰毒联系我，我这里有，我是才开始卖冰毒的。

问：你的毒品来源是什么？

答：从一个哥那里拿的，他电话是×××××××××××，我给他打电话让他给拿货（冰毒），他让我到汤峪太白山水上乐园门口对面绿化带取，他说让我最少拿三个，每个200元，他把三小包冰毒就放到×××××××门口对面绿化带了，我取了货（冰毒）后，就去和"二胖"交易了。

问：讲一下你说的"哥"？

答：我没见过，网上认识的，知道他是卖冰毒的。

问：你从这个"哥"处拿过几次冰毒？

答：之前拿过一次，连这次是两次。

问：都是如何交易的？

答：都是他指定地点让我去取，然后联系我，给我发银行卡号让我打钱。这次还没有给我发银行卡号呢。

问：你自己是否吸食冰毒？

答：吸食，但是不多。

问：最近一次吸食毒品是什么时候？

答：15天前了。

问：多久吸食一次？

答：时间不固定，有了就吸一下。

问：民警对你的尿液做了甲基安非他明检测试剂盒检测，检测结果呈阴性，你是否有异议？

答：没有。

问：你吸毒是否成瘾？

答：没有瘾。

问：你还有什么需要补充说明的吗？

答：没有了。

问：你以上所讲的是否属实？

答：属实。

问：以上笔录请你仔细阅看，如果记录有误，请指出来，我们即给予更正，请你确认记录无误后再在笔录上逐页签名。

答：好的。

以上笔录我看过，和我所说的一样。

高×（捺指印）

××××年×月×日

【评析】

这是一份侦查人员第一次审讯犯罪嫌疑人的讯问笔录，其制作规范、符合要求，呈现出如下特点：①首部所列项目齐全。该份讯问笔录在首部依次记明了讯问的时间、地点、侦查员的姓名、单位、记录员的姓名、单位、犯罪嫌疑人的姓名等内容，符合写作规范。②完整、准确、客观、细致地反映了讯问过程和结果。该份讯问笔录在正文部分：一是详细记明了犯罪嫌疑人的基本情况。二是对侦查人员告知犯罪嫌疑人权利义务的情况如实作了记录。三是全面地反映了讯问的实况。客观记载了侦查人员发问的内容、方式和技巧，涵盖了侦查人员对贩卖毒品的种类、数量、来源、购买者的情况、交易过程的讯问内容。③记录内容剪裁得当，文字表述精练、流畅，值得参考借鉴。

本讯问笔录还可以从如下三方面完善：①在权利义务告知阶段，除了让犯罪嫌疑人阅读《犯罪嫌疑人诉讼权利义务告知书》之外，还可以就其中的重要权利再次专门告知，如聘请律师的权利。②在讯问过程中，还可以继续追问犯罪嫌疑人是否有其他犯罪行为。③讯问笔录中多处标点运用不当，应当改正。

第五节　提请批准逮捕书

一、提请批准逮捕书的概念和功能

提请批准逮捕书是指公安机关根据刑事诉讼法的规定，对有证据证明有犯罪事实，且有逮捕必要的犯罪嫌疑人，提请同级人民检察院审查批准逮捕时制作的文书。

我国《刑事诉讼法》第85条规定，公安机关要求逮捕犯罪嫌疑人的时候，应当写出提请批准逮捕书，连同案卷材料、证据，一并移送同级人民检察院审查批准。《公安机关办理刑事案件程序规定》第133条规定，需要提请批准逮捕犯罪嫌疑人的，应当经县级以上公安机关负责人批准，制作提请批准逮捕书，连同案卷材料、证据，一并移送同级人民检察院审查批准。

逮捕是法律规定的最为严厉的刑事强制措施。一经逮捕，就意味着剥夺了犯罪嫌疑人的人身自由。因此，逮捕必须严格把关。只有这样，才能保障无辜公民的人身权利不受侵犯。正是从这个基点出发，我国《刑事诉讼法》才规定了公安机关逮捕犯罪嫌疑人时，必须提请人民检察院审查批准。人民检察院经过审查，认为案件事实不清，或者证据不足，则不批准逮捕，并向公安机关说明理由，需要补充侦查的应同时通知公安机关补充侦查。这样就可以防止或减少错捕现象的发生。

提请批准逮捕书是公安机关向人民检察院提请批准逮捕犯罪嫌疑人的书面形式，是人民检察院审查批捕的依据，该文书的使用也体现了公安机关与人民检察院分工负责、互相制约的原则。

根据《刑事诉讼法》的规定，逮捕的条件如下：①有证据证明有犯罪事实，可能判处徒刑以上刑罚，采取取保候审、监视居住等方法，尚不足以防止发生社会危险性的，应当予以逮捕。②对有证据证明有犯罪事实，可能判处10年有期徒刑以上刑罚的，应当予以逮捕。③对有证据证明有犯罪事实，可能判处徒刑以上刑罚，曾经故意犯罪或者身份不明的，应当予以逮捕。④被取保候审、监视居住的犯罪嫌疑人、被告人违反取保候审、监视居住规定，情节严重的，可以予以逮捕。

二、提请批准逮捕书的格式

×××公 安 局
提 请 批 准 逮 捕 书

×公（　）提捕字〔　〕　　号

犯罪嫌疑人×××……［犯罪嫌疑人姓名（别名、曾用名、绰号等），性别，出生日期，出生地，身份证件种类及号码，民族，文化程度，职业或工作单位及职务，居住地（包括户籍所在地、经常居住地、暂住地），政治面貌（如是人大代表、政协委员，一并写明具体级、届代表、委员），违法犯罪经历以及因本案被采取强制措施的情况（时间、种类及执行场所）。案件有多名犯罪嫌疑人的，应逐一写明。］

辩护律师×××……［如有辩护律师，写明其姓名，所在律师事务所或者法律援助机构名称，律师执业证编号。］

犯罪嫌疑人涉嫌××（罪名）一案，由×××举报（控告、移送）至我局（写明案由和案件来源，具体为单位或者公民举报、控告、上级交办、有关部门移送、本局其他部门移交以及工作中发现等）。简要写明案件侦查过程中的各个法律程序开始的时间，如接受案件、立案的时间。具体写明犯罪嫌疑人归案情况。

经依法侦查查明：……（应当根据具体案件情况，详细叙述经侦查认定的犯罪事实，并说明应当逮捕的理由。）

（对于只有一个犯罪嫌疑人的案件，犯罪嫌疑人实施多次犯罪的犯罪事实应逐一列举；同时触犯数个罪名的犯罪嫌疑人的犯罪事实应该按照主次顺序分别列举。

对于共同犯罪的案件，写明犯罪嫌疑人的共同犯罪事实及各自在共同犯罪中的地位和作用后，按照犯罪嫌疑人的主次顺序，分别叙述各个犯罪嫌疑人的单独犯罪事实。）

认定上述事实的证据如下：

……（分列相关证据，并说明证据与犯罪事实的关系。）

综上所述，犯罪嫌疑人×××……（根据犯罪构成简要说明罪状），其行为已触犯《中华人民共和国刑法》第×条之规定，涉嫌××罪，符合逮捕条件。依照《中华人民共和国刑事诉讼法》第七十九条、第八十五条之规定，特提请批准逮捕。

此致
××××人民检察院

公安局（印）
年　月　日

附：本案卷宗　卷　页

三、提请批准逮捕书的基本内容

提请批准逮捕书由首部、正文和尾部三部分组成。

（一）首部

首部包括标题、文书字号、犯罪嫌疑人基本情况和违法犯罪经历及因本案被采取强制措施的情况等内容。

1. 标题和文书字号。标题分两行写公安机关名称和文书的名称。如××公安局提请批准逮捕书。

编号写在标题右下方，如：×公（　）提捕字〔　〕　号。

2. 犯罪嫌疑人基本情况、违法犯罪经历及因本案被采取强制措施的情况。犯罪嫌疑人基本情况应按顺序依次写明姓名、性别、出生年月日、出生地、身份证件号码、民族、文化程度、职业或工作单位及职务、住址、政治面貌等。在写犯罪嫌疑人姓名的同时，应写明犯罪嫌疑人使用过的其他名称，包括别名、曾用名、绰号等。如有必要，还可写笔名、网名等名称。确实无法查明其真实姓名的，也可以暂填写其自报的姓名。查清其真实姓名后，按照查清后的姓名填写，对之前填写的内容可不再更改，但应在案件卷宗中予以书面说明。犯罪嫌疑人出生日期、住址不明的，参照上述规定办理。

而后另起一段写明违法犯罪经历及因本案被采取强制措施的情况。违法犯罪经历应写清犯罪嫌疑人何时因何原因被哪一个机关作出何种处罚，何时解除处罚。如果犯罪嫌疑人是在拘留以后被提请逮捕的，应写明拘留的原因、时间和羁押场所，以便检察机关在审查批捕时提讯犯罪嫌疑人，也有利于实行法律监督。

如系共同犯罪案件，一案需要同时逮捕几个犯罪嫌疑人的，可合写一份提请批准逮捕书，按主犯、从犯、胁从犯的犯罪地位顺序分别写明各个犯罪嫌疑人的基本情况和违法犯罪经历。

（二）正文

正文包括案由和案件来源、犯罪事实与证据、提请批准逮捕的理由和法律依据等内容。

1. 案由和案件来源。写明犯罪嫌疑人×××（姓名）涉嫌××（罪名）一案，由×××举报（控告、移送）至我局（写明案由和案件来源，具体为单位或者公民举报、控告、上级交办、有关部门移送、本局其他部门移交以及办案中发现等）。简要写明案件侦查过程中的各个法律程序开始的时间，如接受案件、立案的时间。具体写明犯罪嫌疑人的归案情况。

2. 犯罪事实与证据。这一部分是提请批准逮捕书的核心部分，是批准逮捕的事实依据。应写明犯罪嫌疑人的犯罪时间、地点、动机、目的、涉及的人物、主要情节和危害后果等。证据要写明认定事实的主要相关证据。

3. 提请批准逮捕的理由和法律依据。这一部分应写明认定构成犯罪的实体法依据和提请批准逮捕的程序法依据。程序法依据是《刑事诉讼法》第79条和第85条的规定。

（三）尾部

尾部包括文书送达机关的名称、署名、用印和附项等内容。

1. 文书送达机关的名称。写"此致　×××人民检察院"。

2. 署名、用印。在尾部右下角由公安机关负责人署名并加盖局长私人章，之下注明制作的年、月、日，并在上面加盖公安机关公章。

3. 附项。此项内容应在尾部左下角注出。主要包括：①本案卷宗材料有×卷×页；②犯罪嫌疑人×××现被羁押于何处；③随案移送物品×件。注明要随提请批准逮捕书一并移送检察院审查。

四、提请批准逮捕书的写作方法和技巧

(一) 犯罪事实和证据的写法

写时用"经依法侦查查明："一句引起，然后概括叙述经侦查机关审查认定的犯罪事实。叙述犯罪事实应根据具体案件情况，围绕法律规定的逮捕条件，简要写明犯罪嫌疑人在何时、何地，出于什么动机和目的，采取何种犯罪手段，实施了何种犯罪行为，造成了什么样的危害后果。特别注意要把关键性情节交待清楚。对于只有一个犯罪嫌疑人的案件，犯罪嫌疑人实施多次犯罪的犯罪事实应逐一列举；同时触犯数个罪名的犯罪嫌疑人的犯罪事实应按照主次顺序分别列举。对于共同犯罪案件，写明犯罪嫌疑人的共同犯罪事实及各自在共同犯罪中的地位和作用后，按照犯罪嫌疑人主次顺序，分别叙述各个犯罪嫌疑人的单独犯罪事实。

犯罪事实写完之后，应另起一行写明能够证明犯罪事实存在的证据。写时用"认定上述事实的证据如下："一句引起，然后将侦查机关收集的能够认定犯罪事实的证据——列举出来。

叙述犯罪事实时应注意：一要重点突出，处理好当写与不当写的关系。叙述时要抓住主要犯罪事实，不要叙述那些尚待查证核实的犯罪事实；还要严格区分罪与非罪的界限，只有罪行材料才能写进犯罪事实中去，不能把犯罪嫌疑人属于道德品质、生活作风和一般违法等方面问题也作为犯罪事实来写；所叙述的犯罪事实必须是查证属实的，有确凿证据证明的事实。二要处理好详写与略写的关系。涉及被害人或其他当事人的隐私问题时，不宜详叙具体情节，也不要写出他们的姓名全称，可以王××、张××代称。

(二) 提请批准逮捕的理由和法律依据的写法

这项内容主要是根据前面叙述的犯罪事实，得出应当逮捕犯罪嫌疑人的结论。该部分应首先针对犯罪的事实、性质、情节，运用犯罪构成理论，以刑法分则规定的罪状特征，对犯罪嫌疑人的行为作出法律上的评断；其次写明提请批捕的法律依据。既要写明犯罪嫌疑人涉嫌犯罪的法律依据，又要阐明提请批捕犯罪嫌疑人的法律依据。

理由部分引用法律条文要全面、准确。"全面"是指必须同时引用我国《刑法》和《刑事诉讼法》的有关条文。因为提请批准逮捕，既涉及实体问题，也涉及程序问题。"准确"是指在引用实体法时，应根据犯罪嫌疑人犯罪的具体情节，引用相应的《刑法》条款。在引用程序法时，应引用我国《刑事诉讼法》关于逮捕条件和提请人民检察院审查批准依据的条款。

应当严格掌握逮捕的条件。符合报捕条件的才能办理提请批准逮捕的手续，对于不符合报捕条件的，可以采取其他刑事强制措施或作出撤销案件的决定。

五、提请批准逮捕书实例与评析

【实例】

××市公安局××分局
提请批准逮捕书[1]

×公（刑）提捕字〔2014〕×号

犯罪嫌疑人滑××，男，汉族，×××年×月×日出生，初中文化程度，居民身份证编号：×××××××××××××××××，户籍地××××××××××××，现住××××××××××××。2014年×月×日因涉嫌盗窃罪被我局刑事拘留。

犯罪嫌疑人何××，男，汉族，×××年×月×日出生，高中文化程度，居民身份证编号：×××××××××××××××××，户籍地××××××××××××，现住××××××××××。2014年10月19日因涉嫌掩饰、隐瞒犯罪所得、犯罪所得收益罪被我局刑事拘留。

犯罪嫌疑人滑××涉嫌盗窃、何××涉嫌掩饰、隐瞒犯罪所得、犯罪所得收益案，2014年10月18日由杜××、张××报案至我局，我局于2014年10月19日立案侦查，犯罪嫌疑人滑××于2014年10月19日被我局刑事拘留，犯罪嫌疑人何××于2014年10月30日被我局刑事拘留，两人现羁押于××区看守所。

经依法侦查查明，犯罪嫌疑人滑××、何××涉嫌下列犯罪事实：

（一）盗窃罪

1. 2014年10月5日15时许，在××××××××××，犯罪嫌疑人滑××用手掰开204房间窗户，翻进该房间，盗窃该房间内笔记本电脑一台、鼠标一个。

2. 2014年10月5日19时许，在××××××××××，犯罪嫌疑人滑××用手掰开214房间窗户，翻进该房间，盗窃该房间内提包里的现金300元，盗窃放在床上的充电宝一个。

3. 2014年10月18日19时许，在×××××××××××，杜××与张××刚回到该租住屋时，发现屋内一名男子正在行窃，当场将该男子控制并送交公安机关，经公安机关查实，正在行窃的男子是滑××。

---

〔1〕 资料来源：某公安机关办案实例。

认定上述事实的证据如下：犯罪嫌疑人滑××的供述、指认笔录，受害人杜××、张××的报案材料、报案笔录、辨认笔录，证人王××的询问笔录、辨认笔录，价格鉴定结论书等证据证明。

（二）掩饰、隐瞒犯罪所得、犯罪所得收益罪

2014年×月×日×时许，在×××××××××××斜对面的一家电脑维修店，犯罪嫌疑人滑××向店老板何××出售盗窃所得笔记本电脑和鼠标，何××明知该笔记本电脑和鼠标有赃物嫌疑，仍以明显低于市场的价格予以收购。2014年10月28日，经西安市××区价格认证中心鉴定：被盗笔记本电脑价值1600元人民币。

认定上述事实的证据如下：犯罪嫌疑人滑××的供述、辨认笔录、指认笔录，犯罪嫌疑人何××的供述、辨认笔录、指认笔录，价格鉴定结论书等证据证明。

综上所述，犯罪嫌疑人滑××入室盗窃作案三次，根据《中华人民共和国刑法》第二百六十四之规定，涉嫌盗窃罪。犯罪嫌疑人何××的行为触犯了《中华人民共和国刑法》第三百一十二条之规定，涉嫌掩饰、隐瞒犯罪所得、犯罪所得收益罪。对滑××、何××有逮捕必要，依照《中华人民共和国刑事诉讼法》第七十九条、第八十五条之规定，特提请批准逮捕。

此致

××××区人民检察院

××市公安局××分局

×××年×月×日

附：1. 本案卷宗×卷×页。

2. 犯罪嫌疑人滑××、何××现羁押于××区看守所。

【评析】

该份提请批准逮捕书格式规范，项目齐全。事实部分按照时间顺序法叙述了犯罪嫌疑人滑××实施盗窃、何××掩饰、隐瞒犯罪所得、犯罪所得收益的时间、地点、具体经过和危害后果，对实施盗窃的犯罪情节写得清楚明了。理由部分引用我国《刑法》规定准确确定了犯罪嫌疑人涉嫌的罪名，而后再引用《刑事诉讼法》规定说明犯罪嫌疑人已具备逮捕条件，提请同级人民检察院批准逮捕。通篇文字通畅，符合制作要求。

作为提请批准逮捕书，必须紧扣逮捕条件进行书写。在本文书书写过程中，没有强调犯罪嫌疑人的人身危险性问题，也就是漏写了是否属于采取取保候审尚不足以防止发生社会危险的情况，应予以完善。

第六节 起诉意见书

一、起诉意见书的概念和功能

起诉意见书，是指公安机关对刑事案件侦查终结后，认为犯罪嫌疑人的行为已经构成犯罪，应当追究刑事责任，依照法定程序向同级人民检察院提出起诉意见时所制作的文书。

我国《刑事诉讼法》第160条规定，公安机关侦查终结的案件，应当做到犯罪事实清楚，证据确实、充分，并且写出起诉意见书，连同案卷材料、证据一并移送同级人民检察院审查决定；同时将案件移送情况告知犯罪嫌疑人及其辩护律师。《公安机关办理刑事案件程序规定》第279条规定，对侦查终结的案件，应当制作起诉意见，经县级以上公安机关负责人批准后，连同全部案卷材料、证据，以及辩护律师提出的意见，一并移送同级人民检察院审查决定；同时将案件移送情况告知犯罪嫌疑人及其辩护律师。

公安机关制作该文书的目的是向检察院阐明案件事实，表明对犯罪嫌疑人的处理意见，提请检察院提起公诉，追究犯罪嫌疑人的刑事责任。起诉意见书是公安机关对侦查终结案件的总结和结论，该文书的制作标志着侦查工作的结束；也是公安机关请求人民检察院审查起诉的法定文件，人民检察院接到该文书后，必须对案件进行审查，并决定是否起诉；对该文书的制作和审查体现了公安机关和人民检察院在刑事诉讼中分工负责、互相配合、互相制约的原则。

二、起诉意见书的格式

×××公 安 局
起 诉 意 见 书

×公（ ）诉字〔 〕 号

犯罪嫌疑人×××……［犯罪嫌疑人姓名（别名、曾用名、绰号等），性别，出生日期，出生地，身份证件种类及号码，民族，文化程度，职业或工作单位及职务，居住地（包括户籍所在地、经常居住地、暂住地），政治面貌，违法犯罪经历以及因本案被采取强制措施的情况（时间、种类及执行场所）。案件有多名犯罪嫌疑人的，应逐一写明。］

辩护律师×××……［如有辩护律师，写明其姓名，所在律师事务所或者法律援助机构名称，律师执业证编号。］

犯罪嫌疑人涉嫌××（罪名）一案，由×××举报（控告、移送）至我局（写明案由和案件来源，具体为单位或者公民举报、控告、上级交办、有关部门移送或工作中发现等）。（简要写明案件侦查过程中的各个法律程序开始的时间，如接受案件、立案的时间。具体写明犯罪嫌疑人归案情况。最后写明犯罪嫌疑人×××涉嫌××案，现已侦查终结。）

经依法侦查查明：……（详细叙述经侦查认定的犯罪事实，包括犯罪时间、地点、经过、手段、目的、动机、危害后果等与定罪有关的事实要素。应当根据具体案件情况，围绕刑法规定的该罪构成要件，进行叙述。）

（对于只有一个犯罪嫌疑人的案件，犯罪嫌疑人实施多次犯罪的犯罪事实应逐一列举；同时触犯数个罪名的犯罪嫌疑人的犯罪事实应该按照主次顺序分别列举。

对于共同犯罪的案件，写明犯罪嫌疑人的共同犯罪事实及各自在共同犯罪中的地位和作用后，按照犯罪嫌疑人的主次顺序，分别叙述各个犯罪嫌疑人的单独犯罪事实。）

认定上述事实的证据如下：

……（分列相关证据，并说明证据与案件事实的关系）

上述犯罪事实清楚，证据确实、充分，足以认定。

犯罪嫌疑人×××……（具体写明是否有累犯、立功、自首、和解等影响量刑的从重、从轻、减轻等犯罪情节）

综上所述，犯罪嫌疑人×××……（根据犯罪构成简要说明罪状），其行为已触犯《中华人民共和国刑法》第×条之规定，涉嫌××罪。依照《中华人民共和国刑事诉讼法》第一百六十条之规定，现将此案移送审查起诉。（当事人和解的公诉案件，应当写明双方当事人已自愿达成和解协议以及履行情况，同时可以提出从宽处理的建议。）

此致
××××人民检察院

公安局（印）

年　　月　　日

附：1. 本案卷宗　　卷　　页。

2. 随案移交物品　　件。

三、起诉意见书的基本内容

起诉意见书由首部、正文和尾部三部分组成。

（一）首部

1. 标题和文书字号。标题分两行写为"××公安局起诉意见书"。

在标题右下方写明文书字号，如×公（ ）诉字〔 〕 号。

2. 犯罪嫌疑人身份情况、违法犯罪经历及因本案被采取强制措施的情况。叙述犯罪嫌疑人身份情况应依次写明姓名（与犯罪有关的化名、别名）、性别、年龄、民族、籍贯、文化程度、单位、住址等项。

违法犯罪经历应写明犯罪嫌疑人接受刑事处罚、治安处罚及被劳动教养的情况。具体写清楚犯罪嫌疑人何时因何原因被哪一个机关作出何种处罚，何时解除处罚。同时还应写明因本案被采取拘留、逮捕等强制措施的情况。

共同犯罪案件中有几名犯罪嫌疑人需要追究刑事责任的，犯罪嫌疑人的身份情况及违法犯罪经历应按照主犯、从犯、胁从犯的顺序分别叙述。

单位犯罪案件还应写明单位的名称、地址。

（二）正文

正文包括案件办理情况、案件事实和证据、案件有关情节、犯罪性质认定及移送审查起诉的依据等内容。

1. 案件办理情况。该部分应写明案由、案件来源、案件侦查过程中的各个法律程序开始的时间、犯罪嫌疑人归案情况，并表明本案现已侦查终结。写作程式是："犯罪嫌疑人涉嫌××（罪名）一案，由×××（姓名、名称）于××××年×月×日举报（控告、报案、移送）至我局。我局经过审查，于××××年×月×日立案进行侦查。犯罪嫌疑人×××已于××××年×月×日被抓获归案。犯罪嫌疑人×××涉嫌××案，现已侦查终结。"

2. 犯罪事实和证据。这一部分主要写明经过侦查和预审查证确认的犯罪事实。要写清犯罪的时间、地点、人物、动机、目的、情节、手段、后果等，关键的内容要具体写清，共同犯罪要按总论中介绍的有关要求记叙共同犯罪事实，围绕主犯的罪行进行叙述，然后把从犯的犯罪事实带进去。犯罪事实写完后，要列举主要相关证据。

3. 案件有关情节。具体写明犯罪嫌疑人是否有累犯、立功、自首等影响量刑的从重、从轻、减轻等犯罪情节及其法律依据，阐明对其予以从重、从轻、减轻处罚的理由。

4. 犯罪性质认定及移送审查起诉的依据。这部分是公安机关在叙述犯罪事实的基础上对案情所做的分析认定。写作要点如下：①概括说明犯罪嫌疑人的行为特征；②指明犯罪行为触犯的刑法条文，确认涉嫌何罪；③写明移送案件的法律依据，即准确引用《刑事诉讼法》规定，提出将本案移送审查起诉的要求。

（三）尾部

尾部包括文书送达机关的名称，署名、用印、日期和附项等内容。

1. 文书送达机关的名称。写"此致　×××人民检察院"。

2. 署名、用印、日期。在文书尾部右下角由公安机关负责人署名并加盖局长私人章，之下注明制作的年、月、日，并在上面加盖公安机关公章。

3. 附项。此项内容应在文书尾部左下角注出。所附项目根据需要填写，主要有：①本案卷宗材料有×卷×页；②犯罪嫌疑人现在处所；③随案移送物品×件；④被害人×××已提出附带民事诉讼。

四、起诉意见书的写作方法和技巧

（一）犯罪事实和证据的写法

书写犯罪事实时应先用"经依法侦查查明："一句引起，然后概括叙述经侦查认定的犯罪事实，即写明犯罪嫌疑人何时在何地，出于什么动机和目的，采取什么方法和手段，实施了什么犯罪行为，造成了什么后果等。要根据具体案件情况，围绕刑法规定的相关罪的构成要件，简明扼要叙述。

犯罪事实的写法应因案而异。可以根据具体案情采取时序法、突出主罪法、突出主犯法、综合归纳法、总分法等方法。例如，对于只有一名犯罪嫌疑人的案件，犯罪嫌疑人实施多次犯罪的犯罪事实应逐一列举；同时触犯数个罪名的犯罪嫌疑人的犯罪事实应按照主次顺序分别列举。对于共同犯罪案件，写明犯罪嫌疑人的共同犯罪事实及各自在共同犯罪中的地位和作用后，按照犯罪嫌疑人的主次顺序，分别叙述各个犯罪嫌疑人的单独犯罪事实。

在叙述清楚犯罪事实之后，应另起一段以"认定上述事实的证据如下："引出列举的证据。列举证据，并不是要将案件所有证据一一列举出来，而是根据不同性质案件的不同特点，有针对性地列举部分主要证据，而且要写得简明扼要。

在列举完证据后，另起一段，写明"上述犯罪事实清楚，证据确实、充分，足以认定"。表明对案件事实、证据认定的确认。

书写犯罪事实和证据时应注意两点：①实事求是，反映案件本来面目。写入的必须是经过侦查机关查证属实的，有确凿证据证明的犯罪事实，不要将那些尚待查证核实的事实材料写入。引用犯罪嫌疑人的口供材料时，不能断章取义，以偏概全，要保持原意。②严格区分罪与非罪的界限。只有罪行材料才能写进犯罪事实中去，对不构成犯罪的事实，如道德品质、思想意识、生活作风问题应一概免去。

（二）起诉意见和理由的写法

此部分必须针对犯罪的具体事实、情节，运用犯罪构成理论，对犯罪嫌疑人的行为作出法律上的评断。阐述起诉意见时，既要说明犯罪嫌疑人犯罪行为的社会危害性，又要论证犯罪嫌疑人的行为已经构成犯罪，应当追究刑事责任。共同犯罪案件的起诉意见书，应当写明每个犯罪嫌疑人在共同犯罪中的地位、作用、具体罪责和认罪态度，并分别提出处理意见。

五、起诉意见书实例与评析

【实例】

××市公安局××分局
起诉意见书[1]

×公刑诉字〔2014〕×号

犯罪嫌疑人曹××，男，汉族，1994年×月×日出生，小学文化，户籍所在地：×××××××××××××××，身份证号码：×××××××××××××××，农民。2014年×月×日因涉嫌诈骗罪被我局刑事拘留，2014年×月×日因涉嫌盗窃罪被依法逮捕，现羁押在××区看守所。

犯罪嫌疑人曹××涉嫌盗窃一案，由被害人范××、樊××分别于2014年×月×日和×月×日报案至我局。经我局审查，于同日立案侦查，犯罪嫌疑人曹××于2014年×月×日被抓获归案，犯罪嫌疑人曹××涉嫌盗窃一案，现已侦查终结。

经依法侦查查明：犯罪嫌疑人曹××于2014年×月×日在58同城网上看到受害人樊××发布卖摩托车的消息后，先后于2014年×月×日和×日电话联系受害人要买摩托车。双方约定在×××××××车棚看摩托车，双方见面谈价后，曹××要求在附近摩托维修点调试摩托车。随后曹××以钱不够为由，需要去朋友处取钱，就骑该摩托车带着受害人樊××到×××××××十字附近一社区巷口，曹××让樊××进社区找一个叫毛蛋的伙计取钱，樊××就进到社区找毛蛋，出社区巷口时发现曹××将自己的黑色宗申150摩托车骑走逃离现场。经鉴定：被盗黑色宗申牌摩托车价值3500元人民币。

2014年×月×日×时，犯罪嫌疑人曹××又在58同城网看到受害人范××卖摩托车的消息，并通过联系电话约受害人范××在凤城五路人人乐超市门口

---

[1]　资料来源：某公安机关办案实例。

见面买摩托车。双方见面谈价钱后，曹××向范××要求试驾，范×
×要求曹××抵押东西后方可试驾，于是曹××就将自己在 2014 年×月×日盗窃樊××
的黑色宗申牌摩托车留下，而后驾驶受害人范××的白色南爵牌公路赛摩托车
逃离现场。经鉴定：被盗白色南爵牌公路赛摩托车价值 5200 元人民币。

认定上述犯罪事实的证据有：报案材料、公安机关案件受理立案材料、现
场指认笔录、照片、抓获经过、犯罪嫌疑人的供述等。

上述犯罪事实清楚，证据确实充分，足以认定。

综上所述，犯罪嫌疑人曹××的行为已触犯《中华人民共和国刑法》第二
百六十四条之规定，涉嫌盗窃罪，依据《中华人民共和国刑事诉讼法》第一百
六十条之规定，现将此案移送起诉。

此致
××市××区人民检察院

××市公安局××分局
××××年×月×日

附：1. 本案卷宗×卷×页。
    2. 犯罪嫌疑人曹××现羁押在××区看守所。

【评析】

该起诉意见书首先列明了犯罪嫌疑人身份事项和违法犯罪经历；然后叙述
犯罪事实和证据。在叙述犯罪事实时，采取时序法叙述了犯罪嫌疑人实施的犯
罪事实情节，事实部分写得条理清楚，简洁明了。在写证据时，紧扣犯罪构成
要件、影响刑罚情节展开，证据之间互相印证，形成证据锁链。且对证据写得
全面、具体、充分。理由部分针对前面叙述的犯罪事实，运用犯罪构成理论，
对犯罪嫌疑人的行为作出了法律上的评价，并准确引用《刑法》的规定确定了
涉嫌的罪名。最后准确引用《刑事诉讼法》的规定，提出将本案移送人民检察
院审查起诉。通篇文字通畅，格式规范，符合制作要求。

本章思考题

1. 通缉令的正文主要包括哪些内容？
2. 试论提请批准逮捕书的制作条件。
3. 试分析制作起诉意见书应当具备的条件。

写作训练题

试评述下列起诉意见书的格式与内容及写作技巧。

×××公安局
起诉意见书

×公刑诉字〔20××〕××号

犯罪嫌疑人夏××，男，19××年11月3日出生，××省××市人，身份证号码1309811982××××××××，汉族，小学肄业，无业，被捕前住××省××市××街××号。20××年7月9日被××市公安局刑事拘留，同年8月1日因涉嫌故意杀人罪、抢劫罪、强奸罪、盗窃罪被依法逮捕。

犯罪嫌疑人李×，男，197×年4月14日出生，××省××县人，身份证号码2205241979××××××××，汉族，初中肄业，无业，被捕前住××省××县××乡××村。20××年7月11日被××市公安局刑事拘留，同年8月1日因涉嫌抢劫罪、强奸罪、盗窃罪被依法逮捕。

犯罪嫌疑人戴××，男，198×年2月26日出生，××省××县人，身份证号2205241984××××××××，汉族，初中肄业，无业，被捕前住××省××县××乡××村。20××年7月11日被××市公安局刑事拘留，同年8月1日因涉嫌抢劫罪、强奸罪被依法逮捕。

犯罪嫌疑人夏××、李×、戴××涉嫌故意杀人、强奸、抢劫、盗窃一案，由×××、×××、×××于20××年×月×日报案至我局。我局经过审查，于×日立案进行侦查。犯罪嫌疑人夏××、李×、戴××，已于20××年×月×日被抓获归案。犯罪嫌疑人夏××、李×、戴××涉嫌故意杀人、强奸、抢劫、盗窃案，现已侦查终结。

经依法侦查查明：犯罪嫌疑人夏××、李×、戴××涉嫌下列犯罪事实：

一、犯罪嫌疑人夏××故意杀人、抢劫、强奸的犯罪事实

20××年12月28日下午14时许，犯罪嫌疑人夏××携带水果刀、尼龙绳、擀面杖、麻袋等作案工具，窜至××区××里2号楼2门4楼，以查水表为名骗开401室房门入室，见只有女青年张×一人租住于此，即对张×进行殴打、捆绑，并多次强奸。后犯罪嫌疑人夏××发现张×认识自己，遂用麻袋套住张×头部，从厨房内拿出一把榔头，猛击张×头部，将张×砸昏后拖至卫生间，又从厨房取出菜刀猛砍张×颈部数刀。张×因颅脑损伤合并失血性休克死亡。之后，犯罪嫌疑人夏××将张×房间的7000元人民币及格兰仕27L微波炉一台，三星A288型手机一部、黄金戒指一枚、白金项链一条、白金手链一条抢走，抢劫财物共计人民币12 080元。29日上午，犯罪嫌疑人夏××再次窜至××区×

×里2号楼2门4楼401室将张×尸体肢解。

认定上述犯罪事实的证据有：①报案笔录，立案决定书，现场勘查材料和房东王×、被害人之妹张××的证言，证实在××区××里2号楼2门4楼401室厕所内，张×被人杀害，四肢被肢解。②鉴定意见认定：张×因颅脑损伤合并失血性休克死亡，生前与犯罪嫌疑人夏××有过性行为。③证人王×、马××、宋××、朱××、张×的证言和犯罪嫌疑人夏××的供述证实：被害人张×租住于××区××里2号楼2门4楼401室，在××歌厅当"三陪"小姐时，与犯罪嫌疑人夏××有过接触。20××年1月10日，犯罪嫌疑人夏××系以强奸、抢劫为目的，骗入401室对张×进行强奸、抢劫后，发现被害人认出自己时，才起意杀人的。肢解尸体是为了伪造现场，逃避制裁。低价变卖微波炉，也证实了夏××在强奸、杀人后，实施了抢劫犯罪行为。

二、犯罪嫌疑人夏××、李×、戴××抢劫、强奸的犯罪事实

20××年5月26日23时许，犯罪嫌疑人夏××与李×经预谋后，持刀窜至××区××里5号楼1门4楼，夏××钻窗进入402室，李×在楼道内等候伺机作案。27日凌晨3时许，被害人张××返回住处时，被两名犯罪嫌疑人用刀劫持至402室，以威胁、恐吓、殴打手段逼张××交出存折，而后分别多次将张××强奸。上午10时，犯罪嫌疑人李×持被害人张××的存折到银行将存折上的1000元取出。与此同时，犯罪嫌疑人夏××用携带来的照相机给张××拍摄裸体照片，并威胁其如果报案就将照片公之于众，之后抢走张××现金800元、白金钻戒一枚、浪琴牌手表一块、白金耳环一对、黄金项链和白金项链各一条、三星A288手机一部，抢劫财物共计人民币12 100元。待李×从银行返回后，两名犯罪嫌疑人携赃款赃物逃跑。

20××年6月5日17时许，犯罪嫌疑人夏××、李×、戴××持刀窜至××区××街××里11门3楼，以查水表为名骗开303室单元门进入室内，见只有女青年崔×一人，便用威胁、恐吓、殴打等手段，逼崔×顺从。之后，犯罪嫌疑人夏××、李×、戴××分别多次将崔×强奸。将崔×挟持至6日上午10时，犯罪嫌疑人李×持刀威逼崔×交出存折和身份证件，到银行将2800元存款取出。与此同时，犯罪嫌疑人夏××用携带来的照相机给崔×拍摄裸体照片，并威胁其如果报案就将照片公之于众。待李×从银行返回后，三名犯罪嫌疑人又当场抢走崔×现金900元、镶宝石戒指一枚、白金戒指一枚、女士手表一块、18K白金耳钉一枚、摩托罗拉V988手机一部，抢劫财物共计人民币4770元。后三人逃跑。

认定上述犯罪事实的证据如下：①被害人张××、林×、崔×的报案笔录、被害人陈述和辨认笔录；②现场遗留物的鉴定意见；③银行存款被取走的单据；

④犯罪嫌疑人夏××、李×、戴××的供述。

犯罪嫌疑人夏××在被拘留后审讯过程中主动交待：20××年7月5日晚23时许，在××区××路××里，持刀抢劫被害人林×书包一个，内有松下GD90手机一部，现金人民币350元，抢劫财物共计人民币980元。

三、犯罪嫌疑人夏××、李×盗窃的犯罪事实

20××年5月21日晚10时许，犯罪嫌疑人夏××、李×经预谋后窜至××区临园里5号楼1门5楼，钻窗进入501室，窃得胡××人民币1200元、戒指一枚、耳环一副、耳钉一对、摩托罗拉V988手机一部、VCD一台。

认定上述事实的证据如下：①报案记录；②被盗事主陈述；③现场遗留物的指纹鉴定；④被盗物品的估价证明；⑤犯罪嫌疑人夏××、李×的供述。

侦查过程中，侦查人员还从犯罪嫌疑人夏××、李×住处扣押了匕首、手表、背包、照相机等物证。

上述犯罪事实清楚，证据确实、充分，足以认定。

综上所述，犯罪嫌疑人夏××故意剥夺他人生命，抢劫、盗窃他人钱财，强奸妇女，其行为触犯了《中华人民共和国刑法》第二百三十二、二百六十三、二百三十六、二百六十四条之规定，涉嫌故意杀人罪、抢劫罪、强奸罪、盗窃罪；犯罪嫌疑人李×使用暴力，窃取他人钱财，盗窃他人财物，强奸妇女，其行为触犯了《中华人民共和国刑法》第二百六十三、二百三十六、二百六十四条之规定，涉嫌抢劫罪、强奸罪、盗窃罪；犯罪嫌疑人戴××积极参与抢劫、强奸作案，其行为触犯了《中华人民共和国刑法》第二百六十三、二百三十六条之规定，涉嫌抢劫罪、强奸罪。犯罪嫌疑人夏××在侦查机关审讯期间，主动交待抢劫犯罪事实，有自首行为。依照《中华人民共和国刑事诉讼法》第一百二十九条之规定，现将此案移送审查起诉。

此致
××市人民检察院第一分院

（局长印）

（××市公安局印）

二〇××年十二月十六日

附：1. 本案卷宗共6册；

2. 犯罪嫌疑人夏××、李×、戴××现羁押在××市第一看守所；

3. 随案移交物品×件。

第三章
人民检察院法律文书

▶ 学习目标

1. 了解人民检察院法律文书的概念、功能、分类。

2. 掌握起诉书对案件事实、证据和起诉理由的写法。

3. 能够根据具体案情材料制作相应的法律文书，如起诉书、不起诉决定书、公诉意见书、刑事抗诉书等。

▶ 导读案例

邱×华故意杀人案[1]

2006 年 6 月 18 日至 7 月 2 日，被告人邱×华与其妻何×凤先后两次到汉阴县铁瓦殿道观抽签还愿。其间，因邱×华擅自移动道观内两块石碑而与道观管理人员宋×成发生争执，加之邱×华认为道观主持熊×成有调戏其妻的行为，由此心生愤怒，遂产生杀人灭庙之恶念。2006 年 7 月 14 日（农历 6 月 19 日）晚，被告人邱×华赶到铁瓦殿，见道观内主持熊×成及其他成员宋×成、王×堂、陈×秀、程×斌和另外五个香客吴×地、熊×寿、韩×富、罗×新、罗×生（12 岁）等人都在火炉房烤火，便从道观柴堆处拿了一把砍柴用的弯刀放在自己睡觉的地方。当日深夜，被告人邱×华趁道观内诸人熟睡之机，拿起弯刀到各寝室依次向熊×成、宋×成、陈×秀、熊×寿、程×斌、韩×富、罗×新、罗×生、吴×地、王×堂等头部各砍数刀，随后，被告人邱×华又找来斧头，再次向每人头部砍击，致其十人全部死亡。尔后，被告人邱×华又将熊×成的眼球、心肺、脚筋挖出，炒熟喂狗。次日天亮后，被告人邱×华从熊×成的房内搜出一黑色帆布包，将里面的零钱清点，在一笔记本上写下"今借到各位精仙的现金柒佰贰拾贰元贰角正，借款人：邱金发"的字条后将钱拿走。随后又将道观内一只白公鸡杀掉，用鸡血在一硬纸板上写道："古仙地 不淫乱 违者杀

---

[1] 资料来源：某检察机关办案实例。

公元 06"和背面"圣不许 将奸夫淫婆以 〇六年六二十晚"的字样，放在正殿门口，然后将易燃物牛毛毡和柴抱到陈×秀的寝室，将作案工具弯刀、斧头等物放入火炉及柴堆上，放火燃烧后逃离现场。

8 月 20 日，××县公安局将邱×华刑事拘留，并向××县人民检察院提请批准逮捕。同月 29 日经××县人民检察院批准逮捕，制作批准逮捕决定书。由××县公安局将邱×华逮捕。××县公安局将此案侦查终结后移送××县人民检察院。××县人民检察院将此案报送××市人民检察院审查起诉。××市人民检察院以被告人邱×华犯故意杀人罪向××市中级人民法院提起公诉，制作起诉书。××市人民法院经审理后以故意杀人罪判处邱×华死刑。该案在诉讼过程中制作的批准逮捕决定书、起诉书都是检察机关的法律文书。

第一节　概　述

一、人民检察院法律文书的概念和功能

人民检察院法律文书，又称检察文书，是指人民检察院为了履行法定职责，实现检察职能而依法制作的具有法律效力或法律意义的文书。

人民检察院法律文书是由检察机关的性质及职能决定的。人民检察院是我国的法律监督机关，代表国家行使检察权。检察文书是检察机关依法实施各项诉讼行为的载体，是保证国家法律正确实施的重要工具，也是检察机关对诉讼活动进行法律监督的文字凭证，能够集中反映检察机关的办案质量。人民检察院通过检察文书与公安机关、人民法院相互配合，相互制约，共同完成刑事诉讼的任务。

二、人民检察院法律文书的分类

人民检察院法律文书以不同的标准可以划分为不同的类型：

1. 按照文书制作形式的不同，分为文字叙议式文书、填空式文书、笔录式文书和表格式文书四类。

2. 按照案件性质的不同，分为刑事检察法律文书和民事行政检察法律文书。刑事检察法律文书是检察机关在刑事诉讼过程中，为履行法定职责，依法行使检察权，根据有关法律制作的具有法律效力的法律文书。由于检察机关是唯一一个参与刑事诉讼全过程的办案机关，其享有的各项法定职权都与刑事检察法律文书有着紧密联系。因此，刑事检察法律文书在检察文书中占有重要地位。刑事检察法律文书种类繁多，具体包括：①立案文书。如立案决定书、不立案通知书、要求说明立案理由通知书、指定管辖决定书、提请批准直接受理书、通知撤销案件书、通知立案书。②回避文书。如回避决定书、回避复议决定书。③辩护与代理文书。如侦查阶段委托辩护人告知书、提供法律援助通知书、辩

护律师会见犯罪嫌疑人应当经过许可通知书、辩护律师可以不经许可会见犯罪嫌疑人通知书、许可会见犯罪嫌疑人决定书、调取证据通知书、许可辩护律师收集案件材料决定书。④证据文书。如纠正非法取证意见书、提供证据收集合法性说明通知书、提请有关人员出庭意见书。⑤强制措施文书。如拘传证、取保候审决定书、执行通知书、监视居住决定书、执行通知书、指定居所监视居住通知书、拘留决定书、拘留人大代表报告书、报请逮捕、逮捕通知书、批准逮捕决定书、逮捕决定书、应当逮捕犯罪嫌疑人建议书、不批准逮捕决定书、羁押必要性审查建议书。⑥侦查文书。如传唤通知书、犯罪嫌疑人诉讼权利义务告知书、询问通知书、调取证据通知书、勘验检查笔录、搜查证、查封通知书、扣押通知书、查询犯罪嫌疑人存款/汇款/股票/债券/基金份额通知书、冻结犯罪嫌疑人存款/汇款/股票/债券/基金份额通知书、鉴定意见通知书、起诉意见书、不起诉意见书、采取技术侦查措施申请书、通缉通知书。⑦起诉书、适用简易程序建议书、公诉意见书、量刑建议书、撤回起诉决定书、不起诉决定书、撤销不起诉决定书、提请抗诉报告书、刑事抗诉书、纠正审理违法意见书。⑧执行监督文书。如停止执行死刑建议书、暂予监外执行提请检察意见书、减刑建议检察意见书、假释建议检察意见书、纠正不当减刑裁定意见书。⑨特别程序文书。如社会调查委托函、未成年人法定代理人到场通知书、附条件不起诉决定书、不起诉决定书、和解协议书、要求启动违法所得没收程序通知书、没收违法所得意见书、抗诉书、要求说明不启动强制医疗程序理由通知书、强制医疗申请书。⑩申诉文书。如刑事申诉审查结果通知书、刑事申诉复查决定书、纠正案件错误通知书、指令抗诉决定书。⑪通用或其他文书。如复议决定书、复核决定书、纠正违法通知书、检察意见书、检察建议书、送达回证、驳回申请决定书、死刑复核案件检察意见书。民事行政检察法律文书包括民事（行政）检察立案决定书、不立案决定书、询问通知书、民事行政检察证据材料收据、终止审查决定书、不抗诉决定书、不提请抗诉决定书、提请抗诉报告书、抗诉书、撤回抗诉决定书、撤销抗诉决定书、指令出庭通知书、出庭通知书、民事（行政）案件申诉书等文书。

3. 按照人民检察院的业务部门分工和案件来源的不同，可分为刑事检察文书、直接受理侦查案件文书、刑事执行检察文书、控告申诉检察文书和民事、行政检察文书。

4. 按照诉讼阶段和作用的不同，可分为立案文书、侦查文书、公诉文书、法律监督文书、执行法律文书、刑事申诉文书、刑事赔偿文书等。

5. 按照文书是否公开对外使用，可分为诉讼文书和工作文书。诉讼文书是检察机关在诉讼活动中，按照诉讼程序办理案件时制作的法律文书。包括刑事诉讼文书（如检察机关在刑事诉讼活动中制作的决定书、通知书、意见书等文书）和民事、行政诉讼文书（如民事、行政抗诉书）。这种文书具有很强的执行性和严格的法定性，是对外公开的文书，辩护人、刑事诉讼代理人可以依法查阅。工作文书是检察机关在刑事诉讼过程中，按内部制度、规定，在进行内部请示、报告、研究讨论、审查、审批、登记等项工作中形成的法律文书。这部分文书是检察人员的内部工作记录，仅供检察人员使用，不对外公开。

第二节　起诉书

一、起诉书的概念和功能

起诉书，是指人民检察院对侦查机关或部门侦查终结，移送审查起诉的刑事案件，经过审查后，认为被告人的犯罪事实已经查清，证据确实、充分，依法应当追究刑事责任，按照审判管辖的规定代表国家向人民法院提起公诉时所制作的法律文书。

我国《刑事诉讼法》第 172 条规定，人民检察院认为犯罪嫌疑人的犯罪事实已经查清，证据确实、充分，依法应当追究刑事责任的，应当作出起诉决定，按照审判管辖的规定，向人民法院提起公诉，并将案卷材料、证据移送人民法院。《人民检察院刑事诉讼规则（试行）》第 393 条规定，人民检察院作出起诉决定后，应当制作起诉书。

起诉书是人民检察院代表国家将被告人交付审判的法律凭证，是人民法院对被告人进行审判的基础；它既是公诉人出庭支持公诉、发表公诉意见的重要依据，又是被告人及辩护人准备辩护的重要依据材料。

二、起诉书的格式

按照 2012 年 12 月 31 日最高人民检察院发布的《人民检察院刑事诉讼法律文书格式样本（2012 版）》的规定，起诉书有自然人犯罪案件适用的起诉书、单位犯罪案件适用的起诉书和附带民事诉讼案件适用的起诉书三种格式，现只列自然人犯罪案件适用的起诉书格式。

××人民检察院

起　诉　书

检　刑诉〔　　　〕　　号

被告人……（写明姓名、性别、出生年月日、身份证号码、民族、文化程度、职业或者工作单位及职务、出生地和户籍地、住址、曾受到刑事处罚以及与本案定罪量刑相关的行政处罚的情况和因本案采取强制措施的情况等。）

本案由×××（侦查机关）侦查终结，以被告人×××涉嫌××罪，于×年×月×日向本院移送审查起诉。本院受理后，于×年×月×日已告知被告人有权委托辩护人，×年×月×日已告知被害人及其法定代理人（或者近亲属）、附带民事诉讼的当事人及其法定代理人有权委托诉讼代理人，依法讯问了被告人，听取了辩护人×××、被害人×××及其诉讼代理人×××的意见，审查了全部案件材料……（写明退回补充侦查、延长审查起诉期限等情况。）

［对于侦查机关移送审查起诉的需变更管辖权的案件，表述为："本案由×××（侦查机关）侦查终结，以被告人×××涉嫌××罪，于×年×月×日向×××人民检察院移送审查起诉。×××人民检察院于×年×月×日转至（交由）本院审查起诉。本院受理后，于×年×月×日已告知被告人有权……"

对于本院侦查终结并审查起诉的案件，表述为："被告人×××涉嫌××罪一案，由本院侦查终结，于×年×月×日移送审查起诉。本院于×年×月×日已告知被告人有权……"

对于其他人民检察院侦查终结的需变更管辖权的案件，表述为："本案由×××人民检察院侦查终结，以被告人×××涉嫌××罪移送审查起诉，×××人民检察院于×年×月×日转至（交由）本院审查起诉。本院受理后，于×年×月×日已告知被告人有权……"］

经依法审查查明：……（写明经检察机关审查认定的犯罪事实，包括犯罪时间、地点、经过、手段、目的、动机、危害后果等与定罪、量刑有关的事实要素。应当根据具体案件情况，围绕刑法规定的该罪的构成要件叙写。）

（对于只有一个犯罪嫌疑人的案件，犯罪嫌疑人实施多次犯罪的，犯罪事实应逐一列举；同时触犯数个罪名的犯罪嫌疑人的犯罪事实应该按照主次顺序分类列举。对于共同犯罪的案件，写明犯罪嫌疑人的共同犯罪事实及各自在共同犯罪中的地位和作用后，按照犯罪嫌疑人的主次顺序，分别叙明各个犯罪嫌疑人的单独犯罪事实。）

认定上述事实的证据如下：

……（针对上述犯罪事实，分列相关证据）

本院认为，……（概述被告人行为的性质、危害程度、情节轻重），其行为触犯了《中华人民共和国刑法》第×条（引用罪状、法定刑条款），犯罪事实清楚，证据确实、充分，应当以××罪追究其刑事责任。根据《中华人民共和国刑事诉讼法》第一百七十二条的规定，提起公诉，请依法判处。

此致

××××人民法院

　　　　　　　　　　　　　　　　　　　　检察员：×××

　　　　　　　　　　　　　　　　　　　　　　　（院印）

　　　　　　　　　　　　　　　　　　　　　年　月　日

附：

　　1. 被告人现在处所。具体包括在押被告人的羁押场所和监视居住、取保候审的处所。

　　2. 案卷材料和证据。

　　3. 证人、鉴定人、需要出庭的专门知识的人的名单，需要保护的被害人、证人、鉴定人的名单。

　　4. 有关涉案款物情况。

　　5. 被害人（单位）附带民事诉讼情况。

　　6. 其他需要附注的事项。

三、起诉书的基本内容

　　自然人犯罪案件适用的起诉书与单位犯罪案件适用的起诉书的制作大部分内容相同，但也存在差异。本教材以自然人犯罪案件适用的起诉书内容为主线进行介绍，同时兼顾单位犯罪案件起诉书的特殊要求。

　　起诉书分为首部、正文和尾部三个部分。

　　（一）首部

　　首部包括标题、文号、被告人（被告单位）基本情况、案由、依法告知事项和案件审查过程等内容。

　　1. 标题和文号。分两行居中书写检察机关名称和文书名称。即"××人民检察院""起诉书"。除最高人民检察院外，各地方人民检察院的名称前应写明省（自治区、直辖市）的名称；对涉外案件提起公诉时，各级人民检察院的名称前均应注明"中华人民共和国"的字样。

　　在标题之下右端写文号"　检　刑诉〔　〕　号"，文号由制作起诉书的人民检察院的简称、具体办案部门简称、案件性质、起诉年度、案件顺序号组成。其中，起诉年度须用四位数字表述，并用六角括号"〔　〕"括住。编号上下各空一行。

　　2. 被告人（被告单位）基本情况。对于自然人犯罪的案件，应依次写明被告人姓名、性别、出生年月日、身份证号码、民族、文化程度、职业或者工作单位及职务、出生地和户籍地、住址、曾受到刑事处罚以及与本案定罪量刑相关的行政处罚的情况和因本案采取强制措施的情况等被告人基本情况。被告人是外国人时，应注明国籍、护照号码、国外居所。

对于单位犯罪案件，要依次写明被告单位、被告人的基本情况。先写被告单位基本情况，包括单位名称、组织机构代码、住所地、法定代表人姓名、职务等；再写诉讼代表人的基本情况，包括姓名、性别、年龄、工作单位和职务；最后写被告人的基本情况，即单位犯罪中直接负责的主管人员、其他责任人员的基本情况，写作的内容与自然人犯罪案件中的被告人基本情况相同。

3. 案由、依法告知事项和案件审查过程。这一部分应根据案件的不同情况，分别依照格式的要求叙写，主要写明四项内容：

（1）侦查机关、案由和移送审查起诉的时间。案由要按照侦查机关移送审查起诉时认定的罪名叙写。该部分因案件来源不同，有以下四种写法：

第一，由公安等侦查机关移送审查起诉的案件，表述为："本案由×××（侦查机关）侦查终结，以被告人×××涉嫌××罪，于×年×月×日向本院移送审查起诉。"

第二，由公安等侦查机关移送审查起诉后有管辖权变更情况的，表述为："本案由×××（侦查机关）侦查终结，以被告人×××涉嫌××罪，于×年×月×日向×××人民检察院移送审查起诉。×××人民检察院于×年×月×日转至（交由）本院审查起诉。本院受理后，于×年×月×日已告知被告人有权……"

第三，由本院侦查终结并审查起诉的案件，表述为："被告人×××涉嫌××罪一案，由本院侦查终结，于×年×月×日移送审查起诉。本院于×年×月×日已告知被告人有权……"

第四，由其他人民检察院侦查终结转至本院的案件，表述为："本案由×××人民检察院侦查终结，以被告人×××涉嫌××罪移送审查起诉，×××人民检察院于×年×月×日转至（交由）本院审查起诉。本院受理后，于×年×月×日已告知被告人有权……"

（2）依法告知的情况。根据《刑事诉讼法》的规定，人民检察院收到移送审查起诉案件后，应当在3日内告知犯罪嫌疑人有权委托辩护人，告知被害人及其法定代理人或者近亲属、附带民事诉讼的当事人及其法定代理人有权委托诉讼代理人。起诉书作为诉讼活动的书面载体，应对这些情况予以交代，以体现程序的公正性。

（3）办理审查起诉的情况。主要包括依法讯问被告人，听取被害人及其委托的诉讼代理人和被告人的辩护人的意见、审查全部案件材料等内容。

（4）其他有关情况。如有延长审查起诉期限、退回补充侦查等情况，也应写明。具体内容要根据实际情况叙写。

（二）正文

正文是起诉书的核心部分，包括犯罪事实和证据、起诉的理由和根据两项内容。

1. 犯罪事实和证据。犯罪事实和证据是起诉书的基础内容。犯罪事实应当写检察机关查证核实的被告人的犯罪事实。自然人犯罪的，应写明被告人作案的时间、地点、动机、目的、手段、具体经过、危害后果等与定罪、量刑有关的事实要素。写作时应注意根据具体案件情况，围绕刑法规定的具体起诉罪名的犯罪构成要件、犯罪特征叙写。做到罪责突出，清楚、完整、准确。单位犯罪的案件，要根据单位犯罪的特点，叙述清楚被告单位的犯罪事实和有关责任人员构成犯罪的事实。

叙写完犯罪事实之后，应列举证据。证据必须经过审查核实后才能写入。列举的证据必须是能够证明犯罪行为确系该被告人所为的证据。

2. 起诉的理由和根据。这部分是起诉书的重点。应写明以下内容：①根据前面叙述的犯罪事实，分析被告人行为的性质和社会危害程度。单位犯罪案件要分别论述被告单位、被告人行为的性质和社会危害程度。②说明被告人行为触犯的刑法条文和涉嫌的罪名。这是对被告人定罪和追究刑事责任的法律依据。③概括写明具体的量刑情节。如被告人是否有累犯、立功、自首等影响量刑的犯罪情节，并针对具体情节，依法引用刑法相关条款，提出量刑的倾向性意见。④提起公诉的必要性。⑤提起公诉的法律依据和请求。如"根据《中华人民共和国刑事诉讼法》第一百七十二条的规定，提起公诉，请依法判处"。

（三）尾部

尾部包括文书送达机关名称、承办人署名、日期、用印和附项。

1. 文书送达机关名称。分两行书写"此致""×××人民法院"。

2. 承办人署名。在右下角写明承办案件公诉人的法律职务和姓名。

3. 日期、用印。在承办人署名的下方写明起诉书制作的年月日，并加盖院印。

4. 附项。在左下角写附注事项，一般包括下列事项：①被告人现在处所。具体包括在押被告人的羁押场所和被告人监视居住、取保候审的处所等。②案卷材料和证据。③证人、鉴定人、需要出庭的专门知识的人的名单，需要保护的被害人、证人、鉴定人的名单。④有关涉案款物情况。⑤被害人（单位）附带民事诉讼情况。⑥其他需要附注的事项。

四、起诉书的写作方法和技巧

（一）被告人基本情况的写法

1. 被告人的姓名。对被告人的姓名应当写正在使用的正式姓名，即户口簿、身份证等法定文件中使用的姓名。被告人如有与案情有关的曾用名、别名、化名或者绰号的，应当在其正式姓名后面用括号注明。如"被告人李宏军（曾用名李红军）""被告人王聪明（绰号'猴子'）"。被告人是外国人的，应当在其中文译名的全名后用括号注明外文姓名的全名，并与护照记载的信息保持一致。

2. 被告人的出生年月日。被告人的出生年月日一般应当以公历为准，如"1965 年 10 月 25 日出生"。除未成年人外，如果确实无法查清出生的确切日期，也可以仅注明年龄，用括号标注"自述"。如"被告人陈明，男，28 岁（自述）"。

3. 民族。民族应写全称，如"维吾尔族""蒙古族"。

4. 文化程度。文化程度一般是指国家承认的学历。文化程度为小学、初中、高中、中技、中专、大专、大学的，表述为"××文化程度"；文化程度为硕士、博士的，分别表述为"硕士研究生""博士研究生"；肄业的，表述为"××肄业"；不识字的表述为"文盲"。

5. 职业或工作单位及职务。被告人有工作单位的，写明工作单位及职务，如"案发前系××公司经理"。没有工作单位但有职业的，可以根据实际情况写明职业类型，如"经商""务工""务农"；没有职业的表述为"无职业"。

6. 住址。住址应写被告人经常居住地。如果经常居住地与户籍所在地不一致，则写经常居住地，同时须在其后注明户籍所在地。

7. 被告人是否受过行政处罚或刑事处罚。被告人曾受过行政处罚、刑事处罚的，应当在起诉书中写明。其中，行政处罚限于与定罪和法定量刑情节有关的情况。一般应先写受到行政处罚的情况，再写受到刑事处罚的情况。叙写行政处罚时，应当注明处罚的时间、原因、种类、处罚单位。如"因盗窃，于2015 年 10 月 12 日被××公安局行政拘留 15 天"。叙写刑事处罚时，应当注明处罚时间、原因、种类、决定机关、释放时间。如"因犯诈骗罪，于 2013 年 3 月 17 日被陕西省××县人民法院判处有期徒刑两年零三个月，于 2015 年 6 月 17 日刑满释放"。

8. 采取强制措施的情况。叙写被告人因本案被采取强制措施情况，必须注明原因、种类、批准或者决定的机关和时间、执行的机关和时间。被采取过多种强制措施的，应当按照执行时间的先后顺序分别叙写。如"因涉嫌故意杀人罪，于 2014 年 4 月 6 日被××公安局刑事拘留，同年 4 月 12 日经××人民检察院批准，于同日被××公安局逮捕"。

9. 共同犯罪的案件。共同犯罪案件中有数名被告人的，应按主从顺序，分别写明各个被告人的基本情况。

（二）犯罪事实和证据的写法

叙写犯罪事实和证据，首先要以"经依法审查查明："作为引语，然后具体写明被告人的犯罪事实。犯罪事实写完之后，另起一段以"认定上述事实的证据如下："作为引语，最后再起一段罗列相关证据。

1. 犯罪事实的写法。叙述犯罪事实应当遵循原则性与灵活性相结合的原则，客观真实地反映案件的原貌，突出犯罪构成要件，条理清晰，详略得当，繁简适宜。对起诉书所指控的所有犯罪事实，无论是一人一罪、多人一罪，还是一人多罪、多人多罪，都必须逐一列举，不能遗漏犯罪事实。对重大案件、具有较大影响的案件、检察机关直接受理立案侦查的案件，都必须详细写明具体犯罪事实的时间、地点，实施行为的经过、手段、目的、动机、危害后果和被告人案发后的表现及认罪态度等内容，特别要将属于犯罪构成要件或者与定罪量刑有关的事实要素列为重点。既要避免发生遗漏，也要避免将查无实据或者证据不足以认定的案件事实，以及与定罪量刑无关的事项写入起诉书。对于涉及国家机密的事实情节一般不写，特殊情况下非写不可的，尽量笼统抽象地表述。涉及个人隐私案件，对被害人姓名可只写姓氏。

犯罪事实的写法应因案而异，不拘一格。叙写时应选择恰当的、适合本案特点的表达方法，合理布局。前面第一章中介绍的法律文书叙述事实的方法，其中大部分都适合写起诉书的犯罪事实。例如，时序法适用于写一人或多人一次犯罪的案件、一人多次涉嫌同一性质罪名的犯罪案件；突出主罪法适用于写一人多罪多次犯罪、多人多罪多次犯罪的案件；突出主犯法适用于多人一次一罪、多人多次一罪的案件；总分法适用于写案情较复杂的共同犯罪案件（如集团犯罪案件）；综合归纳法适用于一人多次犯罪，触犯同一罪名，而且作案情节大致相同的案件；罪名标题法适用于写一人或多人多罪，多罪中涉案次数较多的复杂案件；综合法适用于写多人多罪多次犯罪的案件，如黑社会性质的犯罪案件。

对于有多起犯罪事实的案件，可根据案件不同情况，按照先单位犯罪后自然人犯罪、先共同犯罪后单独犯罪、先主犯后从犯、先重罪后轻罪以及犯罪事件的先后等安排写作顺序，力求突出单位犯罪、共同犯罪、主犯及重罪。对于共同犯罪与单独犯罪共存的案件，在写明被告人的共同犯罪事实及各自在共同犯罪中的地位和作用后，应按照被告人罪行的轻重顺序，分别叙明各个被告人的单独犯罪事实。对共同犯罪案件中有同案犯在逃的，应在其后写明"另案处理"的字样。

叙写犯罪事实时所使用的词语，应注意做到准确、客观、规范、理性、中立、平和，反映事实的本来面目，体现人性化。避免使用带有强烈感情色彩和道德评价的词语。如以前惯常使用的"流窜""窜入""窜至"，可以用"来到""进入"等中性词替代。又如"蛇蝎心肠""狼心狗肺"等贬义词语应尽量避免在起诉书中使用。另外，还应避免以法律评价代替对案件事实的客观表述。案件事实应以白描的方式客观表述，避免直接使用刑法条文中对犯罪构成的直接表述或者与罪名相同的词语，如"盗窃""强奸""抢劫"等，在事实中使用上述词语有提前对被告人行为进行法律评价的嫌疑，应当根据主观故意、实施对象、结果的侧重点等对被告人实施的具体行为客观描述。如盗窃案件可以使用"窃取""窃得""窃走"等词语。对犯罪事实中的日期，应一律使用阿拉伯数字，如"2015 年 4 月 28 日"。对标点符号、数字应写规范、准确。

2. 证据的写法。按照《刑事诉讼法》第 172 条的规定，人民检察院向人民法院提起公诉时，应当将案卷材料、证据移送人民法院。《人民检察院刑事诉讼规则（试行）》第 394 条规定，人民检察院提起公诉的案件，应当向人民法院移送起诉书、案卷材料和证据。由于案卷材料和证据要随起诉书一并移送法院，因此，在起诉书中应当指明证据的名称、种类，但不必对证据与事实、证据与证据之间的关系进行具体的分析、论证。需要注意的是：不能将证据简单地写成"认定上述事实的证据如下：物证、书证、证人证言、被告人供述、鉴定意见、视听资料"。而应具体写明是什么物证、书证，哪个证人的证言等。对于鉴定意见、勘验检查笔录、物证、书证等证据的制作、出具机关的名称应当写明。如"××医院对被害人×××所作的伤情鉴定""××公安局刑侦大队制作的现场勘验笔录"，以说明证据的来源和制作主体是合法的。对证据种类名称的写述应严格遵循《刑事诉讼法》关于证据种类的规定，无法归入法定证据种类的证据，可以归类于"其他证明材料"，如到案经过、扣押物品、文件清单等。对于涉及被害人隐私或为保护证人、鉴定人、被害人人身安全，而不宜写其姓名、住址、工作单位和联系方式等个人信息的，可以在起诉书中使用化名替代个人信息。

叙写证据时，一般应当采取"一事一证"的方式，即在每一起案件事实后，写明据以认定的主要证据。对于作案多起的一般刑事案件，如果案件事实是概括叙述的，证据的叙写也可以采取"一罪一证"的方式，即在该种犯罪后概括写明主要证据的种类，而不再指出认定每一起案件事实的证据。

（三）起诉的理由和根据的写法

在写该部分时，首先应以"本院认为"作为引语。之后，应针对起诉书所指控犯罪的基本特征，对被告人的行为性质、危害程度、情节轻重，要结合犯罪的各构成要件进行概括性地表述，突出本罪的特征，语言要精炼、准确。既要写出该案与同类案件的共性，又要写出该案的个性。如"本院认为，被告人陈×身为国家工作人员，在担任武汉市××局××处××组组长期间，利用其负责资金拨付的职权形成的便利条件，通过其他国家工作人员的职务行为，在工程承接、结算等环节为请托人谋取不正当利益，收受请托人的贿赂共计人民币9万元"。罪状表述应当完整，不应简单使用犯罪结果代替行为表述，如不应简单描述为因为侵犯他人著作权，因此构成侵犯著作权罪。如"被告人王×无视国法，以营利为目的，侵犯他人著作权，且情节严重，其行为触犯了《中华人民共和国刑法》第二百一十七条，犯罪事实清楚，证据确实、充分，应当以侵犯著作权罪追究其刑事责任"。正确的写法是"被告人王×以营利为目的，未经著作权人许可，复制发行其音像作品，情节严重，其行为触犯了《中华人民共和国刑法》第二百一十七条，犯罪事实清楚，证据确实、充分，应当以侵犯著作权罪追究其刑事责任"。

对被告人行为触犯的刑法条文和涉嫌的罪名应表述为"……其行为触犯了《中华人民共和国刑法》第×条（引用罪状、法定刑条款），犯罪事实清楚，证据确实、充分，应当以××罪追究其刑事责任"。该部分是对被告人定罪和追究刑事责任的法律依据，应写准确、完整、具体。对法律条文的引用应具体到条、款、项，其中，项的序号要加圆括号。同时引用多个法律条文时，应表述为"其行为触犯了《中华人民共和国刑法》第×条、第×条"。引用法律条文时应统一使用汉字小写数字，不能使用阿拉伯数字。其中的"犯罪事实清楚，证据确实、充分"为格式要件，不可省略。给出定罪建议时应表述为"应当以××罪追究其刑事责任"，不可写成"构成××罪，应当追究其刑事责任"。

起诉理由部分对量刑情节的认定应当遵循如下原则：对于具备轻重不同的法定量刑情节，如累犯、立功、共同犯罪、主从犯等，一般应当在起诉书中作出认定。但对于适用普通程序的案件，涉及自首、立功等可能因特定因素发生变化的情节，也可以在案件事实之后仅对有关事实作客观表述。对于酌定量刑情节，可以根据案件的具体情况，从有利于出庭支持公诉的角度出发，决定是否在起诉书中作出认定。起诉书中没有认定的，可以在量刑建议书或者法庭发言时口头提出。写量刑情节时，应先概括行为特征，再引用法律条文，最后对量刑情节加以认定。如"被告人李×已经着手实行犯罪，因意志以外的原因而未得逞，根据《中华人民共和国刑法》第二十三条的规定，系犯罪未遂，可以比照既遂犯从轻处罚"。量刑意见的表述语言应依据相应法律条文的规定，如"应当从轻处罚"或者"可以从轻处罚"，不能表述为"建议从轻处罚"。同一被告人具有多个量刑情节的，原则上按照由重到轻的顺序分别叙写，同一案件多名被告人具有不同量刑情节的，按照被告人的先后顺序分别叙写，同一案件不同被告人具有相同量刑情节的，应当合并表述。

（四）提起公诉的必要性、法律依据和请求的写法

对提起公诉的必要性、法律依据和请求，可以表述为"本院为了……，根据《中华人民共和国刑事诉讼法》第一百七十二条的规定，提起公诉，请依法判处"。其中的法律依据应表述为"根据……的规定"，不得使用"依据"和"依照"；对法院的请求意见应表述为"请依法判处"，不应表述为"请依法惩处""请依法裁判"。

五、起诉书实例与评析

【实例】

××市人民检察院

起诉书[1]

×检公诉刑诉［2017］×号

被告人朱×，男，1983年11月14日出生，身份证号××××××××××××××××，汉族，初中文化，住×省×市×路28号，无业。2016年9月5日因涉嫌故意杀人罪被××市公安局刑事拘留。9月14日经××市人民检察院批准，于次日以涉嫌抢劫罪被××市公安局逮捕。

本案由××市公安局侦查终结，以被告人朱×涉嫌抢劫罪，于2016年10月11日移送本院审查起诉。本院受理后，于同日告知被告人有权委托辩护人，告知被害人家属有权委托诉讼代理人，并依法讯问了被告人，审查了全部案卷材料。

经依法审查查明：2016年9月5日凌晨1时许，朱×到××市××路上一个临街店铺"复兴饮食店"旁，用随身携带的一把单刃匕首撬开该店铺墙上窗户的铁皮挡板，并从该窗户爬进店内。正当其准备盗窃时，被害人陈×从楼上下楼，朱×怕罪行败露，掏出匕首对陈×进行威胁，在陈×毫不退缩的情况下，朱×持匕首朝陈×乱划乱捅，致陈×死亡。被害人赵×闻声下楼查看，朱×又朝赵×的肩部、手部捅刺，致赵×轻伤。随即，朱×逃离现场，并将作案用的匕首及沾血的衣服丢弃。朱×回家后打算潜逃时，被110巡警抓获。

认定上述事实的证据有：被告人朱×的供述、被害人陈述、勘验检查笔录、

---

〔1〕　资料来源：某检察机关办案实例。

法医鉴定意见及现场照片。

本院认为，被告人朱×盗窃不成，以暴力手段抗拒抓捕，其行为已触犯了《中华人民共和国刑法》第二百六十九条、第二百六十三条，犯罪事实清楚，证据确实充分，应当以抢劫罪追究其刑事责任。根据《中华人民共和国刑事诉讼法》第一百七十二条的规定，提起公诉，请依法判处。

此致

××市中级人民法院

检察员：××

××××年×月×日

附：

1. 被告人朱×现羁押于看守所。
2. 案卷材料和证据×册。

【评析】

这是一份由盗窃转化为抢劫犯罪案件的起诉书。其特点是：①格式正确、项目齐全。②叙事清楚，重点突出。该文书采用时序法将案件发生、具体过程和造成的后果写得一目了然，重点突出被告人因盗窃不成，为抗拒抓捕而当场使用暴力，致人死亡的后果，为案件性质的认定奠定了坚实的基础。③案件定性和适用法律准确、到位。将被告人行为认定为抢劫罪，符合刑法相关规定。适用法律依据先引用《刑法》第269条，后引用第263条，符合逻辑顺序。④文字精炼、层次清晰。无论是叙述事实，还是阐述起诉理由，用语均简洁明了，逻辑清晰。

该文书的不足之处是：①编号写的不合规范。②事实部分中的"认定上述事实的证据是："作为引语应单列一段。③证据写述过于笼统。应具体写明是哪个被害人的陈述、哪个机关和人员制作的勘验检查笔录和法医鉴定意见。④理由部分论证不全面。一是对被告人行为特征的概括未能表述出犯罪后果；二是欠缺量刑情节的认定和起诉必要性的阐述。

第三节　不起诉决定书

一、不起诉决定书的概念和功能

不起诉决定书，是指人民检察院对侦查机关或部门移送审查起诉的案件，经审查后认为犯罪嫌疑人的行为不符合起诉条件，决定不将案件移送人民法院审判而终止诉讼时制作的文书。不起诉决定书是人民检察院不追究犯罪嫌疑人刑事责任的凭据，具有在起诉阶段终止刑事诉讼活动的法律效力。不起诉决定书一经送达，被不起诉人被羁押的，应当立即释放。因此，它对于保障被不起诉人的人身权利免受侵犯，及时结案，使被不起诉人尽快从牢狱中解脱出来，具有重要作用。

根据我国《刑事诉讼法》的相关规定，不起诉决定有法定不起诉、酌定不起诉、存疑不起诉和附条件不起诉四种，相应的不起诉决定书也有四种类型。

（一）法定不起诉决定书

《刑事诉讼法》第173条第1款规定，犯罪嫌疑人没有犯罪事实，或者有本法第15条规定的情形之一的，人民检察院应当作出不起诉决定。《刑事诉讼法》第15条规定，有下列情形之一的，不追究刑事责任，已经追究的，应当撤销案件，或者不起诉，或者终止审理，或者宣告无罪：①情节显著轻微、危害不大，不认为是犯罪的；②犯罪已过追诉时效期限的；③经特赦令免除刑罚的；④依照刑法告诉才处理的犯罪，没有告诉或者撤回告诉的；⑤犯罪嫌疑人、被告人死亡的；⑥其他法律规定免予追究刑事责任的。具有上述六种情形之一的，或者犯罪嫌疑人没有犯罪事实的，人民检察院应当作出不起诉决定。在这种情况下制作的决定书，称为法定不起诉决定书。这种决定书表明人民检察院决定不将案件移送人民法院审判而终止刑事诉讼活动。

（二）酌定不起诉决定书

《刑事诉讼法》第173条第2款规定，对于犯罪情节轻微，依照刑法规定不需要判处刑罚或者免除刑罚的，人民检察院可以作出不起诉决定。据此规定，对于犯罪情节轻微，依照刑法规定不需要判处刑罚或者免除刑罚的刑事案件，人民检察院享有起诉裁量权，对这种案件诉与不诉，由人民检察院根据具体案情和有关刑事政策进行斟酌后作出恰当的决定，因此叫酌定不起诉。在这种情况下制作的决定书，叫酌定不起诉决定书。这种不起诉决定书是起诉便宜主义在我国刑事诉讼中的具体体现。

（三）存疑不起诉决定书

《刑事诉讼法》第171条第4款规定，对于二次补充侦查的案件，人民检察院仍然认为证据不足，不符合起诉条件的，应当作出不起诉的决定。这种不起诉决定称为存疑不起诉。人民检察院作出这种不起诉决定之前，必须对案件进行补充侦查，经过二次补充侦查后，如果案件仍然证据不足，达不到起诉的证明标准，人民检察院应当对案件作出不起诉决定。在这种情况下作出的决定书，叫存疑不起诉决定书。

（四）附条件不起诉决定书

《刑事诉讼法》第271条第1款规定，对于未成年人涉嫌刑法分则第四章、第五章、第六章规定的犯罪，可能判处1年有期徒刑以下刑罚，符合起诉条件，但有悔罪表现的，人民检察院可以作出附条件不起诉的决定。在这种情况下作出的不起诉决定书，称为附条件不起诉决定书。目前，这种不起诉决定书只适用于未成年人犯罪案件。

二、不起诉决定书的格式

《人民检察院刑事诉讼法律文书格式样本（2012版）》中规定了法定不起诉决定书、酌定不起诉决定书、存疑不起诉决定书、附条件不起诉决定书以及根据《刑事诉讼法》第273条第2款决定不起诉时适用的不起诉决定书[1]五种格式，前四种不起诉决定书的首部和尾部的内容大体相同，但正文部分差别较大，为了节省篇幅，下面只列出法定不起诉决定书的格式。

××人民检察院
不起诉决定书

检 刑不诉〔 〕 号

被不起诉人……［写明姓名，性别，出生年月日，身份证号码，民族，文化程度，职业或工作单位及职务（国家机关工作人员利用职权实施的犯罪，应当写明犯罪期间在何单位任何职），出生地和户籍地，住址（被不起诉人住址写居住地，如果户籍所在地与暂住地不一致的，应当写明户籍所在地和暂住地），是否受过刑事处罚，被采取强制措施的种类、时间、决定机关等。］

（如系被不起诉单位，则应写明名称、住所地等）

辩护人……（写姓名、单位）。

本案由×××（侦查机关名称）侦查终结，以被不起诉人×××涉嫌××罪，于×年×月×日向本院移送审查起诉。

（如果是自侦案件，此处写"被不起诉人×××涉嫌××一案，由本院侦查终结，于×年×月×日移送审查起诉或不起诉"。如果案件是其他人民检察院移送的，此处应当将指定管辖、移送单位以及移送时间等写清楚。）

---

〔1〕 本文书为人民检察院对在考验期内没有《刑事诉讼法》第273条第1款规定的情形的被附条件不起诉的未成年犯罪嫌疑人，决定不起诉时使用。具体制作参见《人民检察院刑事诉讼法律文书格式样本（2012版）》。

（如果案件曾经退回补充侦查，应当写明退回补充侦查的日期、次数以及再次移送审查起诉的时间。）

经本院依法审查查明：

……

[如果是根据《刑事诉讼法》第十五条第（一）项即侦查机关移送起诉认为行为构成犯罪，经检察机关审查后认定行为情节显著轻微、危害不大，不认为是犯罪而决定不起诉的，则不起诉决定书应当先概括叙述公安机关移送审查起诉意见书认定的犯罪事实（如果是检察机关的自侦案件，则这部分不写），然后叙写检察机关审查后认定的事实及证据，重点反映显著轻微的情节和危害程度较小的结果。如果是行为已经构成犯罪，本应当追究刑事责任，但审查过程中有《刑事诉讼法》第十五条第（二）至（六）项法定不追究刑事责任的情形，因而决定不起诉的，应当重点叙明符合法定不追究刑事责任的事实和证据，充分反映出法律规定的内容。如果是根据《刑事诉讼法》第一百七十三条第一款中的没有犯罪事实而决定不起诉的，应当重点叙明不存在犯罪事实或者犯罪事实并非被不起诉人所为。]

本院认为，×××（被不起诉人的姓名）的上述行为，情节显著轻微、危害不大，不构成犯罪。依照《中华人民共和国刑事诉讼法》第十五条第（一）项和第一百七十三条第一款的规定，决定对×××（被不起诉人的姓名）不起诉。

[如果是根据《刑事诉讼法》第十五条第（二）至（六）项法定不追究刑事责任的情形而决定的不起诉，重点阐明不追究被不起诉人刑事责任的理由及法律依据，最后写决定不起诉的法律依据。如果是根据《刑事诉讼法》第一百七十三条第一款中的没有犯罪事实而决定不起诉的，指出被不起诉人没有犯罪事实，再写不起诉的法律依据。]

查封、扣押、冻结的涉案款物的处理情况。

被不起诉人如不服本决定，可以自收到本决定书后七日内向本院申诉。

被害人如果不服本决定，可以自收到本决定书后七日以内向×××人民检察院申诉，请求提起公诉；也可以不经申诉，直接向×××人民法院提起自诉。

×××人民检察院（院印）

年　月　日

三、不起诉决定书的基本内容

不起诉决定书由首部、正文和尾部组成。

（一）首部

首部包括标题、编号、被不起诉人的基本情况、辩护人的基本情况、案由和案件来源五项内容。

1. 标题和编号。分两行居中书写检察机关名称和文书名称。即"××人民检察院""不起诉决定书"。在标题之下右端写编号"　检　刑不诉〔　　〕号"，编号由制作文书的人民检察院的简称、具体办案部门简称、案件性质、不起诉年度、案件顺序号组成。编号上下各空一行。

附条件不起诉决定书的文书名称应写"附条件不起诉决定书"，编号中的案件性质写"附不诉"。

2. 被不起诉人（单位）基本情况。此栏目的写法与起诉书相似，但对被不起诉的对象，应称为"被不起诉人（单位）"。被不起诉人的基本情况包括姓名，性别，出生年月日，身份证号码，民族，文化程度，职业或工作单位及职务（如果是国家机关工作人员利用职权实施犯罪的，写明犯罪时在何单位任何职务），出生地和户籍地，住址（一般写居住地，如果户籍所在地与暂住地不一致的，应当写明户籍所在地和暂住地），是否受过刑事处罚，采取强制措施的种类、时间、决定机关等。如果被不起诉的是单位，应写清单位名称、住所地等情况。

附条件不起诉决定书的被不起诉对象，应称为"被附条件不起诉人"。被附条件不起诉人基本情况部分应写明姓名、性别、出生年月日、出生地和户籍地、身份证号码、民族、文化程度、所在学校或者单位、住址等，是否受过刑事处罚，采取强制措施的种类、时间、决定机关等。写完之后另起一段，写明被附条件不起诉人法定代理人的姓名、性别、年龄、单位等基本情况。

3. 辩护人的基本情况。如果被不起诉人在审查起诉阶段已经聘请了辩护人，则应写明辩护人的姓名、职务及工作单位。如果没有聘请辩护人，则不写此项。

4. 案由和案件来源。"案由"应当写移送审查起诉时或者侦查终结时认定的行为性质，而不是审查起诉部门认定的行为性质。案件来源包括公安机关等其他侦查机关移送、本院侦查终结、其他检察机关移送等情况。

对于公安机关等其他侦查机关移送审查起诉的案件，表述为："本案由×××（侦查机关名称）侦查终结，以被不起诉人×××涉嫌××罪，于×年×月×日向本院移送审查起诉。"如果是附条件不起诉决定书，应将"被不起诉人×××"变更为"被附条件不起诉人×××"。

检察机关自侦案件，表述为"被不起诉人×××涉嫌××一案，由本院侦查终结，于×年×月×日移送审查起诉"。

对于其他检察机关转送的案件，表述为"本案由×××（侦查机关名称）

侦查终结,以被不起诉人×××涉嫌××罪,于×年×月×日移送×××人民检察院审查起诉,×××人民检察院于×年×月×日转至本院审查起诉"。

若案件曾经退回补充侦查,应写明退回补充侦查的日期、次数以及再次移送审查起诉的时间。

(二) 正文

正文部分是不起诉决定书的主体部分,包括两项内容:一是案件事实和证据;二是不起诉的理由、法律依据和决定事项。各种不起诉决定书适用的前提条件和法律依据不同,因而它们正文部分写作的内容也不完全相同。

(三) 尾部

尾部包括以下几项内容:

1. 涉案款物处理情况。写明查封、扣押、冻结的涉案款物的处理情况。

2. 告知事项。向被不起诉人、被附条件不起诉人及其法定代理人、被害人告知权利。

3. 署名、日期、用印。写明作出不起诉决定的人民检察院名称、文书制发日期并加盖院印。

四、不起诉决定书的写作方法和技巧

(一) 案件事实和证据的写法

在叙写各种不起诉决定书的事实部分时,开头部分均应以"经本院依法审查查明:"作为引语,然后另起一段写明案件事实和证据。案件事实包括否定或者指控被不起诉人构成犯罪的事实及作为不起诉决定根据的事实。应当根据各种不起诉的性质、内容和特点,针对案件具体情况各有侧重点地叙写。

1. 法定不起诉决定书。分三种情况:①根据《刑事诉讼法》第 15 条第 1 项的规定作出不起诉决定的案件,即侦查机关认为已构成犯罪移送起诉,检察机关审查后认为情节显著轻微、危害不大,不认为是犯罪而决定不起诉的,应先概括写明侦查机关认定的犯罪事实(检察机关自侦案件不写此内容),然后写检察机关审查后认定的事实及相应的证据。应重点反映出情节显著轻微、危害程度不大。②根据《刑事诉讼法》第 15 条第 2~6 项的规定作出不起诉决定的案件,应结合案情叙明符合法定不追究刑事责任的事实和证据。③侦查机关认为已构成犯罪移送起诉,检察机关审查后认为犯罪嫌疑人没有犯罪事实,因而决定不起诉的案件,应先概括写明侦查机关认定的犯罪事实,然后重点叙明检察机关认为不存在犯罪事实或者犯罪事实并非被不起诉人所为的情况。

2. 酌定不起诉决定书。这类不起诉决定书的事实部分,不必写侦查机关或部门移送起诉意见书时认定的事实,只写检察机关公诉部门审查认定的犯罪事实和证据。写时应重点突出被不起诉人符合酌定不起诉条件的事实特征。即从性质上说，酌定不起诉案件的被不起诉人的行为已经构成犯罪，但其特征是"犯罪情节轻微，依照刑法规定不需要判处刑罚或者可以免除刑罚"。因此，写时既要分清罪与非罪的界限，与起诉书叙述事实相区别，又要与法定不起诉、存疑不起诉的事实部分有所不同。

事实写完之后，应当列举出能够认定事实成立的证据。证据的写述应明确证据的名称和证明作用，特别要将证明犯罪情节轻微的各项证据全部列出，形成证据链，阐明犯罪情节如何轻微，使检察机关作出不起诉决定的事实有据可查，能够经得起复查、复议、复核。

3. 存疑不起诉决定书。存疑不起诉决定书的事实部分应重点写明检察机关在审查案件过程中经过补充侦查程序后，案件仍然证据不足，不符合起诉的条件。具体分两个层次写述：一是概括写明侦查机关移送起诉意见书时认定的事实；二是简要写明检察机关经过补充侦查程序后仍然证据不足，难以证明犯罪事实的成立，因而不符合起诉的条件。为尽量避免不利于下一步工作的内容出现，这类不起诉决定书的事实叙述宜采取高度概括的方法。

4. 附条件不起诉决定书。附条件不起诉决定书的事实部分叙写案件事实，其重点内容是有关被附条件不起诉人符合附条件不起诉法定条件的事实和证据，尤其是其悔罪表现。

（二）不起诉的理由、法律依据和决定事项的写法

这是不起诉决定书的结论部分，各种不起诉决定书的写法不同，但都需要用精炼的语言文字写明以下三项内容：

1. 不起诉的理由。不起诉的理由是对被不起诉人行为性质、情节、危害后果和法律责任的高度概括。理由的论述应有针对性，不能脱离案件事实。法定不起诉应简明扼要地写明被不起诉人行为性质或者阐明不追究刑事责任的理由和法律依据。具体应写明本案没有犯罪事实发生及其法律依据或者具有《刑事诉讼法》第15条规定的某项情形。酌定不起诉应简要写明检察机关认定的犯罪事实，并表明犯罪情节轻微，具有自首、立功、中止犯罪、犯罪未遂、防卫过当等不需要判处刑罚或者免除刑罚的情形。存疑不起诉应写明本案经过补充侦查程序，检察机关审查以后，仍然认为本案事实不清，证据不足。附条件不起诉决定应写明被附条件不起诉人实施了我国《刑法》规定的某种犯罪行为，可能判处1年有期徒刑以下刑罚，符合起诉条件，但是具有悔罪表现的情况。

2. 不起诉的法律依据。在法定不起诉、酌定不起诉和附条件不起诉案件中，如果被不起诉人构成犯罪，在阐述理由时应当引用《刑法》相关条文作为认定行为性质的法律依据，此外，在阐明不起诉理由之后，还应引用《刑事诉讼法》相关条文来作为不起诉的程序法依据。即法定不起诉应引用《刑事诉讼法》第

15 条某项内容之一和第 173 条第 1 款的规定, 酌定不起诉引用《刑事诉讼法》第 173 条第 2 款的规定, 附条件不起诉应引用《刑事诉讼法》第 271 条第 1 款的规定。存疑不起诉案件, 只需要引用《刑事诉讼法》第 171 条第 4 款作为不起诉的程序法依据。

引用法律一律写全称, 所引用的法律条款要用汉字将条、款、项引全。

3. 决定事项。法定不起诉、酌定不起诉和存疑不起诉案件的决定事项, 具体表述为"决定对×××不起诉"。附条件不起诉案件的决定事项, 具体表述为"决定对×××附条件不起诉。考验期为×个月, 从本决定作出之日起计算"。

（三）告知事项的写法

向被不起诉人告知权利的, 表述为: "被不起诉人如不服本决定, 可以自收到本决定书后七日内向本院申诉。"

向被附条件不起诉人及其法定代理人告知权利的, 表述为: "被附条件不起诉人及其法定代理人如对本决定有异议, 可以向本院提出, 本院将依法提起公诉。"

向被害人告知权利的, 表述为: "被害人如果不服本决定, 可以自收到本决定书后七日以内向×××人民检察院申诉, 请求提起公诉, 也可以不经申诉, 直接向×××人民法院提起自诉。"

在附条件不起诉案件中, 除了向被附条件不起诉人及其法定代理人告知权利外, 还应告知被附条件不起诉人在考察期内应遵守的规定以及考察期满后作何处理。具体表述为: "被附条件不起诉人×××应当遵守《中华人民共和国刑事诉讼法》第二百七十二条第三款的规定。在考验期内有《中华人民共和国刑事诉讼法》第二百七十三条第一款规定情形之一的, 本院将撤销附条件不起诉的决定, 提起公诉。在考验期内没有上述情形, 考验期满的, 本院将作出不起诉的决定。"

五、不起诉决定书实例与评析

【实例】

××市××区人民检察院
不起诉决定书[1]

×检×刑不诉〔2016〕17 号

被不起诉人李××, 男, 1968 年×月×日出生, 居民身份证号码:

---

〔1〕 资料来源: 某检察机关办案实例。

3604251968×××××，汉族，初中文化，个体司机，出生地及户籍所在地：江西省永修县，住永修县拓林镇永康路××号。因涉嫌交通肇事罪，2015 年 6 月 21 日被××市公安局××分局刑事拘留，7 月 6 日经本院无逮捕必要不批准逮捕，7 月 7 日由××市公安局××分局对其取保候审。本案由××市公安局××分局侦查终结，以被不起诉人李××涉嫌交通肇事罪，于 2016 年 7 月 18 日向本院移送审查起诉。

经依法审查查明：

2015 年 6 月 19 日 17 时 01 分，被不起诉人李××驾驶赣××××号重型半挂牵引车牵引赣×××挂车沿京珠连接线由西往东行驶至 13 公里处千雅山庄路段时，将由西往东驾驶湘××××号两轮摩托车的汤××（男，44 岁）撞倒并碾压，致使被害人汤××当场死亡，两车受损，造成重大交通事故。

经现场勘查、调查取证，集体分析认定，造成事故的原因是被不起诉人李××驾驶车辆超越前方正在超车的车辆，其行为违反了《中华人民共和国道路交通安全法》第四十三条第一款第一项"同车道行驶的机动车，后车应当与前车保持足以采取紧急制动措施的安全距离。有下列情形之一的，不得超车：（一）前车正在左转弯、掉头、超车的"之规定。根据《道路交通事故处理程序规定》第四十六条责任划分原则，认定被不起诉人李××负此次事故的全部责任。

2015 年 6 月 19 日 19 时 30 分，被不起诉人李××停车拨打 110 后主动到××市公安局交警支队白石岭大队投案。2015 年 7 月 1 日，被不起诉人李××与被害人汤××近亲属达成刑事和解协议。本人赔偿 17 万元，保险赔偿 711 084.35 元，合计 881 084.35 元，被害人近亲属请求不追究被不起诉人李××刑事责任。

认定上述事实的证据有：

1. 户籍资料、驾驶证查询情况、到案经过、血样提取记录、刑事和解材料等书证。

2. 证人余××的证言。

3. 被不起诉人李××的供述与辩解。

4. ××市平安司法鉴定所法医学尸体检验鉴定意见书平安司鉴［2015］法病检字 059 号、死亡医学证明、交通事故车辆技术痕迹鉴定意见书平安司鉴［2015］车检字第 152 号，××市平安司法鉴定所法医毒物分析报告岳平司鉴［2015］法毒检字第 186 号，××市公安局交通警察支队白石岭大队道路交通事故认定书岳市公交直（白）认字［2015］第 6191 号等鉴定意见。

5. 道路交通事故现场勘查笔录。

本院认为，犯罪嫌疑人李××实施了《中华人民共和国刑法》第一百三十三条规定的行为，但犯罪情节轻微，且有投案自首情节，又赔偿了被害人近亲属经济损失，取得了被害人近亲属的谅解。根据《中华人民共和国刑法》第三十七条之规定，可以免予刑事处罚。依据《中华人民共和国刑事诉讼法》第一百七十三条第二款的规定，决定对李××不起诉。

被不起诉人李××如不服本决定，可以自收到本决定书后七日内向本院申诉。

被害人近亲属如不服本决定，可以自收到本决定书后七日内向××市人民检察院申诉，请求提起公诉；也可不经申诉，直接向××市××区人民法院提起自诉。

××市××区人民检察院

（加盖公章）

二〇一六年×月×日

【评析】

这是一份交通肇事案件的不起诉决定书，写得较好，值得借鉴。其优点是：①格式符合规范要求。首部叙写的标题、编号、被不起诉人基本情况项目要素齐全，并把采取的几种刑事强制措施按顺序作了明确交代。案由、案件来源的表述清楚。尾部的告知事项、署名、日期写得清晰、完整。②叙事完整、清晰。事实部分详叙了李××交通肇事的具体经过，首先交代了肇事的时间、地点、车辆行驶的方向和造成的后果；然后记述了肇事的原因和违反的法律规定，明确了肇事的责任主体；最后说明刑事和解的具体情况。这就为酌定不起诉决定的作出夯实了事实基础。③证据列举具体。该文书用了较大的篇幅列写了证明李××交通肇事的各项证据，包括书证、证人证言、李××的供述与辩解、鉴定意见和现场勘查笔录。④阐述理由定性准确、重点突出、适用法律正确。该部分首先简要分析了被不起诉人的行为性质，重点突出了犯罪情节轻微，具有投案自首、赔偿损失、取得谅解等可以免除刑事处罚的情况；最后引用《刑法》第 37 条作为免予刑事处罚的依据，引用《刑事诉讼法》第 173 条第 2 款作为对李××不起诉的程序法依据，这些都是正确的。该文书美中不足的是，编号写得不合规范。

第四节　公诉意见书

一、公诉意见书的概念和功能

公诉意见书，是指出庭支持公诉的检察人员，在法庭辩论开始时，就案件事实、证据、适用法律等问题集中发表意见时所使用的文书。

根据《刑事诉讼法》的规定，人民法院审理公诉案件，人民检察院应派员出庭支持公诉，公诉人在法庭上可以对证据和案件情况发表意见，并对人民法院的审判活动实行法律监督。可见，公诉人宣读公诉意见，是法庭审理公诉案件的必经程序。为了确保公诉质量，公诉人在出庭之前，应当草拟好公诉意见书，再根据法庭调查的实际情况作适当修改补充后当庭宣读。

公诉意见书是公诉人在法庭审理过程中当庭发表的揭露和指控被告人犯罪事实的演说词。公诉意见书是在起诉书指控内容的基础上，全面揭露被告人的犯罪行为，分析犯罪行为的性质、后果和对社会的危害，阐明为什么要追究被告人的刑事责任。其目的是对起诉书的内容进行补充和阐发，进一步从事实上、证据上、法律上揭露被告人的犯罪行为，并结合案情进行法制宣传。

二、公诉意见书的特点

公诉意见书的重要性仅次于起诉书。公诉意见书具有以下四个特点：

1. 归纳总结性。在法庭调查阶段，公诉人已经就起诉的犯罪事实进行了举证、质证，展示了控方的全部证据，但这种展示是断断续续进行的。因此，到了法庭辩论阶段，公诉人首先应对法庭调查阶段的举证、质证活动进行归纳总结，通过这一工作构建控方完整的证据体系，凸显本方证据的证明价值，将控方证据完整地呈现在审判人员面前，以此强化其对控方证据的感性认识。

2. 论证解释性。论证解释性是公诉意见书与起诉书最大的区别。起诉书是叙述指控的犯罪事实和证据，确认被告人的行为构成犯罪的文书，因而具有叙述性和确认性。而公诉意见书则是对起诉的事实和证据进行论证，对定罪量刑的理由作出解释，从而达到说服法庭确认起诉指控罪名成立的目的。同时，这个过程也是向人们解释公诉机关指控的根据和理由，因此具有论证性和解释性。

3. 补充诉求性。起诉书是检察机关向法院提出诉讼请求的基本法律文书。在庭审过程中，公诉人如果需要对案件基本事实和犯罪性质的指控进行变更或补充，必须纳入法庭调查范围的，应当采用变更起诉或者补充起诉的方式。但如果是对量刑问题上的某些认定和诉讼要求进行变更或补充，则可以通过公诉意见书补充表达。

4. 宣传教育性。公诉人发表公诉意见，可以对案件涉及的法理问题进行阐释，控诉被告人的犯罪行为，揭示其社会危害性，强调维护法律秩序的重要性。同时，也可对被告人无理的狡辩进行有力的驳斥。从这个意义上讲，公诉意见书应当是一篇优秀的法制宣传教育的演讲稿。

三、公诉意见书的格式

××人民检察院
公诉意见书

被告人　×××

案　由　××××

起诉书号：　检　刑诉〔　　　〕　　号

审判长、审判员（人民陪审员）：

根据《中华人民共和国刑事诉讼法》第一百八十四条、第一百九十三条、第一百九十八条和第二百零三条的规定，我（们）受×××人民检察院的指派，代表本院，以国家公诉人的身份，出席法庭支持公诉，并依法对刑事诉讼实行法律监督。现对本案证据和案件情况发表如下意见，请法庭注意。

……（结合案情重点阐述以下问题：

一、根据法庭调查的情况，概述法庭质证的情况、各证据的证明作用，并运用各证据之间的逻辑关系证明被告人的犯罪事实清楚，证据确实充分。

二、根据被告人的犯罪事实，论证应适用的法律条款并提出定罪及从重、从轻、减轻处罚等意见。

三、根据庭审情况，在揭露被告人犯罪行为的社会危害性的基础上，作必要的法制宣传和教育工作。）

综上所述，起诉书认定本案被告人×××的犯罪事实清楚，证据确实充分，依法应当认定被告人有罪，并建议_____（提出量刑建议或从重、从轻、减轻处罚等意见）。

公诉人×××

××××年×月×日当庭发表

四、公诉意见书的基本内容

公诉意见书由首部、正文和尾部组成。

（一）首部

写明标题。标题由制作机关名称和文书名称组成。居中分两行写明"××人民检察院""公诉意见书"。

（二）正文

正文包括案件有关情况、称呼语、出庭支持公诉的法律根据和任务、公诉意见和总结性意见五项内容。

1. 案件有关情况。案件有关情况包括被告人姓名、案由及起诉书编号。这部分内容不在法庭上宣读。

2. 称呼语。根据合议庭实际组成情况书写。如"审判长、审判员""审判长、人民陪审员""审判长、审判员、人民陪审员"。

3. 出庭支持公诉的法律根据和任务。这部分写明公诉人根据哪些法律规定，受何单位指派，以何种身份出庭，出庭的任务是什么。

4. 公诉意见。这一部分应当针对不同的案情发表意见。一般可以从以下三个方面展开论证：①根据法庭调查的情况，总结法庭举证质证情况，运用证据证明被告人的犯罪事实清楚，证据确实充分。②根据被告人的犯罪事实，结合情节论述，提出从重、从轻、减轻或者免除处罚的意见。③揭露犯罪的社会危害性，剖析犯罪原因，结合案件实际，阐述预防犯罪的有关问题，做必要的法制宣传和教育。

5. 总结性意见。主要是对公诉意见的总结，并就如何处罚被告人向法庭提出意见和要求。

五、公诉意见书的写作方法和技巧

（一）出庭支持公诉的法律根据和任务的写法

这部分内容应当按照规定程式写明。具体表述为："根据《中华人民共和国刑事诉讼法》第一百八十四条、第一百九十三条、第一百九十八条和第二百零三条的规定，我（们）受××人民检察院的指派，代表本院，以国家公诉人的身份，出席法庭支持公诉，并依法对刑事诉讼实行法律监督。现对本案证据和案件情况发表如下意见，请法庭注意。"

（二）公诉意见的写法

这一部分是公诉意见书写作的核心内容。可视不同的案情，按照前面谈到的三个方面内容进行有侧重点的分析、论述。这部分写法上主要运用议论的方式，即根据已经查明的被告人的犯罪事实，从法理上分析被告人的犯罪性质，从事理上分析被告人犯罪行为的社会危害性，从情理上分析被告人犯罪的思想根源和社会根源，进而阐明将被告人交付法庭审判的必要性、合法性和正确性。具体写法一般是分专题论述，每一个专题题首都冠以小标题，作为该题的分论点。接着列举论据，摆事实，讲道理，进行分析论证。从章法上看，每一个专题各自独立，但组合起来，就形成了一个完整的有机整体，即从不同的方面，不同的角度，去支持中心论点。

对具体公诉意见在写述时应做到：①观点鲜明、立论有据。观点鲜明是公诉意见书最重要的要求，直接关系着指控的分量和质量。因此，在公诉意见书中，不仅总观点要明确，而且各分专题中的分观点也要明了，支持什么、反对什么，要态度坚决，旗帜鲜明，使人听后能明白公诉人的主要意图是什么。②分析证据要客观、全面。③突出重点，繁简得当。应抓住不同类型案件的特点，有针对性地分析，阐明道理。对控辩双方有争议的案件，如控辩双方对案件定性定罪有争议时，应着重阐明有关犯罪构成理论和该类犯罪的本质特征，有根有据地论证被告人只能构成指控的罪名而不能构成其他罪名的意见。对共同犯罪案件，要在全面分析案情的基础上，重点揭露主犯的罪行和罪责，抓主要矛盾，带动其他问题。对需要从重、从轻、加重或减轻处罚的案件，应细致分析犯罪的社会危害性，系统分析从重、从轻、加重或减轻处罚的法定理由、法律依据和社会效果。对未成年人犯罪案件或者其他有法制宣传意义的案件，应重点剖析犯罪原因、思想和社会根源以及有关单位应注意防范的漏洞等，以便通过法制教育，收到预防犯罪、减少犯罪，帮助失足者悔过自新。剖析犯罪原因应先从个案实际情况出发，揭示被告人犯罪的具体原因（包括个人的、家庭的、社会的）、蜕变过程和犯罪心理轨迹，然后进行总结，切忌千案一面，空洞说教。④褒贬适度，爱憎分明。公诉意见书带有强烈的感情色彩，在写作时可以适当运用一些排比、比喻等修辞方法，以增强文书内容的表达效果。但应注意运用这些修辞手法的目的有别于文学作品，其目的是控诉犯罪，而非追求形象生动。

（三）总结性意见的写法

这一部分根据审判程序的不同可采取如下两种行文方法。

一审案件的公诉意见书可写为："综上所述，起诉书认定本案被告人××的犯罪事实清楚，证据确实充分，依法应当认定被告人有罪，并应从重（或从轻、加重、减轻）处罚。"

二审案件的公诉意见书可写为："以上对被告人×××的一审判决是否正确，被告人×××上诉是否有理，阐明了我们的意见，供二审法庭合议时考虑。"

六、公诉意见书实例与评析

【实例】

××市××区人民检察院
公诉意见书[1]

被告人：李×

起诉书号：×检×刑诉〔2010〕1号

尊敬的审判长、审判员：

---

〔1〕 资料来源：http://3y.uu456.com/bp_ 6kxdp8adb034ka294p0w_1.html.

　　根据《刑事诉讼法》第 153 条、第 160 条、第 165 条、第 169 条之规定与《人民检察院组织法》第 15 条有关规定，我们受本院检察长的指派，以国家公诉人的身份依法出庭，对本院提起公诉的被告人李×涉嫌故意杀人罪一案，支持公诉，并依法履行法律监督职责。在刚才的法庭调查中，公诉人讯问了被告人李×，向法庭提供了证人证言、书证、物证、被告人供述、鉴定意见等证据，这些证据充分证实了本院起诉书对被告人李×犯有故意杀人罪的指控。为了更好地履行公诉人职责，现就本案发表如下意见，请合议庭评议时予以充分考虑并采纳：

　　一、李×的行为已构成故意杀人罪

　　我国《刑法》规定故意杀人罪是指行为人故意非法剥夺他人生命的行为。该罪的构成要件有四个：一是犯罪主体是已满 14 周岁，具有辨认和控制能力的自然人。二是行为人主观方面须明知自己的行为会发生致人死亡的危害后果，并且希望或放任这种结果发生。三是行为人具有非法剥夺他人生命的客观行为。四是侵犯的犯罪客体为公民的生命权。下面公诉人将从事实层面、证据层面、法律层面并结合故意杀人罪的构成要件来论证被告人李×构成的故意杀人罪。

　　第一，从事实层面分析。现年 40 岁的李×是宏远货运公司的员工，在案发当晚驾驶一辆货车途经李家村与王村的通村公路，在距李家村 1200 米的途中与被害人张×驾驶的货车相遇并与张×发生口角，随后张×下车拦住被告人李×的去路。当时路面为 2.5 米，加上路旁碎石可通过距离为 4.67 米，而李×驾驶的江淮 N721 型卡车宽 2.312 米，而被害人张×货车距道路最左侧的距离仅为 2.5 米，这使得李×要通过道路的话，两车间的距离少于 0.18 米，明显小于一个正常成年人的体宽，但让人遗憾的是李×仍在夜晚路面情况不明的情况下强行通过并造成被害人张×身亡的严重后果。

　　第二，从证据层面剖析。公诉人认为，起诉书指控被告人实施故意杀人的事实有着充分、确实的证据予以证实，在先前的法庭调查环节，公诉人已向法庭出示，在此不作陈述。综上，本案所有证据都具备了相互间的客观关联性、取证程序合法性、真实性。在证实被告人李×故意杀人的犯罪原因、犯罪性质、犯罪情节、社会危害等方面是确实充分的，且已形成了完整的证据锁链，构成了完整的有罪证据体系。而被告人李×否认的事实没有任何证据能与其印证，仅有其自相矛盾的辩解。

　　第三，从法律层面上分析。（1）在主观认识方面，从前面的事实分析可以看出，被告人李×在明知强行通过会对被害人张×造成伤害的情况下仍强行通过，结果造成被害人张×死亡的严重后果。根据《刑法》第 14 条之规定，明知自己的行为会发生危害社会的结果，并且希望或者放任这种结果发生，因而构成犯罪的，是故意犯罪。所以，被告人李×主观上放任被害人死亡的结果发生，属间接故意。（2）在客观行为方面，被告人李×实施了足以致被害人死亡的行为。在狭窄的路面上强行通过的行为完全可以造成被害人死亡的后果。（3）犯罪主体方面。根据户籍证明等材料，说明被告人张×现年40岁，已达到刑事责任年龄，是具有完全辨认和控制行为能力的自然人。（4）犯罪客体方面。被告人李×的行为侵犯的客体是张×的生命权。通过对犯罪构成要件的上述分析，公诉人认为，被告人李×的行为构成了故意杀人罪，应依照《刑法》第232条之规定，追究其刑事责任。

二、本案给我们的启示

在碰到他人与自己意见不一时，应该用平和的态度来解决问题，而不是一味地鲁莽行事。在此，公诉人真诚地希望被告人李×能够深刻吸取教训，认罪服法，真心悔改，重新成为一名对社会有益、对家庭负责的劳动者。

三、量刑意见

根据《刑法》第232条规定，故意杀人的，处死刑、无期徒刑或者十年以上有期徒刑；情节较轻的，处三年以上十年以下有期徒刑。根据本案犯罪的事实、性质、情节、被告人的认罪态度及对社会的危害程度，依照《刑法》第61条之规定，公诉人建议合议庭对被告人李×从重处罚。

审判长、审判员、人民陪审员，以上是我院对被告人李×提起公诉的主要理由和法律依据，请法庭根据本案的事实以及被告人给社会造成的后果及认罪态度等情节，给予被告人应有的刑罚。

审判长，公诉意见发表完毕。

公诉人：×××

2010 年 12 月 22 日当庭发表

【评析】

这份公诉意见书的制作格式较规范、项目齐全、公诉意见观点鲜明、立论有据。正文部分在起诉书指控的基础上，首先从事实、证据、法律三个层面进一步论证了被告人的行为符合故意杀人罪的构成要件，说明起诉书指控被告人所犯罪名成立；然后根据《刑法》第232条之规定，结合本案实际情况，向法院提出从重处罚的量刑意见。另外，公诉人还指出了本案给我们的启示，希望遇到类似问题时人们能够采取平和的态度解决，也希望被告人能够吸取教训，真心悔改。该文书的不足之处是：案件有关情况部分写得不规范，遗漏了案由。

第五节　刑事抗诉书

一、刑事抗诉书的概念和功能

刑事抗诉书，是指人民检察院认为人民法院的判决或裁定确有错误，依法提出抗诉时所制作的文书。

根据《刑事诉讼法》第217条和第243条的规定，刑事诉讼中的抗诉有两种类型：一是二审程序（上诉程序）的抗诉；二是再审程序（审判监督程序）的抗诉。因此，刑事抗诉书也有二审程序抗诉书和再审程序抗诉书两种。二审程序抗诉书是指地方各级人民检察院认为同级人民法院一审未生效的判决或裁定确有错误，向上一级人民法院提出抗诉时所制作的法律文书。再审程序抗诉书是指上级人民检察院认为人民法院已经生效的判决或者裁定确有错误，按照审判监督程序提出抗诉时制作的法律文书。

刑事抗诉书是检察机关行使审判监督职权的重要工具，能够引起法院二审或再审程序的发生。刑事抗诉书提交法院后，法院必须对案件进行重新审理，依法作出正确的裁判，因此，刑事抗诉书对于纠正法院错误的裁判，保证法律的正确实施，维护当事人的合法权益，有着十分重要的作用。

二、刑事抗诉书的格式

刑事抗诉书的格式有两种：一是二审程序抗诉书的格式；二是再审程序抗诉书的格式。现只列二审程序抗诉书的格式，仅供参考。

××人民检察院
刑事抗诉书

检　刑抗〔　　　〕　　号

×××人民法院以××号刑事判决（裁定）书对被告人×××（姓名）××（案由）一案判决（裁定）……（判决、裁定结果）。本院依法审查后认为（如果是被害人及其法定代理人不服地方各级人民法院第一审的判决而请求人民检察院提出抗诉的，应当写明这一程序，然后再写"本院依法审查后认为"），该判决（裁定）确有错误（包括认定事实有误，适用法律不当、审判程序严重违法），理由如下：

……（根据不同情况，理由从认定事实错误、适用法律不当和审判程序严重违法等几个方面阐述）

综上所述，……（概括上述理由），为维护司法公正，准确惩治犯罪，依照《中华人民共和国刑事诉讼法》第二百一十七条的规定，特提出抗诉，请依法判处。

此致

××××人民法院

××人民检察院（院印）

××××年×月×日

附：

1. 被告人×××现羁押于×××（或者现住×××）。

2. 其他有关材料。

三、刑事抗诉书的基本内容

刑事抗诉书为叙述性文书，分为首部、正文、尾部三个部分。二审程序抗诉书和再审程序抗诉书的首部、尾部内容相同，但正文部分存在差异。

（一）首部

首部包括标题和文书编号。

标题分两行书写，即"××人民检察院""刑事抗诉书"。在标题之下右端写文书编号"　检　刑抗〔　　〕　号"，编号由制作抗诉书的人民检察院的简称、具体办案部门简称、案件性质、抗诉年度、案件顺序号组成。编号上下各空一行。

（二）正文

两种抗诉书正文部分的内容和写法不完全相同。

1. 二审程序抗诉书的正文部分包括以下内容：

（1）原审裁判情况。

（2）检察院审查意见。

（3）检察院抗诉理由。

（4）结论性意见、法律依据、决定和请求事项。

2. 再审程序抗诉书的正文部分包括以下内容：

（1）原审被告人的基本情况。

（2）诉讼过程和生效裁判概况。

（3）对生效裁判的审查意见。

（4）抗诉理由。

（5）结论性意见、法律根据、决定和请求事项。

（三）尾部

1. 文书送达机关名称。写"此致""×××人民法院"。

2. 署名、日期。先写制作文书的人民检察院名称并加盖院印，之下写明文书制作日期。

3. 附项。写明被告人现服刑地或现住址、其他有关材料。

四、刑事抗诉书的写作方法和技巧

（一）二审程序抗诉书正文部分的写法

1. 原审裁判情况。表述为："×××人民法院以××号刑事判决（裁定）书对被告人×××（姓名）××（案由）一案判决（裁定）……（判决、裁定结果）"该部分写作时应注意：①不写被告人基本情况。②写案由时，如果检察院与法院认定罪名不一致，应分别表述清楚。③如果侦、诉、审阶段没有超时限等程序违法现象时，不必写公、检、法三机关的办案经过，只需简要写明法院裁判的结果。

2. 检察院审查意见。写时应紧接上文用"本院依法审查后认为……"作为引语，之后应简明扼要地写清审查意见，且观点鲜明。如"本院依法审查后认为，一审判决认定的部分事实确有错误，导致定性、量刑不当"。

3. 检察院抗诉理由。该部分是写作的重点。理由是否充分，关系到抗诉能否成功。因此，一定要写好。写时应针对一审法院认定事实、适用法律、审判程序等有无不当或违法等情况阐明抗诉的具体理由。根据《刑事诉讼法》规定和抗诉工作的司法实践，抗诉理由可以从以下五个方面提出：

（1）原裁判认定事实有错误的，包括遗漏罪行、遗漏罪犯、应该依法认定的犯罪事实没有认定等情况。事实是适用法律、定性、量刑的基础，认定事实有错误，必然会导致定性、量刑或者适用法律错误。因此在写抗诉理由时，先要具体指出原裁判错在何处，再论证检察机关认定的事实和证据的确实充分性。对于有多起犯罪事实的抗诉案件，只针对认定事实不当的部分写明否定的理由，对于没有异议的事实，可用"本院对……事实的认定无异议"一笔带过。对于共同犯罪案件，应将写作重点放在原裁判漏定或错定的部分被告人的犯罪事实上，对于没有争议的其他被告人的犯罪事实可以简写或者不写。对于证据应有针对性地列举。

（2）原裁判适用法律有错误的，包括定性、定罪、不处罚或处罚不当等情况。如果原裁判是因认定事实错误而导致适用法律错误的，应先将检察机关查清认定的事实和证据写明，然后具体指出原裁判在适用法律上的错误，再阐明本案应如何正确适用法律；如果原裁判只是适用法律上有错误，则应指出具体错误后，着重围绕行为事实的本质特征和相关法律的本义，论证如何正确适用法律。

（3）原裁判量刑不当的，包括罪行不相适应，刑罚过轻过重，具有法定从重或者从轻、减轻情节而未依法准确量刑的，以及适用缓刑不当等情况。要针对量刑不当的原因，阐述抗诉理由：如果是认定事实错误，导致定性、定罪、适用法律错误，进而导致量刑不当的，应参照第二种情况的写作要求，在阐明认定事实、证据和论证准确适用法律的意见后，再写清量刑的不当所在；如果认定事实和认定性质、确定罪名基本无误，只是量刑过轻或者过重的，就应着重从情节、社会危害性等影响量刑的诸要素方面进行分析，指出原裁判量刑上的错误所在，进而提出准确量刑的原则意见。

（4）原裁判违反法定诉讼程序，影响正确裁判的。要先写清原审法院违反法定诉讼程序的事实表现，包括哪个审判人员或者合议庭在何时何地审理哪个案件时有违法行为；然后写明影响公正裁判的现实表现或者可能性；最后再阐明法律规定的正确诉讼程序应如何运作。

（5）原裁判将犯罪事实清楚、证据确实充分的案件错误地认定为证据不足，并判无罪的。要针对抗诉机关与法院的分歧焦点，充分运用犯罪事实和证据，逐条逐项论证本案符合某罪的犯罪构成要件并足以认定的道理。其中，论证证据确实、充分的理由时，对于抗诉机关新补充的证据，应说明其证明力；对于一审认定失误的，指出其认定失误之处，阐明正确认定的道理；对于证据确实、充分的标准，抗诉机关与法院认识有分歧的，应结合具体案情，阐明抗诉机关依法理解的标准。

抗诉理由可以根据具体案情采取以下几种论证方法：①分段列叙法。即将抗诉理由按一定的逻辑顺序，加序号分几个自然段叙述。此写法的特点是：论点明确、论证清楚、条理性强。这种方法适用于论点较多的抗诉案件。②综合分析法。即将抗诉理由分层次地在一个自然段内叙述。此写法的特点是结构紧凑、观点概括集中。适用于抗诉理由集中、论点较少的案件。③分人叙述法。这种方法适用于对共同犯罪案件的抗诉。写时应根据不同被告人各自的犯罪事实，分段论证抗诉理由。

4. 结论性意见、法律依据、决定和请求事项。这部分可表述为："综上所述，……（总结抗诉理由）。为维护司法公正，准确惩治犯罪，依照《中华人民共和国刑事诉讼法》第二百一十七条的规定，特提出抗诉，请依法判处。"

具体写作时应以抗诉理由为基础，依次写明三项内容：①提出抗诉的结论性意见，综合概括抗诉理由。②写明法律依据。即写明论证原裁判错误、抗诉理由正确的法律依据，属于实体问题的，如定性、定罪、量刑等，要引用《刑法》等实体法相应的条款；属于程序问题的，如违反法定程序、错误的裁定等，要引用《刑事诉讼法》等程序法相关条款。上述法律依据的引用应因案而异。如果在阐述抗诉理由时已经写了法律依据的，在此部分就不用再写了。最后写明据以提出抗诉的法律依据，即《刑事诉讼法》第217条。③决定和请求事项。在引用法律依据之后，写明"特提出抗诉，请依法判处"。如"综上所述，一审判决认定的部分事实与证据不一致，导致定性明显不当，影响了对部分被告人的正确量刑。为维护司法公正，准确惩治犯罪，依照《中华人民共和国刑事诉讼法》第二百一十七条的规定，特提出抗诉，请依法改判"。

（二）再审程序抗诉书正文部分的写法

1. 原审被告人的基本情况。依次写明原审被告人的姓名、性别、出生年月日、身份证号、民族、出生地、职业、单位及职务、住址、服刑情况、刑满释放或假释的具体日期。有数名被告人的，依犯罪事实情节由重到轻的顺序分别列出。

2. 诉讼过程和生效裁判概况。可表述为"×××人民法院以××号刑事判决书（裁定书）对被告人×××（姓名）××（案由）一案判决（裁定）……（写明生效的一审裁判或者一审及二审裁判情况）。经依法审查（如果是被告人及其法定代理人不服地方各级法院的生效裁判而请求检察院提出抗诉的，或者有关检察院提请抗诉的，应写明这一程序，然后再写'经依法审查'），本案的事实如下：……"

写作这部分时应注意：如果是一审生效裁判，不仅要写明一审裁判的主要内容，还要写明一审裁判生效的时间。如果是二审终审的裁判，应分别写明一审和二审裁判的主要内容。此外，还应写明提起再审抗诉的原因。

3. 对生效裁判的审查意见。叙述对生效裁判的审查意见，首先，概述检察机关认定的事实、情节。应根据具体案件事实、证据情况，围绕刑法规定的该罪构成要件，特别是争议问题叙写。一般应把犯罪的时间、地点、动机、目的、关键行为情节、数额、危害结果、作案后表现等与定罪量刑有关的事实要素写清楚。其次，写明审查意见。要明确指出原裁判的错误所在，告知再审法院，检察机关抗诉的重点是什么。该部分写时应观点鲜明，简明扼要。可表述为"本院认为，该判决（裁定）确有错误（包括认定事实错误、适用法律不当和审判程序严重违法），理由如下："。如"本院认为，××高级人民法院终审判决维持一审法院对原审被告人梁×犯贪污罪、受贿罪，数罪并罚，决定执行有期徒刑三年，缓刑三年，没收受贿所得1.3万元的判决，属量刑畸轻，适用缓刑不当；维持一审法院对原审被告人黄×犯贪污罪的判决，属定性错误，应宣告其无罪。理由如下：……"

4. 抗诉理由。应具体分析判决、裁定错误所在，论证检察机关抗诉意见的正确性。

5. 结论性意见、法律根据、决定和请求事项。该部分可表述为"综上所述，……（总结抗诉理由）。为维护司法公正，准确惩治犯罪，依照《中华人民共和国刑事诉讼法》第二百四十三条第三款的规定，对××人民法院×号刑事判决书（裁定书），提出抗诉，请依法判处"。

五、刑事抗诉书实例与评析

【实例】

×市×区人民检察院

刑事抗诉书[1]

×检×刑抗［2012］×号

××市××区人民法院以（2012）×刑初字第 26 号判决书对被告人王××贪污一案判决王××无罪。本院依法审查后认为，该判决确有错误。原审判决王××无罪，属于认定事实错误，适用法律不当，判决结果错误。理由如下：

一、对于王××利用职务上的便利，侵吞本大队公款 15 万元，并分给刘××、李××的事实，原判认定是不符合客观事实的。公诉方列举的证据表明这一次分钱：（1）没有留下如造册、签领、出账等正常的手续，不符合日常经费提成的正常情况。（2）分 15 万元的事实只有参与分钱的王××等 3 人知道，分局领导及大队其他干警并不清楚，分钱很隐蔽。（3）王××等 3 人在侦查阶段及审查起诉阶段所做的供述中均多次承认这 15 万元不是办案经费提成。因此，足以否定"15 万元是办案经费提成"，原判对此的认定严重失实。办案提成是用于办案的各项费用开支，包括加班费、巡逻费、业务餐费、汽油费、车辆维修费在内的办案费用开支的总和，有正常的领取手续，且每月发放到各干警人均 1500 元至 1600 元左右，况且平时大队领导还和干警们一样每个月领了 1400 元至 1500 元的加班、巡逻费等补贴，没领的数额就屈指可数了。因此，15 万元不是提成，而是私分的公款。

二、对于 12 万元，原判认为不构成贪污罪的理由没有事实依据。王××调离时没有说明还借有大队的公款，大队的账中亦无反映借款的情况，3 张借条是在付××家中查获等一系列的事实表明，该 12 万元不是真正意义上的公款挂

---

[1]　资料来源：某检察机关办案实例。

账，而是王××利用财务管理混乱之机，侵吞的公款。对于 12 万元的借条，根据证人××公安分局巡逻大队内勤田××的证言证实，王××借公款时的书写习惯都是写"借到××人处多少钱"。因此这表明 12 万元是公款。

综上所述，为维护司法公正，准确惩治犯罪，依照《中华人民共和国刑事诉讼法》第一百八十一条的规定，特提出抗诉，请依法判处。

此致
××市人民法院

××市××区人民检察院（院印）
二〇一二年三月十日

【评析】

这份刑事抗诉书格式规范，项目齐全。理由部分用确实充分的证据反驳原判认定的事实，用语简明清晰，适用法律正确，值得一读。

本章思考题

1. 起诉书叙写犯罪事实应注意哪些问题？如何阐述起诉理由？
2. 不起诉决定书有几种？各种不起诉决定书正文部分如何写作？
3. 公诉意见书与起诉书有何不同？
4. 公诉意见一般应从哪些方面展开论证？
5. 刑事抗诉书有几种？如何阐述抗诉理由？

写作训练题

根据下列案情和证据制作一份起诉书。

犯罪嫌疑人韦×伦，曾用名韦×麟，1975 年出生，男，壮族，广西人；犯罪嫌疑人韦×贤，绰号阿K，男，1979 年出生，壮族，广西人。二人均在 2010 年 11 月因犯盗窃罪被江南市市中区人民法院判处有期徒刑，2012 年刑满释放。

2015 年 12 月 5 日，韦×伦乘车经过江南市市中区某卫生院，发现该院窗户没有安装防护网，遂准备实施盗窃。当晚韦×伦找到老乡韦×贤帮忙，韦×贤同意。后二人准备了撬棍、螺丝刀、手套、胶带等作案工具。

2015 年 12 月 7 日凌晨 2 时，二人从墙洞进入医院，发现值班保安被害人蒋××，遂对其进行掐脖、殴打、捆绑，后二人在撬开收费室保险柜的过程中，发现保安蒋××挣脱呼救，二人再次对蒋进行殴打、掐脖窒息，导致蒋××死亡。后二人拿走保险柜现金 13 000 元，当场平分。

韦×伦拿走被害人随身现金 600 元和价值人民币 850 元的手机一部。后二人逃离现场。当日 6 时许，保安王×发现被害人蒋××，遂报警。经鉴定，蒋×

×系被他人扼颈导致机械性窒息死亡。

当日 5 时许，被害人蒋××的妻子周×给蒋××的手机打电话、发信息，犯罪嫌疑人韦×伦回复信息称蒋××在其手中，以此为要挟，向周×索要现金 5 万元，并约定当日 6 时许交付。周×即刻报警，韦×伦抵达约定地点后，怀疑有便衣警察，遂离开。

2016 年 3 月 10 日，韦×伦向公安机关投案，提供线索。次日，韦×贤被抓获。公安机关在韦×伦租住处查获作案工具和赃物手机一部。

2016 年 3 月 10 日、11 日江南市公安局将二人先后刑拘。4 月 10 日经检察院批准逮捕，8 月 9 日侦查终结，8 月 11 日起诉。

在审查起诉阶段，韦×伦家属给被害人蒋××家属赔偿 3 万元。

第四章
人民法院法律文书（上）

▶ 学习目标

1. 了解人民法院法律文书的概念、功能、特点和分类。

2. 明确刑事判决书和刑事裁定书的概念、功能和区别。

3. 能够根据具体案情材料制作相应的法律文书，如第一审刑事判决书、第二审刑事判决书、再审刑事判决书、刑事裁定书和法庭审理笔录。

▶ 导读案例

赵×平故意杀人、受贿、
非法持有枪支、弹药、非法储存爆炸物案[1]

赵×平，男，汉族，1951年8月出生，辽宁建平人，1976年9月加入中国共产党，曾任内蒙古自治区人民政府副主席、政协副主席、自治区公安厅党委书记、厅长。

2016年2月，太原市检察院对赵×平案向太原市中院提起公诉。太原市中院经审理查明，2015年3月20日，被告人赵×平在内蒙古自治区赤峰市持枪将被害人李××杀害。2008年至2010年，赵×平利用担任内蒙古自治区公安厅厅长的职务便利，在企业经营、干部选拔任用等方面为他人谋取利益，非法收受人民币2368万元。公安机关勘查杀人现场时查获了赵×平藏匿的转轮手枪、六四式手枪及49发子弹；还在赵×平的办公室内查获其非法存放的91枚雷管。2016年11月11日，太原市中院一审后认定被告人赵×平犯故意杀人罪，判处死刑，剥夺政治权利终身；犯受贿罪，判处有期徒刑15年，并处没收个人财产人民币200万元；犯非法持有枪支、弹药罪，判处有期徒刑5年；犯非法储存爆炸物罪，判处有期徒刑3年，决定执行死刑，剥夺政治权利终身，并处没收个

---

[1] 资料来源：http：//baike.so.com/doc/5856554-6069396.html。

人财产人民币 200 万元。

宣判后，赵×平提出上诉。山西省高院二审经公开开庭审理，对一审判决认定的事实、证据和二审庭审中出示、质证的部分新证据予以确认。2017 年 2 月 28 日，山西省高院对赵×平案裁定驳回上诉，维持原判，并依法报请最高法院核准死刑。

最高法院经审理后依法裁定核准赵×平死刑。2017 年 5 月 26 日，太原市中院对赵×平执行死刑。

太原市中院制作的第一审刑事判决书、山西省高院制作的刑事裁定书、最高院制作的刑事裁定书都是人民法院的法律文书。

第一节　概　述

一、人民法院法律文书的概念和功能

人民法院法律文书，是指各级人民法院依照法律规定的诉讼程序，在审理刑事、民事、行政等案件的过程中，就实体问题和程序问题所制作的具有法律效力或法律意义的文书。

制作人民法院法律文书是法院审判业务的一项重要组成部分。刑事法律文书的制作可以使有罪的被告人受到法律制裁，使无罪的被告人受到法律的保护，使错误的判决得到及时纠正，从而有效地发挥其打击犯罪，保护无辜，维护法律秩序的作用。民事、行政法律文书的制作不仅能解决当事人的民事权利义务争议，有效地保护国家、集体和个人的合法权益不受侵害，教育公民遵纪守法，而且对于依法治国，调动一切积极因素，增强人民内部安定团结，创建和谐社会，促进社会主义精神文明和物质文明建设，都具有重要作用。

二、人民法院法律文书的特点

人民法院法律文书与公安、检察机关法律文书相比较，具有自己的特点，主要表现在：

1. 适用法律依据的多样性。人民法院法律文书制作所依据的法律，不仅有刑法和刑事诉讼法，而且还包括民法、合同法、继承法、婚姻法、劳动法、公司法、消费者权益保护法、物权法、反不正当竞争法、民事诉讼法、行政法、行政诉讼法等诸多法律，而公安、检察机关法律文书一般仅适用刑事法律。可见，人民法院法律文书适用法律的内容广泛得多。

2. 适用范围的广泛性。人民法院法律文书不仅适用于包括公诉和自诉案件在内的全部刑事案件，而且还适用于各类民事、行政纠纷案件，而公安、检察法律文书适用范围相对于人民法院法律文书较小，多适用于刑事案件。

3. 制作要求更为严格。人民法院法律文书是司法过程的提炼和总结，是审判成果的结晶，是司法公正的重要载体和最终体现。在刑事诉讼活动中，人民法院的审判是诉讼程序的最后阶段，决定着对刑事被告人的有罪量刑处罚或无罪的处理认定，人民法院法律文书中的判决书是决定被告人最终命运的文字裁判，任何一点小的差错，都会影响到法律的正确实施，导致法律的失误，由此，其制作要求自然比公安、检察文书要严格得多。在其他性质的案件中，法院也是正义的最后一道防线，判决书承载着公平和正义，也是人民群众感受公平和正义的直接载体，关乎司法公开和依法治国的大计，因此，对制作者提出了更高的要求。

三、人民法院法律文书的分类

人民法院法律文书以不同的标准，可以划分为不同的类型：

1. 按照解决问题的性质不同，可分为人民法院刑事法律文书、人民法院民事法律文书、人民法院行政法律文书。

2. 按照适用的程序不同，可分第一审程序法律文书、第二审程序法律文书、审判监督程序法律文书、执行程序法律文书、涉外诉讼程序法律文书、特别程序法律文书。

3. 按照文种不同，可分为通知书、决定书、判决书、裁定书、调解书等法律文书。

四、人民法院法律文书的改革

近年来，随着社会的发展、法律的修改和完善，一部分人民法院法律文书从格式到内容都难以满足法治中国的时代要求。最高人民法院与时俱进，对人民法院法律文书进行了改革，有的已出台了新格式，有的虽未出台新格式，但以往的文书缺陷已引起最高人民法院的重视，改革势在必行。

2015 年 4 月 29 日，最高人民法院发出《关于印发〈行政诉讼文书样式（试行）〉的通知》，要求全国各级法院全面贯彻修改后的《行政诉讼法》，进一步规范和完善行政诉讼文书制作，不断提高行政审判工作水平。修改后的《行政诉讼法》在行政案件立案、审理和执行等方面作出了许多新的规定，也增加了许多新的判决方式。为确保新《行政诉讼法》的贯彻实施，最高人民法院研究制定了《行政诉讼文书样式（试行）》，供各地法院参照使用。

新的《行政诉讼文书样式（试行）》共规定了 132 个行政诉讼文书样式。其中，指导当事人诉讼行为的起诉状、答辩状、上诉状、再审申请书等各类文书 21 个；规范人民法院司法行为的通知书、决定书和各类函件等 66 个；判决书和裁定书 42 个，调解书 3 个。新的行政裁判文书样式强调以审判为中心，让案件审理和裁判更加针对争议焦点，重视通过证据交换和庭前准备程序确定当事人无争议的问题，更加符合审判权运行规律。同时，更加强化裁判文书说理，并注意繁简得当，为了让审理和裁判更加透明，人民法院制作的所有裁判文书都要求以附录方式明确裁判所适用的相关法律依据，以看得见的方式实现司法公正。为了适应新《行政诉讼法》的规定，还新增了一审行政协议类行政案件用判决书、复议机关作共同被告类一审行政案件用判决书、行政调解书、简易程序转普通程序行政裁定书以及对规范性文件提出处理建议用的处理建议书等文书。

2016 年 7 月 5 日，最高人民法院发布了新的《民事诉讼文书样式》（以下简称新样式）和《人民法院民事裁判文书制作规范》，自同年 8 月 1 日起实施。新样式是对 1992 年出台的《法院诉讼文书样式（试行）》中民事类诉讼文书样式进行的修订和扩充。新样式共 568 个，比 1992 年新增了 372 个，其中包括法院用的文书样式 463 个，当事人所用的文书样式 105 个。新增加的诉讼文书样式主要是对《民事诉讼法》及其司法解释中规定的新制度、新类型案件，如公益诉讼案件、第三人撤销之诉案件、执行异议之诉案件、小额诉讼案件、实现担保物权案件、确认调解协议效力案件制定了相应的诉讼文书样式。此外，还收录了国际司法协助案件、港澳台地区司法协助案件中重要的诉讼文书样式。新样式主要体现出五个方面的特点：①体现以审判为中心，突出不同审级的特点。强调裁判文书制作要从完善审级制度出发，明确一审判决书应当把重点放在认定案件事实和确定法律适用上，做到以事实为依据，以法律为准绳；二审判决书应当把重点放在解决事实争议和法律争议的说理上，实现二审终审；再审判决书应当把重点放在依法纠错、维护司法裁判权威上。②提出对裁判文书说理的具体要求。根据不同审级功能确定裁判文书说理重点。说理应当做到繁简得当，加强对复杂、疑难、新型、典型、有争议、有示范价值等案件的说理，简化简易、小额、无争议案件裁判文书的制作。③明确裁判文书繁简分流标准。根据案件不同类型和不同审级要求实行裁判文书繁简分流，提高审判效率。根据案件不同类型，分别制定了普通程序、简易程序、小额诉讼程序的裁判文书样式；对于适用简易程序和小额诉讼程序的案件，设计了要素式、令状式和表格式的简单裁判文书样式。④优化裁判文书体例结构。这次修订明确"事实查明"部分为法院查明的事实，可重点围绕案件的基本事实，特别是当事人争议的事实展开，要说明事实认定的结果、采信证据、认定事实的理由；"本院认为"部分关键是针对当事人的诉讼请求，根据查明的案件事实，依照法律规定，明确当事人争议的法律关系，阐述原告请求权是否成立，依法应当如何处理。明确对当事人有争议的或影响当事人权利义务的事实和证据，应当简要交待当事人举证、质证情况，重点写明法院认证过程；对当事人没有争议的或不影响当事人权利义务的事实和证据，由法官根据案件具体情况灵活处理。⑤规定裁判文书事实部分增加争议焦点。争议焦点是法官归纳并经过当事人认可的关于证据、事实和法律适用争议的关键问题，它既是庭审的主要内容，也是制作裁判文书的主线，方便组织证据认定、事实认定和说理部分的论述。此外，如果案件事实清楚、当事人争议不大的，可以不列争议焦点。

我国当前适用的刑事裁判文书样式是最高人民法院于 1999 年颁布实施的，其法律基础——1996 年《刑事诉讼法》——已于 2012 年作了重大修订，增加了未成年人案件审理程序等一些新的审判程序。但迄今为止，最高人民法院对刑事裁判文书样式仍未作出相应的调整。虽然最高人民法院先后于 1999、2001、2003 年针对一些特殊情形和案件审理程序的相关裁判文书作出部分修改和补充，但力度不大。期待最高人民法院顺应司法改革趋势，遵循刑事司法规律，尽快对刑事裁判文书制作进行规范，完善其结构，丰富其种类。

第二节　第一审刑事判决书

一、第一审刑事判决书的概念和功能

第一审刑事判决书，是指第一审人民法院依照《刑事诉讼法》规定的第一审程序，对审理终结的刑事案件，根据查明的事实和证据，依法认定被告人有罪，对其判处刑罚或免除刑罚；或者认为被告人不构成犯罪，对其宣告无罪时所制作的法律文书。

《刑事诉讼法》第 195 条规定，在被告人最后陈述后，审判长宣布休庭，合议庭进行评议，根据已经查明的事实、证据和有关的法律规定，分别作出以下判决：①案件事实清楚，证据确实、充分，依据法律认定被告人有罪的，应当作出有罪判决；②依据法律认定被告人无罪的，应当作出无罪判决；③证据不足，不能认定被告人有罪的，应当作出证据不足、指控的犯罪不能成立的无罪判决。

第一审刑事判决书是第一审人民法院行使审判权的具体体现，其制作意味着一审刑事审判程序的终结。制作刑事有罪判决书，可以有效地制裁犯罪；制作无罪判决书，可以保障无罪者不受刑事追究。

二、第一审刑事判决书的格式

按照 1999 年最高人民法院发布的《法院刑事诉讼文书样式》（样本）的规定，第一审刑事判决书有 7 种格式。具体包括：①第一审公诉案件适用简易程序审理用的刑事判决书；②第一审公诉案件适用普通程序审理用的刑事判决书；③第一审公诉案件适用普通程序审理用的刑事附带民事判决书；④第一审单位

犯罪案件审理用的刑事判决书；⑤第一审自诉案件审理用的刑事判决书；⑥第一审自诉案件审理用的刑事附带民事判决书；⑦第一审自诉、反诉并案审理用的刑事判决书。后来根据形势发展和法律规定，最高人民法院又增加下列刑事判决书的格式：死缓期间故意犯罪一审适用普通程序用刑事判决书、一审公诉案件适用普通程序审理"被告人认罪案件"刑事判决书、一审公诉案件适用简易程序刑事判决书、一审未成年人刑事案件适用普通程序刑事判决书和一审未成年人刑事案件适用简易程序刑事判决书。现只列公诉案件适用普通程序的刑事判决书格式：

××人民法院
刑事判决书

（××××）×刑初字第×号

公诉机关××人民检察院。

被告人……（写明姓名、性别、出生年月日、民族、出生地、文化程度、职业或者工作单位和职务、住址和因本案所受强制措施的情况，现羁押处所）。

辩护人……（写明姓名、工作单位和职务）。

××人民检察院以×检×诉〔××××〕×号起诉书指控被告人×××犯××罪，于××××年×月×日向本院提起公诉。本院依法组成合议庭，公开（或不公开）开庭审理了本案。××人民检察院指派检察员×××出庭支持公诉，被害人×××及其法定代理人×××、诉讼代理人×××，被告人×××及其法定代理人×××、辩护人×××，证人×××，鉴定人×××等到庭参加诉讼。现已审理终结。

××人民检察院指控……（概述人民检察院指控被告人犯罪的事实、证据和适用法律的意见）。

被告人×××辩称……（概述被告人对指控的犯罪事实予以供述、辩解、自行辩护的意见和有关证据）。辩护人×××提出的辩护意见是……（概述辩护人的辩护意见和有关证据）。

经审理查明，……（首先写明经庭审查明的事实；其次写明经举证、质证定案的证据及其来源；最后对控辩双方有异议的事实、证据进行分析、认证）。

本院认为，……（根据查证属实的事实、证据和有关法律规定，论证公诉机关指控的犯罪是否成立，被告人的行为是否构成犯罪，犯的什么罪，应否从轻、减轻、免除处罚或者从重处罚。对于控辩双方关于适用法律方面的意见，应当有分析地表示是否予以采纳，并阐明理由）。依照……（写明判决的法律依据）的规定，判决如下：

……［写明判决结果。分三种情况：

第一，定罪判刑的，表述为：

"一、被告人×××犯××罪，判处……（写明主刑、附加刑）。

（刑期从判决执行之日起计算。判决执行以前先行羁押的，羁押一日折抵刑期一日，即自×××年×月×日起至×××年×月×日止）。

二、被告人×××……（写明决定追缴、退赔或者发还被害人、没收财物的名称、种类和数额）。"

第二，定罪免刑的，表述为：

"被告人×××犯××罪，免予刑事处罚（如有追缴、退赔或者没收财物的，续写第二项）。"

第三，宣告无罪的，无论是适用《中华人民共和国刑事诉讼法》第一百九十五条第二项还是第三项，均应表述为：

"被告人×××无罪"。］

如不服本判决，可在接到判决书的第二日起十日内，通过本院或者直接向××人民法院提出上诉。书面上诉的，应当提交上诉状正本一份，副本×份。

审　判　长　　×××

审　判　员　　×××

审　判　员　　×××

×××年×月×日

（院印）

本件与原本核对无异

书　记　员　　×××

三、第一审刑事判决书的基本内容

第一审刑事判决书的内容由首部、正文和尾部三部分组成。

（一）首部

首部包括标题、案号、公诉机关和诉讼参与人基本情况、案由、审判组织等。

1. 标题。标题居中分两行书写。即"××人民法院""刑事判决书"。基层人民法院名称前应冠以省、自治区、直辖市的名称，如系涉外案件，人民法院名称前应注明"中华人民共和国"的字样。

2. 案号。案号写在标题下一行的右端。写为"（××××）×刑初×号"。案号由收案年度、法院代字、类型代字、案件编号组成。收案年度是收案的公历自然年，用阿拉伯数字表示。法院代字是案件承办法院的简化标识，用中文汉字、阿拉伯数字表示。类型代字是案件类型的简称，用中文汉字表示。案件编号是收案的次序号，用阿拉伯数字表示。如湖南省耒阳市人民法院 2016 年收案的第 36 号一审刑事案件判决书的案号可写成"（2016）湘 0481 刑初 36 号"。

3. 公诉机关和诉讼参与人基本情况。这一项分两种情况：公诉案件和自诉案件。若为第一审公诉案件，写以下内容：

（1）公诉机关。写"公诉机关××人民检察院"，中间不用标点符号，也无空格。

（2）被告人基本情况。被告人是自然人的，应依次写明姓名、性别、出生年月日、民族、出生地、文化程度、职业或工作单位和职务、住址、受过刑事处罚、行政处罚等情况、因本案所受强制措施等情况以及现羁押处所。

（3）辩护人基本情况。若为第一审自诉案件，写以下内容：①自诉人的身份事项。写自诉人的姓名、性别、出生年月日、民族、出生地、文化程度、职业或工作单位和职务、住址。②自诉人的诉讼代理人基本情况。写明诉讼代理人的姓名、工作单位和职务。③被告人的基本情况。与公诉案件被告人基本情况相同，但不写因本案采取强制措施的情况、现在何处。④辩护人的基本情况。

4. 案由、审判组织、审判方式和审判经过。写明案件的来源，起诉的罪名，是合议庭审理还是独任审判，是否公开审理，控辩双方及证人、鉴定人、翻译人员等出庭情况。

（二）正文

正文部分包括案件事实、判决理由和判决结果三项内容。

1. 案件事实。案件事实是判决的基础，也是判决理由和判决结果的依据。第一审刑事判决书的事实部分，包括以下内容：①人民检察院或者自诉人指控被告人的犯罪事实和证据，被告人的供述、辩解和辩护人的辩护意见。②经法庭审理查明的事实和据以定案的证据。

2. 判决理由。判决理由是判决书的灵魂，第一审刑事判决书的理由部分是法官通过对案件审理，根据事实和法律，对被告人的行为进行的评定，以阐明被告人的行为是否构成犯罪、所犯何罪、应否处罚、如何处罚，为下面的判决结果打下基础。

判决理由是犯罪事实和判决结果之间的纽带。写时应在认定事实的基础上，揭示案件事实与法律规范的内在联系，反映法的适用过程。具体应写明以下内容：①以《刑法》和相关司法解释为依据确定被告人罪名。②确认量刑的情节。

③对控辩双方适用法律方面的意见表明是否采纳并阐明理由。④判决的法律依据。

3. 判决结果。判决结果是人民法院对被告人是否有罪、所犯何罪、应否处以刑罚、处以何种刑罚所作出的处理决定。应根据判决的不同结果决定写作的内容。

（三）尾部

尾部包括交待上诉权、审判人员署名、判决的日期、书记员署名和核对戳记。

1. 交待上诉权。在判决结果之后，另起一行写明："如不服本判决，可在接到判决书的第二日起十日内，通过本院或者直接向×××人民法院提出上诉。书面上诉的，应当提交上诉状正本一份，副本×份。"

2. 合议庭组成人员或独任审判员署名。在尾部右下方，由合议庭组成人员或独任审判员署名。

3. 作出判决的日期。当庭宣判的，应写当庭宣判的日期；定期宣判或者委托宣判的，应当写签发判决书的日期。

4. 书记员署名。在判决日期的下方，署书记员名。

5. 院印和核对戳记。应在判决日期上加盖院印与核对戳记。核对戳记，即"本件与原本核对无异"的印戳应加盖在正本末页的年月日的左下方、书记员署名的左上方位置。

四、第一审刑事判决书的写作方法和技巧

（一）被告人基本情况的写法

1. 被告人的姓名。如果有与案情有关的别名、化名、绰号，应在正式姓名后面用括号加以注明。被告人是外国人的，应在其中文译名后用括号注明其外文姓名、护照号码、国籍。

2. 被告人的出生年月日。确实查不清出生年月日的，可写实足年龄，但未成年人的年龄必须写明出生年月日。

3. 被告人的住址。应写被告人的住所所在地。住所所在地和经常居住地不一致的，写后者。

4. 受过刑事处罚、行政处罚等情况。应写明受过刑事处罚、行政处罚的事由和时间。

5. 被告人是未成年人的，先写明被告人身份事项，另起一行写明其法定代理人的姓名、与被告人的关系、工作单位和职务、住址。

6. 同案被告人有两人以上的，有主犯、从犯、胁从犯之分的，按主从关系的顺序分别写明其身份事项。

7. 单位犯罪案件，应先写明被告单位的名称和地址，然后另起一行写诉讼代表人的姓名、工作单位和职务。如有直接负责的主管人员和其他直接责任人员作为被告人以自然人身份参加诉讼的，应在"诉讼代表人"项下，另起一行写明被告人基本情况。写法与自然人"被告人身份事项"相同。

（二）辩护人基本情况的写法

辩护人是被告人的监护人、亲友的，写明其姓名、工作单位、职务及其与被告人的关系。辩护人是人民团体或被告所在单位推荐的，或是律师的，写明姓名、工作单位和职务。如果是法律援助机构指派的律师担任辩护人，应称其为"指定辩护人"，写明其姓名、工作单位和职务。

（三）自诉人基本情况的写法

自诉人是未成年人的，先写明自诉人身份事项，然后另起一行写明其法定代理人的姓名、与自诉人的关系、工作单位和职务、住址。

（四）案件事实的写法

1. 写控辩双方提供的事实、证据及适用法律的意见时，不要抄录起诉书、自诉状、辩护词的内容，应根据庭审实际情况，突出控辩双方争执的焦点，以便人民法院在认定事实、采信证据和阐述判决理由时更有针对性，体现出控辩双方平等对抗、法官中立的控辩式审理方式的特点。写作时应注意：①准确归纳控辩双方提供的事实及主张，以对控方指控的事实、证据和适用法律意见有分歧的内容作为叙述重点，凸现争议焦点。②避免"重指控、轻辩护"的不良倾向，对控辩双方提供的意见给予同等重视。

2. 人民法院查明认定的事实是人民法院决定被告人是否有罪、如何定罪量刑的根据，是书写判决理由和判决结果的基础。叙述案件事实时，应写明案件发生的时间、地点、被告人作案的动机、目的、手段、实施行为的过程、危害结果和被告人案发后的态度。关键情节要写得具体详细。对不构成犯罪的案件，应写明无罪的事实和依据。对附带民事诉讼案件，写明庭审查明的被告人的犯罪事实及被害人因犯罪行为遭受的物质损失等事实。

3. 叙述法院查明认定的事实时应做到层次清楚、重点突出。应注意不要在无意中介绍犯罪方法。注意保守国家机密，保护报案人、控告人、举报人、被害人、证人的安全和名誉。写作时要因案而异，避免和控方指控的事实简单重复，也不要忽略控方遗漏的事实要素。

（五）证据的写法

1. 依法公开审理的案件，除无需举证的事实外，证明案件事实的证据必须是经过控辩双方在法庭上公开举证、质证后，法院认定的证据。一般情况下，证据要尽可能写得明确、具体，应写明每项证据的名称、来源、证明的事实、与其他证据印证情况。

2. 证据的写法因案而异。案情简单或控辩双方没有异议的，可以集中表述；案情复杂或者控辩双方有异议的，应当进行分析、认证；一人犯数罪或共同犯罪案件，可分项或逐人逐罪写证据，并对证据进行分析、认证。

3. 对证据的分析要明确、具体。尤其对于疑难案件和被告人不认罪案件，在写判决书时，不但要引用证据的名称及所证明的事项，还要对证据的来源和证明的主要内容进行列举，并以论证的方法归纳引用。

（六）判决理由的写法

1. 确定被告人罪名时，对一人犯数罪的，一般先确定重罪，后确定轻罪；共同犯罪案件，应分清各个被告人的地位、作用和应负的罪责，依次确定主犯、从犯、胁从犯、教唆犯的罪名。如果被告人的行为不构成犯罪，应阐明无罪的理由。如果法院认定的罪名与起诉的罪名不一致，应进行分析说明。

2. 确认量刑情节时，如果被告人具有从轻、减轻、免除处罚或从重处罚等情节时，应根据具体案情阐明对其从轻、减轻、免除处罚或从重处罚的理由。

3. 应针对案情特点，运用刑事法律规定和犯罪构成原理，分析论证控方的指控是否成立，被告人行为的性质及法律后果。对控方指控的犯罪，成立的应当表示肯定；不构成犯罪或指控罪名不当的，应有理有据地作出分析认定，并写明变更缘由和依据。对于被告人的辩解以及辩护人所提出的有关定罪量刑方面的意见和请求，认为合理的，应表明予以采纳；认为不合理的，要阐明理由。阐述判决理由应力求逻辑严密，说理透彻。

4. 对于未成年人刑事案件，在写判决理由时，还应结合查明的未成年被告人的成长经历，剖析未成年被告人走上犯罪道路的主客观方面的原因。

5. 写判决的法律依据时应注意：①第一审刑事判决书应引用刑事法律和相关的司法解释，但刑事附带民事案件的判决还应同时引用作为民事赔偿依据的民事法律。②引用法律条文要有一定的条理和顺序。判决书应当引用两条以上法律条文的，应先引用有关定罪与确定量刑幅度的条文，后引用从轻、减轻、免除处罚或从重处罚的条文；判决结果既有主刑又有附加刑的，应先引用适用主刑的条文，后引用适用附加刑的条文；某种犯罪需要援引其他条款的法定刑处罚的，应先引用本条条文，再按本条的规定，引用相应的他罪条文；一人犯数罪的，应逐罪引用法律条文；共同犯罪的，可集中引用有关的法律条文，也可以逐人逐罪引用有关的法律条文。在引用的法律依据中，既有法律规定又有司法解释的，应当先引用法律规定，后引用相应的司法解释。③引用法律条文要准确、完整、具体。准确，就是所引法条要恰如其分地适合判决结果；完整，就是要把据以定性处理的法律规定和司法解释全部引用；具体，就是要引出法律依据条文外延最小的规定，即凡条下分款分项的，应写明第几条第几款第几项。

（七）判决结果的写法

判决结果根据不同的处理结论采用如下几种写法：

1. 定罪判刑的，表述为："一、被告人×××犯××罪，判处……（写明主刑、附加刑）。（刑期从判决执行之日起计算，判决执行以前先行羁押的，羁押一日折抵刑期×日，即自×××年×月×日起至×××年×月×日止。）二、被告人×××……（写明决定追缴、退赔或发还被害人、没收财物的名称、种类和数额）。"

2. 定罪免刑的，表述为："被告人×××犯××罪，免予刑事处罚（如有追缴、退赔或者发还被害人、没收财物的，续写为第二项）。"

3. 宣告无罪的。表述为："被告人×××无罪。"

4. 不负刑事责任的。表述为："被告人×××不负刑事责任。"

写时应注意：判处的各种刑罚应按照法律规定写全称。有期徒刑的刑罚应写明刑种、刑期和主刑折抵办法及起止时间。单位犯罪案件的判决结果，应先写对单位判处的结果，再写对个人判处的结果。单位被判处经济处罚的，表述为"被告单位×××犯××罪，判处罚金××元，……（写明缴纳期限）"如果其主管责任人员，直接责任人员因此构成犯罪的，再写对他们的定罪判刑。对单位免予刑事责任，宣告无罪的，表述为"被告单位×××无罪"。数罪并罚的案件，应分别定罪量刑，然后按照数罪并罚的原则，决定执行的刑罚。共同犯罪案件，应以罪责主次或判刑轻重为顺序，逐人分项定罪量刑。追缴、退赔和发还被害人、没收的财物，应写明其名称、种类和数额。

（八）尾部的写法

1. 如果是适用《刑法》第63条第2款的规定在法定刑以下判处刑罚的，应在交待上诉权之后，另起一行写明："本判决依法报请最高人民法院核准后生效。"

2. 死缓期间故意犯罪定罪判刑的判决书，交代上诉权后，另起一行写明："依据《刑法》第五十条、《刑事诉讼法》第二百五十条第二款和最高人民法院《关于执行〈中华人民共和国刑事诉讼法〉若干问题的解释》第三百三十九条第二款的规定，本判决生效以后，经最高人民法院核准，对被告人×××应当执行死刑。"

3. 审判人员署名。合议庭成员由审判长、审判员依次署名。有人民陪审员的，署名为"人民陪审员×××"。有助理审判员的，署名为"代理审判员×××"。助理审判员担任合议庭审判长的，署名为"审判长×××"。独任制审判的，只写"审判员×××"。

五、第一审刑事判决书实例与评析

【实例】

×× 市 × × 区人民法院

刑事判决书[1]

（2016）×0105 刑初 442 号

公诉机关 ×× 市 × × 区人民检察院。

被告人赵 × 华……

辩护人范 × 燕，天津 × × 律师事务所律师。

×× 市 × × 区人民检察院以 ×× 检公诉刑诉［2016］479 号起诉书指控被告人赵 × 华犯非法持有枪支罪，于 2016 年 12 月 15 日向本院提起公诉，同时建议适用简易程序审理。经审查本案不宜适用简易程序，于 2016 年 12 月 27 日转为普通程序。本院依法组成合议庭，公开开庭审理了本案。×× 市 × × 区人民检察院指派代理检察员郑 × 昆出庭支持公诉，被告人赵 × 华及其辩护人到庭参加诉讼，现已审理终结。

公诉机关指控，被告人赵 × 华违反国家对枪支的管制制度，非法持有以压缩气体为动力的枪支共 6 支，情节严重，应当以非法持有枪支罪追究其刑事责任，并提供了相关证据。

被告人赵 × 华对起诉书指控的事实和罪名均无异议。

被告人赵 × 华的辩护人对起诉书指控被告人赵 × 华犯非法持有枪支罪不持异议，但认为其在本案中具有坦白、认罪悔罪、初犯、偶犯、犯罪情节较轻、社会危害性不大等诸多法定、酌定从轻处罚的情节，希望法庭对其从轻处罚并适用缓刑。

经审理查明，2016 年 8 月至 10 月 12 日间，被告人赵 × 华在本市 × × 区李公祠大街亲水平台附近，摆设射击摊位进行营利活动。2016 年 10 月 12 日 22 时许，公安机关在巡查过程中发现赵 × 华的上述行为将其抓获归案，当场查获涉案枪形物 9 支及相关枪支配件、塑料弹。经天津市公安局物证鉴定中心鉴定，涉案 9 支枪形物中的 6 支为能正常发射以压缩气体为动力的枪支。

上述事实，被告人赵 × 华及其辩护人在开庭审理过程中亦无异议，并有案件来源，抓获经过，搜查证，搜查笔录，扣押决定书，扣押清单，没收物资统

---

[1]　资料来源：http：//www.360doc.com/content/17/0102/09/34662875_619452657.shtml。

一收据，天津市公安局物证鉴定中心枪支鉴定书，涉案枪支照片，被告人的户籍证明及供述等证据材料予以证实，上述证据来源合法，客观真实，本院依法予以确认。

本院认为，被告人赵×华违反国家对枪支的管制制度，非法持有枪支，情节严重，其行为已构成非法持有枪支罪，公诉机关指控被告人赵×华犯非法持有枪支罪的罪名成立，应定罪科刑，被告人赵×华当庭自愿认罪，可以酌情从轻处罚。被告人赵×华辩护人所提被告人具有坦白情节，系初犯，认罪态度较好的辩护意见，本院酌情予以采纳；其余辩护意见，本院不予支持。据此，依照《中华人民共和国刑法》第一百二十八条第一款及《最高人民法院关于审理非法制造、买卖、运输枪支、弹药、爆炸物等刑事案件具体应用法律若干问题的解释》第五条第二款第（二）项之规定，判决如下：

被告人赵×华犯非法持有枪支罪，判处有期徒刑三年六个月。

（刑期从判决执行之日起计算。判决执行以前先行羁押的，羁押一日折抵刑期一日，即自 2016 年 10 月 13 日起至 2020 年 4 月 12 日止。）

如不服本判决，可在接到本判决书的第二日起十日内，通过本院或直接向天津市第一中级人民法院提出上诉，书面上诉的，应提交上诉状正本一份，副本二份。

审　判　长　　吕　×

审　判　员　　官×军

人民陪审员　　李×顺

二〇一六年十二月十七日

书　记　员　　马　×

【评析】

首先要说明的是，这篇判决书不是一篇经典的判决书，它只是万千"千人一面、千案一面"判决书中的一个典型。选取它作为实例，主要目的是让学生在写作实践中能从传统的、僵化的判决书模式中跳脱出来，远离"司法八股文"。

从格式看，这篇判决书基本做到了事项齐全、格式规范。从判决书的格式规范化角度来讲，它中规中矩。但这也正是目前判决书的通病，说明刑事判决书的改革势在必行。一直以来，我们过分地注重形式、强调格式，扭曲了内容和形式的关系，也用所谓标准格式束缚了法官的能动性和创造力。事实证明，符合格式要求的判决书不一定是优秀的判决书，而能根据案件具体情况有所突破、有所创新的判决书才有蓬勃的生命力。

本判决书集中表现了目前大多刑事判决书的通病，即"重控诉，轻辩护""重结果，轻说理"。本判决书叙写了控辩双方的意见，但说理公式化，未针对指控、辩护意见详细释法说理，尤其对辩方意见只回应了一句"其余辩护意见，本院不予支持"，过于潦草。这样的判决怎能令人信服？说理是裁判文书的灵魂，不说理或说理不好，不仅影响被告人对裁判结果的认同，也会影响司法的公信力。本案事实简单，从司法技术角度讲，说理难度不大。但就是这样一个"小案"，一审之后引起一片哗然。原因是说理不周详、不透彻。刑事判决书中的"理"，不仅仅是法理，还包括事理、学理、情理。大字不识几个的大妈，摆个射击摊位谋生，获刑三年半，刑与罚对等吗？符合情理吗？这些本该展开的问题在本判决书中缺失了。近些年来，一些小案引发舆情汹汹的情形屡见不鲜（如许霆案、崔英杰案、贾敬龙案等），如何确保审判的法律效果和社会效果的统一，保障判决的可接受性，恐怕还是要在说理方面下足功夫。

本判决书也反映出目前刑事判决书证据写作的一些问题。以前，刑事判决书仅罗列证据种类，本判决书即用此模式，好处是眉目清晰，坏处是面目模糊。眉目清晰是指这样的写法让人对本案证据的种类一目了然，面目模糊指这样的证据展示不能满足受众对案件事实进行推理和还原的需求。后来要求在刑事判决书中展示每个证据的具体内容，这是一种进步，但也带来问题，判决书中证据写作不分重点、毫无顺序、不加分析，证据和事实依旧是两张皮，而且造成判决书的臃肿、冗长、乏味。证据不是判决书的摆设，它是前往事实的道路，如何披荆斩棘地到达被遮蔽的事实秘境，分析证据和事实之间的关联可能是一个较好的方法。

第三节　第二审刑事判决书

一、第二审刑事判决书的概念和功能

第二审刑事判决书，是指第二审人民法院对于当事人上诉或者人民检察院抗诉的刑事案件，经审理查明原判决在认定事实或适用法律上有错误，依照第二审程序审理终结后，依法改判时制作的法律文书。

《刑事诉讼法》第 225 条规定，第二审人民法院对不服第一审判决的上诉、抗诉案件，经过审理后，应当按照下列情形分别处理：①原判认定事实和适用法律正确、量刑适当的，应当裁定驳回上诉或者抗诉，维持原判；②原判认定事实没有错误，但适用法律有错误，或者量刑不当的，应当改判；③原判决事实不清或者证据不足的，可以在查清事实后改判；也可以裁定撤销原判，发回原审人民法院重新审判。可见，第二审刑事判决书仅适用于第二审人民法院改判的情形。

　　人民法院制作二审刑事判决书，可以及时有效地纠正第一审判决的错误，确保国家法律的正确适用，准确惩治犯罪，切实维护被告人的合法权益，保障无罪者不受刑事追究。同时，也有利于上级法院对下级法院审判工作的指导和监督，促进其提高办案质量。

二、第二审刑事判决书的格式

　　第二审刑事判决书的格式有两种：二审改判用的刑事判决书和二审改判用的刑事附带民事判决书。现只列二审改判用的刑事判决书格式。

××人民法院

刑事判决书

（××××）×刑终字第×号

原公诉机关××人民检察院。

　　上诉人（原审被告人）……（写明姓名、性别、出生年月日、民族、籍贯、职业或工作单位和职务、住址和因本案所受强制措施情况等，现羁押处所）。

　　辩护人……（写明姓名、工作单位和职务）。

　　××人民法院审理××人民检察院指控原审被告人×××犯××罪一案，于××××年×月×日作出（××××）×刑初字第×号刑事判决。被告人×××不服，提出上诉。本院依法组成合议庭，公开（或不公开）开庭审理了本案。××人民检察院指派检察员×××出庭履行职务。上诉人（原审被告人）×××及其辩护人×××等到庭参加诉讼。本案现已审理终结。

　　……（首先，概述原判决认定的事实、证据、理由和判处结果；其次，概述上诉、辩护的意见；最后，概述人民检察院在二审中提出的新意见）。

　　经审理查明，……（首先，写明经二审审理查明的事实；其次，写明二审据以定案的证据；最后，针对上诉理由中与原判认定的事实、证据有异议的问题进行分析、认证）。

　　本院认为，……（根据二审查明的事实、证据和有关法律规定，论证原审法院判决认定的事实、证据和适用法律是否正确。对于上诉人、辩护人或者出庭履行职务的检察人员等在适用法律、定性处理方面的意见，应当有分析地表示是否予以采纳，并阐明理由）。依照……（写明判决的法律依据）的规定，判决如下：

　　……［写明判决结果。分两种情况：

　　第一，全部改判的，表述为：

"一、撤销××人民法院（××××）×刑初字第×号刑事判决；

二、上诉人（原审被告人）×××……（写明改判的具体内容）。

（刑期从……）"

第二，部分改判的，表述为：

"一、维持××人民法院（××××）×刑初字第×号刑事判决的第×项，即……（写明维持的具体内容）；

二、撤销××人民法院（××××）×刑初字第×号刑事判决的第×项，即……（写明撤销的具体内容）；

三、上诉人（原审被告人）×××……（写明部分改判的内容）。

（刑期从……）"]

本判决为终审判决。

审 判 长 ×××

审 判 员 ×××

审 判 员 ×××

×××× 年 × 月 × 日

（院印）

本件与原本核对无异

书 记 员 ×××

三、第二审刑事判决书的基本内容

第二审刑事判决书包括首部、正文和尾部三部分内容。

（一）首部

首部包括标题、案号、公诉机关和诉讼参与人基本情况、案件由来和审理经过等内容。

1. 标题。与第一审刑事判决书标题的写法相同。

2. 案号。案号的组成要素与第一审刑事判决书的案号相同，不同之处是类型代字为"刑终"。

3. 公诉机关和诉讼参与人基本情况。第二审公诉案件和第二审自诉案件的这部分内容不同。

（1）第二审公诉案件。其一，原审被告人上诉、人民检察院未提出抗诉的案件，分为以下情形：①原审被告人上诉的案件。先写"原公诉机关×××人民检察院"，再起一行写"上诉人（原审被告人）×××……（上诉人身份事项）"。②共同犯罪案件中，原审被告人全部上诉，先写"原公诉机关×××人民检察院"，再写"上诉人（原审被告人）×××……（上诉人身份事项）"，有多名上诉人的，均应列项写明。部分被告人上诉的，将上诉人项列在前，未上诉的列在其后，写为"原审被告人×××……（原审被告人身份事项）"。其二，人民检察院抗诉的案件，分为以下情形：①原审被告人一方未提出上诉的，先写"抗诉机关××人民检察院"，再写"原审被告人×××……（原审被告人的身份事项）"，写法同第一审刑事判决书中被告人的身份事项。②人民检察院抗诉，原审被告人同时上诉的案件，先写"抗诉机关××人民检察院"，再写"上诉人（原审被告人）×××……（上诉人身份事项）"。如果上诉人、原审被告人有辩护人的，应在其项下列写辩护人项。辩护人基本情况的写法与第一审刑事判决书相同。

（2）第二审自诉案件。①自诉人上诉，被告人未上诉的案件，先写"上诉人（原审自诉人）×××……（自诉人身份事项）"。写法同第一审刑事判决书中自诉人身份事项。再写"原审被告人×××……（被告人身份事项）"。②被告人上诉、自诉人未上诉的案件，应先写"上诉人（原审被告人）×××……"；再写"原审自诉人×××……"。如果上诉人、原审被告人委托辩护人的，应在其项下列写辩护人项。如果上诉人、原审自诉人委托有诉讼代理人，应在其项下列写诉讼代理人项，写作内容与辩护人项相同。③自诉人与被告人双方同时上诉的案件，应先写"上诉人（原审自诉人）×××……"，再写"上诉人（原审被告人）×××……"。

4. 案件由来和审理经过。包括案件来源、原判情况、上诉或抗诉原因和审判组织、审判方式及到庭诉讼参与人。

如系公诉案件，可写为：××人民法院审理××人民检察院指控原审被告人×××犯××罪一案，于××××年×月×日作出（××××）×刑初字第×号刑事判决。原审被告人×××（或××人民检察院）不服，提出上诉（或抗诉）。［如系抗诉的，写为"××人民检察院认为……（判决不当的要点）提出抗诉"。如系被告人×××的辩护人或近亲属提出上诉的，写为"原审被告人的辩护人或近亲属×××经征得原审被告人同意，提出上诉"。如系被害人或其法定代理人请求人民检察院提出抗诉，人民检察院决定抗诉的，写为"被害人（或其法定代理人）×××不服，请求××人民检察院提出抗诉，××人民检察院决定并于××××年×月×日向本院提出抗诉"。］本院依法组成合议庭，公开（或不公开）开庭审理了本案。××人民检察院指派检察员×××出庭履行职务（如系抗诉案件，则写"出庭支持抗诉"），上诉人（或原审被告人）×××及其辩护人×××等到庭参加诉讼。现已审理终结。

如系自诉案件，可写为：××人民法院审理自诉人×××指控原审被告人

×××犯××罪一案，于××××年×月×日作出（××××）×刑初字第×号刑事判决。原审被告人×××（或原审自诉人×××）不服，提出上诉。本院依法组成合议庭，公开（或不公开）开庭审理了本案。上诉人（或原审自诉人）×××及其诉讼代理人×××；上诉人（或原审被告人）×××及其辩护人×××等到庭参加诉讼。现已审理终结。

（二）正文

包括案件事实、判决理由和判决结果三部分内容。

1. 案件事实。二审必须对一审判决作全面审查，不受抗诉或上诉范围的限制。因此，二审判决书的案件事实包括两方面内容：一是原判基本内容、上诉（或抗诉）的主要理由和辩护的主要意见、人民检察院在二审中提出的新意见；二是第二审人民法院查明认定的案件事实和证据。

2. 判决理由。二审的判决理由是二审法院对一审判决以及上诉、抗诉理由进行全面审查后作出的，要详细阐述改判的理由。除了阐述改判的理由，还要写明改判的法律依据，即所依据的实体法和程序法。

3. 判决结果。判决结果分两种情况，即全部改判和部分改判。

（三）尾部

1. 交待判决的法律效力。另起一行写明："本判决为终审判决"。

2. 合议庭组成人员署名、判决日期、书记员署名、用印和核对戳记。写法与第一审刑事判决书相同。

四、第二审刑事判决书的写作方法和技巧

（一）案件事实的写法

书写二审判决书的事实，要区别案件不同情况，采用不同的写法，并做到重点突出，详略得当。具体如下：

1. 如果二审与一审认定的事实一致，写二审法院查明认定的事实时，概括转述原判决认定的事实，表示予以同意即可。

2. 如果二审与一审认定的事实不一致，应当详细写明二审法院查明的事实。

3. 如果上诉或抗诉对一审判决认定的事实部分有异议的，略述没有争议的事实，重点针对上诉人或抗诉机关提出的异议，予以分析，阐明观点。

4. 如果上诉或抗诉对一审判决认定的事实全部否认的，应针对上诉人或抗诉机关提出的异议，根据二审查明的事实和证据，提出认定或否定原判决所认定事实的根据。

5. 如果上诉或抗诉对原判认定的事实部分否认的，二审法院应就有争议的事实详细叙述，并针对上诉人或抗诉机关提出否定这些事实的根据进行分析论证，阐明肯定或否定的理由。

（二）判决理由的写法

1. 二审判决是改判后作出的，这样的终审判决和被告人的命运息息相关，也体现了人民法院是否准确认定了事实、正确适用了法律，因此在写判决理由时要有的放矢、辨法析理要充分透彻。首先，阐述判决理由要有针对性，应针对一审判决的错误及上诉、抗诉的理由和意见进行分析论证。对于原判认定事实没有错误，但适用法律确有错误，或者量刑不当，上诉、抗诉有理的，应依法写明原判决的不当之处及其改判的理由；对于原判认定事实不清或证据不足，上诉或抗诉有理的，应写明原判是部分事实不清，还是全部事实不清、证据不足以及改判的根据和理由；对于原判认定事实和适用法律不当的，则应充分说明否定原判的根据和理由。

2. 写判决的法律依据时，应先引用程序法的规定，再引用实体法的规定。引用程序法应根据改判的不同情况进行。如对原判适用法律不当，予以改判的，引用《刑事诉讼法》第 225 条第 1 款第 2 项的规定；对原判事实不清或证据不足，二审法院查清事实后改判的，引用《刑事诉讼法》第 225 条第 1 款第 3 项的规定。实体法应引用改判后给被告人定罪量刑的《刑法》条文及相关的司法解释。

（三）判决结果的写法

共同犯罪案件，确认原判对部分被告人定罪量刑正确，对部分被告人定罪量刑不当的，属于部分改判的类型。改判时，先写维持原判的内容，再写撤销原判的内容，最后写改判的内容。

（四）尾部的写法

1. 如果判决结果是在法定刑以下判处刑罚，并且依法应报请最高人民法院核准的，在尾部写明："本判决报请最高人民法院核准后生效"。

2. 人民检察院抗诉的案件，二审改判被告人死刑立即执行的，不写"本判决为终审判决"，而写"本判决依法报请最高人民法院核准"。

五、第二审刑事判决书实例与评析

【实例】

××省高级人民法院
刑事附带民事判决书[1]

（2017）×刑终 151 号

原公诉机关××省××市人民检察院。

---

[1]　资料来源：http://www.yjbys.com/gongwuyuan/show – 565512.html.

　　上诉人（原审附带民事诉讼原告人）杜×1，男，汉族，1956年1月17日出生，住山东省××县。系被害人杜×2的父亲。

　　上诉人（原审附带民事诉讼原告人）许×，女，汉族，1964年6月10日出生，住××县。系杜×2的母亲。

　　上诉人（原审附带民事诉讼原告人）杜×3，女，汉族，2010年4月4日出生，住××县。系杜×2的女儿。

　　上诉人（原审附带民事诉讼原告人）杜×4，女，汉族，2010年4月4日出生，住××县。系杜×2的女儿。

　　上诉人（原审附带民事诉讼原告人）杜×5，女，汉族，2012年4月28日出生，住××县。系杜×2的女儿。

　　上诉人（原审附带民事诉讼原告人）杜×6，男，汉族，2012年4月28日出生，住××县。系杜×2的儿子。

　　上诉人（原审附带民事诉讼原告人）暨杜×3、杜×4、杜×5、杜×6的法定代理人李×1，女，汉族，1989年3月13日出生，住××县。系杜×2的妻子，杜×3、杜×4、杜×5、杜×6的母亲。

　　上列上诉人的诉讼代理人方×，山东××律师事务所律师。

　　上诉人（原审被告人）于×，男，汉族，1994年8月23日出生于××县，高中文化，公司职工，住××县。因涉嫌犯故意伤害罪于2016年4月15日被刑事拘留，同月29日被逮捕。

　　辩护人殷×利，河北××律师事务所律师。

　　附带民事诉讼代理人于×荣，系于×的姑母。

　　原审附带民事诉讼原告人严×，男，汉族，1990年3月2日出生，住×县。系被害人。

　　诉讼代理人严×魁，系严×的父亲。

　　诉讼代理人严×亭，系严×的哥哥。

　　原审附带民事诉讼原告人程×，男，汉族，1993年11月15日出生，住××县。系被害人。

　　××省××市中级人民法院审理××市人民检察院指控原审被告人于×犯故意伤害罪并建议对于×判处无期徒刑，原审附带民事诉讼原告人杜×1、许×、李×1、杜×3、杜×4、杜×5、杜×6、严×、程×提起附带民事诉讼一案，于2017年2月17日作出（2016）鲁15刑初33号刑事附带民事判决。宣判后，原审附带民事诉讼原告人杜×1、许×、李×1、杜×3、杜×4、杜×5、杜×6和原审被告人于×不服，分别提出上诉。本院受理后，依法组成合议庭，于2017年5月20日召开庭前会议，27日公开开庭审理了本案刑事部分。××省人民检察院指派检察员郭×、扈×刚、李×杰出庭履行职务。上诉人于×及其辩护人殷×利，被害人杜×2近亲属委托的诉讼代理人方×，被害人郭×1及其诉讼代理人山东××律师事务所律师伊×国、李×伟，被害人严×的诉讼代理人严×魁、严×亭到庭参加诉讼。证人苏×、杜×7出庭作证。对本案附带民事部分，经过阅卷、调查，听取当事人、诉讼代理人的意见，进行了不开庭审理。现已审理终结。

原判认定：2014年7月，××工贸有限公司（位于××县工业园区）负责人苏×向赵×1借款100万元，双方口头约定月息10%。2016年4月14日16时许，赵×1以欠款未还清为由纠集郭×1、程×、严×等十余人先后到××工贸有限公司催要欠款。当日20时许，杜×2驾车来到该公司，并在该公司办公楼大门外抱厦台上与其他人一起烧烤饮酒。约21时50分，杜×2等多人来到苏×及其子被告人于×所在的办公楼一楼接待室内催要欠款，并对二人有侮辱言行。约22时10分，××县公安局经济开发区派出所民警接警后到达接待室，询问情况后到院内进一步了解情况，于×欲离开接待室被阻止，与杜×2、郭×1、程×、严×等人发生冲突，于×持尖刀将杜×2、程×、严×、郭×1捅伤，处警民警闻讯后返回接待室，令于×交出尖刀，将其控制。杜×2、严×、郭×1、程×被送往医院抢救。杜×2因失血性休克于次日2时许死亡，严×、郭×1伤情构成重伤二级，程×伤情构成轻伤二级。因杜×2被害死亡，附带民事诉讼原告人杜×1等7人应得丧葬费29 098.5元，处理丧葬事宜的交通费、误工费1500元。被害人严×受伤后在××县人民医院抢救治疗，于5月9日出院，同月12日入解放军总医院治疗，21日出院，在解放军总医院共支付医疗费49 693.47元。被害人程×受伤后在××县人民医院治疗15天。

上述事实，有经原审庭审举证、质证的物证、书证、勘验、检查、辨认笔录、鉴定意见、视听资料、证人证言、被害人陈述、被告人供述等证据证实。

原审法院认为，被告人于×面对众多讨债人的长时间纠缠，不能正确处理冲突，持尖刀捅刺多人，致一人死亡、二人重伤、一人轻伤，其行为构成故意伤害罪。于×捅刺被害人不存在正当防卫意义上的不法侵害前提，其所犯故意伤害罪后果严重，应当承担与其犯罪危害后果相当的法律责任。鉴于本案系由被害人一方纠集多人，采取影响企业正常经营秩序、限制他人人身自由、侮辱谩骂他人的不当方式讨债引发，被害人具有过错，且于×归案后能如实供述自己的罪行，可从轻处罚。于×的犯罪行为给附带民事诉讼原告人杜×1等造成的丧葬费等损失应当依法赔偿，杜×1等要求赔偿死亡赔偿金、被抚养人生活费、精神损害抚慰金不属于附带民事诉讼赔偿范围，其要求赔偿处理丧葬事宜的交通费、误工费，酌情判决1500元；附带民事诉讼原告人严×要求赔偿医疗费、住院伙食补助费、交通费的合理部分予以支持，其要求赔偿的交通费，酌情判决 1800 元；附带民事诉讼原告人程 × 要求赔偿误工费、护理费、住院伙食补助费应当依法确定。依法以故意伤害罪判处被告人于 × 无期徒刑，剥夺政治权利终身；判令被告人于 × 赔偿附带民事诉讼原告人杜 ×1、许 ×、李 ×1、杜 ×3、杜 ×4、杜 ×5、杜 ×6 各种费用共计 30 598.5 元，赔偿附带民事诉讼原告人严 × 各种费用共计 53 443.47 元，赔偿附带民事诉讼原告人程 × 各种费用共计 2231.7 元。

上诉人杜 ×1、许 ×、李 ×1、杜 ×3、杜 ×4、杜 ×5、杜 ×6 的上诉意见是：原判适用法律不当，应当支持其所提赔偿死亡赔偿金、被抚养人生活费的诉讼请求。

上诉人于 × 的上诉意见是：（1）原判认定事实不全面。没有认定吴 ×、赵 ×1 此前多次纠集涉黑人员对苏 × 进行暴力索债，案发时杜 ×2 等人对于 ×、苏 × 及其他员工进行殴打；苏 × 实际是向吴 × 借钱；杜 ×2 受伤后自行驾车前往距离较远的 ×× 人民医院，未去较近的 ×× 中医院，还与医院门卫发生冲突，导致失血过多死亡。（2）原判适用法律错误、量刑畸重。其行为系正当防卫或防卫过当；其听从民警要求，自动放下刀具，如实供述自己的行为，构成自首。（3）原判违反法定程序。被害人有亲属在当地检察机关、政府部门任职，可能干预审判，原审法院未自行回避。

上诉人于 × 的辩护人提出以下辩护意见：（1）认定于 × 犯故意伤害罪的证据不足。公安机关对现场椅子是否被移动、椅子上是否有指纹、现场是否有信号干扰器、讨债人员驾驶的无牌或套牌车内有无枪支和刀具等事实没有查明；×× 县公安局民警有处警不力之嫌，×× 县人民检察院有工作人员是杜 ×2 的亲属，上述两机关均与本案存在利害关系，所收集的证据不应采信；讨债人员除杜 ×7 外都参与串供，且在案发当天大量饮酒，处于醉酒状态，他们的言词除与于 × 一方言词印证的之外，不应采信。（2）于 × 的行为系正当防卫。从一般防卫看，于 × 身材单薄，虽持有刀具，但相对 11 名身体粗壮且多人有犯罪前科的不法侵害人，仍不占优势，杜 ×2 等人还对于 × 的要害部位颈部实施了攻击，故于 × 的防卫行为没有超过必要限度；从特殊防卫看，于 × 的母亲苏 × 与吴 × 一方签订的书面借款合同约定月息 2%，而吴 × 一方实际按 10% 收取，在苏 × 按书面合同约定利息还清借款后，讨债人员仍然以暴力方式讨债，根据《最高人民检察院关于强迫借贷行为适用法律问题的批复》，构成抢劫罪，于 × 捅刺抢劫者的行为属特殊防卫，不构成犯罪。（3）即使认定于 × 构成犯罪，其具有如下量刑情节：属防卫过当、自首，一贯表现良好，缺乏处置突发事件经验；杜 ×2 等人侮辱苏 ×、殴打于 ×，有严重过错；杜 × 受伤后自行驾车前往距离相对较远的医院救治，耽误了约 5 分钟的救治时间，死亡结果不能全部归责于于×。辩护人当庭出示了讨债人员驾驶无牌或套牌车辆的现场监控录像截图、杜×2 亲属系××县人民检察院工作人员的网页截图、驾车从现场分别到冠县人民医院和冠县中医院的导航路线截图等 3 份证据材料。

××省人民检察院出庭检察员发表以下出庭意见：（1）原判对案件事实认定不全面。一是未认定于×母亲苏×、父亲于×1 在向吴×、赵×1 高息借款100 万元后，又借款 35 万元；二是未认定 2016 年 4 月 1 日、13 日吴×、赵×1纠集多人违法索债；三是未认定 4 月 14 日下午赵×1 等人以盯守、限制离开、扰乱公司秩序等方式索债；四是未具体认定 4 月 14 日晚杜×2 等人采取强收手机、弹烟头、辱骂、暴露下体、脱鞋捂嘴、扇拍面颊、揪抓头发、限制人身自由等方式对苏×和于×实施的不法侵害。（2）原判认为于×持尖刀捅刺被害人不具有正当防卫意义上的不法侵害前提，属于适用法律错误。于×的行为具有防卫性质，但明显超过必要限度造成重大损害，属于防卫过当，应当负刑事责任，但应当减轻或者免除处罚。检察员当庭宣读、出示了新收集、调取的证人赵×2、李×2 的证言，侦查实验笔录及行驶路线图，手机通话记录，计划外生育费收据及说明，接处警登记表及说明，有关于×1 曾任××县国税局××分局副局长、因不正常上班于 2015 年被免职的文件，吴×因涉嫌非法拘禁被立案侦查的立案登记表，鉴定机构资格证书、鉴定人资格证书复印件，以及证人苏×、张×1、马×、刘×、于×2、张×2、杜×7、张×3、朱×、徐×的补充证言，被害人程×的补充陈述，上诉人于×的补充供述等 23 份证据材料。

被害人杜×2 近亲属委托的诉讼代理人提出以下意见：（1）原判对作案刀具的认定定性不准、来源有误。于×使用的尖刀应属管制刀具，被害人郭×1 陈述看见于×拉开衣服拉链从身上拿出刀具。（2）原判定罪量刑不当。于×的行为构成故意杀人罪；警察处警时，不法侵害已经结束，于×的捅刺行为不具备正当防卫的前提条件，不构成正当防卫或防卫过当，应当维持原判量刑。（3）应依法判令于×赔偿附带民事诉讼上诉人的全部经济损失。

被害人郭×1 及其诉讼代理人、被害人严×的诉讼代理人提出以下意见：（1）作案刀具来源不清。（2）于×的行为不构成正当防卫或防卫过当，应当维持原判定罪量刑。

经审理查明：上诉人于×的母亲苏×在××省××县工业园区经营××工贸有限公司（以下简称××公司），于×系该公司员工。2014 年 7 月 28 日，苏×及丈夫于×1 向吴×、赵×1 借款 100 万元，双方口头约定月息 10%。至 2015年 10 月 20 日，苏×共计还款 154 万元。其间，吴×、赵×1 因苏×还款不及时，曾指使被害人郭×1 等人采取在××公司车棚内驻扎、在办公楼前支锅做饭等方式催债。2015年11月1日，苏×、于×1再向吴×、赵×1借款35万元。其中10万元，双方口头约定月息10%；另外25万元，通过签订房屋买卖合同，用于×1名下的一套住房作为抵押，双方约定如逾期还款，则将该住房过户给赵×1。2015年11月2日至2016年1月6日，苏×共计向赵×1还款29.8万元。吴×、赵×1认为该29.8万元属于偿还第一笔100万元借款的利息，而苏×夫妇认为是用于偿还第二笔借款。吴×、赵×1多次催促苏×夫妇继续还款或办理住房过户手续，但苏×夫妇未再还款，亦未办理住房过户。

2016年4月1日，赵×1与被害人杜×2、郭×1等人将于×1上述住房的门锁更换并强行入住，苏×报警。赵×1出示房屋买卖合同，民警调解后离去。同月13日上午，吴×、赵×1与杜×2、郭×1、杜×7等人将上述住房内的物品搬出，苏×报警。民警处警时，吴×称系房屋买卖纠纷，民警告知双方协商或通过诉讼解决。民警离开后，吴×责骂苏×，并将苏×头部按入座便器接近水面位置。当日下午，赵×1等人将上述住房内物品搬至××公司门口。其间，苏×、于×1多次拨打市长热线求助。当晚，于×1通过他人调解，与吴×达成口头协议，约定次日将住房过户给赵×1，此后再付30万元，借款本金及利息即全部结清。

同月14日，于×1、苏×未去办理住房过户手续。当日16时许，赵×1纠集郭×2、郭×1、苗×、张×到××公司讨债。为找到于×1、苏×，郭×1报警称××公司私刻财务章。民警到达××公司后，苏×与赵×1等人因还款纠纷发生争吵。民警告知双方协商解决或到法院起诉后离开。李×3接赵×1电话后，伙同苗×、张×2和被害人严×、程×到达××公司。赵×1等人先后在办公楼前呼喊，在财务室内、餐厅外盯守，在办公楼门厅外烧烤、饮酒，催促苏×还款。其间，赵×1、苗×离开。20时许，杜×2、杜×7赶到××公司，与李×3等人一起饮酒。20时48分，苏×按郭×1要求到办公楼一楼接待室，于×及公司员工张×1、马×陪同。21时53分，杜×2等人进入接待室讨债，将苏×、于×的手机收走放在办公桌上。杜×2用污秽语言辱骂苏×、于×及其家人，将烟头弹到苏×胸前衣服上，将裤子褪至大腿处裸露下体，朝坐在沙发上的苏×等人左右转动身体。在马×、李×3劝阻下，杜×2穿好裤子，又脱下于×的鞋让苏×闻，被苏×打掉。杜×2还用手拍打于×面颊，其他讨债人员实施了揪抓于×头发或按压于×肩部不准其起身等行为。22时07分，公司员工刘×打电话报警。22时17分，民警朱×带领辅警宋×、郭×3到达××公司接待室了解情况，苏×和于×指认杜×2殴打于×，杜×等人否认并称系讨债。22时22分，朱×警告双方不能打架，然后带领辅警到院内寻找报警人，并给值班民警徐×打电话通报警情。于×、苏×欲随民警离开接待室，杜×2等人阻拦，并强迫于×坐下，于×拒绝。杜×2等人卡于×颈部，将于×推拉至接待室东南角。于×持刃长15.3厘米的单刃尖刀，警告杜×2等人不要靠近。杜×2出言挑衅并逼近×，于×遂捅刺杜×2腹部一刀，又捅刺围逼在其身边的程×胸部、严×腹部、郭×1背部各一刀。22时26分，辅警闻声返回接待室。经辅警连续责令，于×交出尖刀。杜×2等四人受伤后，分别被杜×7等人驾车送至冠县人民医院救治。次日2时18分，杜×2经抢救无效，因腹部损伤造成肝固有动脉裂伤及肝右叶创伤导致失血性休克死亡。严×、郭×1的损伤均构成重伤二级，程×的损伤构成轻伤二级。

本院查明上诉人于×给上诉人杜×1等7人和原审附带民事诉讼原告人严×、程×造成的物质损失与原判相同。

上述事实，有经庭审举证、质证的下列五方面证据予以证明，本院予以确认。

一、被害人陈述、被告人供述和辩解……

二、证人证言……

三、视频资料、现场勘验、检查笔录、鉴定意见和有关书证材料……

四、医疗证明和医生的证言……

五、检察机关补充提取的证据……

综合考虑各上诉人的上诉意见、辩护人的辩护意见、××省人民检察院的出庭意见、被害人及各诉讼代理人的意见，庭审调查的证据和查明的事实，根据相关法律规定，本院评判如下：

一、关于事实和证据

1. 上诉人于×所提苏×实际是向吴×借款，原判未认定吴×、赵×1多次纠集人员对苏×暴力索债，案发时杜×2等人受吴×、赵×1指使，采用非法限制自由的方式讨债并对于×、苏×侮辱、殴打的上诉意见和××省人民检察院的相关出庭意见，与查明的事实基本相符，本院予以采纳。

2. 上诉人于×及其辩护人所提原判未认定杜×2受伤后自行驾车前往××县人民医院，而未去距离更近的××县中医院，且到医院后还与门卫发生冲突，延误救治，导致失血过多死亡的上诉意见及辩护意见，与查明的事实不符。经查，多名证人反映杜×2是由杜×7驾车送医院治疗，而非自行前往；选择去人民医院而未去更近的中医院抢救，是因为人民医院是当地最好且距离也较近的医院，侦查实验证明从现场前往人民医院较前往中医院仅多约2分钟车程。故对于×及其辩护人的该上诉意见及辩护意见，本院不予采纳。

3. 关于辩护人所提认定于×犯故意伤害罪证据不足的相关辩护意见：(1)所提侦查机关对现场椅子是否移动、椅子上是否有指纹等事实未能查清的辩护意见，或者与查明的事实不符，或者对本案定罪量刑缺乏价值。（2）所提公安、检察机关有人与案件存在利害关系，两机关所收集的证据不应采信的辩护意见，经查，××县公安局和××县人民检察院依法收集的相关证据，客观真实地证明了案件相关事实，本案亦不存在依法应予回避的情形，故相关证据可作定案证据使用。（3）所提讨债人员串供、醉酒，应当排除其证言的辩护意见，经查，案发后讨债人员仅就涉案高息借贷的实际发放者进行串供，该节事实不影响本案定罪量刑，原审及本院亦未采信相关证据；没有证据证明讨债人员就其他事实有过串供，讨债人员对有关案件事实的证言能够得到在案其他证人证言及被告人供述和辩解等证据的印证；案发当天讨债人员大量饮酒属实，但没有证据证明讨债人员因为醉酒而丧失作证能力，排除其证言于法无据。故对辩护人的上述辩护意见，本院不予采纳。

4. 被害人及其诉讼代理人所提原判未认定作案尖刀系管制刀具，来源未能查清的意见，经查，根据外观特征认定本案的作案工具为尖刀，并无不当；只有被害人郭×1一人陈述于×从身上拿出尖刀，该陈述与在场的其他被害人陈述及有关证人证言等证据不符，且该尖刀是否为于×事前准备，不影响于×的行为是否具有防卫性质的认定。故对上述意见，本院不予采纳。

5. 辩护人当庭提交的3份新证据材料，出庭检察员当庭提交的有关苏×计划外生育被罚款的收费收据、于×父亲于×1身份信息的新证据材料，或者不具有客观性，或者与案件无关联性，本院不予采信。

二、关于法律适用

1. 上诉人于×的行为是否具有防卫性质。上诉人及其辩护人、出庭检察员均认为，于×的行为具有防卫性质；被害人及其诉讼代理人认为，于×的捅刺行为不具备正当防卫的前提条件。

经查，案发当时杜×2等人对于×、苏×实施了限制人身自由的非法拘禁行为，并伴有侮辱和对于×间有推搡、拍打、卡颈部等肢体行为。当民警到达现场后，于×和苏×欲随民警走出接待室时，杜×2等人阻止二人离开，并对于×实施推拉、围堵等行为，在于×持刀警告时仍出言挑衅并逼近，实施正当防卫所要求的不法侵害客观存在并正在进行。于×是在人身安全面临现实威胁的情况下才持刀捅刺，且其捅刺的对象都是在其警告后仍向前围逼的人，可以认定其行为是为了制止不法侵害。故原判认定于×捅刺被害人不存在正当防卫意义上的不法侵害确有不当，应予纠正；于×及其辩护人、出庭检察员所提于×的行为具有防卫性质的意见，本院予以采纳；对被害人及其诉讼代理人提出的相反意见，本院不予采纳。

2. 上诉人于×的行为是否属于特殊防卫。辩护人提出，根据有关司法解释，讨债人员的行为构成抢劫罪，于×捅刺抢劫者的行为属特殊防卫，不构成犯罪；出庭检察员、被害人及其诉讼代理人持反对意见。

根据刑法规定，对正在进行的行凶、杀人、抢劫、强奸、绑架以及其他严重危及人身安全的暴力犯罪，公民有权进行特殊防卫。但本案并不存在适用特殊防卫的前提条件。经查，苏×、于×1系主动通过他人协调、担保，向吴×借贷，自愿接受吴×所提10%的月息。既不存在苏×、于×1被强迫向吴×高息借贷的事实，也不存在吴×强迫苏×、于×1借贷的事实，与司法解释有关强迫借贷按抢劫罪论处的规定不符。故对辩护人的相关辩护意见，本院不予采纳；对出庭检察员、被害人及其诉讼代理人提出的于×行为不属于特殊防卫的意见，本院予以采纳。

3. 上诉人于×的防卫行为是否属于防卫过当。于×提出其行为属于正当防卫或防卫过当，其辩护人提出于×的防卫行为没有超过必要限度，属于正当防卫；出庭检察员提出，于×的行为属于防卫过当。

根据刑法规定，正当防卫明显超过必要限度造成重大损害的，属于防卫过当，应当负刑事责任。评判防卫是否过当，应当从不法侵害的性质、手段、紧迫程度和严重程度，防卫的条件、方式、强度和后果等情节综合判定。根据本案查明的事实及在案证据，杜×2一方虽然人数较多，但其实施不法侵害的意图是给苏×夫妇施加压力以催讨债务，在催债过程中未携带、使用任何器械；在民警朱×等进入接待室前，杜×2一方对于×母子实施的是非法拘禁、侮辱和对于×拍打面颊、揪抓头发等行为，其目的仍是逼迫苏×夫妇尽快还款；民警进入接待室时，双方没有发生激烈对峙和肢体冲突，当民警警告不能打架后，杜×2一方并无打架的言行；在民警走出接待室寻找报警人期间，于×和讨债人员均可透过接待室玻璃清晰看见停在院内的警车警灯闪烁，应当知道民警并未离开；在于×持刀警告不要逼过来时，杜×2等人虽有出言挑衅并向于×围逼的行为，但并未实施强烈的攻击行为。即使四人被于×捅刺后，杜×2一方也没有人对于×实施暴力还击行为。于×的姑母于×2证明，在民警闻声返回接待室时，其跟着走到大厅前台阶处，见对方一人捂着肚子说"没事没事，来真的了"。因此，于×面临的不法侵害并不紧迫和严重，而其却持利刃连续捅刺四人，致一人死亡、二人重伤、一人轻伤，且其中一人即郭×1系被背后捅伤，应当认定于×的防卫行为明显超过必要限度造成重大损害。故对出庭检察员及于×所提本案属于防卫过当的意见，本院予以采纳；对辩护人所提于×的防卫行为未超过必要限度的意见，本院不予采纳。

4. 上诉人于×的行为是否构成故意杀人罪。被害人杜×2近亲属委托的诉讼代理人提出，于×的行为构成故意杀人罪。经查，虽然于×连续捅刺四人，但捅刺对象都是当时围逼在其身边的人，未对离其较远的其他不法侵害人进行捅刺，亦未对同一不法侵害人连续捅刺。可见，于×的目的在于制止不法侵害并离开接待室，在案证据不能证实其具有追求或放任致人死亡危害结果发生的故意。故对上述代理意见，本院不予采纳。

5. 上诉人于×是否构成自首。于×及其辩护人提出，于×构成自首。经查，执法记录视频及相关证据证明，在于×持刀捅人后，在××公司院内处警的民警闻声即刻返回接待室。民警责令于×交出尖刀，于×并未听从，而是要求先让其出去，经民警多次责令，于×才交出尖刀。可见，于×当时的表现只是未抗拒民警现场执法，并无自动投案的意思表示和行为，依法不构成自首。故对此上诉意见和辩护意见，本院不予采纳。

三、关于刑罚裁量

上诉人于×及其辩护人提出，于×具有自首情节，平时表现良好，且被害方有严重过错等从宽处罚情节，原判量刑畸重；出庭检察员提出，对于×依法应当减轻或免除处罚；被害人及其诉讼代理人提出，应当维持原判量刑。

经查，在吴×、赵×1指使下，杜×2等人除在案发当日对于×、苏×实施非法拘禁、侮辱及对于×间有推搡、拍打、卡颈部等肢体行为，此前也实施过侮辱苏×、干扰××公司生产经营等逼债行为。于×及其母亲苏×连日来多次遭受催逼、骚扰、侮辱，导致于×实施防卫行为时难免带有恐惧、愤怒等因素。对于×及其辩护人所提本案被害方存在严重过错、原判量刑畸重等上诉意见和辩护意见，本院予以采纳。

本院还查明，本案系由吴×等人催逼高息借贷引发，苏×多次报警后，吴×等人的不法逼债行为并未收敛。案发当日被害人杜×2曾当着于×之面公然以裸露下体的方式侮辱其母亲苏×，虽然距于×实施防卫行为已间隔约二十分钟，但于×捅刺杜×2等人时难免不带有报复杜×2辱母的情绪，在刑罚裁量上应当作为对于×有利的情节重点考虑。杜×2的辱母行为严重违法、亵渎人伦，应当受到惩罚和谴责，但于×在实施防卫行为时致一人死亡、二人重伤、一人轻伤，且其中一重伤者系于×持刀从背部捅刺，防卫明显过当。于×及其母亲苏×的人身自由和人格尊严应当受到法律保护，但于×的防卫行为超出法律所容许的限度，依法也应当承担刑事责任。认定于×行为属于防卫过当，构成故意伤害罪，既是严格司法的要求，也符合人民群众的公平正义观念。

根据刑法规定，故意伤害致人死亡的，处十年以上有期徒刑、无期徒刑或者死刑；防卫过当的，应当减轻或者免除处罚。于×的防卫行为明显超过必要限度造成重大伤亡后果，减轻处罚依法应当在三至十年有期徒刑的法定刑幅度内量刑。于×在民警尚在现场调查，警车仍在现场闪烁警灯的情形下，为离开接待室而持刀防卫，为摆脱对方围堵而捅死捅伤多人，且除杜×2 以外，其他三人并未实施侮辱于×母亲的行为。综合考虑于×犯罪的事实、性质、情节和危害后果，对出庭检察员所提对于×减轻处罚的意见，本院予以采纳；对被害人及其诉讼代理人所提维持原判量刑的意见，本院不予采纳。

四、关于诉讼程序

上诉人于×提出，本案存在办案机关违反回避规定的情形。经查，被害人杜×2 确有亲属在××县检察机关、政府部门任职，但此事实并非法定的回避事由，本案也不存在刑事诉讼法规定的其他应予回避或移送、指定管辖的情形。故对上述意见，本院不予采纳。

本院认为，上诉人于×持刀捅刺杜×2 等四人，属于制止正在进行的不法侵害，其行为具有防卫性质；其防卫行为造成一人死亡、二人重伤、一人轻伤的严重后果，明显超过必要限度造成重大损害，构成故意伤害罪，依法应负刑事责任。鉴于于×的行为属于防卫过当，于×归案后能够如实供述主要罪行，且被害方有以恶劣手段侮辱于×之母的严重过错等情节，对于×依法应当减轻处罚。于×的犯罪行为给上诉人杜×1、许×、李×1、杜×3、杜×4、杜×5、杜×6 和原审附带民事诉讼原告人严×、程×造成的物质损失，应当依法赔偿。上诉人杜×1 等所提判令于×赔偿死亡赔偿金、被抚养人生活费的上诉请求于法无据，本院不予支持，对杜×2 四名未成年子女可依法救济。原判认定于×犯故意伤害罪正确，审判程序合法，但认定事实不全面，部分刑事判项适用法律错误，量刑过重，依法应予改判。依照《中华人民共和国刑法》第二百三十四条第二款、第二十条、第六十七条第三款、第六十三条第一款、第六十一条、第三十六条第一款、《中华人民共和国刑事诉讼法》第二百二十五条第一款第三项及《最高人民法院关于适用〈中华人民共和国刑事诉讼法〉的解释》第一百五十五条第一款、第二款的规定，判决如下：

一、驳回上诉人（原审附带民事诉讼原告人）杜×1、许×、李×1、杜×3、杜×4、杜×5、杜×6 的上诉，维持山东省聊城市中级人民法院（2016）鲁15 刑初33 号刑事附带民事判决第二项、第三项、第四项附带民事部分；

二、撤销山东省聊城市中级人民法院（2016）鲁15 刑初33 号刑事附带民事判决第一项刑事部分；

三、上诉人（原审被告人）于×犯故意伤害罪，判处有期徒刑五年。（刑期从判决执行之日起计算。判决执行以前先行羁押的，羁押一日折抵刑期一日，即自2016 年4 月15 日起至2021 年4 月14 日止）。

本判决为终审判决。

审　判　长　　吴　×

审　判　员　　刘×会

审　判　员　　王×兴

二〇一七年×月××日

书　记　员　　姚×博

张　　×

【评析】

22岁的于×，用刀捍卫母亲的尊严，被判无期徒刑。民意愤然，让最高检迅速回应并介入调查。对于一审判决，当事人均不服，提出了上诉，二审法院改判。

本案涉及当事人众多，加之还有控方的意见，头绪繁多。但制作者能够按照刑事二审判决书的格式要求，对各方说辞及原审判决的内容高度概括，提纲挈领，要言不烦。本案主要涉及下列问题：××省××市人民检察院的起诉书和××市中级人民法院的一审判决书认定事实、情节不全面；对于案件起因、双方矛盾激化过程和讨债人员的具体侵害行为，一审认定有遗漏；于×的行为具有防卫性质，起诉书和一审判决书对此均未予认定，适用法律确有错误。判决理由围绕核心问题，兼及回应当事人的不同意见，充分兼顾了对被害人和被告人合法权益的保护，坚持了法律平等和司法中立原则。写作判决理由时，突出焦点，分问题进行论证，条理清晰。本案涉及情、理、法，事关刑事司法的公平正义与民众的司法认同。就具体法律适用而言，认定于×的行为是否为正当防卫，是否防卫过当，是否是特殊防卫显然是本案的核心问题，也是大家关注的焦点，法官能够从具体案情着手，从防卫意图、防卫起因、防卫时间、防卫对象、防卫结果这些方面说理，将司法的专业判断与民众的朴素情感结合起来，确保了判决结果最大限度地接近社会预期。

因为篇幅所限，实例中将二审判决书的证据略去了，可以通过http：//www.yjbys. com/gongwuyuan/show－565511. html 找到判决书全文。这篇判决书对证据的写法没有跳出大部分刑事判决书证据写作的套路，也是略去此部分的原因。对于刑事判决书中证据写作的不足，山东省高级人民法院院长白泉民曾撰文指出："刑事裁判文书中对证据分析认证不充分、针对性不强是普遍存在的'短板'，对举证、质证、认证过程缺乏深入分析，导致事实和证据脱节，难以体现裁判结论的充分性和唯一性。有的只是简单表述为'经审理查明，上述事实，有检察机关提交，并经法庭质证、认证的下列证据予以证明'。有的裁判文书罗列证据种类、名称，对证据记'流水账'，但对证据效力如何、证明什么事实、能否形成证据链缺乏分析论证；有的裁判文书在证据排列上主次不分、层次混乱。有的重指控、轻辩护，对起诉书指控的犯罪事实、证据等内容详细记录，对指控意见详细分析论证，而忽视对辩护方有关证据、量刑意见的回应和论证，往往简单概括、一笔带过。"本判决书对证据进行分类，然后将证据的具体内容写出，也没有遗漏新的证据，这是优点，但缺点在于缺乏分析。

第四节　再审刑事判决书

一、再审刑事判决书的概念和功能

再审刑事判决书，是指人民法院依照审判监督程序，对已经发生法律效力的裁判，发现其在认定事实或适用法律上确有错误时，进行重新审理后，就案件的实体问题作出处理决定时制作的法律文书。

《刑事诉讼法》第245条规定，人民法院按照审判监督程序重新审判的案件，由原审人民法院审理的，应当另行组成合议庭进行。如果原来是第一审案件，应当依照第一审程序进行审判，所作的判决、裁定，可以上诉、抗诉；如果原来是第二审案件，或者是上级人民法院提审的案件，应当依照第二审程序进行审判，所作的判决、裁定，是终审的判决、裁定。

刑事再审程序是一种刑事救济程序，设置此程序的目的是纠正法院已经生效但又确有错误的裁判。法院制作再审刑事判决书，体现了我国"以事实为根据、以法律为准绳"的刑事诉讼基本原则和"实事求是、有错必纠"的刑事再审指导思想，可以纠正错误的刑事裁判，使有罪的人罚当其罪，还无罪者清白，从而维护法律的公正与权威。同时，也加强了上级法院对下级法院刑事审判的监督和指导，有利于提高审判质量。

二、再审刑事判决书的格式

再审刑事判决书有三种格式：按一审程序再审改判用的刑事判决书、按二审程序再审改判用的刑事判决书、再审后的上诉、抗诉案件二审改判用的刑事判决书。现只列按一审程序再审改判用的刑事判决书格式。

××人民法院
刑事判决书

（××××）×刑再初字第×号

原公诉机关××人民检察院。

原审被告人……（写明姓名、性别、出生年月日、民族、出生地、文化程度、职业或者工作单位和职务、住址等，现羁押处所）。

辩护人……（写明姓名、工作单位和职务）。

××人民检察院指控原审被告人×××犯××罪一案，本院于××××年×月×日作出（××××）×刑初字第×号刑事判决。该判决发生法律效力后，……（写明提起再审的根据）。本院依法另行组成合议庭，公开（或者不公开）开庭审理了本案。××人民检察院检察员×××出庭履行职务。被害人×××、原审被告人×××及其辩护人×××等到庭参加诉讼。现已审理终结。

……（概述原审判决认定的事实、证据、判决的理由和判决结果）。

……（概述再审中原审被告人的辩解和辩护人的辩护意见。对人民检察院在再审中提出的意见，应当一并写明）。

经再审查明，……（写明再审认定的事实和证据，并就诉讼双方对原判有异议的事实、证据作出分析、认证）。

本院认为，……（根据再审查明的事实、证据和有关法律规定，对原判和诉讼各方的主要意见作出分析，阐明改判的理由）。依照……（写明判决的法律依据）的规定，判决如下：

……［写明判决结果。分两种情况：

第一，全部改判的，表述为：

"一、撤销本院（××××）×刑×字第×号刑事判决；

二、原审被告人×××……（写明改判的内容）。"

第二，部分改判的，表述为：

"一、维持本院（××××）×刑×字第×号刑事判决的第×项，即……（写明维持的具体内容）；

二、撤销本院（××××）×刑×字第×号刑事判决的第×项，即……（写明撤销的具体内容）；

三、原审被告人×××……（写明部分改判的内容）。"］

如不服本判决，可在接到判决书的第二日起十日内，通过本院或者直接向××人民法院提出上诉。书面上诉的，应当提交上诉状正本一份，副本×份。

审 判 长　　×××

审 判 员　　×××

审 判 员　　×××

××××年×月×日

（院印）

本件与原本核对无异

书 记 员　　　×××

三、再审刑事判决书的基本内容

制作再审刑事判决书应按再审审判程序来决定：如果再审是按第一审程序审理的，再审刑事判决书的制作与第一审刑事判决书的制作基本相同；如果是按照第二审程序审理的，再审刑事判决书的制作与第二审刑事判决书的制作基本相同。

再审刑事判决书由首部、正文和尾部三部分组成。

（一）首部

1. 标题。标题的写法与一审、二审刑事判决书相同。

2. 案号。案号的组成要素与第一审刑事判决书的案号相同，不同之处是类型代字。如果是按一审程序再审的，用"再初"；如果是按照二审程序再审的，用"再终"。

3. 公诉机关的称谓和诉讼参与人基本情况。

（1）按照一审程序再审的公诉案件，先写"原公诉机关××人民检察院"，再写"原审被告人×××……（原审被告人的身份事项）"。如系由上级检察院抗诉而提起再审的，先写"抗诉机关××人民检察院"，再写"原审被告人×××……（原审被告人的身份事项）"。

按照一审程序再审的自诉案件，先写"原审自诉人×××……（原审自诉人的身份事项）"，再写"原审被告人×××……（原审被告人的身份事项）"。

（2）按照二审程序再审的公诉案件，原审系检察院抗诉的，先写"抗诉机关××人民检察院"，再写"原审被告人×××……（原审被告人的身份事项）"。原审系被告人上诉的，先写"原公诉机关××人民检察院"，再写"上诉人（原审被告人）×××……（上诉人身份事项）"。原审既有抗诉、又有上诉的，先写"抗诉机关××人民检察院"；再写"上诉人（原审被告人）×××……（上诉人身份事项）"。

　　按照二审程序再审的自诉案件，原审系自诉人上诉的，先写"原审上诉人（原审自诉人）×××……（原审上诉人的身份事项）"，再写"原审被告人×××……（原审被告人的身份事项）"。原审系被告人上诉的，先写"原审上诉人（原审被告人）×××……（原审上诉人的身份事项）"，再写"原审自诉人×××……（原审自诉人的身份事项）"。双方都上诉的，先写"原审上诉人（原审自诉人）×××……（原审上诉人的身份事项）"，再写"原审上诉人（原审被告人）×××……（原审上诉人的身份事项）"。

　　再审时，如果原审被告人、上诉人委托有辩护人的，应写明辩护人的基本情况。

　　自诉人有委托代理人的，应写明委托代理人的基本情况。

　　4. 案件由来和审判经过。写明原审案件的性质、原审何时作出判决、提起再审的根据和审判经过。可写为："××人民检察院指控原审被告人×××犯××罪一案，本院于××××年×月×日作出（××××）×刑初字第×号刑事判决。[如果是按二审程序改判的案件，此处写：'×××人民检察院指控原审被告人×××犯××罪一案，××人民法院于××××年×月×日作出（××××）×刑初字第×号刑事判决，本院于××××年×月×日作出（××××）×刑终字第×号刑事判决。'] 该判决发生法律效力后……（写明提起再审的根据）。本院依法组成合议庭，公开（或不公开）开庭审理了本案。××人民检察院检察员×××出庭履行职务，被害人×××、原审被告人×××及其辩护人×××等到庭参加诉讼。现已审理终结。"

　　（二）正文

　　正文包括案件事实、判决理由和判决结果。

　　1. 案件事实。再审案件事实包括两方面内容：一是原审判决的主要内容、再审中原审被告人的辩解和辩护人的辩护意见、人民检察院在再审中提出的新意见；二是再审法院认定的事实和证据、再审法院就诉讼双方对原判有异议的事实、证据作出的分析、认证。

　　2. 判决理由。应根据再审查明的事实、证据和有关法律规定，对原判和诉讼各方的主要意见作出分析，阐明改判的理由。内容包括：论述被告人是否有罪，犯什么罪，共同犯罪案件中各被告人的地位、作用及其刑事责任；阐明量刑方面是否从宽或从严处理；指出原判的错误并说明理由，对各方的意见进行分析，明确表示采纳还是批驳。

　　3. 判决结果。按照一审程序再审的案件，再审后改判的，判决结果的写法与二审刑事判决书的判决结果的写法相同，只是将维持项和撤销项中的"××人民法院"改为"本院"，将"上诉人（原审被告人）"改为"原审被告人"。

按照二审程序再审的案件，再审后改判的有六种情形：

（1）原系一审，提审后全部改判的。

（2）原系一审，提审后部分改判的。

这两种情形与二审刑事判决书全部改判和部分改判的写法相同，只是将其中的"上诉人（原审被告人）"改为"被告人"。

（3）原系二审维持原判，再审后全部改判的，表述为："一、撤销本院（×××）×刑终字第×号刑事裁定和××人民法院（××××）×刑初字第×号刑事判决；二、被告人×××……（写明改判的具体内容）。"

（4）原系二审维持原判，再审后部分改判的，表述为："一、维持本院（×××）×刑终字第×号刑事裁定和××人民法院（××××）×刑初字第×号刑事判决中的……（写明维持的具体内容）；二、撤销本院（××××）×刑终字第×号刑事裁定和××人民法院（××××）×刑初字第×号刑事判决中的……（写明撤销的具体内容）；三、被告人×××……（写明部分改判的具体内容）。"

（5）原系二审改判，再审后全部改判的，表述为："一、撤销本院（××××）×刑终字第×号刑事判决和××人民法院（××××）×刑初字第×号刑事判决；二、被告人×××……（写明改判的具体内容）。"

（6）原系二审改判，再审后部分改判的，表述为："一、维持本院（××××）×刑终字第×号刑事判决的第×项，即……（写明维持的具体内容）；二、撤销本院（××××）×刑终字第×号刑事判决的第×项，即……（写明撤销的具体内容）；三、被告人×××……（写明改判的具体内容）。"

（三）尾部

1. 依照第一审程序再审的案件，尾部内容与一审刑事判决书尾部内容相同。

2. 依照第二审程序再审的案件，尾部内容与二审刑事判决书尾部内容相同。

四、再审刑事判决书的写作方法和技巧

（一）案件事实的写法

对原审判决的主要内容、再审中原审被告人的辩解和辩护人的辩护意见、人民检察院提出的新意见，可以采用概述的方法。对于再审法院认定的事实和证据，应以原判为基础，根据案件情况采用不同的写法。如果原审判决认定的事实正确，再审应对原审事实予以肯定，采用"此繁彼简"的写法，勿在文字上重复叙述；如果原审判决认定的事实全部错误，应重点叙述否定其认定事实的依据；如果原审判决认定的事实部分正确、部分错误，应先肯定其正确的部分，然后叙述否定错误部分的依据。

（二）判决理由的写法

再审刑事判决书的理由部分，应根据不同情况进行论述。

1. 宣告无罪的案件，分两种情况：①再审法院依法认定被告人无罪的，应根据再审法院认定的事实、证据和有关法律规定，通过分析论证，说明被告人的行为不构成犯罪，原判错误；②再审法院认为证据不足，不能认定被告人有罪的，应根据再审认定的事实、证据和有关法律规定，阐明原判认定被告人构成犯罪的证据不足，犯罪不能成立。

2. 定罪正确，量刑不当的案件，应当根据再审认定的事实、证据和有关法律规定，通过分析论证，说明原判定性正确，但量刑不当，以及对被告人为什么应从轻、减轻、免除处罚或从重处罚，并针对被告人的辩解及其辩护人的辩护意见，表示是否予以采纳。

3. 变更罪名的案件，应根据再审认定的事实、证据和有关法律规定，通过分析论证，说明原判定性有误，但被告人的行为仍构成犯罪，以及犯何罪，是否应从轻、减轻、免除处罚或从重处罚；并针对被告人的辩解及其辩护人的辩护意见，表示是否予以采纳。

（三）尾部的写法

依照第二审程序再审的案件，直接改判被告人死刑立即执行的，将"本判决为终审判决"改为"本判决依法报请最高人民法院核准"；如果系共同犯罪案件，其中有改判原审被告人死刑的，在尾部应写明："对原审被告人×××改判死刑的判决，由本院依法报请最高人民法院核准"。

五、再审刑事判决书实例与评析

【实例】

××自治区高级人民法院
刑事判决书[1]

（2014）×刑再终字第00005号

原公诉机关××自治区××市人民检察院。

申诉人李××，男，1940年出生，蒙古族，系原内蒙古××厂退休工人，住呼和浩特市赛罕区。系原审被告人呼××父亲。

申诉人尚××，女，1952年出生，汉族，系原内蒙古××厂退休工人，住

---

[1]　资料来源：http：//blog. sina. com. cn/s/blog_ 63aeaff70102vc8j. html.

呼和浩特市赛罕区。系原审被告人呼××母亲。

原审被告人呼××，男，1977 年 8 月 9 日出生，蒙古族，系原呼和浩特市××厂工人，捕前住呼和浩特市新城区。因本案于 1996 年 4 月 12 日被收容审查，同年 5 月 10 日被逮捕，6 月 10 日被执行死刑。

辩护人苗×，××律师事务所律师。

辩护人王×宇，××律师事务所律师。

××市人民检察院指控被告人呼××犯故意杀人罪、流氓罪一案，××市中级人民法院于 1996 年 5 月 17 日作出（1996）××刑初字第 37 号刑事判决，认定呼××犯故意杀人罪，判处死刑，剥夺政治权利终身；犯流氓罪，判处有期徒刑五年，决定执行死刑，剥夺政治权利终身。呼××不服，提出上诉。本院于 1996 年 6 月 5 日作出（1996）×刑终字第 199 号刑事裁定，驳回上诉，维持原判，并根据最高人民法院授权高级人民法院核准部分死刑案件的规定，核准以故意杀人罪判处呼××死刑，剥夺政治权利终身。1996 年 6 月 10 日呼××被执行死刑。呼××父亲李××、母亲尚××向本院提出申诉。本院于 2014 年 11 月 19 日作出（2014）×刑监字第 00094 号再审决定，对本案进行再审。本院依法另行组成合议庭审理了本案。经过阅卷，听取申诉人、辩护人、检察机关的意见，现已审理终结。

××市中级人民法院一审判决认定，1996 年 4 月 9 日晚 20 时 40 分许，被告人呼××酒后到××市新城区诺和木勒大街内蒙古某厂宿舍 57 栋平房西侧的公共厕所外窥视，当听到女厕所内有人解手，便进入女厕所内将正在解手的被害人杨××脖子搂住，后采用捂嘴、扼颈等暴力手段强行将杨××按倒在厕所便坑的隔墙上对杨××进行流氓猥亵。当听到厕所外有动静，呼××便逃离作案现场。杨××因呼××扼颈致窒息当场死亡。认定上述犯罪事实的证据，有证人证言、刑事科学技术鉴定书、物证检验报告、尸体检验报告、现场勘查笔录和呼××的供述等。

一审判决对公诉机关提出的关于被告人呼××在公共场所采取暴力手段猥亵妇女并扼颈致杨××窒息死亡，应依法予以严惩的意见，予以支持；对呼××辩护人提出的呼××认罪态度好等辩护意见，不予采纳；以故意杀人罪、流氓罪对呼××数罪并罚，判处死刑，剥夺政治权利终身。

宣判后，呼××以没有杀人动机，请求从轻处理等为由，提出上诉。

本院二审认定的犯罪事实、证据与一审判决一致。对呼××提出的上诉理由不予采纳，裁定驳回上诉，维持并核准原判。

再审中，申诉人李××、尚××请求尽快公平公正对本案作出判决。

辩护人提出原判事实不清，证据不足，应宣告呼××无罪的辩护意见。主要理由：1、杨××去往案发现场的时间和呼××具有的作案时间存在无法合理排除的矛盾，不符合逻辑。2、呼××对实施犯罪行为的手段、情节等有关供述，细节不断变化，难以确定，存在无法合理排除的矛盾。没有直接的书证、物证、检验鉴定等证据证实呼××作案。认定杨××因呼××扼颈致窒息死亡的事实不清，证据不足。3、呼××关于杨××衣着、体貌、口音特征的供述与客观事实存在矛盾，不符合常理。4、杨××血型与呼××指甲缝中附着物血型鉴定一致，但血型鉴定不具有唯一性和科学性，呼××指甲缝内附着物为O型人血，难以认定就是杨××的血迹。

××自治区人民检察院认为，原判认定呼××构成故意杀人罪、流氓罪的事实不清，证据不足，应通过再审程序，作出无罪判决。

经再审查明，1996年4月9日晚19时45分左右，被害人杨××称要去厕所，从××市锡林南路千里香饭店离开，当晚21时15分后被发现因被扼颈窒息死于内蒙古某厂宿舍57栋平房西侧的公共厕所女厕所内。原审被告人呼××于当晚与其同事闫×吃完晚饭分手后，到过该女厕所，此后返回工作单位叫上闫×到案发女厕所内，看到杨××担在隔墙上的状态后，呼××与闫×跑到附近治安岗亭报案。

上述事实，有证人闫×、申××等人证实呼××当天晚上活动及报案情况的证言，证实案发现场情况的现场勘查笔录，证实杨××系被扼颈致窒息死亡的尸体检验报告，原审被告人呼××对当天晚上活动情况的供述和辩解等证据予以证实，本院予以确认。

原判认定原审被告人呼××采用捂嘴、扼颈等暴力手段对被害人杨××进行流氓猥亵，致杨××窒息死亡的事实，没有确实、充分的证据予以证实。

1. 原审被告人呼××供述的犯罪手段与尸体检验报告不符。呼××供称从杨××身后用右手捂杨××的嘴，左手卡其脖子同时向后拖动杨××两三分钟到隔墙，与"死者后纵隔大面积出血"的尸体检验报告所述伤情不符；呼××供称杨××担在隔墙上，头部悬空的情况下，用左手卡住杨××脖子十几秒钟，与"杨××系被扼颈致窒息死亡"的尸体检验报告结论不符；呼××供称杨××担在隔墙上，对杨××捂嘴时杨××还有呼吸，也与"杨××系被扼颈致窒息死亡"的尸体检验报告结论不符。

2. 血型鉴定结论不具有排他性。刑事科学技术鉴定证实呼××左手拇指指甲缝内附着物检出O型人血，与杨××的血型相同；物证检验报告证实呼××本人血型为A型。但血型鉴定为种类物鉴定，不具有排他性、唯一性，不能证实呼××实施了犯罪行为。

3. 呼××的有罪供述不稳定，且与其他证据存在诸多不吻合之处。呼××

在公安机关侦查阶段、检察机关审查起诉阶段、法院审理阶段均供认采取了卡脖子、捂嘴等暴力方式强行猥亵杨××，但又有翻供的情形，其有罪供述并不稳定。呼××关于杨××身高、发型、衣着、口音等内容的供述与其他证据不符，其供称杨××身高 1.60 米、1.65 米，尸体检验报告证实杨××身高 1.55 米；其供称杨××发型是长发、直发，尸体检验报告证实杨某某系短发、烫发；其供称杨××未穿外套，尸体检验报告证实杨××穿着外套；其供称杨××讲普通话与杨××讲方言的证人证言不吻合。原判认定的呼××犯流氓罪除其供述外，没有其他证据予以证明。

本院认为，原判认定原审被告人呼××犯故意杀人罪、流氓罪的事实不清，证据不足。对辩护人的辩护意见、检察机关的检察意见予以采纳。对申诉人的请求予以支持。经本院审判委员会讨论决定，依照《中华人民共和国刑事诉讼法》第二百四十五条、第二百二十五条第一款第（三）项、第二百三十一条、第二百三十三条、第一百九十五条第（三）项及《最高人民法院关于适用〈中华人民共和国刑事诉讼法〉的解释》第三百八十四条第三款、第三百八十九条第二款的规定，判决如下：

一、撤销本院（1996）×刑终字第 199 号刑事裁定和××自治区××市中级人民法院（1996）×刑初字第 37 号刑事判决；

二、原审被告人呼××无罪。

本判决为终审判决。

审 判 长　　孙　×

审 判 员　　王×雷

审 判 员　　图　×

二〇一四年×月×日

书 记 员　　邹×敏

【评析】

呼××案曾引起社会的广泛关注，再审认定呼××无罪。这份刑事判决书的优点表现在：①首部项目齐全、格式规范。首部按照"原公诉机关……""申诉人……""原审被告人……""辩护人……"的顺序列项，并在"案件由来和审判经过"段部分写明原审案件的性质、原审何时作出判决、提起再审的根据和审判经过等，符合《法院刑事诉讼文书样式》的规定。②叙述事实和辩护意见层次分明。对于一审和二审法院认定的事实、证据、判决理由和判决结果进行了高度概括，分段叙写，眉目清晰。然后采用分条列项的方法叙写了辩护人的意见，这些意见既是提出再审的原因，也是再审改判的依据，可以看出制作者将之视为重点内容多着笔墨。③再审观点鲜明，从三个方面指出原审证据存在的问题，也基本回应了辩护意见，文字表述简明扼要。

这份刑事判决书也存在缺点：①本案作为再审案件，争议的焦点在于诉讼各方对原审判决的质疑，若辩护方和检察机关均有质疑，双方对于原判的质疑是否高度一致，如果一致，应有所交代；如果还有差别，那么对于检方的意见不应一笔带过。②本判决书虽然指出了原审证据存在的问题，但仅简单对比，缺乏进一步的分析和论证，证据和事实之间的关联、各个证据之间的关联不甚明了，依据现有的证据是如何勾画出无罪图景的论证过程并不清晰。

第五节 刑事裁定书

一、刑事裁定书的概念和功能

刑事裁定书，是指人民法院在刑事案件审判和执行过程中，就案件的有关程序问题和部分实体问题依法作出处理时制作的法律文书。

刑事裁定书的适用范围较广，不但适用于程序问题，如驳回自诉、中止审理案件；还适用于部分实体问题，如驳回上诉或抗诉，维持原判。制作刑事裁定书，能够解决审判过程中出现的问题，及时排除诉讼障碍，使刑事诉讼得以顺利进行。

二、刑事裁定书的格式

刑事裁定书的特点是一事一裁，所以格式较多。现只列二审维持原判用的刑事裁定书格式。

××人民法院

刑事裁定书

（××××）×刑终字第×号

原公诉机关××人民检察院。

上诉人（被告人）……（写明姓名、性别、出生年月日、民族、出生地、文化程度、职业或者工作单位和职务、住址和因本案所受强制措施情况等，现羁押处所）。

辩护人……（写明姓名、工作单位和职务）。

××人民法院审理××人民检察院指控原审被告人×××犯××罪一案，于××××年×月×日作出（××××）×刑初字第×号刑事判决。原审被告人×××不服，提出上诉。本院依法组成合议庭，公开（或者不公开）开庭审理了本案。××人民检察院指派检察员×××出庭履行职务。上诉人（原审被告人）×××及其辩护人×××等到庭参加诉讼。现已审理终结。

……（首先概述原判决认定的事实、证据、理由和判决结果；其次概述上诉、辩护的意见；最后概述人民检察院在二审中提出的新意见）。

经审理查明，……（首先写明经二审审理查明的事实；其次写明二审据以定案的证据；最后针对上诉理由中与原判认定的事实、证据有异议的问题进行分析、认证）。

本院认为，……（根据二审查明的事实、证据和有关法律规定，论证原审法院判决认定事实、证据和适用法律是正确的。对于上诉人、辩护人或者出庭履行职务的检察人员等在适用法律、定性处理方面的意见，应当逐一作出回答，阐明不予采纳的理由）。依照……（写明裁定的法律依据）的规定，裁定如下：

驳回上诉，维持原判。

本裁定为终审裁定。

审　判　长　　×××

审　判　员　　×××

审　判　员　　×××

××××年×月×日

（院印）

本件与原本核对无异

书　记　员　　×××

三、刑事裁定书的基本内容

刑事裁定书的格式较多，内容不同，仅以几种常用的刑事裁定书为例。

刑事裁定书由首部、正文、尾部三部分组成。

（一）首部

1. 标题。分两行写明"××人民法院""刑事裁定书"。

2. 文书编号。文书编号写在标题右下方，写为：（××××）×刑终×号。编号由收案年度、法院代字、类型代字、案件编号组成。

3. 检察机关、当事人及其他诉讼参与人情况。可以参照与其同审级的刑事判决书的相应部分的写法来写。减刑、假释的裁定书，只写罪犯的身份情况。

4. 案由。各裁定书写法不同，具体可参照最高法院发布的《法院刑事诉讼文书样式》（样本）中的规定。

（二）正文

1. 一审驳回自诉刑事裁定书。概括说明驳回自诉的理由。即"本院审查认为，……（简写驳回自诉的理由）。依照……的规定（写明裁定的法律依据），裁定如下：驳回自诉人×××对被告人×××的控诉"。

2. 二审驳回上诉、维持原判裁定书。首先概述原判决认定的事实、证据、理由和判决结果，概述上诉、辩护及检察机关在二审中提出的新意见，接着概述二审审查查明的事实，重点针对上诉人、辩护人、抗诉方等提出的意见和理由进行反驳，并论证原判决在认定事实、适用法律方面的正确性。裁定结果，上诉（包括按照上诉程序的抗诉）的，写为"驳回上诉（或抗诉），维持原判（或裁定）"。按二审程序再审的，分三种情况，写为"维持××人民法院（××××）×刑初字第×号刑事判决"（原系一审的）；或"维持本院（××××）×刑终字第×号刑事裁定和××人民法院（××××）×刑初字第×号刑事判决"（原系二审维持原判的）；或"维持本院（××××）×刑终字第×号刑事判决"（原系二审改判的）。

3. 二审发回重审刑事裁定书。具体写明原判事实不清、证据不足，或者违反法律规定的诉讼程序的情形，阐明发回重审的理由。裁定结果写为："一、撤销××人民法院（××××）×刑初字第×号刑事判决；二、发回××人民法院重新审判。"

发回重审的裁定不处理案件的实体问题，原判决的基本内容和上诉、抗诉的主要意见从略，只要简要地增写"以……为由"即可。

4. 减刑、假释裁定书。写明罪犯被判处刑罚的情况，提起减刑或假释的机关及其理由，经合议庭审核确认减刑或假释的主要理由及法律依据，裁定结果。裁定结果可表述为："将罪犯××的刑罚，减为……（写明减后的刑种、刑期，包括附加剥夺政治权利的刑期和缩短后的缓刑考验期）。"如果是假释的，可写为"对罪犯××予以假释（假释考验期限自假释之日起至×××年×月×日刑满止）"。

5. 中止审理裁定书、终止审理裁定书。正文包括：需要中止审理的原因或需要终止审理的原因（被告人死亡或犯罪已过追诉时效期限，并且不是必须追诉或经特赦令免除刑罚的）及裁定结果。

（三）尾部

1. 告知事项或交代判决的法律效力。一审驳回自诉刑事裁定书，写为："如不服本裁定，可在接到裁定书的第二日起五日内，通过本院或者直接向××法院提出上诉。书面上诉的，应交上诉状正本一份，副本×份。"二审驳回上诉维持原判裁定书，写为："本裁定为终审裁定。"减刑、假释裁定书，终止审理裁定书写为："本裁定送达后即发生法律效力。"中止审理裁定书无此事项。

2. 署名、制文日期、院印、核对戳记。

四、刑事裁定书的写作方法和技巧

1. 针对实体问题的刑事裁定相对复杂，制作时可以参考判决书的写法。注意对事实、证据等的叙述要重点突出，有所侧重，论证有针对焦点问题，做到有的放矢，有理有据。针对程序问题的刑事裁定内容单一，写作难度小，按规定的格式，根据案件具体情况写作即可。

2. 裁定书一事一裁，应根据案件具体情况和裁定所要解决的问题，准确引用法律条文。

五、刑事裁定书实例与评析

【实例】

××省高级人民法院

刑事裁定书[1]

（2014）×刑终字第 00291 号

原公诉机关××省××市人民检察院。

上诉人（原审被告人）赵×梅，女，1973 年 12 月 30 日出生于××省××县，汉族，小学文化，农民，住××县。因涉嫌犯故意杀人罪于 2013 年 9 月 26 日被××县公安局刑事拘留，同年 10 月 10 日经××县人民检察院批准逮捕，次日由××县公安局执行逮捕。现羁押于××市看守所。

辩护人尹×凌，××律师事务所律师。

辩护人宋×号，××律师事务所实习律师。

上诉人（原审被告人）周×爱，男，1960 年 4 月 15 日出生于××省××县，汉族，初中文化，农民，住××县。因涉嫌犯故意杀人罪于 2013 年 9 月 26 日被××县公安局刑事拘留，同年 10 月 10 日经××县人民检察院批准逮捕，次日由××县公安局执行逮捕。现羁押于××县看守所。

辩护人马×申，××律师事务所律师。

---

[1] 资料来源：http://www.pkulaw.cn/case_es/pfnl_1970324840962669.html? match=Exact.

原审被告人赵×中，男，1951年4月20日出生于××省××县，汉族，文盲，农民，住××县。因涉嫌犯窝藏、包庇罪于2013年9月26日被××县公安局刑事拘留，因涉嫌犯包庇罪于同年10月10日经××县人民检察院批准逮捕，次日由××县公安局执行逮捕。2014年9月24日被××市中级人民法院决定取保候审。

××省××市中级人民法院审理××市人民检察院指控原审被告人赵×梅、周×爱犯故意杀人罪，赵×中犯包庇罪一案，于2014年7月18日作出（2014）×中刑初字第00028号刑事判决。原审被告人赵×梅、周×爱均不服，分别提出上诉。本院依法组成合议庭，经过阅卷、讯问原审被告人，听取辩护人的意见，认为事实清楚，决定不开庭审理。本案现已审理终结。

原判认定：被告人赵×梅与被害人赵×甲（男，殁年44岁）系夫妻关系。赵×甲平时有酗酒嗜好，酒后常无故滋事，为此两人经常发生矛盾。2013年上半年，赵×梅与被告人周×爱相识，后发展为情人关系，两人曾多次商量过杀死赵×甲。

2013年9月23日下午，被害人赵×甲邀请周×爱帮助被告人赵×中修理电路。当晚三人到赵×甲家中吃饭、喝酒，赵×甲因赵×梅买啤酒之事而辱骂赵×梅。酒后，赵×甲脱掉自身上衣、长裤，再次对赵×梅进行辱骂并欲殴打赵×梅，周×爱见状从赵×甲身后将其抱住，赵×梅趁机持板凳、砖头打击赵×甲头部，又持水果刀捅刺赵×甲腿部，赵×甲挣扎时被周×爱打倒在地。之后周×爱与赵×中将赵×甲抬至床上并擦拭身上血迹。因赵×甲称胃疼，赵×梅先打电话联系村卫生室医生崔×山、苏×生，后又到村卫生室购买西米西丁、止痛药等给赵×甲喂服。次日晨，三被告人发现赵×甲死亡，周×爱、赵×中遂将赵×甲身上血迹擦净并为其换上干净的衣服。周×爱安排三人共同隐瞒赵×甲真实死因，后赵×中在侦查机关对其第一次调查时未如实供述。经法医鉴定，被害人赵×甲死亡原因系颅脑损伤。

上述事实，有下列证据予以证实：

1. 现场勘验检查笔录、现场图及现场照片证实：现场位于××县朝阳镇京渠村赵×甲家中，赵×甲家为坐北朝南三间砖瓦顶堂屋、一间东偏房厨房。院内东侧厨房内有两个口袋，从口袋中的床单和红色上衣的红色斑痕分别提取样品。对赵×甲家堂屋内床头柜上台式电风扇顶部、容声牌冰箱背部、西间木床与木柜之间地面、西间南侧红色木桌下方地面、屋中间板凳上、屋东南角木床西地面血泊中等处的红色斑痕拍照后用棉签沾取提取。现场提取一个板凳，一把红色塑料柄水果刀，刀柄长10厘米，刀刃长14厘米，刀刃上有红色斑痕，拍照后原物提取。

2. 物证水果刀一把及板凳一个，一审庭审经赵×梅辨认系其使用的作案工具，并有物证提取笔录在案证实。

3. 鉴定意见。

（1）××省××县公安司法鉴定中心（灵）公（司）鉴（法）字（2013）832号法医学尸体检验鉴定书及尸检照片证实：尸表检验见，死者赵×甲左额部头皮有一1.8厘米创口，其后有一4.5厘米的头皮创口（内侧），外侧分叉的头皮创口长1.5厘米，左顶后部有一1.1厘米×0.8厘米的头皮挫伤，其右侧有一0.9厘米的头皮创口，右顶后部有一2.5厘米×0.4厘米的头皮挫伤，其左侧有一长1.5厘米的条形头皮挫伤；左侧面额部、面额中部等处有多处挫伤，左大腿有一处创口。解剖检验见，死者赵×甲左颞顶部头皮有一14.0厘米×10.0厘米的皮下出血，其下有一14.0厘米×10.0厘米肌层出血；打开颅腔，左顶部颅骨内板见一长2.0厘米的骨折线，颅骨外板无骨折线，小脑幕上蛛网膜下腔出血。左胸锁关节处有一4.0厘米×2.0厘米肌层出血。鉴定意见：赵×甲的死亡原因系颅脑损伤。

（2）××市公安司法鉴定中心（宿）公（司）鉴（物证）字（2013）375号、（2014）114号物证鉴定书证实：1、标记为赵×甲乳头擦拭物、指甲、左手指尖擦拭物，现场西间屋蓝色桌子北侧地面、冰箱后背底部缝中、东间床、东间床北头地面、堂屋内小板凳、厨房中口袋所装红色上衣、衣柜顶部水果刀等处的可疑斑迹，均检出人血反应，检出同一人基因型，其为赵×甲所留的可能性是无关个体所留的可能性的1.05×1020倍，即似然比率为1.05×1020:1。2、检出赵×甲、赵×梅、赵×港人血基因型，经过比对，在排除同卵双生和其他近亲关系的前提下，在所做的基因座中从遗传学角度已经得到科学性的解释，支持赵×梅为赵×港的生物学母亲，支持赵×甲为赵×港的生物学父亲。3、标记为口袋内擦地布、口袋内白色床罩、口袋内花被等检材，均检见人血反应，均未检出人基因型。4、标记为口袋内黑色内裤的检材一份，检见人血反应，检出人基因型，其为赵×甲所留的可能性是无关个体所留可能性的1.05×1020倍，即似然比率为1.05×1020:1。

4. 书证等证据。

（1）发破案及抓获经过证实：2013年9月25日10时许，××县朝阳镇朝阳村村民赵×峰到××县公安局朝阳派出所报案称，其叔赵×甲在朝阳镇京渠村家中死亡，他怀疑赵×甲死亡原因。该所所长马×遂将情况通知××县公安局刑警大队××中队，该队侦查员赶往现场调查，发现现场混乱并有大量滴落和喷溅血迹，分析赵×甲应为他杀，赵×梅有重大作案嫌疑。××县公安局立即将赵×梅带至公安机关展开调查。赵×梅在第二次问话中即供述了伙同周×

爱杀害赵×甲及赵×中犯包庇罪的事实。当日该局立案侦查，先后将赵×中、周×爱抓获。

（2）通话记录证实：案发前后及当日，赵×梅的手机131×××××××与周×爱的手机130×××××××、150×××××××多次通话、发短信情况，案发当晚赵×梅、周×爱的手机与赵×坤的手机183×××××××、崔×山的手机158×××××××、苏×生的手机159×××××××通话等情况。

（3）谅解书证实：被害人赵×甲子女赵×港、赵×妹对赵×梅的犯罪行为表示谅解，请求对赵×梅从轻或减轻处罚。

（4）户籍证明证实：当事人的身份事项。

5. 证人证言。

（1）赵×乙的证言证实：2013年9月25日，他到赵×甲家发现赵×甲头部有伤。赵×梅说赵×甲是9月23日酒后摔伤头，又自己用板凳砸头，9月24日死亡的。他怀疑赵×甲的死亡原因，就报了警。

（2）赵×丙的证言证实：案发当日23时许，赵×梅打电话说赵×甲打她，让他去抱走赵×妹。后他和妻子打雨伞去赵×梅家，到堂屋见赵×甲躺在东边小床上，周×爱、赵×中正在给赵×甲擦脸上的血。赵×梅说赵×甲酒后打她，她拿板凳砸的。这时赵×甲骂他，他抱赵×妹回家了。次日晨六七点钟，赵×梅说赵×甲死了。赵×甲喜欢喝酒，酒后好闹事，村里很多人恨赵×甲。2011年阴历8月12日，赵×甲酒后用镰刀把他的左胳膊及他妻子的左手掌砍伤，还将他家的一头小牛砍死，一头牛砍伤。

（3）赵×丁的证言证实：2013年9月24日，他从学校回家见他父亲赵×甲死了。赵×梅说赵×甲是喝多酒磕死的。他见赵×甲额头、头顶有几处伤。后来赵×甲家那边的人报警的。赵×甲是招亲来的，平常喜欢喝酒，酒后好打赵×梅。

（4）赵×戊的证言证实：案发当晚，她父亲赵×甲与周×爱、赵×中在她家堂屋喝酒。后她在厨房听到赵×甲让赵×梅拿啤酒，两人发生吵打，赵×梅拿板凳砸赵×甲的头，周×爱搂赵×甲坐在床上。后来，赵×梅打电话让赵×坤带她去睡觉。赵×甲和赵×梅经常吵架。

（5）崔×山（村卫生室医生）的证言证实：案发当晚22时57分，赵×梅打他的手机说赵×甲喝多酒难受，让他去给赵×甲挂吊水，他在电话里听到赵×甲哼哼叽叽的。他告诉赵×梅是苏×生值班。次日晨，他到赵×梅家见赵×甲躺在床上已死亡，赵×甲头部有几条弧形伤口。赵×甲喝多酒就闹事，脱衣服在村里跑，以前喝酒打赵×梅，还把赵×梅父母家的牛砍死。

（6）苏×生（村卫生室医生）的证言证实：当晚下大雨，赵×梅到村卫生室说赵×甲喝多酒胃难受，头磕破了，让他去挂吊水。因为赵×甲喝多酒发疯，他不敢给其扎针，就让赵×梅带赵×甲去镇医院。赵×梅不愿意，让他开药，他就开了西米西丁、6542 等药给赵×梅。几年前，赵×甲喝酒把赵×梅父母家的大牛砍伤、小牛砍死，还把赵×梅父母砍伤。

（7）魏×艳的证言证实：案发当日下大雨，晚饭后赵×梅到她家小店买三瓶啤酒。赵×甲喝酒好脱衣服撒泼，以前把赵×梅父母家的牛砍死了，还砍伤赵×梅父母。

（8）刘×灵的证言证实：她家开商店，案发当夜下着雨，赵×梅到她家买了一提啤酒。

（9）赵×己的证言证实：案发当日，赵×甲去接周×爱给京渠村的人修理电路。次日晨，周×爱回家说赵×甲和其妻子吵架，他拉架，在那看了一夜。

6. 被告人的供述。

（1）赵×梅的供述证实：赵×甲因犯寻衅滋事罪被关押在××县看守所期间，她和周×爱认识，2013 年上半年发展为情人关系。周×爱曾向她提议杀死赵×甲。同年 9 月 23 日下午，赵×甲找周×爱帮赵×中家修电路。当晚，赵×甲喊周×爱到她家吃饭，赵×中带了白酒、菜。后赵×甲骂她让她去买啤酒，她买了三瓶啤酒，赵×甲骂她买的少，让再去买。她又去买了一提啤酒。22 时许，赵×甲将上衣、裤子都脱了，不停地骂她，还要打她。周×爱从身后抱住赵×甲，她拿起小板凳朝赵×甲头上砸三四下，后又砸两下。赵×甲还是骂她，要打她。当时她心里一横，就想砸死赵×甲，又拿砖头砸赵×甲的头，拿一把水果刀扎赵×甲左大腿一下，赵×甲流很多血。砸赵×甲时，周×爱向她竖大拇指，意思是她砸得好。之后赵×甲被周×爱打一巴掌倒在地上，周×爱把赵×甲抱到东边床上。周×爱和赵×中端水给赵×甲擦血，她用衣服擦地上的血。她打电话给村医生让给赵×甲看伤，医生没有来。赵×甲说胃痛，她去找苏×生拿药给赵×甲吃。周×爱、赵×中在她家睡觉。睡觉时，周×爱给她发了"老婆，你真厉害"的短信。次日晨，她发现赵×甲死亡，周×爱、赵×中为赵×甲换了衣服。周×爱安排对外说赵×甲是喝酒磕死的。他们将擦地上血的布、沾血的床单、赵×甲的衣服等装进口袋放在厨房里。赵×甲是招亲到她家的，平时喜欢喝酒，喝酒就打骂她，还把她母亲的手砍伤，把牛砍死。

（2）周×爱的供述证实：他和赵×甲从小认识。他去看守所看儿子时认识的赵×梅，后发展为情人关系。赵×梅向他提过几次要杀死赵×甲跟他过，他没有同意。案发当日 15 时许，赵×甲给他打电话并去接他帮赵×中家修理电路。当晚，三人在赵×甲家吃饭。20 时许，赵×甲让赵×梅去买啤酒，赵×梅买了三瓶啤酒，赵×甲嫌酒少，骂赵×梅。赵×梅又去买一提啤酒。他们三人喝一斤半白酒，又喝了几瓶啤酒。后赵×甲把身上衣服脱得只剩下内裤。赵×梅责怪赵×甲，赵×甲又要打赵×梅，他抱住赵×甲的后腰，赵×梅拿板凳、砖头砸赵×甲头部。赵×甲打他，他随手打赵×甲一巴掌，赵×甲倒在地上，头部流血。他和赵×中把赵×甲抬到东边床上，赵×甲讲胃痛，赵×梅打电话给医生，医生没来，赵×梅又去卫生室给赵×甲拿药吃。他和赵×中在赵×甲床边睡。睡觉时，他给赵×梅发了"老婆，你真厉害"的短信。次日晨，他们发现赵×甲死亡。他说对外要口径一致，就说赵×甲喝醉酒自己磕的。之后他和赵×中为赵×甲换了干净的衣服。

（3）赵×中的供述证实：案发当日下午，赵×甲找周×爱帮他修电路，修好后，三人到赵×甲家吃饭。后赵×甲骂赵×梅让去买啤酒。22时许，赵×甲脱下上衣、裤子与赵×梅吵骂。赵×甲想拿板凳打赵×梅，周×爱抱住赵×甲，赵×梅就用板凳、砖头砸赵×甲的头，又拿一把小刀扎赵×甲左大腿一下。赵×甲挣扎想打赵×梅，并打周×爱两下，周×爱打赵×甲一下，赵×甲倒在地上，流很多血。他和周×爱将赵×甲抬到东边床上，用水为赵×甲擦血。赵×梅父母来带小孩，赵×甲就骂。后来赵×甲说胃痛，赵×梅去给赵×甲拿药吃。次日晨，赵×梅发现赵×甲死亡，他们为赵×甲换了衣服。周×爱安排让说赵×甲是喝酒磕死的。在侦查人员对他第一次问话时，他没有说真实情况。赵×甲平时好喝酒闹事，曾用刀砍伤赵×梅的父母，还砍死了赵×梅父母家的牛。

原审法院认为：被告人赵×梅因家庭纠纷，伙同被告人周×爱持械将被害人赵×甲杀死，其行为均构成故意杀人罪。被告人赵×中明知赵×梅、周×爱是犯罪的人，作虚假证明予以包庇，其行为构成包庇罪。在共同犯罪中，赵×梅、周×爱互相配合，积极实施杀人行为，均起主要作用，系主犯。鉴于本案系因家庭矛盾引发，被害人在案发起因上具有过错，被害人亲属对赵×梅的行为表示谅解，赵×梅认罪、悔罪，对赵×梅可酌情从轻处罚。周×爱在共同犯罪中所起作用比赵×梅相对较小，对周×爱可酌情从轻处罚。赵×中认罪、悔罪，对赵×中亦可酌情从轻处罚。依照《中华人民共和国刑法》第二百三十二条，第二十五条第一款，第二十六条第一款、第四款，第五十七条第一款，第六十一条，第六十四条、第三百一十条第一款之规定，判决：一、被告人赵×梅犯故意杀人罪，判处无期徒刑，剥夺政治权利终身。二、被告人周×爱犯故意杀人罪，判处无期徒刑，剥夺政治权利终身。三、被告人赵×中犯包庇罪，判处有期徒刑一年。四、没收作案工具水果刀一把。

赵×梅上诉提出：1、一审法院认定其伙同周×爱持械将赵×甲杀死，缺少证据支持。案发当天是因为赵×中家的电线需要修理，赵×甲找到周×爱帮忙修理，其与周×爱对此不具有任何合意行为，在本案中不存在任何犯罪预备行为。本案发生的诱因是因为被害人酒后对其辱骂殴打，其一时气愤反击而对被害人实施了殴打行为，是被害人酒后滋事的行为引发了本案。2、一审法院认定其明知行为可能导致他人死亡而放任结果发生，与事实不符。其联系了医生进行治疗，但因天气原因医生未来救治，其又买了药品对被害人进行了救治，积极履行了救治义务，不具有放任他人死亡的犯罪故意。3、被害人的死亡超出其预料，案发当天他们三人均判断赵×甲不会出现死亡。4、法医学尸体检验鉴定书不严谨且不全面，不能排除赵×甲因其他原因死亡的可能性。一审法院认定其行为构成故意杀人罪，证据不足。请求二审法院依法改判其为故意伤害罪并处以较轻刑罚。

赵×梅的辩护人除提出与赵×梅的上诉理由相同的辩护意见外，另提出：1、一审法院将该案定性为故意杀人，证据不足。理由是根据赵×梅、周×爱的供述内容不能认定案发当天赵×梅有杀人故意，从本案的案发时间、地点、原因、经过及所使用工具，从赵×梅犯罪前、犯罪后的客观行为，从现场参与人员及犯罪地点来看，能够认定赵×梅不具有杀人的犯罪主观故意。对本案定性为故意伤害罪为宜。2、赵×梅自愿认罪，取得了被害人近亲属谅解，存有诸多从轻、减轻处罚情节，建议对赵×梅处以较轻刑罚。

周×爱上诉提出：1、虽然其与赵×梅是情人关系，但之前赵×梅提出要杀死赵×甲，他没同意，这次赵×甲夫妻打架及出现赵×甲死亡与之前的事情没有联系，其案发当晚无杀人罪行，不是因情人关系引发杀人。2、案发当天赵×甲与赵×梅打架，其拉架是人之常情，其抱住赵×甲只是拉架行为，抱住赵×甲之前未发现赵×梅有打赵×甲的动机。其在赵×梅持械伤害赵×甲时，喝令赵×梅不准打，已阻止赵×梅的行为，其抱住赵×甲时没有向赵×梅伸大拇指。3、其在赵×甲受伤后有救助情节，其行为不构成故意杀人罪。请求二审法院从轻判处。

周×爱的辩护人除提出与周×爱的上诉理由相同的辩护意见外，另提出：1、周×爱与赵×甲没有矛盾，赵×甲酒后有暴力倾向，赵×甲与赵×梅打架时，周×爱一直想保护处于弱势的赵×梅，赵×甲受伤后对被害人进行了救治，周×爱有伤害赵×甲的故意，但不构成故意杀人罪。2、对被害人的死亡原因及赵×梅、周×爱的短信内容应查明予以确认。

经审理查明：原审判决认定的事实正确，列述了充分的证据予以证实，所列证据均经一审庭审举证、质证，并查证属实。本院审理中，上诉人、原审被告人、辩护人未提出新的证据。本院对原审判决认定的事实和证据予以确认。

对赵×梅提出的一审法院认定其构成故意杀人罪证据不足等上诉理由及其

辩护人的相关辩护意见，经查：赵×梅与周×爱有不正当两性关系，案发前曾与周×爱商议杀死被害人赵×甲。案发当天，赵×梅在赵×甲酒后对其辱骂并欲对其殴打时，乘周×爱抱住赵×甲之机，持板凳、砖块多次砸击赵×甲的头部。赵×梅曾供称其当时就想砸死赵×甲。法医尸体检验鉴定意见亦证实其所实施的砸击行为致赵×甲颅骨骨折，颅脑损伤而死亡。该鉴定意见符合《刑事诉讼法》的有关规定，且与勘验检查笔录、物证、尸检照片等证据相互印证，应作为定案根据，赵×梅上诉所提该鉴定不严谨、不全面无事实依据，不予采纳。赵×梅在赵×甲受伤后未及时针对赵×甲头部的严重伤情进行抢救，其虽联系医生对赵×甲进行治疗，但未如实告知赵×甲的伤情，仅给赵×甲服用胃药等其他药品，并在家中等待直至赵×甲死亡。赵×梅明知其行为可能导致被害人赵×甲死亡，而放任死亡结果的发生，其主观上具有间接杀人故意，其行为构成故意杀人罪。一审法院认定其行为构成故意杀人罪事实清楚，证据确实、充分。赵×梅的此节上诉理由及其辩护人的相关辩护意见不能成立，不予采纳。

对周×爱提出其行为不构成故意杀人罪等上诉理由及其辩护人的相关辩护意见，经查：周×爱在案发前曾与赵×梅商议杀死被害人赵×甲。周×爱在赵×甲与赵×梅厮打时，未进行正确的劝阻，而是抱住被害人，限制被害人的活动，致使被害人未能进行躲避和防卫，配合、帮助了赵×梅的砸击行为。周×爱在被害人受伤后未及时针对被害人头部的严重伤情进行抢救。被害人死亡后，周×爱又提出三人要口径一致，对外说被害人是喝醉酒自己磕死的，意欲掩盖罪行。周×爱明知其行为可能导致被害人死亡，而放任死亡结果的发生，其行为构成故意杀人罪。一审法院认定其行为构成故意杀人罪事实清楚，证据确实、充分。周×爱提出的此节上诉理由及其辩护人的相关辩护意见不能成立，不予采纳。

本院认为：上诉人赵×梅与上诉人周×爱曾就杀害被害人赵×甲之事进行过商议，赵×梅在案发当天因故与赵×甲发生厮打时，周×爱抱住被害人赵×甲，赵×梅趁机持板凳、砖头多次砸击赵×甲头部，致赵×甲颅脑损伤死亡，二上诉人的行为均构成故意杀人罪。原审被告人赵×中明知赵×梅、周×爱是犯罪的人，作虚假证明予以包庇，其行为构成包庇罪。在共同犯罪中，赵×梅、周×爱互相配合，共同致被害人死亡，不分主从，分别依照二人在共同犯罪中所起的作用处罚。上诉人赵×梅、周×爱、原审被告人赵×中能如实供述自己的罪行，依法可从轻处罚。鉴于本案因家庭矛盾引发，被害人赵×甲在案发起因上具有一定的过错，被害人亲属对上诉人赵×梅的行为表示谅解，对二上诉人可分别依法酌情从轻处罚。原审判决对上述量刑情节，均予以考量。二审期间，被害人亲属虽对上诉人周×爱的行为表示谅解，但根据其犯罪情节，不予再从轻处罚。故二上诉人提出请求二审法院再对其从轻处罚的上诉理由及其辩护人的相关辩护意见不能成立，不予采纳。原审判决认定事实和适用法律正确，定罪准确，量刑适当，审判程序合法。依照《中华人民共和国刑事诉讼法》第二百二十五条第一款第（一）项的规定，裁定如下：

驳回上诉，维持原判。

本裁定为终审裁定。

审　判　长　许　×

代理审判员　杨×玫

代理审判员　吴×涛

二〇一四年十一月二十五日

书　记　员　苏　×

【评析】

这是一份针对故意杀人案的裁定书，裁定驳回上诉，维持原判。对原公诉机关、诉讼参与人的基本情况称谓规范、列项齐全。二审法院对一审法院认定的事实和证据没有异议，写作中将重点放在一审法院认定的事实和证据，以时序法将被告人犯罪的时间、地点、作案的动机、目的、手段、情节、危害后果以及作案后的态度展示出来。本案的被告人有三人，分别触犯两个罪名，在线性叙事的同时又梳理了各被告人在案件中的犯罪行为，整个犯罪事实非常清晰。对于证据，分门别类，显得有条不紊。对于二审法院认定事实和证据一笔带过，做到了"此繁彼简"，避免了文字上的重复。本案因被告人上诉引起二审，二审裁定书中对上诉人的上诉意见及辩护人的辩护意见予以充分的尊重，全面展现并逐次一一回应，尤其对赵×梅的上诉理由及其辩护人的辩护意见，结合本案事实和证据，分析了其主观上具有间接杀人故意，其行为构成故意杀人罪，使人信服。

但本裁定书也有明显的缺点，即说理还不够充分。在实践中，故意杀人和故意伤害有时颇难辨析。对本案而言，如果能结合本案案发原因、被告人的犯罪行为、事后态度和表现有针对性地进行剖析，既可以让被告人心服口服，又为维持原判奠定了扎实的基础。但可惜的是，制作者没有深入分析二罪在本案中的不同，对赵×梅上诉理由的驳辩刚发声就戛然而止，对周×爱上诉意见的驳斥也是泛泛而谈，给人隔靴搔痒之感。

第六节　法庭审理笔录

一、法庭审理笔录的概念和功能

法庭审理笔录，又称法庭笔录或审判笔录，是人民法院审理各类诉讼案件时，在法庭审理过程中，由书记员记载的关于审理活动的过程和内容的法律文书。

《刑事诉讼法》第 201 条第 1 款规定，法庭审判的全部活动，应当由书记员写成笔录，经审判长审阅后，由审判长和书记员签名。

法庭审理笔录是反映全部审判活动真实情况的文字记载。它是分析案情不可缺少的书面材料，也是法院制作裁判文书的依据。同时是法院系统内部检验审判工作质量、总结办案经验的重要资料，也是权力机关、检察机关对法院审判进行监督的重要途径。法庭审理笔录对依法办案、切实保障当事人的合法权益具有重要意义。

二、法庭审理笔录的格式

现列出刑事案件用的法庭审理笔录格式。

法庭审理笔录（第×次）

时间：××××年×月×日×时×分至×时×分

地点：

是否公开审理：

旁听人数：

审判人员：

书记员：

审判长（员）宣布开庭审理。

记录如下：……

三、法庭审理笔录的基本内容

法庭审理笔录由首部、正文、尾部组成。

（一）首部

1. 标题。即"人民法院审理法庭笔录"，要写明是第几次开庭。

2. 开庭的时间和地点。准确写明开庭的起止时间。

3. 案由和审判方式。公开审理的案件，注明旁听的人数。不公开审理的案件，记明不公开审理的理由。

4. 宣布开庭的情况。由书记员宣布法庭纪律。开庭时，审判长（员）依照《中华人民共和国刑事诉讼法》的规定，依次核对当事人是否到庭，宣布案由，宣布审判人员、书记员、公诉人、辩护人、诉讼代理人、鉴定人和翻译人员的名单，告知当事人诉讼权利和义务，是否申请回避等，以上内容均应记入笔录。

（二）正文

记录法庭审判的全部活动，包括当事人和其他诉讼参与人的诉讼活动，法庭调查、法庭辩论、被告人最后陈述的庭审程序内容。当庭宣布判决结果的，应一并记明。合议庭评议的情况，只需注明"合议庭休庭评议"即可。如果出现延期审理的情况，应记清原因。如果庭审中出现违反或严重扰乱法庭秩序的，法庭作出的处理决定，要记入笔录。

（三）尾部

1. 当事人、其他诉讼参与人签名或盖章。

2. 审判人员、书记员签名。

四、法庭审理笔录的写作方法和技巧

1. 庭审笔录作为法定人员（书记员）对庭审全过程的即时书面文字反映，必然以庭审实际情况为基础，不能游离于庭审之外，它具有客观性。写作时要实录。

2. 正如庭审过程本身具有中心或焦点一样（如举证、质证、辩论等），庭审笔录也有侧重点。记录时要把握重点，对于控辩双方的争议焦点要详细记录，要抓住双方的论点、论据去写，不要遗漏。

3. 法庭笔录应当在庭审后交给当事人阅读或者向其宣读。当事人认为记录有遗漏或差错的，可以请求补充或改正。当事人确认无误后，应签名或盖章。法庭笔录中的出庭证人的证言部分，应在庭审后交给证人阅读或向其宣读。证人确认无误后，应签名或盖章。笔录经审判长（员）审阅后，由审判长或独任审判员和书记员签名。

五、法庭审理笔录实例与评析

【实例】

人民法院法庭审理笔录[1]

时间：2008 年 4 月 6 日 9 时 10 分至 12 时

地点：第一法庭

是否公开审理：否

---

〔1〕 宋健主编：《法律文书的制作与应用》，中国政法大学出版社 2012 年版，第 235 页。

旁听人数：

审判人员：盛××、杨××、徐××

书记员：范××

记录如下：

书记员：下面宣布法庭纪律：

1. 未经许可，不得录音、录像和摄影；

2. 不得随意走动和进入审判区；

3. 不得鼓掌、喧哗、哄闹和实施其他妨碍审判活动的行为；

4. 不得发言提问；

5. 不得吸烟和随地吐痰；

6. 随身携带的移动电话等通信工具必须关闭或调到振动位置；

7. 对法庭的审判活动有意见，可以在闭庭以后以书面或口头形式向人民法院提出；

8. 违反法庭纪律的，审判长可以当庭口头警告、训诫，也可以责令退出法庭，对于严重扰乱法庭秩序的人，将依法追究其刑事责任。

请审判长入庭，全体起立。

审：（敲法槌）现在开庭，传被告人陈××到庭。

（法警将被告人陈××带上法庭）

审：被告人，你的姓名、出生日期、住址等情况？

被：我叫陈××，男，×年×月×日出生，汉族，××市知音中学初二年级学生，家住××市××区××路××号。

审：被告人法定代理人是否到庭？

被代：到庭。

审：你的姓名、出生日期、住址、与被告人的关系？

被代：陈×，男，×年×月×日出生，汉族，无业，住××市××区××路××号，系被告人父亲。

审：被告人，你过去是否受到过法律处分？

被：没有。

审：被告人，你这次是否被采取强制措施？

被：×年×月×日因涉嫌抢劫罪被××市公安局××分局刑事拘留，×年×月×日被执行逮捕。×年×月×日晚20点多在家里被抓。

审：被告人，检察机关的起诉书副本是否收到？何时收到？

被：收到，×年×月×日收到的。

审：××市××区人民法院刑事审判庭，根据《中华人民共和国刑事诉讼法》第一百五十二条之规定，今天在本法庭对由××市××区人民检察院提起公诉的被告人陈××抢劫罪一案依法进行公开开庭审理。法庭由审判员盛××、审判员杨××、代理审判员徐××组成合议庭，盛××担任审判长，书记员范××担任本庭记录。××市××区人民检察院指派检察员金××、施××出庭支持公诉。××市公正律师事务所律师王××出庭为被告人陈××辩护，被告人陈××、被告人法定代理人陈×到庭参加诉讼。

审：根据《中华人民共和国刑事诉讼法》第一百五十四条之规定，如果当事人对上述合议庭组成人员、书记员、公诉人，认为与本案有利害关系，可能影响本案的公正处理，有权申请回避。被告人是否申请回避？

被代：不申请。

审：根据《中华人民共和国刑事诉讼法》第一百五十四条之规定，被告人在法庭上享有辩护的权利，你除了委托辩护人为你辩护外，还可以依据事实与法律自行辩护，是否听清？

被代：听清了。

审：全体诉讼参与人还享有以下诉讼权利：

1. 被告人在法庭审理过程中，可以提出证明被告人有罪、无罪、罪重、罪轻的证据，申请通知新的证人到庭或调取新的物证，申请重新鉴定或者勘验。

2. 被告人在法庭辩论终结后有最后陈述的权利。

审：被告人，你听清了没有？

被代：听清。

审：首先由公诉人宣读起诉书。

公：宣读起诉书（略）。

审：被告人，起诉书内容是否听清？

被：听清。

审：被告人，起诉书指控是否是事实？

被：是事实。

审：被告人对起诉书指控你的罪名有无异议？

被：无异议。

审：被告人，你对事实有无补充？

被：没有。

审：下面公诉人就起诉书指控的犯罪事实对被告人进行讯问。

公：你以前所讲的是否是事实？

被：是事实。

公：你认为你的行为构成何罪？

被：抢劫罪。

公：案发当天你在干什么？

被：我在上网打游戏。

公：你是否经常上网？

被：是的，家里没有电脑，于是我经常上网吧。

公：你当时为何会找被害人？目的是什么？

被：当时只是想弄点钱，被害人是我的网友，又正好在网上，所以想到他那里弄钱。

公：你对被害人干了什么？

被：我把他叫出来，问他要钱。

公：是拉出来，还是叫出来。

被：拉出来，他不肯跟我走。

公：出来后你对他干了什么？

被：我打了他两个耳光，还踢了他几下。

公：他有没有反抗？

被：没有。他很害怕。

公：你是否对被害人搜身？

被：搜了。共搜到97元钱。

公：你是怎么用这97元钱的？

被：50元支付了上网的钱，还有47元就买了两包烟和珍珠奶茶。

公：你是否知道被害人身上有钱？

被：不知道，我不认识他，但看他的穿着想他一定有钱。因为他穿了一身名牌。

公：和你一起抢钱的还有谁？

被：没有了。

公：王××和邓××你是否认识？

被：认识，他们是我的同学，但那天他们走了。

公：他们什么时候走的？

被：在我叫被害人出来之后走的。

公：他们有没有参与打被害人？

被：没有。

公：审判长，我没有问题了。

审：下面进行法庭举证，先由公诉人举证，并就证据的来源和证明力作简要评析。

公：宣读被告人供述笔录节录（略）。

审：被告人、被告人法定代理人及辩护人有无异议？

被：没有。

被代：没有。

辩：没有。

审：公诉人继续举证。

公：宣读被告人法定代理人的笔录（略）。

审：被告人及其辩护人有无异议？

被：没有。

辩：从笔录中可以看出，被告人以前学习成绩还是不错的，只是在迷恋网络游戏后才在品行上有所改变。

审：公诉人继续举证。

公：宣读被害人张××的笔录（笔录5，略）。

审：被告人、被告人法定代理人及辩护人有无异议？

被：没有。

辩：从笔录中看出，被告人一开始并不是强行把被害人拉出网吧的。

审：公诉人继续举证。

公：宣读证人王××的笔录（略）。

审：被告人、被告人法定代理人及辩护人有无异议？

被：没有。

被代：没有。

辩：没有。

审：公诉人继续举证。

公：宣读证人邓××的笔录（略）。

审：被告人、被告人法定代理人及辩护人有无异议？

被：没有。

被代：没有。

辩：没有。

审：公诉人继续举证。

公：宣读证人王××的笔录（略）。

审：被告人、被告人法定代理人及辩护人有无异议？

被：没有。

被代：被告人是学生一看就知道了，网吧老板明知道他是学生还让他进入，其实在这件事上网吧老板也有过错。

辩：没有。

审：公诉人继续举证。

公：出示学生证（法警出示）。

审：被告人、被告人法定代理人及辩护人有无异议？

被：没有。

被代：没有。

辩：没有。

审：公诉人继续举证。

公：宣读案发经过（略）。

审：被告人、被告人法定代理人及辩护人有无异议？

被：没有。

被代：没有。

辩：没有。

审：公诉人继续举证。

公：报告审判长，举证完毕。

审：辩护人有无问题要发问？

辩：被告人，你在见到被害人的时候是否想打他？

被：不想，只是想吓吓他，他比我小得多，我想他也许会自觉地拿出钱来。

辩：审判长，我没有问题发问了。

审：被告人、被告人代理人及辩护人对全案有无证据提供？

被：没有。

被代：没有。

辩：没有。

审：法庭事实调查结束，下面进行法庭辩论。首先由公诉人发表公诉意见。

公：本院指控被告人陈××构成抢劫罪，证据来源合法，具有证明力。被告人陈××以非法占有为目的，以暴力、胁迫的方法抢劫他人财物，数额为97元，其行为已触犯《中华人民共和国刑法》第二百六十三条，犯罪事实清楚，证据确实充分，应当以抢劫罪追究刑事责任。被告人系未成年人，根据《中华人民共和国刑法》第十七条第三款的规定，应当从轻或减轻处罚。公诉人认为，对被告人应处一年以上三年以下的有期徒刑。请法庭依法审判。

审：被告人自行辩护。

被：我知道错了，希望法庭给我个机会。

审：辩护人发表辩护意见？

辩：辩护人对公诉人指控的被告人的基本犯罪事实不持异议，但辩护人认为，被告人抢劫行为并未造成严重后果，其只是利用了自己比被害人身高上的优势，以此来威胁被害人，与一般的抢劫行为有所区别；另外，被告人系未成年人，还是在校学生，这次的行为也系初犯，无论是从法律规定还是从保护未成年人的身心发展来看，不应当对被告人的行为定为犯罪。请求法庭判令被告无罪。

公：被告人虽为未成年人，但已年满14周岁，根据刑法规定，年满14周岁不满16周岁的人犯抢劫罪的应当负刑事责任，本案中被告人的行为明显具有暴力性质，其主观上又有非法强行抢劫他人财物的故意，客观上又实施了一定的暴力行为，使被告人不敢反抗，其行为性质已具有抢劫罪的构成要件，所以公诉人认为对被告人应当以抢劫罪定罪处罚，至于行为后果的严重程度系量刑的依据，不应当作为定性的标准。

辩：根据《最高人民法院关于办理未成年人刑事案件适用法律若干问题的解释》规定"已满14周岁不满16周岁的人出于以大欺小，以强凌弱，使用语言或者使用轻微暴力强行索要其他未成年人生活、学习用品或者钱财的，可以不认为犯罪"。本案中，被告人的行为显著轻微，如果定性为犯罪，将影响到被告人一生的发展前途。所以希望法庭能予以充分考虑。

审：公诉人有无新的意见？

公：坚持刚才的意见，没有新意见。

审：被告人及其法定代理人是否同意辩护意见？

被：同意。

被代：同意。

审：双方有何补充？

公：没有。

辩：没有了。

审：法庭辩论终结，根据法律规定，被告人有最后陈述的权利，被告人可做最后的陈述。

被：请求法庭给我个机会，我一定好好学习，不再迷恋网络游戏了。我也愿意给被害人赔礼道歉。

审：下面休庭（敲法槌）。进行合议庭评议。

（法警把被告人带下去）

审：（敲法槌），下面继续开庭。

（法警把被告人带上法庭）

审：经过合议庭评议，下面对被告人陈××抢劫罪一案进行宣判。

书：全体起立。

审：宣读判决书（略）。

审：被告人是否听清？是否有异议？

被：听清。无异议。

审：被告人陈××，法庭考虑到你是初犯，且行为显著轻微，而你本人认罪态度较好，也有悔过自新的要求，故对你的行为不以犯罪论处，但你的行为与一个学生的身份是极不相符的，我国政府明文规定"未成年人不得进入网吧、歌厅等营业性场所"，你的行为虽然不构成犯罪，但确实违反了有关法律、法规的规定。青年人应以学业为重，网吧是现今青少年犯罪最集中的场所也是滋生地，希望今后你能吸取教训，正确认识自己的行为，摆正自己的人生观、价值观，做个有用青年。如果屡教不改，等待你的将是法律的严惩。是否听清？

被：听清。

公：被告人陈××，对于你的行为法庭并未以犯罪定罪处罚，公诉人考虑到你将来的发展，对法庭的判决表示同意。但对于你的行为，公诉人认为是你平时一贯对自己放松要求的结果，希望你今后远离网吧等场所，认真学习，做一名有用的青年。是否听清？

被：听清。

审：被告法定代理人，今后希望你们对陈××严加管教，多关心孩子的学习、生活，引导他们向正确的方向发展，尽到做父母的应有的责任，如果再发现被告人有违法犯罪行为，本庭将要求政府收容教养部门对被告收容教养，是否听清？

被代：听清。

公：被告人法定代理人陈×，作为孩子的家长，对于孩子的身心教育起着极其重要的作用，陈××的所作所为在一定程度上也是你们疏于管教的结果，希望你们吸取这次的教训，对于陈××平时的行为多加注意，引导他走向正确的人生道路，尽到做法定代理人的责任和义务。是否听清？

被代：听清。

审：被告人及其法定代理人有何意见？

被：对这次的行为我已经充分地认识到了我的错误，感谢法庭对我的宽大处理，我保证今后一定吸取教训，不再进入网吧等营业性娱乐场所，认认真真学习，争取用自己的实际行动做一个合格的中学生。

被代：谢谢法庭的宽大处理，我们今后一定严加管教陈××，给予其家庭的关爱。不再让他远离家庭的教育，从这件事中我们也要吸取教训。

审：今天的庭审到此结束，庭后公诉人、被告人及其法定代理人、辩护人应当阅看笔录，如果没有异议应当签字。闭庭（敲法槌）。

【评析】

该法庭审理笔录记录了庭审的情况，全面、客观，格式规范，符合笔录的要求。

▶ **本章思考题**

1. 人民法院法律文书有什么特点？近年来人民法院裁判文书改革有哪些变化？你认为目前的刑事判决书有哪些亟待解决的问题？

2. 第一审刑事判决书事实部分包括哪些内容？写作时要注意哪些问题？

3. 写作第二审刑事判决书理由部分有哪些技巧？

4. 再审刑事判决书的判决结果有哪些写法？

5. 什么是刑事裁定书？其功能是什么？

6. 法庭审理笔录的基本内容是什么？

▶ **写作训练题**

根据以下材料，拟写第一审刑事判决书中法院查明的事实和判决理由。

被告人耿×，男，23 岁（1991 年 7 月 6 日出生）。因涉嫌犯故意伤害罪，于 2014 年 9 月 17 日被羁押，同年 10 月 24 日被逮捕。

辩护人刘×明，河北××律师事务所律师。

××市人民检察院第一分院以×一分检公诉刑诉〔2015〕2 号起诉书指控被告人耿×犯故意伤害罪。

在法庭审理中，被告人耿×对起诉书指控的事实及罪名未提出异议。

被告人耿×的辩护人的辩护意见是：被害人一方对矛盾激化负有直接责任，被告人耿×系初犯，主观恶性不深，自动认罪，有悔罪表现，其亲属积极赔偿被害人的损失，获得谅解，希望对耿×减轻处罚。

经庭审举证、质证，法院予以确认的证据：

1. 证人张×1 的证言及《辨认笔录》证明：2014 年 9 月 16 日凌晨他在舞夜节拍娱乐有限公司上班，看到大厅内的灯亮了，说有人打架，他跑到舞池看到六七名男子正在殴打一名男子，保安过去给拉开了，把这六七名男子拦到舞池西侧了，这时又过来两名男子又去打那一名男子，他就安排保安把这九个人往包房里带，带过去五个，还有四个跑了。他看主要动手的往外跑了，就带着四名保安到门口找这四个人，到大门口看到两个打人的男子在大门口外边，还有两名跑了，他跟保安就上前对其中一人说你别走，把事情处理完了再走，保安上前搭那男子的肩膀，其中有闫×、田×，那名男子不愿意跟他们回去，闫×刚拽着那人的左胳膊，那人就从后腰拿出一把刀扎了闫×左侧腹部一下，说：这事与他无关。说完就往西北方向跑，他让闫×别动，和另外几个保安说：这男子有刀，他扎人了别让他跑了。在龙际宾馆的停车场把那人抓住了。他拿起扫把让那人把刀放下，说："你扎人了跑不了了。"那人说："打人的事跟我没关系。"后来那人把刀扔在草丛里了。在歌厅他没看到那人打人。几个保安在歌厅门口就是拽着那名男子回去，对那名男子进行拉扯。

经张×1对10张不同男性免冠照片进行辨认，其指认编号为5号的男子（耿×）就是持刀将闫×扎伤的那名男子。

2. 证人张×2的证言及《辨认笔录》证明：2014年9月16日23时30分许他在歌厅进场口看到灯光师把所有灯光都打开了，表示有人打架了，他跑到舞池看到有七八个男子和一名身穿白黑相间花色衣服的男子发生了冲突，七八个男子中体形最胖的男子先踹了身穿白黑相间衣服男子的肚子一脚，然后七八个人就冲上去殴打穿白黑相间衣服的男子，七八个人中的体型较瘦的男子用拳乱打穿白黑相间衣服的男子头面部将其打倒在地，并踹了这名倒地男子头面部几脚。他们上前将这些人拉开，随后将这些人向大厅旁边的包房劝，进包房后发现少了二三个人，经理张×1就带着他和闫×、田×到外面去找，在歌厅门口时看见距门口大约十几米的地方站着一名男子，张×1称这个人就是那些人中的一人，于是他们就将这名男子拦住，问那人刚才打人没有，那人说没打人，他和闫×、田×就想把那人往歌厅里拉，回去说清楚。但这名男子不和他们回去，他们就和这名男子在门口拉扯起来，在拉扯过程中他看到这名男子从后腰拿出一把刀，向闫×身上乱扎了一下，然后转身就跑，他和田×、张×1去追，追到龙际宾馆附近时这名男子不跑了，他看到这名男子右手拿了一把黑色的刀，就说："你把刀放下跟我们回去。"那人将刀向天上一抛，不知掉在什么地方了。

经张×2对10张不同男性免冠照片进行辨认，其指认编号为5号的男子（耿×）就是持刀将闫×扎伤的那名男子。

3. 证人尹×的证言证明：2014年9月16日23时30分左右，八九个人在舞池内跳舞的过程中，不知道是因为什么就跟被打的那二三个人发生矛盾了，当时双方只是互相推搡，没有动起手，就被他们保安拉开了。过了约20分钟，这八九个人就一拥而上又去和那二三个人主动发生矛盾，直接把那二三个人中的一个人给打倒在舞池内，当时舞池内就乱了。他们立刻上前将双方给拉开，将打人一方有四五个人领到歌厅的包房内醒酒，安排看看被打的伤势如何。这时打人一方的另外几个人溜出歌厅，张×1经理就带着他们几个保安去追，追到歌厅门口处时看到其中一个人在路边，张×1就让跟着的保安去叫那人，让那人别跑，等警察来了解决完事情再走。张×2先抓住那人的一条胳膊，闫×又上去抓另外一条胳膊，这时这个人就从身上拿出一把刀，直接扎在闫×左侧肚子上，然后就拿着刀跑了。他们追上那人，那人手里拿着刀朝他们挥舞，不让靠近。

他们说："你出来，我们不打你，把刀扔了，这事交给公安局处理。"然后那人就把刀扔了，他们上去抓住那人，后来把那人带到歌厅等着警察来。

4. 证人田×的证言及《辨认笔录》证明：2014年9月16日23时40分，他在舞厅站岗维持秩序时，舞池里因为碰撞发生争吵，之后从舞池旁边冲进舞池四五个人对舞池里的一客人拳打脚踢，他们就上去拉架，将打架的人向包房里劝。这时有一个客人往外跑，经理张×1就带着他、闫×、张×2三个保安追上去，在门口西侧20米附近将这名男子追上，张×1跟他们说把那人带到包房去，闫×上前让那人和他们回歌厅将事情说清楚，那名男子说没上舞池打人，不回歌厅，于是闫×就上前拉扯这名男子回歌厅，他们上前帮忙，在拉扯过程中这名男子从身后拿出一把刀，扎在闫×的腹部，流血了。这名男子继续跑，当跑到龙际宾馆附近时被他们拦住，他们说：你扎人了，跟我们回去。让那人把刀交出来，那人没有交直接把刀扔出去了。他们就把那人架回包房了。他看见那人在舞厅里打人了，就是拳打脚踢。在歌厅门口，他们让那男子回去，那男子不听，在他们对那人拳打脚踢的时候扎的闫×。

经田×对10张不同男性免冠照片进行辨认，其指认编号为4号的男子（耿×）就是持刀将闫×扎伤的那名男子。

5. 证人武×的证言证明：2014年9月16日晚他到巴比伦迪厅找原来的同事喝酒玩，大约在17日0时许，蹦迪时有人用手推他，他看了对方一眼就到边上去了，过了大约一二分钟，还是刚才推他的那个人又从身后推了他一下，他回头看了一下，他朋友连×过去把他拉到一边，这时又过来一男的，说推他的那个男的喝多了。说完从舞池边上来了七八个男的，什么话也没说就打他，打了约一分多钟，保安过来给拉开了，他就到舞池边上去了，那些人又过来把他拽到舞池里，围着打，打了有二三分钟，那些人就是朝他身上拳打脚踢，用拳头打他，用脚往身上踹。后保安又把那些人拉开，把打他的人都带到包间里了，后来警察来了。他当时上身穿一件带花的外衣，里面是一件白色半袖，下身穿一条白色的裤子，白色的鞋。

6. 证人连×的证言证明：2014年9月16日23时30分许，他和武×在××区×镇巴比伦歌厅地下迪厅玩，他发现武×和一名陌生男子正在争吵，他就过来给拉开了，并把武×推到了边上。这时从舞池外边进来几名陌生男子向他和武×走来，其中一个陌生男子把他推到了一旁。他看见这几名陌生男子围着武×拳打脚踢。打了约一二分钟，工作人员过来把他们拦住了，其中有一名陌生男子还在殴打武×，他就过去拉开这名陌生男子，把武×扶起来，武×的额头和眼睛都被打肿了。

7. 证人靳×的证言及《辨认笔录》证明：2014年9月16日23时30分许，

他开车准备到××区××镇巴比伦 KTV 玩，在门口待了 30 分钟，他看见巴比伦 KTV 的经理张×1 带着几名保安从巴比伦 KTV 内出来往西走。过了一二分钟，其中一个保安手捂着肚子从西边向东边走，其余的保安往西边跑。这时保安队长从 KTV 里出来，捂着肚子的保安对保安队长说："我被扎了。"一边说一边身体就向下倒。然后保安队长让他开车把被扎的保安送到医院，他就报警了。

经靳×对 10 张不同男性免冠照片进行辨认，其指出 2 号照片上的男子（闫×）就是被扎伤的那名男子。

8. 证人李×1 的证言及《辨认笔录》证明：2014 年 9 月 16 日晚上 10 点左右，他和张×3、耿×等 9 人到××镇巴比伦歌厅唱歌、跳舞，他在舞池跳舞时和另一跳舞的男子发生身体碰撞，然后跟那名男子发生口角，接着他就上去用手推了对方上身一下，对方男子也用手推了他一下，他就用拳头打了对方上身几下，和他一起去的人就都冲了上去打对方男子。接着他就不知道被谁拖倒在地上，有人用脚踹了他上半身几脚，然后他就被拖到了一个包间里，过了一会儿警察就来了。

经李×1 对 10 张不同男性免冠照片进行辨认，指出 9 号照片就是耿×。

9. 证人李×2 的证言及《辨认笔录》证明：2014 年 9 月 16 日 23 时许，他们来到回龙观镇巴比伦 KTV 地下一层舞池内蹦迪，蹦了一个小时左右，他们这边人在和一个顾客争吵，这时 KTV 的保安人员就过来拉架，他看见那个顾客倒在地上，他上去就踹了那个顾客的肩膀两脚，后来 KTV 的保安人员就过来把他们带到了 KTV 的包间，之后民警就来了。

经李×2 对 10 张不同男性免冠照片进行辨认，指出 4 号照片（耿×）就是与其一起吃饭、一起到迪吧的男子，叫什么名字不清楚。

10. 证人张×3 的证言证明：2014 年 9 月 17 日 0 时左右，他和李×1、刘×、宋×、"小伟"及二三个陌生男子在巴比伦歌厅地下迪厅玩，他看见李×1 和对方一名男子正在争吵。然后他也进了舞池，双方正在互相推搡。他过去把围着的人推开，踢了和李×1 吵架的对方的人一脚。然后就被保安拉开了。后他听外面人说：有人被扎了。

11. 证人宋×的证言证明：2014 年 9 月 16 日 23 时许，他们在巴比伦歌厅玩，17 日 0 时许，看见"苗苗"和一名陌生男子在舞池内发生争吵。他就过去把"苗苗"和对方男子拦开。刘×、张×3、"小孩""乐乐""二小"及"苗苗"带来的两名陌生男子都围了过来。"乐乐""二小""苗苗""小孩"就对对方男子拳打脚踢。打了约一分钟，就被保安拦开了。然后保安就把他们带到包间内了。后来他听说，有一名保安被扎了。

12. 证人刘×的证言证明：2014 年 9 月 16 日晚，他们去回龙观镇巴比伦歌厅玩，玩了大约一个小时左右，"苗苗"和一名男子发生争吵，后来"苗苗"就动手打了对方男子，之后他、张×3、宋×、他们这边的"小孩"和"苗苗"带来的男子和歌厅的内保还有对方男子的朋友全都围在舞池里面了，后来他就和歌厅的内保离开舞池了，待了一会儿，他们就被歌厅的内保带到了一个包房内说这个事情。后有一个歌厅内保进来说歌厅的一个内保被人拿刀捅了，之后一直等到警察来了，才知道拿刀捅人的是"苗苗"带来的那名男子。

13. 证人冯×的证言证明：他们北京市红十字会急诊救治中心在2014年9月17日0时45分收治过一名叫闫×的病人，腹部有一处开放性损伤，位置在左侧腹部，收治后立即进行了急性剖腹检查，经手术，闫×经抢救无效死亡，死亡时间是2014年9月17日6时45分。

14. 证人闫×1的证言证明：她弟弟闫×是舞夜节拍娱乐有限公司巴比伦歌厅保安，弟弟同事通知她闫×在歌厅被扎伤；她在红十字急救中心确认弟弟闫×死亡。

15. ××市公安局××分局刑侦支队出具的《现场勘验笔录》《提取痕迹物证登记表》及现场照片、折叠刀照片证明：案发现场位于××市××区××镇巴比伦KTV店（注册名称为××舞夜节拍娱乐有限公司）西北侧路边。在行人道上由东至西数第二根电线杆的东南侧地面上与损害严重的砖路北侧地面之间发现有一趟滴落状血迹。在该趟血迹中用消毒棉签共提取血迹三处，分别位于行人道上（血迹1）、行人道与非机动车道交界处（血迹2）、破损的砖路北侧地面（血迹3）。勘查过程中，派出所民警向勘查人员提供一把金属折叠刀，折叠刀全长20cm，刀长9cm，柄长11cm，刃最宽处3cm，折叠刀刀刃上有"OMD-FINEKNIFE"的字样。在刃部带字面发现有血迹并用消毒棉签擦取血迹一处（标注血迹4），在刀柄处擦取拭子一处。经对折叠刀进行手印显现，未发现和提取指纹及掌纹。

被告人耿×当庭对现场勘查照片中的刀子进行辨认，确认该刀为其作案时使用的刀。

16. ××市公安局××分局刑事科学技术室出具的《人身及衣物勘验笔录》证明：耿×到案时，左脸上有伤痕，后背有文身。经对耿×及所穿衣物进行勘查，提取耿×双手指甲及十指指纹信息。在其蓝色帽衫上用脱落细胞粘取器粘取拭子一处，在蓝色牛仔裤左裤腿前侧面和右裤腿前侧面分别发现一处可疑斑迹、血迹并剪取。黑色旅游鞋上用脱落细胞粘取器粘取拭子一处。

17. ××市××区公安司法鉴定中心出具的××公司鉴（病理）字（2014）第279号《尸体检验鉴定书》鉴定意见及照片证明：闫×系被他人用锐器刺破脾脏、左侧肾脏、胰腺及小肠致急性失血性休克死亡。

18. ××市公安司法鉴定中心出具的×公司鉴（物证）字（2014）第 FYB1408624 - WZ8624 号《法医物证鉴定书》鉴定意见及××市公安司法检验鉴定中心《委托合同表》证明：在排除同卵双胞胎和其他外源性干扰的前提下，支持送检的 07（耿×左手指甲）、11 号（耿×左裤子上拭子）检材为耿×所留，不支持为其他随即个体所留；支持送检 02 - 05（现场提取血迹 1 - 4）、12（耿×右裤子上血迹）、14 - 16 号（闫×衬衫、裤子、鞋子上的血迹）检材为闫×所留，不支持为其他随即个体所留。

19. ××市公安司法鉴定中心出具的×公司鉴（物证）字（2014）第 FYB1408817 - WZ8817 号《法医物证鉴定书》鉴定意见证明：在排除同卵双胞胎和近亲的前提下，闫×是闫×2、王×的生物学儿子。

20. ××市××区公安司法鉴定中心出具的××公司鉴（临床）字（2014）第 1345 号《法医学人体损伤程度鉴定书》鉴定意见证明：耿×本次损伤程度属轻微伤。

公安机关出具《工作说明》证明：经对耿×尿液样本进行现场检测，尿检结果为吗啡类/苯丙胺类阴性。

21. 当庭播放的视频证明：

（1）案发时在舞夜节拍 KTV 舞池发生冲突的情况。

（2）在舞夜节拍 KTV 门口保安与耿×撕扯后耿×逃跑的情况。

22. ××市公安局××分局龙园派出所出具的《到案经过》《"110" 接处警记录》《接报案经过》及《受案登记表》证明：2014 年 9 月 17 日 0 时许，靳先生报 "110"、龙园派出所接张×1 电话报警：在××镇舞夜节拍 KTV 内有人被扎伤。民警经了解得知耿×持刀将闫×扎伤，后耿×被舞夜节拍娱乐有限公司保安控制住，民警到现场将耿×带至龙园派出所约束至酒醒，并于 2014 年 9 月 17 日 6 时 0 分对耿×进行刑事传唤。

23. ××市红十字会急诊抢救中心住院病案、手术记录、医嘱单、急诊记录、B超检查报告单及化验报告粘贴单证实：闫×伤情及抢救情况。

24. ××市××区医院诊断证明证明：耿×左侧颧骨软组织挫伤；右侧颞下颌关节软组织挫伤，右眼皮下瘀血、全身多发软组织损伤等。

25. ××市公安局××分局的《扣押决定书》、××市公安局××分局刑侦支队出具的《扣押笔录》及《工作说明》证明：

（1）2014 年 9 月 17 日将耿×的上衣、裤子、鞋进行了扣押。

（2）本案案发后，耿×被舞夜节拍公司保安员控制。后民警经查找，在××区××镇龙际宾馆门前北侧草丛内发现折叠刀一把，经提取后移交给××刑侦支队技术中队民警。后××分局依法将该折叠刀一把进行扣押。折叠刀经检验，未检验出任何指纹痕迹。

26.《户籍证明》《网上比对工作记录》证明：被告人耿×及被害人闫×的身份情况

27. 辩护人当庭出示了《调解协议》《谅解书》证明：在案件审理期间被告人耿×在亲属的帮助下就民事赔偿与被害人的亲属达成了调解，被害人的亲属对被告人耿×表示谅解并同意从轻处罚。

28. 被告人耿×的供述及亲笔供词证明：2014 年 9 月 14 日他从山西老家来××找到李×1，和李×1 在沙河镇的一家旅馆住了两天。2014 年 9 月 16 日晚上 7 点左右，李×1 接了个电话后说出去吃饭，他们到了一家小饭馆，已经有四个男子在吃饭，吃饭时他喝了二两白酒、两瓶啤酒，其他人也都喝了七八两白酒。喝完酒后他和李×1 等人到××区××镇巴比伦迪厅玩，后李×1 在舞池内和一个男子发生口角，他们就过去拉架，保安也过去拉架，过了 20 多分钟不知什么原因李×1 又和保安发生口角，并互相推搡，后李×1 被保安带至包房，他们在门口想和保安说说，但保安不让进屋，他头有点晕就到迪厅外透透气。他去迪厅时身上带着一把刀，怕进迪厅时检查，就把刀放在迪厅西侧 10 米远的树丛中了，他从迪厅出来后到树丛中把之前放在那的刀装在右侧裤兜里，准备打车回住处时，从迪厅里出来六七个保安，其中一个个子高的男子像是头，指着他说：他也动手了，那几个保安就上来拳打脚踢，打了四五十秒，他用右手从右侧裤兜里掏出刀，用左手和右手把刀打开，朝打他的人扎了一下后就向左前方跑，在跑的过程中顺手把刀扔了，跑了大约 100 米左右到了一个宾馆门口躲在一辆车后，过来几个人把他叫出来拿东西打了他几下，后把他带回迪厅包房内，几分钟后警察就来了。

第五章
人民法院法律文书（中）

学习目标

1. 掌握民事判决书、民事裁定书、民事调解书的概念、功能和基本内容。

2. 明确民事判决书和民事裁定书的区别。

3. 能够根据具体案情材料制作相应的法律文书，如第一审民事判决书、第二审民事判决书、再审民事判决书、民事调解书和民事裁定书等。

导读案例

全国首例失怙代孕龙凤胎案[1]

　　高×是老高夫妇两人唯一的儿子。2007 年 4 月 28 日，高×与李×登记结婚。婚后，李×向丈夫透露自己患有不孕不育疾病，主动提出希望抚养与丈夫有血缘关系的子女。他们通过网络找到一家代孕公司，购买了他人的卵子，并由高×提供精子，通过体外授精联合胚胎移植技术，委托另一名女性代孕分娩生育。高×、李×在 2011 年 2 月 13 日如愿获得了一对可爱的龙凤双胞胎小甲和小乙。2014 年 2 月，高×因急性胰腺炎经抢救医治无效突然离世。突如其来的变故让两个孩子失去父亲，也让高×的父母和李×之间因为孩子产生了无法调和的矛盾。12 月 29 日，老高夫妇将李×诉至法院，双方为孩子的监护抚养问题对簿公堂。老高夫妇要求由其夫妇取得两个孩子的监护权，李×则坚决不同意老人的诉请。一审审理中，法院委托权威机构进行 DNA 鉴定，结论为：不排除高×父母与小甲、小乙之间存在祖孙亲缘关系，可以排除李×为小甲、小乙的生物学母亲。2015 年 7 月 29 日，一审判决小甲、小乙由原告老高夫妇监护。

　　一审判决后，李×不服，向上海市第一中级人民法院提起了上诉。2015 年 11 月 16 日上海市第一中级人民法院公开开庭审理这起上诉案件，法院审理后认为，小甲、小乙是李×与高×结婚后，由高×与其他女性以代孕方式生育的子

---

〔1〕 资料来源：东方网。

女，属于缔结婚姻关系后夫妻一方的非婚生子女。两名孩子出生后，一直随高×、李×共同生活近3年之久，高×去世后孩子又随李×共同生活达2年，李×与小甲、小乙已形成有抚养关系的继父母子女关系，其权利义务适用《婚姻法》关于父母子女关系的规定。而作为祖父母的老高夫妇，监护顺序在李×之后，故其提起监护权主张不符合法律规定的条件。同时，从儿童最大利益原则考虑，改判由李×取得孩子的监护权。

上海市××区人民法院制作的第一审民事判决书和上海市第一中级人民法院制作的第二审民事判决书都是人民法院的法律文书。

第一节　第一审民事判决书

一、第一审民事判决书的概念和功能

第一审民事判决书，是第一审人民法院依据我国《民事诉讼法》规定的第一审程序，为解决具体的民事权利义务争议，就第一审民事案件的实体问题作出处理决定时制作的法律文书。

《民事诉讼法》第152条规定，判决书应当写明判决结果和作出该判决的理由。判决书内容包括：①案由、诉讼请求、争议的事实和理由；②判决认定的事实和理由、适用的法律和理由；③判决结果和诉讼费用的负担；④上诉期间和上诉的法院。判决书由审判人员、书记员署名，加盖人民法院印章。

人民法院受理的案件中，民事案件所占比例较大。制作好第一审民事判决书，能够明确当事人之间的权利义务关系，及时处理民事纠纷，对于制裁民事违法行为，保护公民、法人和其他组织的合法权益，具有重要的作用。

二、第一审民事判决书的格式

2016年施行的《民事诉讼文书样式》中规定的第一审民事判决书的格式较多，如普通程序用的格式、简易程序用的格式、公益诉讼用的格式等。现只列第一审普通程序用的格式。

××××人民法院
民事判决书

（××××）……民初……号

原告：×××，男/女，××××年×月×日出生，×族，……（工作单位和职务或者职业），住……。

法定代理人/指定代理人：×××，……。

委托诉讼代理人：×××，……。

被告：×××，住所地……。

法定代表人/主要负责人：×××，……。

委托诉讼代理人：×××，……。

第三人：×××，……。

法定代理人/指定代理人/法定代表人/主要负责人：×××，……。

委托诉讼代理人：×××，……。

（以上写明当事人和其他诉讼参加人的姓名或者名称等基本信息）

原告×××与被告×××、第三人×××……（写明案由）一案，本院于×××年×月×日立案后，依法适用普通程序，公开/因涉及……（写明不公开开庭的理由）不公开开庭进行了审理。原告×××、被告×××、第三人×××（写明当事人和其他诉讼参加人的诉讼地位和姓名或者名称）到庭参加诉讼。本案现已审理终结。

×××向本院提出诉讼请求：1.……；2.……（明确原告的诉讼请求）。事实和理由：……（概述原告主张的事实和理由）。

×××辩称，……（概述被告答辩意见）。

×××诉/述称，……（概述第三人陈述意见）。

当事人围绕诉讼请求依法提交了证据，本院组织当事人进行了证据交换和质证。对当事人无异议的证据，本院予以确认并在卷佐证。对有争议的证据和事实，本院认定如下：1.……；2.……（写明法院是否采信证据，事实认定的意见和理由）。

本院认为，……（写明争议焦点，根据认定的事实和相关法律，对当事人的诉讼请求作出分析评判，说明理由）。

综上所述，……（对当事人的诉讼请求是否支持进行总结评述）。依照《中华人民共和国……法》第×条……（写明法律文件名称及其条款项序号）规定，判决如下：

一、……；

二、……。

（以上分项写明判决结果）

如果未按本判决指定的期间履行给付金钱义务，应当依照《中华人民共和国民事诉讼法》第二百五十三条规定，加倍支付迟延履行期间的债务利息（没有给付金钱义务的，不写）。

案件受理费……元，由……负担（写明当事人姓名或者名称、负担金额）。

如不服本判决，可以在判决书送达之日起十五日内，向本院递交上诉状，并按照对方当事人或者代表人的人数提出副本，上诉于×××× 人民法院。

审　判　长　×××
审　判　员　×××
审　判　员　×××

×××× 年 × 月 × 日
（院印）

本件与原本核对无异

书　记　员　×××

三、第一审民事判决书的基本内容

第一审民事判决书由标题、正文、落款三部分组成。

（一）标题

包括法院名称、文书名称和案号。法院名称即"×× 人民法院"，文书名称即"民事判决书"，案号写（××××）× 民初 × 号。案由由收案年度、法院代字、类型代字、案件编号组成。如江苏省泰兴市人民法院 2016 年收案的第 12 号一审民事判决书的案号可写成"（2016）苏 1283 民初 12 号"。

（二）正文

正文包括首部、事实、理由、裁判依据、裁判主文和尾部。

1. 首部。首部包括诉讼参加人及其基本情况、案件由来和审理经过等。

（1）诉讼参加人及其基本情况。当事人的基本情况包括诉讼地位和基本信息。

一审民事案件当事人的诉讼地位表述为"原告""被告"和"第三人"。先写原告，后写被告，再写第三人。有多个原告、被告、第三人的，按照起诉状列明的顺序写。起诉状中未列明的当事人，按照参加诉讼的时间顺序写。提出反诉的，需在本诉称谓后用括号注明反诉原告、反诉被告。

当事人是自然人的，基本信息应写明其姓名、性别、出生年月日、民族、职业或者工作单位和职务、住所。当事人有法定代理人或指定代理人的，应当在当事人之后另起一行写明其姓名、性别、职业或工作单位和职务、住所，并在姓名后用括号注明其与当事人的关系。

当事人是法人的，写明名称和住所，并另起一行写明法定代表人的姓名和职务。

当事人是其他组织的，写明名称和住所，并另起一行写明负责人的姓名和职务。

当事人有委托诉讼代理人的，应在当事人之后另起一行写明为"委托诉讼代理人"，并写明委托诉讼代理人的姓名和其他基本情况。

（2）案件由来和审理经过。案件由来简要写明案件名称与来源。

案件名称是当事人与案由的概括。民事一审案件名称表述为"原告×××与被告××　××（写明案由）一案"。如"原告王××与被告李×××变更抚养权纠纷一案"。案由应准确反映案件所涉及的民事法律关系的性质，符合最高人民法院有关民事案件案由的规定。

案件来源应按照实际情况写明。民事一审案件来源包括：新收；有新的事实、证据重新起诉；上级法院发回重审；上级法院指令立案受理；上级法院指定审理；上级法院指定管辖；其他法院移送管辖；提级管辖。

审理经过应写明立案日期和庭审情况。

立案日期表述为："本院于××××年×月×日立案后"。

庭审情况写明适用程序（包括普通程序、简易程序、小额诉讼程序和非讼程序）、程序转换、审理方式（开庭审理和不开庭审理）、参加庭审人员等。可表述为："本院于××××年×月×日公开/因涉及……（写明不公开开庭的理由）不公开开庭审理了本案，原告×××及其诉讼代理人×××，被告×××及其诉讼代理人×××等到庭参加诉讼。"对于审理中其他程序性事项，如中止诉讼情况应当写明。对中止诉讼情形，表述为："因……（写明中止诉讼事由），于××××年×月×日裁定中止诉讼，××××年×月×日恢复诉讼。"

民事一审案件由简易程序（小额诉讼程序）转为普通程序的，审理经过表述为："于××××年×月×日公开/因涉及……不公开（写明不公开开庭的理由）开庭审理了本案，经审理发现有不宜适用简易程序（小额诉讼程序）的情形，裁定转为普通程序，于××××年×月×日再次公开/不公开开庭审理了本案。"

2. 事实。事实是正确解决民事纠纷的基础，只有将事实写清才能进行分析说理，从而合理地解决好当事人的诉讼纠纷。

第一审民事判决书的事实应写明以下两方面内容：当事人的诉讼请求、事实和理由；法院认定的事实和据以定案的证据。

（1）当事人的诉讼请求、事实和理由。按照原告、被告、第三人的顺序依次表述当事人的起诉意见、答辩意见、陈述意见。诉辩意见应当先写明诉讼请求，再写事实和理由。

（2）法院认定的事实和据以定案的证据。此部分先写证据，再写法院认定的事实。即在诉辩意见之后，另起一段简要写明当事人举证质证的一般情况，表述为："本案当事人围绕诉讼请求依法提交了证据，本院组织当事人进行了证据交换和质证。"对有争议的证据，应当写明争议的证据名称及法院对争议证据认定的意见和理由，表述为："当事人围绕诉讼请求依法提交了证据，本院组织当事人进行了证据交换和质证。对于当事人有争议的证据，本院作如下认定：1. …… 2. ……"

然后，另起一段概括写明法院认定的基本事实，表述为："根据当事人陈述和经审查确认的证据，本院认定事实如下：……"

3. 理由。理由是法院针对当事人的诉讼请求，根据认定的案件事实，依照法律规定，明确当事人争议的法律关系，阐述原告请求权是否成立，依法应当如何处理的部分。理由部分以"本院认为"作为开头，其后直接写明具体意见。在说理最后，可以另起一段，以"综上所述"引出，对当事人的诉讼请求是否支持进行评述。

4. 裁判依据。即判决适用的法律，是人民法院正确处理案件，准确适用法律、法规的具体表现。它为处理结果提供了法律依据。判决理由中引用法律应当准确而全面。

5. 裁判主文。裁判主文，也称判决结果。裁判主文内容必须明确、具体、便于执行。

6. 尾部。尾部应当写明诉讼费用的负担和告知事项。

诉讼费用包括案件受理费和其他诉讼费用。收取诉讼费用的，写明诉讼费用的负担情况。如："案件受理费……元，由……负担；申请费……元，由……负担。"

告知事项写为："如不服本判决，可以在判决书送达之日起十五日内，向本院递交上诉状，并按对方当事人的人数或者代表人的人数提出副本，上诉于×××人民法院。"

如果一审判决中具有金钱给付义务的，应将所有判项写完之后，另起一段写明："如果未按本判决指定的期间履行给付金钱义务，应当依照《中华人民共和国民事诉讼法》第二百五十三条的规定，加倍支付迟延履行期间的债务利息。"然后再写诉讼费用的负担和告知事项。

（三）落款

落款包括以下事项：

1. 署名。

2. 日期。裁判文书落款日期为作出裁判的日期，即裁判文书的签发日期。

当庭宣判的，应写宣判的日期。

3. 核对戳。本部分加盖"本件与原本核对无异"字样的印戳。

四、第一审民事判决书的写作方法和技巧

（一）法院名称的写法

法院名称一般应与院印的文字一致。基层人民法院、中级人民法院名称前应冠以省、自治区、直辖市的名称，但军事法院、海事法院、铁路运输法院、知识产权法院等专门法院除外（如：上海海事法院、上海知识产权法院）。涉外裁判文书的法院名称前一般应冠以"中华人民共和国"国名。

（二）当事人基本情况的写法

当事人是自然人的，姓名、性别等身份事项以居民身份证、户籍证明为准。当事人为外国人的，应写明其经过翻译的中文姓名或名称和住所，并用括号注明其外文姓名或名称和住所。外国自然人应注明其国籍。国籍应用全称。无国籍人，应注明无国籍。

港澳台地区的居民在姓名后写明"香港特别行政区居民""澳门特别行政区居民"或"台湾地区居民"。港澳地区当事人的住所，应冠以"香港特别行政区""澳门特别行政区"。台湾地区当事人的住所，应冠以"台湾地区"。

当事人是法人或其他组织的，住所是指法人或其他组织的主要办事机构所在地；主要办事机构所在地不明确的，法人或其他组织的注册地或登记地为住所。

（三）委托诉讼代理人的写法

当事人委托本单位人员作为委托诉讼代理人的，写明姓名、性别及其工作人员身份。其身份信息可表述为"该单位（如公司、机构、委员会、厂等）工作人员"。

律师、基层法律服务工作者担任委托诉讼代理人的，写明律师、基层法律服务工作者的姓名，所在律师事务所的名称、法律服务所的名称及执业身份。

当事人有两个委托诉讼代理人的，分行分别写明。当事人委托近亲属或本单位工作人员担任委托诉讼代理人的，应列在第一位，委托外单位的人员或律师等担任委托诉讼代理人的列在第二位。

委托诉讼代理人变更的，裁判文书首部只列变更后的委托诉讼代理人。对于变更的事实可根据需要写明。

（四）法定代理人或指定代理人的写法

有法定代理人或指定代理人的，应在当事人之后另起一行写明其姓名、性别、职业或工作单位和职务、住所，并在姓名后用括号注明其与当事人的关系。代理人为单位的，写明其名称及其参加诉讼人员的基本信息。

（五）案件来源的写法

1. 新收、重新起诉的，应当写明起诉人。

2. 上级法院指定管辖、本院提级管辖的，除写明起诉人外，还应写明报请上级法院指定管辖（报请移送上级法院）日期或者下级法院报请指定管辖（下级法院报请移送）日期，以及上级法院或者本院作出管辖裁定日期。

3. 上级法院发回重审、上级法院指令受理、上级法院指定审理、移送管辖的，应写明原审法院作出裁判的案号及日期，上诉人，上级法院作出裁判的案号及日期、裁判结果，并说明引起本案的起因。

（六）事实的写法

1. 当事人的诉讼请求、事实和理由。写这部分时，不要原文照抄当事人的起诉状或答辩状、代理词内容或起诉、答辩时提供的证据，要抓住各方提供事实的实质性要点，即双方争议的要害所在来写。写时应全面考虑当事人在法庭上发表的诉辩意见和提供的证据，应在对当事人提供的争议事实基础上高度概括之后综合表述。当事人在法庭辩论终结前变更诉讼请求或者提出新的请求的，应在诉称部分中写明。被告承认原告主张的全部事实的，写明"×××承认×××主张的事实"。被告承认原告主张的部分事实的，写明"×××承认×××主张的……事实"。被告承认全部诉讼请求的，写明"×××承认×××的全部诉讼请求"。被告承认部分诉讼请求的，写明被告承认原告的部分诉讼请求的具体内容。

2. 法院认定的事实和据以定案的证据。应在写完当事人举证质证情况后，写明法院对证据和事实的认定情况。

对当事人所提交的证据原则上不一一列明，可以附录全案证据或证据目录。对当事人无争议的证据，写明"对当事人无异议的证据，本院予以确认并在卷佐证"。对有争议的证据，应写明争议的证据名称及法院对争议证据认定的意见和理由；对有争议的事实，应写明事实认定的意见和理由。对于法院调取的证据、鉴定意见，经庭审质证后，按照当事人是否有争议分别写明。对逾期提交的证据、非法证据等不予采纳的，应说明理由。争议证据认定和事实认定，可以合并写，也可以分开写。分开写的，在证据的审查认定之后，另起一段概括写明法院认定的基本事实，表述为："根据当事人陈述和经审查确认的证据，本院认定事实如下：……"

法院认定的事实是法院定案的依据，必须坚持实事求是的原则。首先要恰当选材，应围绕案件的中心问题，认真鉴别材料，合理选用材料，选择最能反映案件实质问题的材料。其次要根据案件的不同性质，确定写作要点。认定事实的书写方式应根据案件具体情况，采用不同的方法。如法律关系单一的案件，应按照民事纠纷发生的时间、地点、产生纠纷的起因、演变过程及其导致的法律后果将其事实经过叙述出来。法律关系复杂的案件，应在叙述事实的同时将若干种法律关系按照事实的进程发展分别叙写出来。做到层次清楚，重点突出，繁简得当，避免遗漏与当事人争议有关的事实。一般按时间先后顺序叙述。对法律关系或请求权认定相关的事实着重叙述，对其他事实则可归纳、概括叙述。综述事实时，可以划分段落层次，亦可根据情况以"另查明"作为引语叙述其他相关事实。

写法院认定的事实，应重点围绕当事人争议的事实展开。按照民事举证责任分配和证明标准，根据审查认定的证据有无证明力、证明力大小，对待证事实存在与否进行认定。要说明事实认定的结果、认定的理由以及审查判断证据的过程。

召开庭前会议时或者在庭审时归纳争议焦点的，应写明争议焦点。争议焦点的摆放位置，可以根据争议的内容处理。争议焦点中有证据和事实内容的，可以在当事人诉辩意见之后在当事人争议的证据和事实中写明。争议焦点主要是法律适用问题的，可以在本院认为部分先写明争议焦点。

（七）理由的写法

理由是对纠纷事实进行的分析认定。法院应根据认定的事实和证据，阐明观点，讲明道理，为判决提供理论依据。充分的说理可以化解纠纷，还可以教育感化当事人，弘扬法治精神。

书写理由时，首先要有针对性，也就是要就事论理，针对当事人争议的焦点进行分析论证，明辨是非。可以依据当事人的诉辩主张及证据，概括归纳争议焦点；然后紧扣各个争议焦点，对当事人在庭审中所举证、质证、认证、辩论的具体内容进行透彻分析，揭示案件性质与责任分担的内在联系；对当事人诉争焦点所主张的权利、依据评述，表明是支持或是不予采纳，并说清理由。其次要依法说理，增强判决的说服力。对法律适用予以解释，使抽象的法律条文变得具体，从而揭示法律内涵与实际的案件事实之间所产生的一种必然的、直观的联系，使当事人的诉辩主张，谁是谁非，一目了然。再次，如果有法律不能涵盖的新情况、新事物，出现法律的空白或局限性时，说理时既要阐述现行法律的内涵，同时还要运用法学理论，利用科学的思维方式、结合工作经验和生活经验作出分析判断，以弥补法律存在的局限和空白。最后，一审民事案件多集中在基层法院，有些民事案件发生在家人、朋友之间，有的纠纷可谓鸡毛蒜皮，但当事人往往为了"面子"或"争口气"而互不让步，处理这样的民事纠纷除了讲清法理外，还要说说情理。可以从社会的公序良俗、人情事理、社会的公平、正义的要求等方面分析说理，这样既能增强判决书的亲和力，又有助于当事人息讼服判。

（八）裁判依据的写法

裁判依据是为裁判主文提供法律依据的，它是人民法院正确处理案件，准确适用法律、法规的具体表现。

引用法律依据应有一定的条理和顺序。引用多个法律文件的，应按下列顺序进行：法律及法律解释、行政法规、地方性法规、自治条例或者单行条例、司法解释；同时引用两部以上法律的，应先引用基本法律，后引用其他法律；同时引用实体法和程序法的，先引用实体法，后引用程序法。

引用法律依据时应注意：不得引用宪法和各级法院关于审判工作的指导性文件、会议纪要、各审判业务庭的答复意见以及法院与有关部门联合下发的文件作为裁判依据，但其体现的原则和精神可以在说理部分予以阐述。指导性案例不作为裁判依据引用。

（九）裁判主文的写法

裁判主文的内容必须明确、具体、便于执行。应直截了当地将处理结果写清，表达要明确，不能模棱两可，否则将会给执行造成障碍。有多名当事人承担责任的，应写明各当事人承担责任的形式、范围。有多项给付内容的，应先写明各项目的名称、金额，再写明累计金额。如："交通费……元、误工费……元、……，合计……元。"当事人互负给付义务且内容相同的，应另起一段写明抵付情况。对于金钱给付的利息，应明确利息计算的起止点、计息本金及利率。

（十）署名的写法

合议庭的审判长，不论审判职务，均署名为"审判长"；合议庭成员有审判员的，署名为"审判员"；有助理审判员的，署名为"代理审判员"；有陪审员的，署名为"人民陪审员"。独任审判的，署名为"审判员"或者"代理审判员"。书记员，署名为"书记员"。

五、第一审民事判决书实例与评析

【实例】

××省××市人民法院
民事判决书[1]

（2017）×0222 民初 2827 号

原告：赵×，男，1983 年 11 月 3 日生，汉族，住××省×县。

---

〔1〕　资料来源：中国裁判文书网。

委托诉讼代理人（特别授权）：肖×江，××勤维律师事务所律师，执业证号 1520220141044×××。

被告：××万恒房地产开发有限公司，住所地××省××市××区建宁东路瑞丰小区 1 幢，统一社会信用代码 91530302584820×××。

法定代表人包×仿，系该公司经理。

委托诉讼代理人（特别授权）：李×，男，1983 年 7 月 25 日生，汉族，系××万恒房地产开发有限公司职工，住××省×县。

被告：××万恒房地产开发有限公司×××县分公司，住所地××省××市红果经济开发区凤鸣路，统一社会信用代码 91520222599378×××。

代表人包×仿，系该公司负责人。

原告赵×与被告××万恒房地产开发有限公司（以下简称××万恒房地产公司）、××万恒房地产开发有限公司×××县分公司（以下简称××万恒房地产公司×县分公司）商品房预售合同纠纷一案，本院于 2017 年 5 月 16 日立案，依法适用简易程序，公开开庭进行了审理。原告赵×委托诉讼代理人肖×江，被告××万恒房地产公司委托诉讼代理人李×到庭参加诉讼，被告××万恒房地产公司×县分公司经传票传唤无正当理由拒不到庭参加诉讼。本案现已审理终结。

原告赵×向本院提出诉讼请求：1、判令二被告连带赔偿原告从 2016 年 1 月 1 日至 2017 年 5 月 8 日逾期交房违约金 106 554.8 元，从 2017 年 5 月 9 日起，逾期交房违约金以 432 271 元为基数，按日万分之五支付至实际交房之日止；2、判令被告及时办理交付房屋转移登记有关文书，并从 2016 年 4 月 1 日至 2017 年 5 月 8 日支付逾期违约金 22 614.28 元，从 2017 年 5 月 9 日起，办理交付房屋登记转移登记有关文书违约金以 432 271 元为基数，按 2015 年中国人民银行贷款基准年利率的 4.75% 支付至实际交付之日止；3、本案诉讼费由二被告承担。事实及理由：2014 年 10 月 31 日，原告与被告××万恒房地产公司×县分公司签订《商品房买卖合同》，约定原告购买南山湖畔 1 栋一单元 20 层 4 号房，房号为 1－2004，单价 3902.06 元/平方米，房屋总价款 432 271 元。双方在合同第十一条约定 2015 年 12 月 31 日交房，截至 2017 年 5 月 8 日，被告××万恒房地产公司×县分公司未履行合同。现原告要求被告××万恒房地产公司×县分公司继续履行合同，并由二被告承担违约责任。其代理人提出原被告之间存在有效买卖合同，原告依约履行了义务，被告未按约定履行义务，应当承担违约责任的代理意见。

被告××万恒房地产公司辩称，原被告签订商品房买卖合同情况属实，双方约定的交房时间已到，被告未向原告交付房屋，正筹措资金尽快交付；原告是因为不可抗力导致工期延误，不能按时交房；即使被告应向原告支付违约金，也未到合同约定的支付时间，房屋尚未交付，未达到支付违约金的条件；原告购买的房屋已办理初始登记，原告购买的房屋办理了银行按揭或公积金按揭，产权抵押给了银行，原告的第二项诉讼请求不应得到支持。被告××万恒房地产公司代理人提出对原告第一项诉讼请求认可，对第二项请求不予认可，愿以非现金方式补偿原告的代理意见。

被告××万恒房地产公司×县分公司未答辩，也未提供相关证据。

当事人围绕诉讼请求依法提交了证据，本院组织当事人进行了证据交换和质证。对当事人无异议的证据，本院予以确认并在卷佐证。对有争议的证据认定如下：被告曲靖万恒房地产公司提供的备案登记表、工程量签证单、技术核定单，符合证据的"三性"规定，结合本案其他证据综合认定。

根据当事人陈述和经审查确认的证据，本院认定事实如下：2014年10月31日，原告赵×与被告××万恒房地产公司×县分公司签订《商品房买卖合同》，约定原告购买被告××万恒房地产公司×县分公司作为出卖人的"南山湖畔"1栋一单元20层04号房，房号为1-2004，建筑面积132.68平方米，套内建筑面积110.78平方米，单价3902.06元/平方米，房屋总价款432271元。双方约定除首期房款132271元外，余款300000元以公积金贷款方式支付，原告赵×签订合同当日便依约支付了首期房款132271元，随后对余款办理了公积金贷款手续。双方在合同第十一条约定出卖人应当在2015年12月31日前向买受人交付该商品房，交房时应符合取得建筑竣工合格证明文件、有资质的房产测绘机构的面积实测技术报告书，并达到合同第十二条出卖人承诺的供水、供电、电话通信、有线电视、宽带网络等条件。对于逾期交房责任，双方在合同第十三条约定，逾期超过30日，买受人有权退房；买受人要求继续履行合同的，合同继续履行，自第十一条约定的交付期届满之次日起至实际交付之日止，出卖人按日向买受人支付全部已付款万分之五的违约金。原告赵×主张的相关房屋登记事项，双方在合同第二十二条第二款约定了出卖人负责在商品房交付使用之日起90日内申请所有权登记的内容。

本院认为，本案的争议焦点是：1、原告的诉讼请求应否支持；2、违约导致的赔偿责任由谁承担。本案中，原告赵×与被告××万恒房地产公司×县分公司签订的《商品房买卖合同》第十一条约定，出卖人应当在2015年12月31日前向买受人交付商品房；对于逾期交房责任，双方在合同第十三条约定，逾期超过30日，买受人有权退房，买受人要求继续履行合同的，合同继续履行，自第十一条约定的交付期届满之次日起至实际交付之日止，出卖人按日向买受人支付万分之五的违约金。原被告双方签订的《商品房买卖合同》，属合法有效合同，双方应严格遵守，原告赵×依约履行了相关付款义务，被告××万恒房地产公司×县分公司未能依约定时间交付该商品房，构成违约，应依照合同约定承担违约责任，支付从 2016 年 1 月 1 日至 2017 年 5 月 8 日逾期交房违约金 106 554.8 元［432 271 元×万分之五/天×（365 天＋128 天）］，从 2017 年 5 月 9 日起，逾期交房违约金以 432 271 元为基数，按日万分之五支付至实际交房之日止，故原告要求赔偿该项违约金诉讼请求予以支持，其代理人提出被告××万恒房地产公司应承担该项违约责任的代理意见予以采纳；因××万恒房地产公司×县分公司系分公司，不具有法人资格，其民事责任应由××万恒房地产公司承担，故原告及其代理人要求××万恒房地产公司×县分公司承担连带赔偿责任的诉讼请求，不予支持。原告赵×要求"办理交付房屋转移登记有关文书，并从 2016 年 4 月 1 日至 2017 年 5 月 8 日支付逾期违约金 22 614.28 元，从 2017 年 5 月 9 日起，办理交付房屋登记转移登记有关文书违约金以 432 271 元为基数，按 2015 年中国人民银行贷款基准年利率的 4.75%支付至实际交付之日止"诉讼请求，其中对"房屋登记转移登记有关文书"请求事项不明，对违约金的支付，双方在合同第二十二条第二款约定了"出卖人负责在商品房交付使用之日起 90 日内申请该商品房所有权初始登记"的内容，故原告赵×的该项诉讼请求可待条件成就后另行依法主张权利。被告××万恒房地产公司辩称未能按期交房是因为不可抗力所致证据不足，不予采信；其代理人提出对原告第二项请求不予认可的代理意见予以采纳。依照《中华人民共和国合同法》第八条、第六十条、第一百零七条、第一百一十四条、第一百三十八条，《中华人民共和国公司法》第十四条，《中华人民共和国民事诉讼法》第六十四条第一款、第一百四十四条，《最高人民法院关于适用〈中华人民共和国民事诉讼法〉的解释》第九十条之规定，判决如下：

一、由被告××万恒房地产开发有限公司于本判决生效后十日内一次性赔偿原告赵×从 2016 年 1 月 1 日至 2017 年 5 月 8 日逾期交房违约金 106 554.8 元，从 2017 年 5 月 9 日起，逾期交房违约金以 432 271 元为基数，按日万分之五支付至实际交房之日止；

二、驳回原告赵×的其他诉讼请求。

如果未按本判决指定的期间履行给付金钱义务，应当依照《中华人民共和国民事诉讼法》第二百五十三条规定，加倍支付迟延履行期间的债务利息。

案件受理费 1442 元，由原告赵×负担 252 元，被告××万恒房地产开发有限公司负担 1190 元。

如不服本判决，可以在判决书送达之日起十五日内，向本院递交上诉状，并按照对方当事人的人数提出副本，上诉于××省××市中级人民法院。

审 判 员　周×忠

二〇一七年×月×日

书 记 员　孟×璐

【评析】

这是一份适用简易程序审理的民事判决书。其特点是：①符合《民事诉讼文书样式》的要求，要素齐备、事项完整。②在事实部分，先简明扼要地概述了原告的诉称内容、诉讼请求及被告的辩解内容，将诉讼各方陈述的事实及诉请答辩主张完整反映出来，诉讼当事人各方所持的观点及其依据十分清楚。然后再列举法院对证据的认定。最后写明法院对事实的认定。这部分简要叙写了房屋买卖双方纠纷产生的原因，抓住争议焦点展示与之联系最为紧密的合同条款内容，为下文的说理奠定基础。③阐述判决理由时，列出争议焦点，对原、被告双方的意见进行回应，层次分明。对原、被告双方的意见是否采信，做到了态度鲜明、有理有据。④判决结果写得明确、具体，涉及款项精准无误。该文书是一份制作较好的判决书，值得借鉴。

第二节　第二审民事判决书

一、第二审民事判决书的概念和功能

第二审民事判决书，是第二审人民法院对当事人不服第一审人民法院的判决上诉后，依照我国《民事诉讼法》规定的第二审程序，对上诉案件进行审理，依法对案件的实体问题作出处理时所制作的法律文书。

第二审人民法院根据当事人的上诉请求，确认第一审人民法院认定的事实和作出的判决结论是否正确，通过第二审判决可以及时纠正第一审法院的错误，从而维护当事人的合法权益，提高审判质量。

二、第二审民事判决书的格式

第二审民事判决书的格式包括维持原判用、全部改判用和部分改判用的格式。现只列全部改判用的格式。

××××人民法院
民事判决书

（××××）……民终……号

上诉人（原审诉讼地位）：×××，……。

……

被上诉人（原审诉讼地位）：×××，……。

……

原审原告/被告/第三人：×××，……。

……

（以上写明当事人和其他诉讼参加人的姓名或者名称等基本信息）

上诉人×××因与被上诉人×××/上诉人×××及原审原告/被告/第三人×××……（写明案由）一案，不服××××人民法院（××××）……民初……号民事判决，向本院提起上诉。本院于×××年×月×日立案后，依法组成合议庭，开庭/因涉及……（写明不开庭的理由）不开庭进行了审理。上诉人×××、被上诉人×××、原审原告/被告/第三人×××（写明当事人和其他诉讼参加人的诉讼地位和姓名或者名称）到庭参加诉讼。本案现已审理终结。

×××上诉请求：……（写明上诉请求）。事实和理由：……（概述上诉人主张的事实和理由）。

×××辩称，……（概述被上诉人答辩意见）。

×××述称，……（概述原审原告/被告/第三人陈述意见）。

×××向一审法院起诉请求：……（写明原告/反诉原告/有独立请求权的第三人的诉讼请求）。

一审法院认定事实：……（概述一审认定的事实）。一审法院认为，……（概述一审裁判理由）。判决：……（写明一审判决主文）。

本院二审期间，当事人围绕上诉请求依法提交了证据。本院组织当事人进行了证据交换和质证（当事人没有提交新证据的，写明：二审中，当事人没有提交新证据）。对当事人二审争议的事实，本院认定如下：……（写明二审法院是否采信证据、认定事实的意见和理由，对一审查明相关事实的评判）。

本院认为，……（根据二审认定的案件事实和相关法律规定，对当事人的上诉请求进行分析评判，说明理由）。

综上所述，×××的上诉请求成立，予以支持。依照《中华人民共和国××法》第×条（适用法律错误的，应当引用实体法）、《中华人民共和国民事诉讼法》第一百七十条第一款第×项规定，判决如下：

一、撤销××人民法院（××××）……民初……号民事判决；

二、……（写明改判内容）。

二审案件受理费……元，由……负担（写明当事人姓名或者名称、负担金额）。

本判决为终审判决。

审　判　长　×××

审　判　员　×××

审　判　员　×××

××××年×月×日

（院印）

本件与原本核对无异

书　记　员　×××

三、第二审民事判决书的基本内容

第二审民事判决书由标题、正文、落款三部分组成。

（一）标题

包括法院名称、文书名称和案号。法院名称和文书名称写法同第一审民事判决书。案号除类型代字写为"民终"外，其他与第一审民事判决书案号写法相同。

（二）正文

正文包括首部、事实、理由、裁判依据和裁判主文、尾部。

1. 首部。首部包括诉讼参加人及其基本情况、案件由来和审理经过等。

（1）诉讼参加人及其基本情况。当事人的基本情况包括诉讼地位和基本信息。

二审民事案件当事人的诉讼地位表述为"上诉人""被上诉人""第三人""原审原告""原审被告""原审第三人"。先写上诉人，再写被上诉人，最后写其他当事人。其他当事人按照原审诉讼地位和顺序写明。被上诉人也提出上诉的，列为"上诉人"。

上诉人和被上诉人之后，用括号注明原审诉讼地位。

　　当事人有委托诉讼代理人的，应在当事人之后另起一行写明为"委托诉讼代理人"，并写明委托诉讼代理人的姓名和其他基本情况。

　　（2）案件由来和审理经过。此部分简要写明案件名称与来源、立案日期、庭审情况。可表述为："上诉人×××因与被上诉人×××/上诉人×××及原审原告/被告/第三人×××……（写明案由）一案，不服××人民法院（××××）……民初……号民事判决，向本院提起上诉。本院于××××年×月×日立案后，依法组成合议庭，开庭/因涉及……（写明不开庭的理由）不开庭进行了审理。上诉人×××、被上诉人×××、原审原告/被告/第三人×××（写明当事人和其他诉讼参加人的诉讼地位和姓名或者名称）到庭参加诉讼。本案现已审理终结。"

　　2. 事实。二审民事判决书的事实部分应先写明当事人的上诉请求等诉辩意见，然后再概述一审当事人的诉讼请求、一审判决的主要内容，最后写明二审法院认定的事实。具体而言，可以按照下列顺序和写作模式制作：

　　（1）上诉人的上诉请求及其主张的事实和理由；被上诉人答辩意见；原审原告/被告/第三人陈述意见；原告/反诉原告/有独立请求权的第三人的诉讼请求；一审法院认定事实、裁判理由及判决主文。可表述为："×××上诉请求：……。事实和理由：……。×××辩称，……。×××述称，……。×××向一审法院起诉请求：……。一审法院认定事实：……　一审法院认为……　判决：……"

　　（2）二审法院认定的事实和据以定案的证据。此部分首先写明二审期间，当事人围绕上诉请求依法提交了哪些证据。如果当事人没有提交新证据的，写明："二审中，当事人没有提交新证据。"然后写明二审法院组织当事人进行了证据交换和质证。最后写明二审法院采信证据、认定事实的意见和理由及对一审查明相关事实的评判。

　　3. 理由。理由是二审法院针对当事人的上诉请求，结合一审判决，根据认定的案件事实，阐明上诉是否成立，一审判决是否正确，依法应当如何处理。理由部分以"本院认为"作为引语引出。

　　4. 裁判依据和裁判主文。这部分分为以下几种情况：

　　（1）驳回上诉维持原判的，有下列情形：

　　第一，一审判决认定事实清楚，适用法律正确，维持原判的，写为："综上所述，×××的上诉请求不能成立，一审判决认定事实清楚，适用法律正确。本院依照《中华人民共和国民事诉讼法》第一百七十条第一款第一项规定，判决如下：驳回上诉，维持原判。"

　　第二，一审判决认定事实或者适用法律虽有瑕疵，但裁判结果正确，维持原判的，写为："综上，一审判决认定事实……（对一审认定事实作出概括评价，如存在瑕疵应指出）、适用法律……（对一审适用法律作出概括评价，如存在瑕疵应指出），但裁判结果正确，故对×××的上诉请求不予支持。依照《中华人民共和国×××法》第×条（适用法律有瑕疵的，应引用实体法）、《中华人民共和国民事诉讼法》第一百七十条第一款第一项、《最高人民法院关于适用〈中华人民共和国民事诉讼法〉的解释》第三百三十四条规定，判决如下：驳回上诉，维持原判。"

（2）部分改判的。按照维持、撤销、变更、增判的顺序写明。可写为："综上所述，×××的上诉请求部分成立。本院依照《中华人民共和国×××法》第×条（适用法律错误的，应引用实体法）、《中华人民共和国民事诉讼法》第一百七十条第一款第×项规定，判决如下：一、维持×××人民法院（×××）……民初……号民事判决第×项（对一审维持判项，逐一写明）；二、撤销××人民法院（××××）……民初……号民事判决第×项（将一审判决错误判项逐一撤销）；三、变更××人民法院（××××）……民初……号民事判决第×项为……；四、……（写明新增判项）。"

二审对一审判决进行改判的，应对一审判决中驳回其他诉讼请求的判项一并进行处理。如果驳回其他诉讼请求的内容和范围发生变化的，应撤销原判中驳回其他诉讼请求的判项，重新作出驳回其他诉讼请求的判项。

（3）全部改判的。按照撤销、改判的顺序写明，内容参见前文格式。需要说明的是：①一审判决主文有给付内容，但未明确履行期限的，二审判决应当予以纠正。判决承担利息，当事人提出具体请求数额的，二审法院可以根据当事人请求的数额作出相应判决；当事人没有提出具体请求数额的，可以表述为"按……利率，自×××年×月×日起计算至×××年×月×日止"。②二审对一审判决进行改判的，应当对一审判决中驳回其他诉讼请求的判项一并进行处理，如果驳回其他诉讼请求的内容和范围发生变化的，应撤销原判中驳回其他诉讼请求的判项，重新作出驳回其他诉讼请求的判项。③因为出现新的证据导致事实认定发生变化而改判的，需要加以说明。④人民法院依法在上诉请求范围之外改判的，也应加以说明。

5. 尾部。尾部应写明诉讼费用的负担、告知事项和判决效力。

（1）驳回上诉、维持原判的，一般写为："二审案件受理费……元，由……负担。本判决为终审判决。"

需要说明的是，维持原判，对一审诉讼费用负担问题不需调整的，不必重复一审诉讼费用负担。如一审诉讼费用负担错误需要调整的，应予以纠正。

（2）部分改判的，写为："一审案件受理费……元，由……负担。二审案件受理费……元，由……负担。本判决为终审判决。"

（3）全部改判的，诉讼费用和判决效力的写法与驳回上诉、维持原判的写法相同。

（三）落款

署名、日期、核对戳与第一审民事判决书的写法相同。

四、第二审民事判决书的写作方法和技巧

（一）诉讼参加人及其基本情况的写法

1. 上诉人在一审诉讼地位有两个的，按照本诉、反诉的顺序列明，中间以顿号分割。例如上诉人（原审被告、反诉原告）。

2. 有多个上诉人或者被上诉人的，相同身份的当事人之间，以顿号分割。双方当事人均提起上诉的，均列为上诉人。写明："上诉人×××、×××因与上诉人×××……"（列在最后的上诉人写明上诉人的身份，用"因与"与前列当事人连接）。原审其他当事人按照一审判决列明的顺序写明，用顿号分割。

3. 多个当事人上诉的，按照上诉请求、针对该上诉请求的答辩顺序，分别写明。当事人未答辩的，也要写明。

（二）事实的写法

第二审民事判决书中所认定的事实，是二审法院维持原判或改判的基础，应体现出上诉审的特点，回应当事人的上诉是否有理，确认第一审民事判决所认定的事实、证据和适用法律是否正确。

在制作时应注意详略得当。如果一审判决认定事实清楚，上诉人无异议，对于案件事实，二审判决书可以简要叙述；如果一审判决认定事实清楚，没有错误，但上诉人有异议，应叙述清楚有异议的部分，根据相关证据进行分析，阐明异议不能成立；如果一审判决认定事实有误，应运用证据指出一审判决中认定事实的不当，详细叙述二审认定的事实；如果一审判决认定的事实有遗漏，二审判决的事实部分应对此补充叙述。

（三）理由的写法

阐述理由需加强针对性和说服力。对于上诉人的上诉理由，应分析其正确与否。正确的，阐明其正确的理由；错误的，指出其错误的原因；有的上诉理由既有正确的部分也有错误的部分，应分别论证。对于一审判决，也要针对正确的和错误的部分分别阐述。如果理由部分需要论述的内容较多，可以采用提炼争议焦点的方法分层次分问题进行论证，如可以采用如下模式："本案二审中当事人之间的主要争议焦点在于：一、……；二、……；三、……。关于争议焦点一，上诉人提出……。本院认为，……上诉人的该项上诉理由不能成立，本院不予采信。关于争议焦点二，上诉人提出……。本院认为，……"

五、第二审民事判决书实例与评析

【实例】

××省××市中级人民法院
民事判决书[1]

（2014）×民终字第 01235 号

上诉人（原审原告）沈×南……

上诉人（原审原告）邵×妹……

两上诉人的共同委托代理人郭×兵，××律师事务所律师。

两上诉人的共同委托代理人郭×，××瑞莱律师事务所律师。

被上诉人（原审被告）刘×法……

被上诉人（原审被告）胡×仙……

原审第三人××鼓楼医院，住所地××市××区中山路 321 号。

法定代表人韩×曙，该院院长。

委托代理人王×，该院生殖中心医生。

委托代理人郑×兰，××永衡昭辉律师事务所律师。

上诉人沈×南、邵×妹因与被上诉人刘×法、胡×仙，原审第三人××鼓楼医院监管权和处置权纠纷一案，不服××市人民法院（2013）×民初字第 2729 号民事判决，向本院提起上诉。本院于 2014 年 7 月 2 日受理后，依法组成合议庭审理了本案，现已审理终结。

原审法院审理查明：沈×与刘×于 2010 年 10 月 13 日登记结婚，于 2012 年 4 月 6 日取得生育证明。2012 年 8 月，沈×与刘×因"原发性不孕症、外院反复促排卵及人工授精失败"，要求在××市鼓楼医院（以下简称鼓楼医院）施行体外受精——胚胎移植助孕手术；鼓楼医院在治疗过程中，获卵 15 枚，受精 13 枚，分裂 13 枚；取卵后 72 小时为预防"卵巢过度刺激综合征"，鼓楼医院未对刘×移植新鲜胚胎，而于当天冷冻 4 枚受精胚胎。治疗期间，刘×曾于 2012 年 3 月 5 日与鼓楼医院签订《辅助生殖染色体诊断知情同意书》，刘×在该同意书中明确对染色体检查及相关事项已经了解清楚，同意进行该检查；愿意承担因该检查可能带来的各种风险；所取样本如有剩余，同意由诊断中心按国家相关法律、法规的要求代为处理等。2012 年 9 月 3 日，沈×、刘×与鼓楼医院签订

《配子、胚胎去向知情同意书》，上载明两人在鼓楼医院生殖医学中心实施了试管手术，获卵15枚，移植0枚，冷冻4枚，继续观察6枚胚胎；对于剩余配子（卵子、精子）、胚胎，两人选择同意丢弃；对于继续观察的胚胎，如果发展成囊胚，两人选择同意囊胚冷冻。同日，沈×、刘×与鼓楼医院签订《胚胎和囊胚冷冻、解冻及移植知情同意书》，鼓楼医院在该同意书中明确，胚胎不能无限期保存，目前该中心冷冻保存期限为一年，首次费用为三个月，如需继续冷冻，需补交费用，逾期不予保存；如果超过保存期，沈×、刘×选择同意将胚胎丢弃。2013年3月20日23时20分许，沈×驾驶苏B5U858车途中在道路左侧侧翻，撞到路边树木，造成刘×当日死亡，沈×于同年3月25日死亡的后果。现沈×、刘×的4枚受精胚胎仍在鼓楼医院生殖中心冷冻保存。

后因对上述4枚受精胚胎的监管权和处置权发生争议，沈×南、邵×妹遂诉至法院，认为其子沈×与儿媳刘×死亡后，根据法律规定和风俗习惯，胚胎的监管权和处置权应由其行使，要求法院判如所请。审理中，因涉案胚胎保存于鼓楼医院，与本案审理结果存在关联性，故原审法院追加该院作为第三人参加诉讼。

原审另查明，沈×系沈×南、邵×妹夫妇之子；刘×系刘×法、胡×仙夫妇之女。

上述事实，由病历简介、病历资料、准生证、事故认定书、结婚证、户籍资料、知情同意书及原审法院开庭笔录等证据在卷佐证。

原审法院认为：公民的合法权益受法律保护。沈×与刘×因自身原因而无法自然生育，为实现生育目的，夫妻双方至鼓楼医院施行体外受精——胚胎移植手术。现夫妻双方已死亡，双方父母均遭受了巨大的痛苦，沈×南、邵×妹主张沈×与刘×夫妻手术过程中留下的胚胎作为其生命延续的标志，应由其负责保管。但施行体外受精——胚胎移植手术过程中产生的受精胚胎为具有发展为生命的潜能，含有未来生命特征的特殊之物，不能像一般之物一样任意转让或继承，故其不能成为继承的标的。同时，夫妻双方对其权利的行使应受到限制，即必须符合我国人口和计划生育法律法规，不违背社会伦理和道德，并且必须以生育为目的，不能买卖胚胎等。沈×与刘×夫妻均已死亡，通过手术达到生育的目的已无法实现，故两人对手术过程中留下的胚胎所享有的受限制的权利不能被继承。综上，对于沈×南、邵×妹提出的其与刘×法、胡×仙之间，应由其监管处置胚胎的诉请，法院不予支持。依照《中华人民共和国民法通则》第五条、《中华人民共和国继承法》第三条之规定，原审法院判决驳回沈×南、邵×妹的诉讼请求。案件受理费80元，由沈×南、邵×妹负担。

上诉人沈×南、邵×妹不服原审判决，向本院提出上诉称：1. 一审判决受精胚胎不能成为继承的标的没有法律依据。我国相关法律并未将受精胚胎定性为禁止继承的物，涉案胚胎的所有权人为沈×、刘×，是两人的合法财产，应当属于继承法第三条第（七）项"公民的其他合法财产"。在沈×、刘×死亡后，其生前遗留的受精胚胎，理应由上诉人继承，由上诉人享有监管、处置权利。2. 根据沈×、刘×与鼓楼医院的相关协议，鼓楼医院只有在手术成功后才具有对剩余胚胎的处置权利。现沈×、刘×均已死亡，手术并未进行，鼓楼医院无论是依据法律规定还是合同约定，对涉案胚胎均无处置权利。一审法院认定胚胎不能被继承，将导致涉案胚胎在沈×、刘×死亡后即无任何可对其行使权利之人。综上，请求撤销原审判决，判决4枚冷冻胚胎的监管权和处置权归上诉人。

被上诉人刘×法、胡×仙辩称：涉案胚胎是女儿女婿遗留下来的，上诉人和被上诉人均有监管权和处置权。要求法院依法判决。

原审第三人鼓楼医院辩称：胚胎是特殊之物，对其处置涉及伦理问题，不能成为继承的标的；根据《人类辅助生殖技术管理办法》等卫生部的相关规定，也不能对胚胎进行赠送、转让、代孕。要求驳回上诉，维持原判。

二审查明的事实与原审查明的事实一致，本院予以确认。

另查明，××市鼓楼医院现已更名为××鼓楼医院。

本案的争议焦点为：涉案胚胎的监管权和处置权的行使主体如何确定？

本院认为，公民合法的民事权益受法律保护。基于以下理由，上诉人沈×南、邵×妹和被上诉人刘×法、胡×仙对涉案胚胎共同享有监管权和处置权：

1. 沈×、刘×生前与南京鼓楼医院签订相关知情同意书，约定胚胎冷冻保存期为一年，超过保存期同意将胚胎丢弃，现沈×、刘×意外死亡，合同因发生了当事人不可预见且非其所愿的情况而不能继续履行，南京鼓楼医院不能根据知情同意书中的相关条款单方面处置涉案胚胎。

2. 在我国现行法律对胚胎的法律属性没有明确规定的情况下，结合本案实际，应考虑以下因素以确定涉案胚胎的相关权利归属：一是伦理。施行体外受精——胚胎移植手术过程中产生的受精胚胎，具有潜在的生命特质，不仅含有沈×、刘×的DNA等遗传物质，而且含有双方父母两个家族的遗传信息，双方父母与涉案胚胎亦具有生命伦理上的密切关联性。二是情感。白发人送黑发人，乃人生至悲之事，更何况暮年遽丧独子、独女！沈×、刘×意外死亡，其父母承欢膝下、纵享天伦之乐不再，"失独"之痛，非常人所能体味。而沈×、刘×遗留下来的胚胎，则成为双方家族血脉的唯一载体，承载着哀思寄托、精神慰藉、情感抚慰等人格利益。涉案胚胎由双方父母监管和处置，既合乎人伦，亦可适度减轻其丧子失女之痛楚。三是特殊利益保护。胚胎是介于人与物之间的过渡存在，具有孕育成生命的潜质，比非生命体具有更高的道德地位，应受到特殊尊重与保护。在沈×、刘×意外死亡后，其父母不仅是世界上唯一关心胚胎命运的主体，而且亦应当是胚胎之最近最大和最密切倾向性利益的享有者。综上，判决沈×、刘×父母享有涉案胚胎的监管权和处置权于情于理是恰当的。当然，权利主体在行使监管权和处置权时，应当遵守法律且不得违背公序良俗和损害他人之利益。

3. 至于××鼓楼医院在诉讼中提出，根据卫生部的相关规定，胚胎不能买卖、赠送和禁止实施代孕，但并未否定权利人对胚胎享有的相关权利，且这些规定是卫生行政管理部门对相关医疗机构和人员在从事人工生殖辅助技术时的管理规定，××鼓楼医院不得基于部门规章的行政管理规定对抗当事人基于私法所享有的正当权利。

本院还注意到，原审在本案的诉讼主体结构安排方面存在一定的瑕疵，本应予以纠正。但考虑本次诉讼安排和诉讼目的的指向恒定，不会对诉讼主体的程序和实体权利义务的承担造成紊乱，本院不再作调整。另外，根据上诉人在原审中的诉请以及当事人之间法律关系的性质，本案案由应变更为监管权和处置权纠纷。

综上，沈×南、邵×妹和刘×法、胡×仙要求获得涉案胚胎的监管权和处置权合情、合理，且不违反法律禁止性规定，本院应予支持。依照《中华人民共和国民法通则》第五条、第六条、第七条，《中华人民共和国民事诉讼法》第一百七十条第一款第（二）项之规定，判决如下：

一、撤销××市人民法院（2013）×民初字第2729号民事判决；

二、沈×、刘×存放于××鼓楼医院的4枚冷冻胚胎由上诉人沈×南、邵×妹和被上诉人刘×法、胡×仙共同监管和处置；

三、驳回上诉人沈×南、邵×妹其他诉讼请求。

一、二审案件受理费共计160元，由上诉人沈×南、邵×妹和被上诉人刘×法、胡×仙各半负担。

本判决为终审判决。

审　判　长　时×才

审　判　员　范　×

审　判　员　张×斌

二〇一四年九月十七日

书　记　员　庄×龙

【评析】

这是一起由冷冻胚胎的归属引发的民事诉讼，科技改变生活，也给法官们带来了新问题。这份二审判决书是 2014 年制作的，其格式遵循 1992 年最高法院出台的《法院诉讼文书样式（试行）》中的规定。总体来说，这是一份优秀的二审民事判决书，其特点是：①尊重当事人的处分权和辩论权。本案当事人，尤其是上诉人和被上诉人，他们既是事实的亲历者，又是自身利益的维护者，冷冻胚胎的归属是他们最为关心的，为此，他们各自提出理由以维护自身的权益。在二审判决书中，法官做到了一视同仁，对各方意见均予以回应。②事实写作繁简得当。对本案事实各方并无异议，所以以"二审查明的事实与原审查明的事实一致，本院予以确认"一句带过。③理由部分提炼出本案的争议焦点，针对焦点分三层进行论述。第一、三层次主要针对××鼓楼医院的意见进行反驳。在反驳中也确立了上诉人和被上诉人对冷冻胚胎的监管权和处置权，可谓有破有立。为进一步确认这种权利，法官采用了漏洞补充的方法，从伦理、情感、特殊利益保护三方面进行说理，入情入理，情理交融，体现了法官对当事人的人文关怀。④语言方面，俗语及四字格、文言语汇交替使用，既通俗易懂又隽永深刻，可以说，第二个层面的说理是本判决书的精华和亮点，也是判决书的灵魂所在。

本判决书的不足之处是：没有明白而充分的解释为什么不再调整原审在诉讼主体结构安排方面的瑕疵。对于不是法律职业共同体的受众而言，专业的法律术语及法理论证使他们如在雾中。说理充分是对判决书的基本要求，除了充分，法官在写作判决书时，还要注意判决的可接受性。

第三节　再审民事判决书

一、再审民事判决书的概念和功能

再审民事判决书，是人民法院依照审判监督程序，对已经发生法律效力的确有错误的民事判决、裁定或调解协议进行再审后，就当事人之间的纠纷作出处理决定时制作的法律文书。

再审民事判决书是就民事案件实体问题进行审理后制作的，其作用主要在于纠正错误的生效裁判，以保证民事裁判的正确性和合法性，保障民事案件当事人的合法权益，让人民群众在每一个案件中感受到公平和正义。

二、再审民事判决书的格式

根据《民事诉讼文书样式》的规定，再审案件有七种类型：当事人申请的再审案件、依被遗漏的必须共同进行诉讼的当事人申请再审案件、案外人申请再审案件、法院依职权再审案件、检察院抗诉再审案件、检察建议再审案件、小额诉讼再审案件。每一类当中再审判决书还有若干格式，在此不能一一列举，现只列法院依职权对本院案件按一审程序再审判决书的格式。

××××人民法院
民事判决书

（××××）……民再……号

原审原告：×××，……。

……

原审被告：×××，……。

……

原审第三人：×××，……。

……

（以上写明当事人和其他诉讼参加人的姓名或者名称等基本信息）

原审原告×××与原审被告×××……（写明案由）一案，本院（××××）……民初……号民事判决/民事裁定/民事调解书已经发生法律效力。经本院审判委员会讨论决定，于××××年×月×日作出（××××）……民监……号民事裁定，再审本案。本院依法另行组成合议庭，开庭审理了本案。原审原告×××、原审被告×××（写明当事人和其他诉讼参加人的诉讼地位和姓名或者名称）到庭参加诉讼。（未开庭的，写明：本院依法组成合议庭审理了本案。）本案现已审理终结。

×××称，……（写明原审原告在再审中的再审请求、事实和理由）。

×××辩称，……（写明原审被告在再审中的答辩意见）。

×××向本院起诉请求：……（写明原审原告的诉讼请求）。本院原审认定案件事实：……。本院原审认为，……（概述原审判决理由）。本院原审判决/民事裁定/调解书：……（写明原审判决主文/裁定主文/调解书内容）。

本院再审认定案件事实如下：……（写明再审法院采信证据，认定事实的意见和理由，对原审法院认定相关的事实进行评判）。

本院再审认为，……（写明争议焦点，依据认定的事实和相关法律，进行分析评判，说明理由）。

本案经本院审判委员会讨论决定（未经审委会讨论的不写），依照《中华人民共和国民事诉讼法》第二百零七条第一款……（写明法律文件名称及其条款项序号）规定，判决如下：

　　一、……；

　　二、……。

　　（以上分项写明判决结果）

　　……（写明诉讼费用的负担）。

　　如果未按本判决指定的期间履行给付金钱义务，应当依照《中华人民共和国民事诉讼法》第二百五十三条规定，加倍支付迟延履行期间的债务利息（没有给付金钱义务的，不写）。

　　如不服本判决，可以在判决书送达之日起十五日内，向本院递交上诉状，并按对方当事人的人数提出副本，上诉于××××人民法院。

审　判　长　×××

审　判　员　×××

审　判　员　×××

××××年×月×日

（院印）

本件与原本核对无异

书　记　员　×××

三、再审民事判决书的基本内容

再审民事判决书由标题、正文、落款三部分组成。

（一）标题

包括法院名称、文书名称和案号。法院名称和文书名称写法同第一审民事判决书。案号除类型代字写为"民再"外，其他与第一审民事判决书案号写法相同。

（二）正文

正文包括首部、事实、理由、裁判依据、裁判主文和尾部。

1. 首部。首部包括诉讼参加人及其基本情况、案件由来和审理经过等。

（1）诉讼参加人及其基本情况。当事人的基本情况包括诉讼地位和基本信息。

再审民事案件当事人的诉讼地位表述为"再审申请人""被申请人"。其他当事人按照原审诉讼地位表述，例如，一审终审的，列为"原审原告""原审被告""原审第三人"；二审终审的，列为"二审上诉人""二审被上诉人"等。再审申请人、被申请人和其他当事人诉讼地位之后，用括号注明一审、二审诉讼地位。抗诉再审案件（再审检察建议案件），应当写明抗诉机关（再审检察建议机关）及申诉人与被申诉人的诉讼地位。案件由来部分写明检察机关出庭人员的基本情况。对于检察机关因国家利益、社会公共利益受损而依职权启动程序的案件，应列明当事人的原审诉讼地位。

当事人有委托诉讼代理人的，应在当事人之后另起一行写明为"委托诉讼代理人"，并写明委托诉讼代理人的姓名和其他基本情况。

（2）案件由来、再审来源、再审的提起及审理情况。简要写明案由、再审来源、再审的提起及审理情况。

再审来源不同，写法也不同，举几种情况：

第一，如系当事人申请法院再审，法院提审的，可以写为："再审申请人×××因与被申请人×××/再审申请人及××……（写明案由）一案，不服××人民法院（××××）……号民事判决/民事调解书，向本院申请再审。本院于×××年××月××日作出（××××）……号民事裁定，提审本案。本院依法组成合议庭，开庭审理了本案。再审申请人×××、被申请人×××到庭参加诉讼。（未开庭的，写明：本院依法组成合议庭审理了本案。）本案现已审理终结。"

第二，如系上级法院指令再审的写为："申诉人×××因与被申请人×××及×××……（写明案由）一案，不服本院（××××）……号民事判决/民事裁定，向××人民检察院申诉。××人民检察院作出……号民事抗诉书，向××人民法院提出抗诉。××人民法院作出（××××）……号民事裁定，指令本院再审本案。本院依法另行组成合议庭，开庭审理了本案。××人民检察院指派检察员×××出庭。申诉人×××、被申请人×××到庭参加诉讼。本案现已审理终结。"

可以看出，这部分主要区别在于案由、再审来源、再审的提起写法不同。但写作顺序和写作模式有共同之处。

2. 事实。再审民事判决书的事实包括：①当事人提出的或申请的、检察机关提出抗诉的主要理由及请求；②原审生效判决认定的主要事实、理由和判决结果；③经再审所查明认定的事实及证据。

3. 理由。再审民事判决书的理由是根据再审查明的事实，论述原审生效判决是否正确，属于申请再审或检察机关抗诉的，要针对其申请再审、抗诉的观点能否成立来阐明是否应予改判，如何改判，或者应当维持原判。

4. 裁判依据。写明再审判决依据的法律条文。即"依照……（判决依据的法律）的规定，判决如下"。

5. 裁判主文。再审民事判决书的判决结果可分为维持原判、全部改判、部分改判、增加新的判决。

（1）维持原判的，写为："驳回申诉（或再审申请或抗诉），维持原判。"

属于上级法院提审、指令再审或本院决定再审的，可写："原判正确，予以维持。"如需驳回其他之诉的，在判决项目之后应另列一行，写明："驳回申诉人（或申请人）×××（姓名）其他诉讼请求。"

（2）全部改判的，写为："一、撤销××人民法院（年度）×字第×号民事判决〔或本院（年度）×字第×号民事判决〕。二、（改判的内容）。"

（3）部分改判的，写为："一、维持××人民法院（或本院）（年度）×字第×号民事判决第×项；二、撤销××人民法院（或本院）（年度）×字第×号民事判决第×项；三、（改判的内容）。"

（4）加判的，写为："一、维持××人民法院（或本院）（年度）×字第×号民事判决。二、（加判的内容）。"

6. 尾部。尾部包括诉讼费用负担、交待上诉权或确认判决效力。

如果是按照第一审程序审理的再审案件，应交待上诉权，写明："如不服本判决，可在判决书送达之日起十五日内，向本院递交上诉状并按对方当事人的人数提出副本，上诉于××人民法院。"

如果是按照第二审程序审理的再审案件，当事人无上诉权，应写明"本判决为终审判决"。

（三）落款

落款包括署名、日期、用印和核对戳。

落款各项的写法与第一审民事判决书相同。

四、再审民事判决书的写作方法和技巧

（一）事实部分的写法

叙述再审查明认定的事实时应重点写明有争议的内容。事实叙述的详略要根据原判决认定事实清楚与否来决定。如果原判决认定事实不清，再审民事判决书的事实需要详细、具体地叙述。如果原判决认定事实清楚，再审民事判决书的事实可概括叙述。如果原判决个别地方认定不准，再审民事判决书的事实应运用新获取的证据对其错误之处予以纠正。具体的叙事要求与第一审、第二审民事判决书事实部分的要求相同，可参照。

（二）判决理由的写法

论述再审判决的理由要抓准关键，阐明观点，论述充分，合法有据。

（三）判决主文的写法

制作再审民事判决书，无论是维持原判还是予以改判，都应实事求是，依法办案，做到有错必纠，无错不纠。无论是哪一种类型的再审案件，改变原判决的，在判决结果中，应当撤销原一审或原一、二审判决、裁定的全部或者某一部分。

五、再审民事判决书实例与评析

【实例】

中华人民共和国最高人民法院
民事判决书[1]

（2017）最高法民再×号

再审申请人（一审原告、二审上诉人）：伊×军，男，满族，住辽宁省沈阳市铁西区。

委托诉讼代理人：张×伟，辽宁××律师事务所律师。

委托诉讼代理人：郑×江，辽宁××律师事务所律师。

被申请人（一审被告、二审上诉人）：中国工商银行股份有限公司××分行。住所地：××省××市兴隆台区市府大街9号。

负责人：郭×峰，该分行行长。

委托诉讼代理人：吴×，北京××律师事务所沈阳分所律师。

委托诉讼代理人：王×刚，北京××律师事务所沈阳分所律师。

再审申请人伊×军因与被申请人中国工商银行股份有限公司××分行（以下简称工行××分行）银行卡纠纷一案，不服××省高级人民法院（2016）××终502号民事判决，向本院申请再审。本院于2017年4月14日作出（2017）最高法民申×号民事裁定，提审本案。本院依法组成合议庭，开庭审理了本案。再审申请人伊×军委托诉讼代理人张×伟、郑×江，被申请人工行××分行委托诉讼代理人王×刚到庭参加诉讼。本案现已审理终结。

伊×军申请再审称：1. 关于2011年6月28日第二次开通网银的责任分担问题。二审判决认为，伊×军在第二次开通网银时已在申请书上签字确认，且没有向银行工作人员索要U盾，致使存款被转走，没有尽到合理注意义务，故判令伊×军承担40%的次要责任，这一责任分担明显错误。一审法院委托××

---

[1] 资料来源：http://www.pkulaw.cn/case/pfnl_1970324846147190.html? match = Exact.

九州司法鉴定所对伊×军在网银手续上的签名进行鉴定,《××九州司法鉴定所文书鉴定意见书》(以下简称《鉴定意见书》)的结论是:开通申请书是伊×军签字,注销第一次网银申请书及交接确认书非伊×军本人签字。事实上,工行××分行工作人员赵×曾要求伊×军在开立银行卡时在多份材料上签字,伊×军并不知道在开通网银申请书上签字。这从伊×军及多名被害人在公安机关的询问笔录即可看出,各被害储户均不知道赵×为其开通网上银行。而且如果真是伊×军申请开通的网银,工行××分行就没有必要在注销第一次网银及领取U盾的交接确认书上伪造伊×军的签字,工行××分行直接要求伊×军在该两份材料上签字即可。上述证据完全可以推定伊×军对于第二次开通网银并不知情。退一步讲,即便伊×军知道开通了网银,根据银行规定也应是柜员将U盾交给储户,而不是他人,将U盾交给储户是银行的责任。二审判决以伊×军没有向工作人员索要U盾为由,判令其承担40%的责任明显不当。本案应由工行××分行承担全部责任,应向伊×军给付存款1449.847万元。即使伊×军有责任,40%的承担比例也严重过高,对伊×军明显不公。2. 关于利息标准问题。伊×军主张按银行同期贷款利率计算利息,二审法院认为本案系活期存款,应按活期存款计算利息。伊×军认为,在公安机关2012年4月通知伊×军银行卡内的钱已被转走且将伊×军的银行卡收走的情况下,伊×军即已无法提出存款,现经二审认定工行××分行存在过错并判令工行××分行给付存款。因此,工行××分行应自2012年4月后按贷款利率向伊×军支付利息。3. 关于赵×是否涉嫌犯罪及法院是否应将案涉材料移送公安机关的问题。从伊×军提交的公安机关对李×、赵×及多名被害人询问笔录均可看出,被骗储户并不知道赵×擅自为其开通网银,而李×和赵×则承认是李×让赵×为被害人开通网银并将U盾交给李×的事实。赵×明显是实施共同犯罪。《鉴定意见书》则进一步证明了上述事实。关于赵×是否构成犯罪的问题,公安机关及检察院虽曾以证据不足予以释放和撤回起诉,但《鉴定意见书》系撤回起诉后出现的新证据,足以影响对赵×是否构成犯罪的定性,因此法院应将上述线索及材料报送公安机关。综上,二审判决认定事实不清,适用法律错误,请求撤销一审、二审判决,依法判令工行××分行向伊×军给付存款1449.847万元及利息,本案诉讼费用由工行××分行承担。

　　工行××分行辩称:1. 二审关于开通网银责任承担问题认定正确。首先,2011年6月28日电子银行业务申请书上申请人签名处的签字经过司法鉴定,确认为伊×军本人笔迹。申请书上有明确的标记"您已开通网银,并领取U盾……"。伊×军签字确认证明其已阅读该提示,但伊×军没有向工行××分行工作人员索U盾。其次,伊×军两次到工行××分行开户,均是本人持有效身份证亲自到场办理的，伊×军对于个人有效证件及信息未尽到合理保护及注意义务，也是导致案涉存款被转走的原因之一，应承担相应的责任。故二审对案涉存款被转走的责任划分比例正确。2. 工行××分行工作人员赵×没有犯罪事实，不应将案件材料移交公安机关。3. 工行××分行不应支付伊×军贷款利息。双方之间是银行卡存储关系，伊×军开立的是活期卡。该笔存款被李某支取，工行××分行没有实际占有、使用，同样是该刑事案件的受害方，而李×已被追究刑事责任。故伊×军主张工行盘锦分行按贷款利率支付利息，无事实和法律依据。综上，二审判决认定事实清楚，适用法律正确，请求驳回伊×军的再审请求。

伊×军向辽宁省××市中级人民法院（以下简称一审法院）起诉请求：工行××分行向伊×军支付存款本金1450万元及利息（自存款之日起至判决给付之日止，按中国人民银行同期定期银行贷款利率计算）。

一审法院认定事实：2011年4月份，伊×军经人介绍认识李×，李×伙同刑事案件被告人周×等人以给付高额利息为诱饵，编造工商银行回报高额利息吸纳储户存款、工商银行有投资项目需要吸纳资金的虚假事实，骗取伊×军的信任，授意伊×军在工行××分行盘山支行××路储蓄所开立账户。伊×军于2011年4月26日15时44分在××路储蓄所开户（账号为07×××即卡号为62××××），该账户于当日15时50分被开通网银（该网银储户签名并非伊×军本人所签，而且工行××分行称没有领取U盾手续）。当日伊×军向该账户内存入400万元人民币，2011年5月13日，伊×军向该账户内存入200万元人民币，共计存入600万元人民币，该账户内的600万元存款自2011年4月26日至2011年5月14日通过网银转出599.901万元，余额601.07元。伊×军又于2011年6月28日10时55分在××路储蓄所开户（账号07×××，卡号为62××××）。该账户于当日11时7分被开通网银，但伊×军仅在开通网银的《中国工商银行个人客户业务申请书》上签了字，并未签字领取U盾。（伊×军开户之前，原网银被注销，注销手续上的签名也不是伊×军本人所签，该手续上"卡丢失注销网银"几个字系工行××分行负责为伊×军办理开户业务的柜员赵×所写。）伊×军于2011年6月28日至2011年11月11日期间先后九次向该账户内存入共计850万元人民币，通过网银共计转出849.946万元，余额256.12元。伊×军在同一储蓄所开立两个账户共计存入人民币1450万元。伊×军于2011年4月26日和2011年6月28日开立的均是活期储蓄存款账户。李×以网上银行转账或支付的方式将伊×军的存款取走共计1449.847万元。李×共计向伊×军支付"利息"310万元。伊×军在工行××分行处开立账户时李×是工行××分行的工作人员，后被工行××分行解除劳动关系。伊×军、工行××分行对开通网银时是谁将U盾交给李×说法不一。一审法院对伊×军和赵

×分别作了询问笔录，赵×称："有客户把U盾落在柜台的情况，我给过李×三四次。李×说客户和他说好了，把U盾落这了，让李×来取，我就给他了。"一审法院询问李×，李×称，"伊×军的网上银行是我让赵×开通的，开通网上银行后U盾是赵×给我的"。一审、二审法院认定李×犯诈骗罪，判处有期徒刑14年。李×的诈骗犯罪其中包括伊×军存款被骗部分。但刑事判决中关于U盾是怎么到赵×手没有认定。庭审时经伊×军对工行××分行提供的伊×军办理网银手续上的签名进行辨认，伊×军称均不是其本人所签，因此，伊×军申请要求笔迹鉴定。经一审法院委托辽宁九州司法鉴定所对伊×军在网银手续上的签名进行鉴定，鉴定意见确认：2011年4月26日的《中国工商银行个人客户业务申请书》中（开通网银），"申请人签名"处的"伊×军"签名笔迹和2011年6月28日的《中国工商银行电子银行个人客户变更（注销）事项申请表》中，"签名"处的"伊×军"签名笔迹及2011年6月28日的《中国工商银行交接确认书》中（U盾交接），"接收人1签章"处的"伊×军"签名笔迹不是伊×军签名笔迹；2011年6月26日的《中国工商银行个人客户业务申请书》中（开通网银），"申请人签名"处的"伊×军"签名笔迹是伊×军签名笔迹。

一审法院判决：一、工行××分行于判决生效之日起10日内给付伊×军存款人民币1139.847万元（1449.847万元－310万元）的60%即683.9082万元，并按中国工商银行同期同类活期存款利率支付上述存款利息（其中：400万元从2011年4月26日起计息，199.901万元从2011年5月13日起计息，840 072元从2011年11月11日起计息，至判决确定的给付之日止）。如工行××分行未按判决指定的期限履行给付金钱义务，应当依照《中华人民共和国民事诉讼法》第二百五十三条之规定，加倍支付迟延履行期间的债务利息。二、驳回伊×军的其他诉讼请求。

工行××分行不服一审判决，向辽宁省高级人民法院（以下简称二审法院）上诉请求：1. 撤销一审判决，驳回伊×军的诉讼请求；2. 伊×军承担涉诉费用。伊×军不服一审判决，向二审法院上诉请求：1. 依法撤销一审判决，予以改判；2. 判令工行××分行向伊×军给付存款1449.847万元及利息；3. 本案诉讼费用由工行××分行承担。

二审法院对一审法院查明的事实予以确认。二审法院另查明，李×原系工行××分行工作人员，2011年7月20日，被工行××分行解除劳动合同关系。2014年12月19日，辽宁省××县人民法院认定李×犯诈骗罪，判处有期徒刑十四年，并处没收个人全部财产。李×不服上诉，辽宁省××市中级人民法院维持了一审判决。该二审刑事判决书查明：2010年5月至2012年3月期间，在被告人李×的提议下，其伙同被告人周×以给付高额利息为诱饵，或编造工商银行回报高额利息吸纳储户存款、工商银行有投资项目需要吸纳资金的虚假事实，或虚构李×系中国工商银行股份有限公司××分行或盘山支行工作人员的身份，自行或通过中间人联系，骗取被害人信任，授意被害人将资金存入中国工商银行股份有限公司××盘隆支行及××路储蓄所，被告人李×再采取网上银行转账、银行柜台转账、现金支取、网上支付的方式将被害人的存款取走，并与被告人周×将所获赃款挥霍。……2011年4月份，被告人李×骗取被害人伊×军的信任，授意伊×军在××路储蓄所开立账户，于2011年4月26日至11月11日期间存入共计1450万元。李×以网上银行转账或支付的方式将伊×军的存款取走1449.847万元。还查明：伊×军于2011年6月28日在工行××分行下属的××路储蓄所开户后，自开户日起至2011年11月11日先后九次向该账户内存款共计850万元，分别为：开户当日存入100万元、6月29日存入200万元、7月6日存入100万元、7月27日存入150万元、8月8日存入50万元、8月26日存入200万元、11月11日存入50万元。

　　二审法院认为：一、关于案涉法律关系性质是李×与伊×军的个人借贷关系还是工行××分行与伊×军的储蓄存款合同关系的问题。根据辽宁省××县人民法院及辽宁省××市中级人民法院刑事判决书可知，伊×军将款项存入工行××分行的目的是为获取银行的高额利息，并无将款项出借给李×个人的意思；李×虽将伊×军的存款取走，但其也是通过编造工商银行回报高息来诱骗伊×军将款项存入银行，即吸纳存款的是银行而非李×个人，故双方间不存在建立借贷关系的合意。根据伊×军向工行××分行申请开立活期储蓄账户，工行××分行为其开立账户并出具银行借记卡，伊×军向该银行卡存入款项的事实，可以认定案涉法律关系为工行××分行与伊×军间的储蓄存款合同关系。二、关于《鉴定意见书》的鉴定程序是否违法、鉴定结论应否采信的问题。工行××分行提出，《鉴定意见书》中所提取检材违反了《司法鉴定程序通则》第二十四条第四款的相关规定，部分样本只有调取人一人签名，且没有现场见证人；部分样本只有两名在场人签名，而没有样本提取人签名。故该行认为鉴定机关依据无效的鉴定样本作出的鉴定结论不应予以采信。经审查，工行××分行提出异议的该几页签名，是《鉴定意见书》第五部分"样本"中的内容，即该几页仅属于鉴定"样本"，而非《司法鉴定程序通则》中所说的"检材"，该几页"样本"不适用《司法鉴定程序通则》第二十四条第四款的规定。故案涉鉴定结论不存在程序违法问题，应当予以采信。三、关于工行××分行工作人员在办理网银业务中是否存在违规操作的问题。根据《中国工商银行电子银行业务管理办法》的相关规定，办理网上银行业务，柜员必须认真审核客户身份及申请表内容，申请办理网上银行必须由申请人本人办理，U盾或电子银行口令卡必须交付客户本人，办理网上银行业务的相关文件必须由客户本人签字。二审法院根据《鉴定意见书》认定，工行××分行于 2011 年 4 月 26 日为"伊×军"开通的网上银行并非伊×军本人办理，2011 年 6 月 28 日工行××分行注销该网上银行业务时也非依伊×军本人申请注销；工行××分行于 2011 年 6 月 28 日虽依伊×军申请开通了网上银行，但没有将 U 盾交付给伊×军本人。因此，工行××分行在办理开通及注销伊×军网上银行业务中均存在违规操作行为。

四、关于伊×军在办理开户过程中是否尽到注意义务，对存款被转走是否存在过错的问题。案涉伊×军的存款，均是李×通过网上银行转账或支付方式取走的，因此，网银的开通、U 盾的掌控及网银密码的取得是案涉款项被骗取的关键。根据案涉证据，2011 年 4 月 26 日伊×军在开立账户后并没有开通网银，不存在其将 U 盾交与他人及泄露网银密码的问题。虽然其获得了相应高息，但其受高息诱惑前往存款与款项损失间没有直接因果关系。因此，伊×军对于 2011 年 4 月 26 日开立的银行卡内的资金损失没有任何过错。但是，伊×军在 2011 年 6 月 28 日开户时，其同时在开通网银的申请书上签字确认。该申请书上以加大号字体提示："您已开通网银并领取 U 盾，凭 U 盾可办理网上转账、汇款等业务。请您妥善保管 U 盾，切勿交给他人，并牢记网银及 U 盾密码，切勿泄漏。"但伊×军没有注意该提示内容，也没有索要网银 U 盾，而是在开立账户和网银后又向该账户转入巨额款项，致使犯罪分子利用该 U 盾将其卡内的存款转走造成案涉损失，其在办理该次开户、存款业务中，没有尽到合理的注意义务。因此，其对款项被转走具有一定过错。伊×军关于因注销第一个网银的申请表非其本人办理，故该第二次网银的办理不应认定系其所为，其在开立账户办理存款过程中不存在过错的抗辩，缺乏依据，二审法院不予支持。五、关于伊×军所获 310 万高息应否予以扣除的问题。伊×军在工行××分行开立的是活期储蓄存款账户，伊×军所存款项的活期利息并非该金额。根据刑事判决书，该 310 万元是李×给付，李×给付伊×军该款项，属于为骗取伊×军账户的控制权以骗取的银行存款支付的高额利息，故应在返还存款本金时予以扣除。伊×军称李×给付的 310 万元与本案系不同法律关系，故不应从付款中扣除，但在伊×军与李×间不存在借贷关系的前提下，李×无由给付该款项，其该主张显然不能成立。六、关于应否以赵×涉嫌犯罪为由将该相关材料移送公安机关的问题。根据《鉴定意见书》，案涉 2011 年 4 月 26 日、6 月 28 日开通网银及注销网银业务申请上的签字均非伊×军本人所签，但该《鉴定意见书》上并未确认该签名就是赵×所为；即使确为赵×所为，在不能确定赵×存在主观故意的情况下，该行为属于违反操作流程，违反银行内部管理规定的问题。而对此，公安机关及检察院均曾以职务侵占或诈骗罪对赵×进行刑事拘留或提起公诉，后又均以证据不足予以释放和撤回起诉。故以赵×涉嫌犯罪为由将案涉材料移送公安机关，依据不足。综上，一审法院以工行××分行工作人员违反银行业务操作流程，将客户U盾交给他人造成存款损失，认定工行××分行应承担主要责任，伊×军未尽合理注意义务应承担次要责任，而确定双方的责任比例并无不当，但判令伊×军对2011年4月26日开通的网银发生的损失亦按40%比例承担相应责任，依据不足，应予纠正。

二审法院判决：一、撤销一审民事判决主文第二项；二、变更一审民事判决主文第一项为：工行××分行于二审判决生效之日起十日内给付伊×军存款人民币923.8686万元，并按中国工商银行同期同类活期存款利率计付上述存款至二审判决确定的给付之日止的利息（其中400万元自2011年4月26日、199.901万元自2011年5月13日、323.9676万元〔（849.946－310）×60%〕自2011年11月11日起计息）；三、驳回伊×军的其他诉讼请求。如果工行××分行未按本判决指定的期限履行给付金钱义务，应当依照《中华人民共和国民事诉讼法》第253条之规定，加倍支付迟延履行期间的债务利息。一审案件受理费108 800元，由工行××分行承担69 310元，伊×军承担39 490元；鉴定费用的承担按一审判决执行。二审案件受理费108 800元，其中75 554元由工行××分行承担，33 246元由伊×军承担。

本院对一审、二审法院认定的事实予以确认。

本院再审认为，根据一审、二审判决、伊×军的再审请求及工行××分行的答辩意见，本案的主要争议焦点是：一、工行××分行与伊×军是否存在储蓄存款合同关系；二、案涉存款被转走的责任应如何划分；三、伊×军所获310万元高息应否予以扣除以及案涉存款利息的计算方法。

关于工行××分行与伊×军是否存在储蓄存款合同关系的问题。《中华人民共和国民法通则》第五十五条规定："民事法律行为应当具备下列条件：（一）行为人具有相应的民事行为能力；（二）意思表示真实；（三）不违反法律或者社会公共利益。"本案中，辽宁省××市中级人民法院（2015）盘中刑二终字第00013号刑事判决书认定："2010年5月至2012年3月期间，李×伙同他人以给付高额利息为诱饵，或编造工商银行回报高额利息吸纳储户存款、工商银行有投资项目需要吸纳资金的虚假事实，或虚构李×系中国工商银行股份有限公司××分行或盘山支行工作人员的身份，自行或通过中间人联系，骗取被害人信任，授意被害人将资金存入中国工商银行股份有限公司××支行及××路储蓄所，被告人李×再采取网上银行转账、银行柜台转账、现金支取、网上支付的方式将被害人的存款取走，……2011年4月份，被告人李×骗取被害人伊×军的信任，授意伊×军在××路储蓄所开立账户，于2011年4月26日至11月11

日期间存入共计 1450 万元。"据此，本院认为，伊×军的真实意思表示是将款项存入银行以获取高额利息，伊×军与银行之间的储蓄存款合同关系从银行接受伊×军的存款并交付存款凭证之时起即告成立。虽然伊×军是在李×通过编造存款有高息回报诱骗的情形下将案涉款项存入银行，但该情形并不影响伊×军与工行××分行之间储蓄存款合同的合法有效。本案中，伊×军于 2011 年 4 月 26 日及 6 月 28 日分别在工行××分行下属的××路储蓄所申请开立了活期储蓄存款账户，为此，该行向伊×军交付了两张银行借记卡，伊×军自 2011 年 4 月 26 日至 2011 年 11 月 11 日期间，先后向该两账户内存入了合计 1450 万元款项。上述事实足以证明，伊×军与工行××分行间已经建立了储蓄存款合同关系，工行××分行向伊×军出具的银行借记卡，即为双方间储蓄存款合同关系成立的直接证据。根据伊×军向工行××分行申请开立活期储蓄账户，工行××分行为其开立账户并出具银行借记卡，伊×军向该银行卡存入款项的事实，本院认定工行××分行与伊×军之间的储蓄存款合同关系成立。

关于案涉存款被转走的责任应如何划分的问题。本案中，案涉伊×军的存款，均是李×通过网上银行转账或支付方式非法取走的，网银的开通、U盾的掌控及网银密码的取得是案涉款项被骗取的关键。厘清工行××分行在给伊×军办理网银业务中是否存在违规操作以及伊×军在开通网银过程中是否尽到了注意义务是案涉损失责任划分的前提。

（一）关于工行××分行在给伊×军办理网银业务中是否存在违规操作的问题。《中国工商银行电子银行业务管理办法》第七章"个人网上银行业务"第二节第一条规定："柜员认真审核申请表内容并核对客户身份后对客户办理网上银行注册。……柜员须按照'本人办、交本人、本人签'的原则，将U盾或电子银行口令卡交给申请网上银行的客户本人，现场授权或现场管理人员应对U盾交付客户本人进行监督，并确认客户本人签收。"据此，办理网上银行业务，柜员必须认真审核客户身份及申请表内容，申请办理网上银行必须由申请人本人办理，U盾或电子银行口令卡必须交付客户本人，办理网上银行业务的相关文件必须由客户本人签字。而《鉴定意见书》确认，2011 年 4 月 26 日《中国工商银行个人客户业务申请书》（电子银行注册/银行户口服务开立）中"申请人签名"处的"伊×军"签名笔迹、2011 年 6 月 28 日的《中国工商银行电子银行个人客户变更（注销）事项申请表》中"签名"处的"伊×军"签名笔迹及 2011 年 6 月 28 日的《中国工商银行交接确认书》（U盾交接）中"接收人1签章"处的"伊×军"签名笔迹均不是伊×军签名笔迹。显然，工行××分行于 2011 年 4 月 26 日为"伊×军"开通的网上银行并非伊×军本人办理，2011 年 6 月 28 日工行××分行注销该网上银行业务时也非依伊×军本人申请注销；工行

××分行于2011年6月28日虽依伊×军申请开通了网上银行，但没有将U盾交付给伊×军本人。因此，工行××分行在2011年4月26日及2011年6月28日办理开通及注销伊×军网上银行业务中均存在严重违规操作行为。

（二）伊×军在开通网银过程中是否尽到了注意义务。本案中，2011年4月26日伊×军在开立账户后并没有开通网银，不存在其将U盾交与他人及泄露网银密码的问题。虽然其获得了相应高息，但其受高息诱惑前往存款与款项损失间没有直接因果关系。因此，难以认定伊×军对于2011年4月26日开立的银行卡内的资金损失存在过错。但是，伊×军在2011年6月28日开户时，其同时在开通网银的申请书上签字确认开通了网上银行服务业务。该申请书上以加大号字体提示："您已开通网银并领取U盾，凭U盾可办理网上转账、汇款等业务。请您妥善保管U盾，切勿交给他人，并牢记网银及U盾密码，切勿泄漏。"但伊×军没有注意该申请书记载的内容，没有向工行××分行工作人员主动索要网银U盾，而是在开立账户和网银后又向该账户转入巨额款项，致使犯罪分子利用该U盾将其该卡内的存款转走造成案涉存款损失，其在办理该次开户、存款业务中，没有尽到理应与其自身预期获得收益业务相应的、合理的、谨慎的注意义务。因此，其对2011年6月28日开户后存入款项被转走具有一定过失。

（三）关于案涉存款被转走责任的承担问题。首先，《中华人民共和国商业银行法》第六条规定："商业银行应当保障存款人的合法权益不受任何单位和个人的侵犯。"银行对储户存款具有安全保障的法定义务。在信息化、电子化、科技化时代背景下，社会得以迅猛发展，社会分工越来越精细，社会关系越来越复杂，社会公众对专业化的依赖程度越来越高。现代商业银行作为吸收公众存款、发放贷款、办理结算等业务的企业法人，专门的金融机构，其不仅具有传统的经济功能，而且承担了大量的社会功能；借力科技，开拓了许多新业务，既提高了自身的竞争力，又服务了社会和客户，在普通的社会公众中享有极高的信赖度和诚信度，进而享有极高的信誉和声誉。普通的储户到银行办理储蓄业务，营业的环境、规范的服务、科技的手段，一方面让缺乏金融知识的普通客户获得了安全感，相应的注意义务也会降低，另一方面普通客户在繁琐的流程、大量的专业化术语、复杂的科技化服务面前，再加上可能身后还有许多客户在等待办理业务的情形下，普通客户想尽到最大的注意义务，客观条件也难以允许，更多时候只能是被动地听从银行工作人员的安排，按照银行工作人员指示的流程办理业务。更多的义务意味着更大的责任，银行应该尽到更多的注意义务，对储户的存款负有严格的安全保障义务，应当制定完善的业务规范，加强内部管理；在银行与普通储户办理业务过程中，银行工作人员代表银行应该更加严格地遵守工作流程和操作规范。本案中，对于2011年4月26日伊×军的网上银行业务未经伊×军本人申请和 2011 年 6 月 28 日工行××分行的工作人员违规操作擅自办理 U 盾业务,将 U 盾交给他人,这些严重违规的事实,直接导致案涉存款损失,工行××分行应该对案涉存款损失承担主要的、绝大部分的责任。其次,李×在工行××分行工作期间,利用其工作身份,编造高息揽储谎言,诱使伊×军将案涉款项存入工行××分行,并利用工作便利从同事赵×处拿走 U 盾,导致案涉款项损失。以上事实能够证明工行××分行内部管理出现漏洞,工作人员操作严重违规,工行××分行应对造成的案涉损失承担管理不力的责任。在银行工作人员参与金融诈骗案件犯罪时有发生的背景下,银行更应预防此类案件的发生,强化内部管理,为客户提供更加优质安全放心的服务。再次,伊×军作为具有完全民事行为能力的自然人,在工行××分行工作人员李×高息揽储的诱惑下,听信犯罪分子李×的谎言,到工行××分行柜台办理开户、开卡并开通网银业务,并将总计 1450 万元巨额资金存入账户。在犯罪分子利用网络进行诈骗,涉银行卡诈骗案件频发,公安机关在银行营业场所等公众场所进行广泛宣传防止犯罪分子利用银行卡进行诈骗的背景下,伊×军作为完全民事行为能力的自然人在享有高回报、涉及巨额资金的存款时,应当尽到最大的注意义务,但其不仅没有尽到最大的注意义务,反而降低了风险防范意识,放松了对账户内资金安全的注意义务,导致其在 2011 年 6 月 28 日开户和办理网银业务时,没有认真仔细阅读开通网银申请书的提示,没有向银行主动索要 U 盾,导致犯罪分子利用该 U 盾将其卡内的存款转走造成案涉存款损失,其在办理该次开户、存款业务中,没有尽到相应的、合理的、谨慎的注意义务,应该承担对 2011 年 6 月 28 日自开户日起至 2011 年 11 月 11 日先后九次向该账户内存款共计 850 万元款项被转走的次要的、小部分的责任。

综上,本院认为,银行作为办理金融业务的专业机构,在为自然人办理储蓄等业务时,居于明显的、支配的优势地位,而自然人则处于相对的、被支配的弱势地位,故银行工作人员在为客户办理业务时,理应严格遵守工作流程和业务操作规范,尽到最大的注意和风险提示义务。本案中,伊×军于 2011 年 4 月 26 日并未开通网上银行业务,不应对该日开通的网银造成的损失承担责任;但对 2011 年 6 月 28 日开通的网银,伊×军没有尽到理应与其自身预期获得收益业务相应的、合理的、谨慎的注意义务,其对该次存款中大部分款项被犯罪分子通过网银转走应承担 1% 的责任,而工行××分行在对储户存款负有严格安全保障义务下,没有尽到严格内部管理的义务,致使内部管理出现漏洞,工作人员严重违规操作,没有尽到最大的注意和风险提示义务,其应承担 99% 的责任,二审法院对该次存款损失责任的承担认定不当,本院予以纠正。

关于伊×军所获 310 万元高息应否予以扣除以及案涉存款利息计算方法的

问题。本案中，伊×军与李×之间不存在借贷关系，伊×军从李×处获取的310万元款项，没有合法依据，属于李×为骗取伊×军信任，进而骗取网银U盾控制账户而支付的高额利息，故该款项应在工行××分行返还存款本金时予以扣除。至于伊×军主张案涉存款利息应按银行同期贷款利率计付利息的问题，由于伊×军办理的是活期储蓄存款业务，故该主张缺乏事实和法律依据，本院不予支持。

综上所述，伊×军的再审请求部分成立。依照《中华人民共和国民事诉讼法》第二百零七条第一款、第一百七十条第一款第二项判决如下：

一、撤销辽宁省××市中级人民法院（2014）×中民一初字第00035号民事判决；

二、撤销辽宁省高级人民法院（2016）辽民终502号民事判决；

三、中国工商银行股份有限公司××分行于本判决生效之日起十日内给付伊×军人民币1134.4475万元，并按中国工商银行同期同类活期存款利率计付上述存款至本判决确定的给付之日止的利息（其中400万元自2011年4月26日、199.901万元自2011年5月13日、534.5465万元[（849.946－310）×99%]自2011年11月11日起计息）；

四、驳回伊×军的其他诉讼请求。

如果中国工商银行股份有限公司××分行未按本判决指定的期限履行给付金钱义务，应当依照《中华人民共和国民事诉讼法》第二百五十三条之规定，加倍支付迟延履行期间的债务利息。

一审案件受理费108 800元，由中国工商银行股份有限公司××分行负担107 712元，伊×军负担1088元；二审案件受理费168 474元，由中国工商银行股份有限公司××分行承担166 789元，伊×军负担1685元；鉴定费47 700元，由中国工商银行股份有限公司××分行负担47 223元，伊×军负担477元。

本判决为终审判决。

审　判　长　骆　×

审　判　员　武×华

审　判　员　潘　×

二○一七年×月×日

法官助理　兴×鹏

书　记　员　张　×

【评析】

此案是一起因刑事诈骗犯罪引起的银行与储户之间民事纠纷的案件，案情并不复杂，但牵扯的头绪较多，案件经历一审、二审、再审，双方当事人意见对立。如何把纷繁头绪厘清，是再审判决书制作面临的首要问题。本判决书按照申请人、被申请人的意见、一二审判决的主要内容，将本案事实及诉讼经过梳理得非常清晰。在叙述二审查明的事实时，又补充了引发本案的刑事案件情况，为下文确认本案银行和储户之间到底是借贷关系还是存款关系提供了依据。理由部分先提炼出本案的三个焦点问题，然后逐一论述，回应了当事人的关注，同时亦评判了一、二审的判决。在论证案涉存款被转走的责任承担问题时，没有就事论事，而是站在最高法院应有的高度对此类案件的责任划分进行细致的分析说理，这样的判决，不仅能够达到定纷止争的目的，而且具有前瞻性和指导性。

这份判决书美中不足的是：①叙述申请人和被申请人的意见时没有一一对应，如果把被申请人意见的第二条即"工行××分行工作人员赵×没有犯罪事实，不应将案件材料移交公安机关"移至意见的最后，既能突出双方针锋相对的意见，也符合主次轻重的写法。②叙写事实时对可提炼的没有提炼，比如二审另查明的情况和与本案有关的刑事事实部分，可以精简地交代；交代一审、二审的事实时有重复之处，造成行文拖沓，篇幅过长。③说理部分亦有与二审重复的内容。但总体而言，这是一份优秀的民事判决书。

第四节　民事调解书

一、民事调解书的概念和功能

民事调解书，是指在人民法院主持下，根据自愿和合法的原则，通过调解方式处理民事案件，就双方当事人达成的协议所制作的具有法律效力的文书。

在民事诉讼中，调解和判决都是解决民事纠纷的途径，都是人民法院行使审判权的体现。民事调解书和民事判决书同样重要。民事判决书体现的是国家的意志，而民事调解书是当事人共同意志的反映，它的制作可以在诉讼的任何阶段进行。民事调解书能够及时解决民事纠纷，化解当事人之间的矛盾，在一定程度上也节约了司法资源。

二、民事调解书的分类

按照不同的划分标准，可以对民事调解书进行不同的分类。

按照审理程序的不同，民事调解书可以分为：第一审民事调解书、第二审民事调解书、再审民事调解书等；按照解决的案件性质不同，民事调解书可以分为：解决民事纠纷的民事调解书和解决经济纠纷的民事调解书。

三、民事调解书的格式

根据《民事诉讼文书样式》的规定，民事调解书有第一审普通程序用、简易程序用、小额诉讼程序用、公益诉讼用、第二审程序用、申请撤销劳动争议仲裁裁决案件用、再审案件用 7 种格式，现只列第一审普通程序用的民事调解书格式。

××××人民法院
民事调解书

（××××）……民初……号

原告：×××，……。

法定代理人/指定代理人/法定代表人/主要负责人：×××，……。

委托诉讼代理人：×××，……。

被告：×××，……。

法定代理人/指定代理人/法定代表人/主要负责人：×××，……。

委托诉讼代理人：×××，……。

第三人：×××，……。

法定代理人/指定代理人/法定代表人/主要负责人：×××，……。

委托诉讼代理人：×××，……。

（以上写明当事人和其他诉讼参加人的姓名或者名称等基本信息）

原告×××与被告×××、第三人×××……（写明案由）一案，本院于××××年×月×日立案后，依法适用普通程序，公开/因涉及……（写明不公开开庭的理由）不公开开庭进行了审理（开庭前调解的，不写开庭情况）。

……（写明当事人的诉讼请求、事实和理由）。

本案审理过程中，经本院主持调解，当事人自愿达成如下协议/当事人自行和解达成如下协议，请求人民法院确认/经本院委托……（写明受委托单位）主持调解，当事人自愿达成如下协议：

一、……；

二、……。

（分项写明调解协议内容）

上述协议，不违反法律规定，本院予以确认。

案件受理费……元，由……负担（写明当事人姓名或者名称、负担金额。

调解协议包含诉讼费用负担的，则不写）。

本调解书经各方当事人签收后，即具有法律效力／本调解协议经各方当事人在笔录上签名或者盖章，本院予以确认后即具有法律效力（各方当事人同意在调解协议上签名或者盖章后发生法律效力的）。

审　判　长　×××
审　判　员　×××
审　判　员　×××

××××年×月×日
（院印）

本件与原本核对无异

书　记　员　×××

四、民事调解书的基本内容

民事调解书由首部、正文、尾部三部分组成。

（一）首部

1. 标题。在文书顶端居中分两行写明"××××人民法院""民事调解书"。

2. 案号。可参照民事判决书案号的写法，但应注意类型代字不同。第一审普通程序、简易程序、小额诉讼程序、公益诉讼的写"民初"、第二审程序的，写"民终"、申请撤销劳动争议仲裁裁决案件的写"民特"、再审案件的写"民再"。

3. 当事人的基本情况。第一审普通程序、简易程序、小额诉讼程序、公益诉讼的调解书，应按顺序分别写明原告、被告、第三人的基本情况，如有委托诉讼代理人，应分别列在各当事人项下。

二审调解书应按上诉人、被上诉人、原审第三人的顺序写明其基本情况，对于上诉人和被上诉人，要写明其在原审中的地位，如"上诉人（原审原告）""被上诉人（原审被告）"。

再审调解书应按再审申请人、被申请人的顺序写明，也要写明其在原审中的地位。

申请撤销劳动争议仲裁裁决案件的调解书，按申请人、被申请人顺序写明其基本情况。

4. 案由和案件审理情况。此项内容在不同类型的调解书中存在差异，下面举两例加以说明。

申请撤销劳动争议仲裁裁决案件的调解书此部分可表述为："申请人×××与被申请人×××申请撤销……（写明仲裁机构名称、仲裁书的文号）劳动争议仲裁裁决一案，本院于××××年×月×日立案后，依法组成合议庭进行了审理。"

再审调解书此部分可表述为："再审申请人×××因与被申请人××× /再审申请人×××及原审×××……（写明案由）一案，不服×××人民法院（××××）……号民事判决/民事裁定/民事调解书，申请再审。××××年×月×日，本院/××人民法院作出（××××）……民……号民事裁定，本案由本院再审。本院依法组成合议庭审理了本案。"

（二）正文

正文包括以下两项内容：

1. 当事人的诉讼（或上诉）请求和案件事实（小额诉讼可以不写案件事实）。

2. 调解达成协议的内容。协议内容是指在当事人自愿并且合法的原则下达成的解决纠纷的一致意见，它是调解书的核心内容。可写为"本案审理过程中，经本院主持调解，当事人自愿达成如下协议/当事人自行和解达成如下协议，请求人民法院确认/经本院委托……（写明受委托单位）主持调解，当事人自愿达成如下协议：……"然后分项写明协议的具体内容。最后另起一段，交待"上述协议，不违反法律规定，本院予以确认"。

公益诉讼有其特殊性。公益诉讼当事人达成和解或者调解协议后，人民法院应当将和解或者调解协议公告。公告期间不少于 30 日。公告期满后，法院经审查，和解或者调解协议不违反社会公共利益的，出具调解书。此部分写完当事人的诉讼（或上诉）请求、案件事实、调解达成协议的内容后，交代"本院于××××年×月×日将民事起诉状、和解/调解协议、整改/技术处理方案在本院公告栏、人民法院报和……（当地媒体）上进行了为期×日（不少于 30日）的公告"。无异议的，写明：公告期满后未收到任何意见或建议；有异议的，写明：公告期满后收到×××（写明异议人）提出的异议认为……（概述异议内容）。本院认为，×××提出的异议，……（概述异议不成立的理由），本院不予采纳（没有异议的，不写）。上述协议不违反法律规定和社会公共利益，本院予以确认。

（三）尾部

根据案件的不同情况，写明当事人对案件受理费用的负担及调解书的法律效力、署名、日期等与民事判决书写法相同。

四、民事调解书的写作方法和技巧

（一）当事人的诉讼（或上诉）请求和案件事实的写法

简要写明原告与被告、上诉人与被上诉人、申请人与被申请人各方的主要意见即可。案件事实应根据不同的情况来写。如果法院开庭，审理确认了事实，双方自愿达成调解协议的，写明法院确认的事实。如果法院受理后尚未开庭，经审查，认为法律关系明确、事实清楚，双方同意调解达成协议的，写明当事人争议的事实。民事调解书的事实和民事判决书的事实在写作时存在差异，民事调解书的事实要简练、明了，不必像判决书那样写得具体、详细。而且因双方就争议内容达成了一致处理意见，所以无须分清是非，确定责任，不用阐述调解理由，在合法的前提下，尊重当事人的合意即可。

（二）协议内容的写法

写作协议内容要具体、明确，做到语意单一，这样便于调解生效后，当事人双方以协议内容作为履行的依据。文字表达应简明扼要、直截了当，利于协议项目的履行。民事调解书是在双方自愿的基础上达成的协议，写作协议内容时应使用带有自愿性的词语，不要使用强制性词语。

五、民事调解书实例与评析

【实例】

辽宁省××市中级人民法院
民事调解书[1]

（2017）辽×民终×号

上诉人（原审被告）：××星瑞房地产开发有限公司，住所地××市××新区新隆街×号332室。

法定代表人：黄×东，该公司总经理。

委托代理人：杨×鹏，系辽宁××律师事务所律师。

委托代理人：杨×，系辽宁××律师事务所律师。

被上诉人（原审原告）：许×，男，汉族。

---

[1] 资料来源：中国裁判文书网。

委托代理人：陈×，女，汉族。

被上诉人（原审原告）：陈×，女，汉族。

上诉人××星瑞房地产开发有限公司与被上诉人许×、被上诉人陈×房屋买卖合同纠纷一案，上诉人××星瑞房地产开发有限公司不服××市××区人民法院（2016）辽××民初×××号民事判决，向本院提出上诉。本院依法组成合议庭审理了本案。

上诉人××星瑞房地产开发有限公司上诉称：请求人民法院撤销（2016）辽××民初×××号民事判决，依法改判；本案诉讼费由被上诉人许×、被上诉人陈×承担。理由：一、原审法院认定上诉人××星瑞房地产开发有限公司承担违约责任是错误的。工程竣工后，上诉人已经组织施工、监理、设计、勘验四家完成了验收工作，是由于施工方的不配合导致不能及时办理竣工验收手续，进而不能按期进行房屋初始登记批复。二、是××金广建设集团有限公司不履行义务导致逾期违约。综上，上诉人具备违约的免责事由，不应承担违约责任。

在本案审理过程中，双方当事人自愿达成如下调解协议：

一、上诉人××星瑞房地产开发有限公司于2017年×月×日前一次性给付被上诉人许×、被上诉人陈×逾期违约金5265.98元，被上诉人许×、被上诉人陈×同意上诉人××星瑞房地产开发有限公司以诉争房屋的28个月物业费形式折抵，被上诉人许×、被上诉人陈×在本协议签订后一周内到物业公司办理折抵物业费的手续；

二、如上诉人××星瑞房地产开发有限公司逾期付款，则被上诉人许×、被上诉人陈×可按一审判决违约金数额申请执行；

三、各方当事人就本案再无其他纠纷。

上述协议符合法律规定，本院予以确认。

一审案件受理费50元，由上诉人××星瑞房地产开发有限公司承担；二审案件受理50元，减半收取25元，由上诉人××星瑞房地产开发有限公司承担。

本调解协议自双方当事人签字时，即发生法律效力。

审　判　长　程　×
审　判　员　赵×辉
代理审判员　朱　×

二〇一七年×月×日

书　记　员　张×铭

【评析】

本调解书格式和各项内容表述基本符合要求。案件由来和审理经过表述清楚，协议内容就相关权利义务分项写出，违约金数额和折抵方式具体明白，而且说明了上诉人逾期付款所应承担的责任，在实际执行中为被上诉人的权利提供了保障。不足之处是：只提及了上诉人的意见，没有叙述案件事实，调解书中不需要对案件事实大书特书，但至少要简要写明，否则调解的事实依据是什么，有无违反法律规定的情形，对调解书的阅读者而言是面目模糊的。

第五节　民事裁定书

一、民事裁定书的概念和功能

民事裁定书，是人民法院根据法律规定，在民事案件的审理或执行过程中，就案件程序问题所作出的处理决定时制作的法律文书。

民事裁定书解决案件的程序问题，有助于保障民事诉讼活动的顺利进行。

根据我国《民事诉讼法》第154条第1款的规定，民事裁定适用于下列范围：①不予受理；②对管辖权有异议的；③驳回起诉；④保全和先予执行；⑤准许或者不准许撤诉；⑥中止或者终结诉讼；⑦补正判决书中的笔误；⑧中止或者终结执行；⑨撤销或者不予执行仲裁裁决；⑩不予执行公证机关赋予强制执行效力的债权文书；⑪其他需要裁定解决的事项。

二、民事裁定书的分类

民事裁定书按照不同的标准可以划分为不同的种类。

民事裁定书按程序的不同，可分为：第一审民事裁定书、第二审民事裁定书、再审民事裁定书、非讼程序的民事裁定书、督促程序的民事裁定书、公示催告程序的民事裁定书、执行程序的民事裁定书。

民事裁定书按解决的问题不同，可分为：不予受理的民事裁定书、驳回起诉的民事裁定书、准许撤诉的民事裁定书等。

三、民事裁定书的格式

民事裁定书格式很多，现只列对起诉不予受理的民事裁定书格式。

××××人民法院
民事裁定书

（××××）……民初……号

起诉人：×××，……。

……

（以上写明起诉人及其代理人的姓名或者名称等基本信息）

××××年×月×日，本院收到×××的起诉状。起诉人×××向本院提出诉讼请求：1.……；2.……（明确原告的诉讼请求）。事实和理由：……（概述原告主张的事实和理由）。

本院经审查认为，……（写明对起诉不予受理的理由）。

依照《中华人民共和国民事诉讼法》第一百一十九条、第一百二十三条规定，裁定如下：

对×××的起诉，本院不予受理。

如不服本裁定，可以在裁定书送达之日起十日内，向本院递交上诉状，上诉于××××人民法院。

审　判　长　×××
审　判　员　×××
审　判　员　×××

××××年×月×日
（院印）

本件与原本核对无异

书　记　员　×××

四、民事裁定书的基本内容

民事裁定书由首部、正文、尾部三部分组成。

（一）首部

1. 标题。分两行写明法院全称和文书名称，即"××××人民法院""民事裁定书"。

2. 案号。参见判决书案号写法。

3. 当事人身份概况。写法与第一审民事判决书该项相同。

（二）正文

民事裁定书的正文由案由、事实、理由和裁定主文组成。

这部分是民事裁定书的重点内容。

民事裁定书解决诉讼程序中的某一问题，故绝大多数裁定可不写事实。

民事裁定书一事一裁，内容、格式、写法有所不同，这里介绍几种常用的民事裁定书的正文部分。

1. 不予受理起诉。×××年××月××日，本院收到×××的起诉状。起诉人×××向本院提出诉讼请求：1.……；2.……（明确原告的诉讼请求）。事实和理由：……（概述原告主张的事实和理由）。

本院经审查认为，……（写明对起诉不予受理的理由）。

依照《中华人民共和国民事诉讼法》第一百一十九条、第一百二十三条规定，裁定如下：

对×××的起诉，本院不予受理。

2. 对管辖权提出异议。原告×××与被告×××、第三人×××……（写明案由）一案，本院于×××年×月×日立案。

×××诉称，……（概述原告的诉讼请求、事实和理由）。

×××在提交答辩状期间，对管辖权提出异议认为，……（概述异议内容和理由）。

本院经审查认为，……（写明异议成立或不成立的事实和理由）。

依照《中华人民共和国民事诉讼法》第×条、第一百二十七条第一款规定，裁定如下：

×××对管辖权提出的异议成立，本案移送××人民法院处理。（异议成立的写法）

驳回×××对本案管辖权提出的异议。（异议不成立的写法）

3. 驳回起诉。原告×××与被告×××……（写明案由）一案，本院于×××年×月×日立案后，依法进行审理。

×××向本院提出诉讼请求：1.……；2.……（明确原告的诉讼请求）。事实和理由：……（概述原告主张的事实和理由）。

本院经审查认为，……（写明驳回起诉的理由）。

依照《中华人民共和国民事诉讼法》第一百一十九条/第一百二十四条第×项、第一百五十四条第一款第三项、《最高人民法院关于适用〈中华人民共和国民事诉讼法〉的解释》第二百零八条第三款规定，裁定如下：

驳回×××的起诉。

4. 诉讼财产保全。……（写明当事人及案由）一案，申请人×××于××××年×月×日向本院申请财产保全，请求对被申请人×××……（写明申请采取财产保全措施的具体内容）。申请人×××/担保人×××以……（写明担保财产的名称、数量或者数额、所在地点等）供担保。

本院经审查认为，……（写明采取财产保全措施的理由）。依照《中华人民共和国民事诉讼法》第一百条、第一百零二条、第一百零三条第一款规定，裁定如下：

查封/扣押/冻结被申请人×××的……（写明保全财产名称、数量或者数额、所在地点等），期限为……年/月/日（写明保全的期限）。

5. 准许或不准撤诉。准许撤诉的，写为：

……（写明当事人及案由）一案，本院于××××年×月×日立案。原告×××于××××年×月×日向本院提出撤诉申请。

本院认为，……（写明准许撤诉的理由）。

依照《中华人民共和国民事诉讼法》第一百四十五条第一款规定，裁定如下：

准许×××撤诉。

不准撤诉的，写为：

……（写当事人及案由）一案，本院于××××年×月×日立案。原告×××于××××年×月×日向本院提出撤诉申请。

本院经审查认为，……（写明不准许撤诉的理由）。

依照《中华人民共和国民事诉讼法》第一百四十五条第一款、《最高人民法院关于适用〈中华人民共和国民事诉讼法〉的解释》第二百三十八条第×款规定，裁定如下：

不准许×××撤诉。

6. 中止或终结诉讼用。……（写明当事人及案由）一案，本院于××××年×月×日立案。

本案在审理过程中，……（写明中止诉讼/终结诉讼的事实依据）。

本院经审查认为，……（写明中止诉讼/终结诉讼的理由）。

依照《中华人民共和国民事诉讼法》第一百五十条第一款第×项、第一百五十四条第一款第六项规定，裁定如下：

本案中止（终结）诉讼。

7. 补正裁判文书中的笔误。本院于××××年×月×日对……（写明当事人及案由）一案作出的（××××）……民×……号……（写明被补正的法律文书名称）中，存在笔误，应予补正。

依照《中华人民共和国民事诉讼法》第一百五十四条第一款第七项、《最高人民法院关于适用〈中华人民共和国民事诉讼法〉的解释》第二百四十五条规定，裁定如下：

（××××）……民×……号……（写明被补正的法律文书名称）中"……"（写明法律文书误写、误算，诉讼费用漏写、误算和其他笔误）补正为"……"（写明补正后的内容）。

8. 中止执行。本院在执行×××与×××……（写明案由）一案中，××× （写明中止执行的事实和理由）。依照《中华人民共和国民事诉讼法》第二百五十六条第一款第×项、第二百五十八条，《最高人民法院关于人民法院执行工作若干问题的规定（试行）》第一百零二条第×项规定，裁定如下：

中止（××××）……号……（生效法律文书）的执行。

（如中止执行法律文书主文部分内容的，写明：）中止（××××）……号……（生效法律文书）第×项的执行。

9. 终结执行。本院在执行×××与×××……（写明案由）一案中，……（写明终结本次执行程序的事实和理由）。依照《最高人民法院关于适用〈中华人民共和国民事诉讼法〉的解释》第五百一十九条规定，裁定如下：

终结本次执行程序。

申请执行人发现被执行人有可供执行财产的，可以再次申请执行。

（三）尾部

1. 交待有关事项。《民事诉讼法》第154条规定，对于不予受理起诉/对管辖权有异议/驳回起诉的裁定不服的，可以上诉。在尾部应写明："如不服本裁定，可以在裁定书送达之日起十日内，向本院递交上诉状，上诉于××人民法院。"

对诉讼财产保全裁定不服的，在尾部写明："如不服本裁定，可以自收到裁定书之日起五日内向本院申请复议一次。复议期间不停止裁定的执行。"

准许或不准许撤诉、中止或终结诉讼、补正裁判文书笔误的裁定，不存在有关事项的交待，故"准许撤诉"的或"终结诉讼"的只需写明诉讼费用的负担即可。"准许撤诉"的写明："案件受理费……元，减半收取计……元，由×××负担。""终结诉讼"的写明："×××已经预交的案件受理费……元，不予退还。"中止执行或终结执行的裁定，写明："本裁定送达后立即生效。"

2. 审判庭人员署名、书记员署名、日期、用印等与民事判决书相同。

五、民事裁定书的写作方法和技巧

（一）事实的写法

大部分民事裁定书无需叙述事实，直接阐明理由即可。叙写事实的，应当简明扼要地写出。

（二）理由的写法

阐述民事裁定书的理由应根据诉讼程序中所要解决的具体问题，抓住实质，有针对性地进行阐述，观点要鲜明正确。适用法律应具体引用《民事诉讼法》相关条文，引用时写明具体的条、款、项，做到准确、全面。

（三）裁定主文的写法

民事裁定书裁定结果的表述要简洁明了。

六、民事裁定书实例与评析

【实例】

中华人民共和国最高人民法院

民事裁定书[1]

（2016）最高法民辖终×号

上诉人（原审被告）：山东××集团有限公司。住所地：山东省日照市××路西侧、山海二路北侧。

法定代表人：杨×，该公司董事长。

委托代理人：李×滨，该公司员工。

被上诉人（原审原告）：中国银行股份有限公司××分行。住所地：山东省日照市××路18号。

负责人：冯×亮，该行行长。

委托代理人：高×伟，山东××律师事务所律师。

原审被告：山东×河集团有限公司。住所地：山东省日照市××路7号。

法定代表人：李×，该公司董事长。

原审被告：青岛××经济实业有限公司。住所地：山东省青岛市××路88号。

法定代表人：张×泉，该公司董事长。

原审被告：杨×，男，汉族，住山东省日照市东港区。

---

[1] 资料来源：中国裁判文书网。

原审被告：田×菊，女，汉族，住山东省日照市东港区。

原审被告：乌拉特中旗××矿业有限责任公司。住所地：内蒙古自治区乌拉特中旗××加工园区。

法定代表人：王×，该公司董事长。

上诉人山东××集团有限公司（以下简称××集团）因与被上诉人中国银行股份有限公司××分行（以下简称中国银行××分行）、原审被告山东×河集团有限公司、青岛××经济实业有限公司、杨×、田×菊、乌拉特中旗××矿业有限责任公司（以下简称××矿业）借款合同纠纷管辖权异议一案，不服山东省高级人民法院（2015）鲁民辖初字第×号民事裁定，向本院提起上诉。

××集团上诉称：××集团与中国银行××分行住所地均位于山东省日照市，所诉标的额29 160万元是6笔借款合同额的总和。根据民事诉讼法关于方便双方当事人就近诉讼的原则和《最高人民法院关于调整高级人民法院和中级人民法院管辖第一审民商事案件标准的通知》（法发〔2015〕7号），本案由山东省日照市中级人民法院审理既方便了当事人，又未超过诉讼标的额。原审被告××矿业是××集团的全额子公司，也同意本案由山东省日照市中级人民法院审理。因此，请求撤销一审裁定，将本案移送山东省日照市中级人民法院审理。

被上诉人中国银行××分行答辩称：涉案借款合同标的额29 160万元，被告××矿业不属于山东省辖区，根据《最高人民法院关于调整高级人民法院和中级人民法院管辖第一审民商事案件标准的通知》的规定，应由山东省高级人民法院管辖。因此，请求驳回上诉，维持原裁定。

本院经审查认为：主要争点在于级别管辖问题。被上诉人中国银行××分行作为债权人，将主债务人和担保人一并起诉，符合法律的规定。在确定案件管辖阶段，诉讼标的额一般应根据原告的诉讼请求金额确定。案涉《流动资金借款合同》中约定的借款金额为29 160万元，中国银行××分行就该合同履行过程中发生的争议提出超过2亿元的诉讼请求，应据此确定诉讼标的额。由于原审被告之一××矿业住所地在内蒙古自治区，属于当事人一方住所地不在受理法院所处省级行政辖区的情形，诉讼标的额超过1亿元，根据《最高人民法院关于调整高级人民法院和中级人民法院管辖第一审民商事案件标准的通知》（法发〔2015〕7号）的规定，达到山东省高级人民法院一审民商事案件级别管辖标准，山东省高级人民法院受理本案符合法律规定。同时，民事案件的级别管辖只能依照法律规定确定，不受当事人意思表示的影响。综上，一审裁定适用法律正确，应予维持。上诉人的上诉理由不能成立，应予驳回。

依照《中华人民共和国民事诉讼法》第一百七十条第一款第一项、第一百七十一条规定，裁定如下：

驳回上诉，维持原裁定。

本裁定为终审裁定。

审 判 长 杨×初

代理审判员 李×烨

代理审判员 沈 ×

二〇一六年十二月××日

书 记 员 张 ×

【评析】

这是一份解决管辖权异议的民事裁定书。案件的管辖归属往往关系着当事人的切身利益，有所争议在所难免。上诉人××集团和被上诉人中国银行××分行各说各的理，似乎都有理，本文书制作者在裁定理由中四两拨千斤，一句"主要争点在于级别管辖问题"，明确了双方争点，然后以事实为根据，以法律为准绳，作出驳回上诉的终审裁定。裁定书叙述双方争议脉络清晰，论及法院的裁定理由有根有据，可做此类裁定书的范本。

▶ 本章思考题

1. 人民法院民事判决书由哪几部分组成？正文包括哪些内容？

2. 写作第一审民事判决书事实部分有哪些技巧？

3. 阐述第二审民事判决书的判决理由应注意哪些问题？

4. 再审民事判决书的判决主文有哪几种写法？

5. 民事调解书的功能是什么？

6. 民事判决书与民事裁定书有哪些区别？

▶ 写作训练题

根据下列材料，制作一份一审民事判决书。

原告王××，女，1967年10月25日出生，汉族。委托代理人陈×福，重庆市××区惠民法律服务所法律工作者。

被告骆××，男，1965年2月9日出生，汉族。

原告王××称，她和骆××在2000年5月在贵州省赤水县打工认识，恋爱后，在骆××的劝诱下与他同居了，后来在2001年4月13日生了一个女孩叫骆×。她和前夫离婚，在2013年4月10日和骆××登记结婚。婚后，骆××整天打牌、喝酒，还打骂她。现在两人无法生活，夫妻感情完全破裂，请求法院让她和骆××离婚；女儿骆×由她抚养，骆××每月给孩子 300 元，医疗费、教育费由两人分担。

被告骆××说，王××说的不是实情，他农忙在家务农、农闲外出打工，并非以喝酒打牌为主，夫妻感情还好，不愿离婚，也不同意女儿骆×跟着王××生活。

2015 年 5 月，原告王××曾向重庆市××区人民法院起诉与被告骆××离婚，后原告王××撤回了起诉。后王××又向重庆市××区人民法院起诉要求离婚，重庆市××区人民法院在 2016 年 1 月 6 日立案受理，后来适用简易程序由代理审判员席×阳独任审判，于 2016 年 1 月 18 日公开开庭审理。原告王××及其委托代理人陈×福、被告骆××到庭参加了诉讼。

法院查明，原告王××所称二人相识及结婚情况属实。2013 年 4 月 10 日，原告王××与被告骆××在××市巴南区民政局登记结婚。原、被告登记结婚后，原告王××到被告骆××的户籍地落户。2015 年 5 月，原告王××向本院起诉与被告骆××离婚，后原告王××撤回了起诉。

以上事实，有当事人陈述及原告王××提交的结婚证、诉讼费用收据等证据在卷为凭，足以认定。

本案庭审中，原、被告双方各持己见，本案最终调解未果。

第六章
人民法院法律文书（下）

学习目标

1. 了解第一审行政判决书、第二审行政判决书、再审行政判决书的概念和功能。

2. 能够根据具体案情材料制作相应的法律文书，如第一审行政判决书、第二审行政判决书、再审行政判决书等。

导读案例

佛山市三英精细材料有限公司诉
佛山市顺德区人民政府环保行政处罚案[1]

佛山市三英精细材料有限公司（简称三英公司）在生产过程中排放废气，臭气浓度超标。广东省佛山市顺德区环境运输和城市管理局对该公司作出《限期治理决定书》，要求其于 2012 年 1 月 31 日前完成排放臭气浓度治理达到《恶臭污染物排放标准》的要求，并经环运局验收合格；逾期未申请验收或未完成限期治理任务，将按规定责令停业、关闭；要求该公司分析臭气浓度超标排放原因，制定限期治理达标计划以及落实各项污染防治措施，确保污染物达标排放。

2012 年 2 月 9 日，三英公司向区环运局申请治理验收。顺德区环境保护监测站受区环运局委托，于同年 4 月 26 日、6 月 28 日对该公司进行臭气排放监测，两次监测报告均显示臭气浓度未达标。区环运局遂于 2012 年 8 月 29 日组织验收组现场检查并对法定代表人进行调查询问，告知该公司验收结果：存在未提交限期治理方案、废气处理技术不能确保无组织废气达标排放、排放废气的臭气浓度超标、使用的燃油不符合环保要求等四个方面的问题，未通过限期治理验收。

---

[1] 资料来源：http://legal.people.com.cn/n/2014/1219/c42510-26240478.html.

2013 年 1 月 11 日，顺德区人民政府作出《行政处罚告知书》，同年 3 月 18 日经听证后作出《行政处罚决定书》，决定三英公司自收到行政处罚决定书之日起停业、关闭。该公司不服提起行政诉讼，请求法院撤销上述《行政处罚决定书》。

环境污染成为群众严重关切的社会问题。本案中行政机关对排污不达标企业提出限期治理要求，仍未达标的，依法作出责令停产、关闭的处罚，于法有据。该公司不服行政处罚决定将政府告上法庭，法院制作的判决书就是典型的行政判决书。

第一节　第一审行政判决书

一、第一审行政判决书的概念和功能

第一审行政判决书，是指我国第一审人民法院按照行政诉讼程序，对审理终结的第一审行政案件，依照法律和行政法规、地方性法规，以及参照有关行政规章，就案件实体问题作出处理的书面决定。

依照 2017 年《行政诉讼法》规定，行政判决分为驳回原告诉讼请求的判决、撤销判决、变更判决、确认判决。比如，第 69 条规定，行政行为证据确凿，适用法律、法规正确，符合法定程序的，或者原告申请被告履行法定职责或者给付义务理由不成立的，人民法院判决驳回原告的诉讼请求。第 70 条规定，行政行为有下列情形之一的，人民法院判决撤销或者部分撤销，并可以判决被告重新作出行政行为：①主要证据不足的；②适用法律、法规错误的；③违反法定程序的；④超越职权的；⑤滥用职权的；⑥明显不当的。第 74 条规定，行政行为有下列情形之一的，人民法院判决确认违法，但不撤销行政行为：①行政行为依法应当撤销，但撤销会给国家利益、社会公共利益造成重大损害的；②行政行为程序轻微违法，但对原告权利不产生实际影响的。行政行为有下列情形之一，不需要撤销或者判决履行的，人民法院判决确认违法：①行政行为违法，但不具有可撤销内容的；②被告改变原违法行政行为，原告仍要求确认原行政行为违法的；③被告不履行或者拖延履行法定职责，判决履行没有意义的。相对来说，一审行政判决书的种类繁多，准确适用有一定困难。

行政判决与刑事及民事判决具有明显的区别，主要表现在：①涉及的范围不同。刑事判决是人民法院根据审理的各类公诉及自诉案件，确认被告是否有罪，处以何种刑罚的文书；民事判决则是为解决当事人的民事权利义务争议而制发的文书；而行政判决则是原告不服行政机关和行政机关工作人员的具体行政行为而提起的诉讼，即通常所说的"民告官"案件。②诉争的主体不同。刑事案件的被告是犯罪嫌疑人，民事案件原被告可以是公民也可以是法人或其他组织，而行政案件的被告则只能是行政机关，其被告主体具有法定的特定性。③举证的形式不同。我国刑事、民事诉讼实行的是"谁控告，谁主张，谁举证"的原则，而行政案件则由于行政诉讼是因行政管理相对人对行政机关和行政机关工作人员的具体行政行为不服提起的诉讼，人民法院对案件审理后需要对被告的有关行政行为是否合法、正确作出断定，因而在行政诉讼中，被告对作出的具体行政行为负有举证责任，通过举证说明其行政行为依据的规范性文件合法。

人民法院通过对行政案件的审理，依法对国家行政机关的具体行政行为是否公正、合法作出正确的判决，可以及时解决民与官的纠纷，有力地监督制约行政机关的行政工作，这对于调整、稳定行政法律关系，保障行政机关依法行政，切实维护当事人的合法权益具有重要作用。

2014 年修改后的《行政诉讼法》在立案、审理和执行等方面创设了许多新制度、新规定，为确保该法的贯彻实施，最高人民法院制定下发了《关于适用〈中华人民共和国行政诉讼法〉若干问题的解释》。为全面贯彻修改后的《行政诉讼法》及其司法解释的规定，进一步规范和完善行政诉讼文书制作，不断提高行政审判工作水平，最高人民法院研究制定了《行政诉讼文书样式（试行）》，现汇集成书，供各级人民法院审判工作参考使用。2017 年《行政诉讼法》修正时没有涉及该项内容。

二、第一审行政判决书的格式

第一审行政判决书的种类繁多，现只列一审请求撤销、变更行政行为类案件用的一审行政判决书格式。此格式适用于《行政诉讼法》第 69 条、第 70 条、第 77 条等规定的情形。其他裁判文书可以参照本判决书式样和要求制作。

××××人民法院

行政判决书

（××××）×行初字第×号

原告×××，……（写明姓名或名称等基本情况）。

法定代表人×××，……（写明姓名、职务）。

委托代理人（或指定代理人、法定代理人）×××，……（写明姓名等基本情况）。

被告×××，……（写明行政主体名称和所在地址）。

法定代表人×××，……（写明姓名、职务）。

委托代理人×××，……（写明姓名等基本情况）。

第三人×××，……（写明姓名或名称等基本情况）。

法定代表人×××，……（写明姓名、职务）。

委托代理人（或指定代理人、法定代理人）×××，……（写明姓名等基本情况）。

原告×××不服被告×××（行政主体名称）……（行政行为），于××××年×月×日向本院提起行政诉讼。本院于××××年×月×日立案后，于××××年×月×日向被告送达了起诉状副本及应诉通知书。本院依法组成合议庭，于××××年×月×日公开（或不公开）开庭审理了本案。……（写明到庭参加庭审活动的当事人、行政机关负责人、诉讼代理人、证人、鉴定人、勘验人和翻译人员等）到庭参加诉讼。……（写明发生的其他重要程序活动，如：被批准延长本案审理期限等情况）。本案现已审理终结。

被告×××（行政主体名称）于××××年×月×日作出……（被诉行政行为名称），……（简要写明被诉行政行为认定的主要事实、定性依据和处理结果）。

原告×××诉称，……（写明原告的诉讼请求、主要理由以及原告提供的证据、依据等）。

被告×××辩称，……（写明被告的答辩请求及主要理由）。

被告×××向本院提交了以下证据、依据：1. ……（证据的名称及内容等）；2. ……。

第三人×××述称，……（写明第三人的意见、主要理由以及第三人提供的证据、依据等）。

本院依法调取了以下证据：……（写明证据名称及证明目的）。

经庭审质证（或庭前交换证据、庭前准备会议），……（写明当事人的质证意见）。

本院对上述证据认证如下：……（写明法院的认证意见和理由）。

经审理查明，……（写明法院查明的事实。可以区分写明当事人无争议的事实和有争议但经法院审查确认的事实）。

本院认为，……（写明法院判决的理由）。依照……（写明判决依据的行政诉讼法以及相关司法解释的条、款、项、目）的规定，判决如下：

……（写明判决结果）。

……（写明诉讼费用的负担）。

如不服本判决，可以在判决书送达之日起十五日内向本院递交上诉状，并按对方当事人的人数提出副本，上诉于××××人民法院。

审判长×××

审判员×××

审判员×××

××××年×月×日

（院印）

本件与原本核对无异

书记员×××

附：本判决适用的相关法律依据

三、第一审行政判决书的基本内容

第一审行政判决书由首部、正文和尾部三部分组成，有的判决书还有附录。

（一）首部

首部应依次写明标题、案号、当事人及其诉讼代理人的基本情况以及案件由来、审判组织和开庭审理过程等。

1. 标题和案号。标题分两行写明人民法院名称和文书种类。标题中的法院名称，一般应与院印的文字一致，但基层法院应冠以省、市、自治区的名称。

案号写在标题右下方。案号是不同案件的序列编号，应贯彻一案一号的原则。案号由立案年度、制作法院、案件性质、审判程序的代字和案件顺序号组成。写为：（××××）×行初字第×号。比如，上海市黄浦区人民法院 2014 年制作的第 1 号一审行政案件判决书的案号，表述为"（2014）黄行初字第 1 号"。

2. 当事人及其诉讼代理人的基本情况。此部分应按照原告、被告、第三人的排列顺序依次进行书写。

（1）原告及其代理人。提起行政诉讼的原告包括公民、法人或者其他组织。原告是公民的，写明姓名、性别、出生年月日、居民身份证号码、民族和住址。居民的住址应写住所地，住所地和经常居住地不一致的，写经常居住地。原告是法人的，写明法人的名称和所在地址，并另起一行列项写明法定代表人及其姓名和职务等。原告是不具备法人资格的其他组织的，写明其名称或字号和所在地址，并另起一行写明负责人及其姓名和职务。原告是个体工商户的，写明业主的姓名、出生年月日、居民身份证号码、民族、住址；起有字号的，在其姓名之后用括号注明"系……（字号）业主"。

原告是无诉讼行为能力的公民，除写明原告本人的基本情况外，还应列项写明其法定代理人或指定代理人的姓名、住址，并在姓名后括注其与原告的关系。

群体诉讼案件，推选或指定诉讼代表人的，在原告身份事项之后写明"原告暨诉讼代表人……"，并写明诉讼代表人的基本情况，格式与原告基本情况相同。如涉及原告人数众多的，可在首部仅列明诉讼代表人基本情况，原告名单及其基本身份情况可列入判决书附录部分。

委托代理人系律师或基层法律服务工作者的，只写明其姓名、工作单位和职务。当事人的代理人系当事人的近亲属的，应在代理人的姓名后括注其与当事人的关系。

代理人系当事人所在社区、单位以及有关社会团体推荐的公民的，应写明代理人的姓名、性别、出生年月日、居民身份证号码、民族、工作单位和住址。

（2）被告及其代理人。行政判决书中的被告，应写明被诉的行政主体名称、所在地址；另起一行列项写明法定代表人或诉讼代表人姓名和职务；副职负责人出庭的在此不要列写，在交待到庭参加庭审活动的当事人及其他诉讼参加人情况时载明。法定代表人项下，另起一行列写委托代理人的基本事项，委托代理人的写法同上。

（3）第三人及其代理人。有第三人参加诉讼的，第三人列在被告之后，第三人基本情况的写法同上。

3. 案件由来、审判组织、被告与第三人的应诉、当事人进行证据交换情况以及开庭审理过程。书写该部分内容是为了表明法院审判活动的公开和透明。如有第三人参加诉讼，可选择使用："因×××与本案被诉行政行为或与案件处理有利害关系，本院依法通知其为第三人参加诉讼（公民、法人或者其他组织申请作为第三人参加诉讼的写：因×××与本案被诉行政行为有利害关系，经×××申请，本院依法准许其为第三人参加诉讼）"的格式。如当事人经合法传唤无正当理由未到庭的，应写明："×告×××经本院合法传唤，无正当理由拒不到庭"。进行证据交换或召开庭前会议的应写明："本院于×××年×月×日组织原、被告及第三人进行了证据交换（或召开庭前会议），并送达了证据清单副本"。如有被批准延长审理期限情况，应写明批准延长审理期限批复的文号。不公开开庭审理的，应写明不予公开的理由。有关程序活动可根据时间节点的先后顺序写明。

（二）正文

正文包括事实及证据、理由及法律依据、判决结果三项内容，这是一审行政判决书的书写重点。

1. 事实。广义的案件"事实"部分由以下几个部分组成：行政行为的叙述部分、当事人诉辩意见部分、当事人举证、质证和法庭认证部分、法庭"经审理查明"部分。这些不同的部分既可以互相独立，自成段落；也可以根据案情和证据、事实和当事人争议的具体内容，互相融合，而无需使用此固定的相互独立样式。特别是要灵活区分当事人有争议的事实和无争议的事实；事实问题是当事人争议焦点的，也可采取灵活方式处理，留待"本院认为"部分再予认定。

2. 理由。理由包括判决的理由和判决所依据的法律、法规条款。判决的理由要根据查明的事实和有关法律、法规的规定及法学原理，针对行政诉讼的特点，就行政机关所作的具体行政行为是否合法，原告的诉讼请求是否有理进行分析论证，阐明法院的观点。

阐述理由应注意主次分明，重点突出、详略得当。对于争议焦点，应详细论述；对于无争议的部分，可以简写。另外，还应注意加强对法律规定以及相关法理的阐释，除非法律规定十分明确，一般应避免援引规定后直接给出结论的简单论述方式。

原告请求对行政行为所依据的规范性文件一并进行合法性审查的，在对规范性文件进行审查后，应依照《行政诉讼法》及司法解释的规定，对规范性文件的合法性以及能否作为认定被诉行政行为合法性的依据予以阐明。

援引法律依据应根据案件的不同需要，既可以写明整个条文的内容，也可以摘抄与案件相关的内容；条文内容较多的，也可以只援引法律条款，将具体内容附在判决书的附录部分，兼顾表述的准确性和文书的可读性。对于在理由部分已经论述过的实体法律规范，在"判决如下"前可以不再重复援引。直接作为判决结果依据的法律规范，一般应当按照先《行政诉讼法》、后司法解释的次序排列，并写明具体规定的条、款、项、目。

3. 判决结果。判决结果是人民法院对当事人之间的行政争议作出的实体处理结论。判决结果依照案件类型不同差别较大，案件类型主要包括一审请求撤销、变更行政行为类判决、一审请求履行法定职责类案件的判决、一审请求给付类案件判决、一审请求确认违法或无效类案件、一审复议机关作共同被告类案件。

（三）尾部

尾部包括诉讼费用的负担、交代上诉权、署名、日期、用印等内容。

1. 诉讼费用的负担。在判决结果之下另起一行写明"本案收取诉讼费××元，由×告承担"内容。根据我国行政诉讼谁败诉谁承担诉讼费的原则，应明确写明败诉方承担的数额，如果当事人均有过错的，可根据过错程度的大小合理分担。

2. 交代上诉权。该部分表述为："如不服本判决，可在判决书送达之日起十五日内，向本院递交上诉状，并按对方当事人的人数提出副本，上诉于×××××人民法院。"

3. 合议庭组成人员署名。在尾部右下方，由合议庭组成人员署名。

4. 作出判决的日期。当庭宣判的，应写当庭宣判的日期；定期宣判或者委托宣判的，应当写签发判决书的日期。

5. 书记员署名。在判决日期的下方，署书记员名。

6. 院印和核对戳记。应在判决日期上加盖院印。

核对戳记，即"本件与原本核对无异"的印戳应加盖在正本末页的年月日的左下方、书记员署名的左上方位置。

（四）附录

根据案件的不同需要，可将判决书中的有关内容载入附录部分，比如将判决书中所提到的法律规范条文附上，以供当事人全面了解有关法律规定的内容。一般应按照先实体法律规范，后程序法律规范；先上位法律规范，后下位法律规范；先法律，后司法解释等次序排列，并按"1. 2. 3. 4"序号列明。另外，群体诉讼案件中原告名单及其身份情况、知识产权案件中的图案等均可以列入此部分。

四、第一审行政判决书的写作方法和技巧

（一）事实部分的写法

行政案件涉及面较广，各类案件都有其各自的特点，即便是同一类性质的案件，也有着自己的独特之处。总体来说，必须抓住案件关键性情节，即双方争议的焦点这个中心环节去叙述事实，才能使重点突出，分清法律责任。在叙写事实部分时应注意以下几点：

1. 对行政行为的叙述应详略得当。一般应当写明行政行为认定的主要事实、定性依据以及处理结果等核心内容，通过简洁的表述说明案件的诉讼标的；行政行为内容较为简单的，也可以全文引用；行政行为理由表述有歧义，被告在答辩中已经予以明确的，也可以被告明确后的理由为准。在一审复议机关作共同被告类案件中，对于复议决定认定的事实、适用的依据等与原行政行为完全相同的，可简要写明复议决定的主要依据和处理结果；但复议决定改变原行政行为认定的事实或者适用的定性依据的，应当简要写明复议决定改变后的主要事实或者适用的定性依据。

2. 对当事人诉辩意见及提供的证据的撰写次序应当注意逻辑关系，因案而定。书写当事人诉辩意见时，既要尊重当事人原意，也要注意归纳总结；既避免照抄起诉状、答辩状或者第三人的陈述，又不宜删减当事人的理由要点。对诉讼各方诉讼请求的阐述，应当准确、完整。在一审复议机关作共同被告类案件中，"被告辩称"部分一般情况下应写明原行政机关和复议机关共同的答辩意见。如原行政机关与复议机关的答辩意见不一致，且无法协商一致的，在重点写明复议机关答辩意见的同时，可以载明原行政机关的不同意见。

撰写证据时应注意三点：①一般情况下，写明当事人的诉辩意见后，即可写明其提供的相关证据。如果当事人提供的证据有较强的关联性，合并叙述更有利于综合反映案件证据情况的，也可酌情将当事人的证据合并叙述。总之，对证据的列举可以结合案情，既可以分别逐一列举证据，写明证据的名称、内容以及证明目的；也可以综合分类列举证据，并归纳证明目的。当事人提供的证据浩繁的，也可以概括说明。②对当事人超过法定举证期限提供的证据，人民法院予以采纳的，应当列明于判决并说明理由。对法院根据原告、第三人的申请调取的证据，可以作为原告、第三人提交的证据予以载明；对法院依职权调取的证据，则应当单独予以说明。当事人在法定期限内未提交证据的，应当予以说明。对于当事人在诉讼中申请调取证据，法院决定不予调取的，应当在判决书中予以记载；申请调取的证据较多，难以一一列举的，也可以概括说明。对于根据诉讼各方的申请，委托鉴定部门进行鉴定的，需写明鉴定部门、鉴定事项和鉴定结论以及当事人的意见。③在一审复议机关作共同被告类案件中，被告举证部分应体现原行政机关和复议机关对原行政行为合法性的共同举证责任。证明原行政行为合法性的证据，行政机关与复议机关协商后可以由一方单独向法院提交，视为是行政机关和复议机关共同举证责任的体现，一般不再区分；如果复议机关在复议程序中收集了原行政行为作出时未收集的新的证据，可以在列举证据时予以适当说明。

3. 书写"经庭审质证"和"认证如下"部分应因案而异、繁简得当。既可以一证一质一认，也可以按不同分类综合举证、质证和认证。对于当事人无争议的证据或者与案件明显无关联的证据，可以通过归纳概括等方式简要写明当事人的质证意见；对于证据浩繁的案件，可以归纳概括当事人的主要质证意见。法院对证据的认证意见应当明确，对于当事人有争议的证据，特别是对行政行为的合法性有影响的证据，应当写明采纳或者不予采纳的理由。案件的争议主要集中在事实问题的，也可将对证据的具体质证、认证意见与案件的争议焦点结合起来，置于"本院认为"部分论述。

4. 书写"经审理查明"部分需要注意：①生效裁判文书确认的事实一般具有法定的证明力，因此事实部分应当准确、清晰。认定的事实应当是法官基于全案的证据能够形成内心确信的事实；通过推定确认事实必须要有依据，符合证据法则。②叙述事实可以根据具体案情采用时序法，也可以灵活采用其他叙述方式，以能够逻辑清晰地反映案件情况为原则。③避免事无巨细的罗列，或者简单地记流水账，应当结合案件的争议焦点等，做到繁简适当，与案件裁判结果无关的事实，可以不认定。④可以根据具体案情以及争议焦点，采取灵活多样的方式记载案件事实。比如，必要时可以摘抄证据内容；对于内容繁杂的，也可以在事实部分采用指引证据目录或证据名称等方式予以说明。⑤要通过组织当事人庭前交换证据或召开庭前会议等方式，及时确定当事人无争议的案件事实，发现当事人有争议的事实和法律适用等。根据《中华人民共和国民事诉讼法》相关规定和法释〔2015〕5 号《最高人民法院关于适用〈中华人民共和国民事诉讼法〉的解释》第 225 条等规定，根据案件具体情况，庭前会议可以包括下列内容：①明确原告的诉讼请求和被告的答辩意见；②审查处理当事人增加、变更诉讼请求的申请和提出的反诉，以及第三人提出的与本案有关的诉讼请求；③根据当事人的申请决定调查收集证据，委托鉴定，要求当事人提供证据，进行勘验，进行证据保全；④组织交换证据；⑤归纳争议焦点；⑥进行调解。因此，如果庭审前经过证据交换或者庭前会议，或者在庭审辩论时当事人对合议庭归纳的无争议事实均认可，那么事实部分可以分为两个层次：一是写"对以下事实，各方当事人均无异议，本院依法予以确认"；二是"本院另认定以下事实"，主要写当事人可能有异议、本院依法认定的案件事实。

在行政给付类案件中，判决书中应当写明原告应提供其已经向被诉行政机关提出申请的事实以及被诉行政机关不履行给付义务或者拒绝履行给付义务的证据和依据。被告应提供证据证明原告的申请事项是否属于其法定职责或者法定义务，其是否在法定期限内已经履行给付义务以及其不履行给付或者拒绝给付是否符合法律规定等。

在一审复议机关作共同被告类案件中，复议决定与原行政行为认定的事实和适用的依据基本相同的，应当主要确认原行政行为认定的事实和适用的依据是否成立；复议决定改变原行政行为认定的事实或者适用的依据，但未改变处理结果的，应当主要确认复议决定改变后的事实及适用的依据是否成立。

（二）判决理由的写法

1. 请求撤销、变更行政行为类案件。此类案件阐述理由要根据查明的事实和有关法律、法规和法学理论，就行政主体所作的行政行为是否合法、原告的诉讼请求是否成立等进行分析论证。如果原告请求对行政行为所依据的规范性文件一并进行合法性审查的，在对规范性文件进行审查后，应依照《行政诉讼法》及司法解释的规定，对规范性文件的合法性以及能否作为认定被诉行政行为合法性的依据予以阐明。

阐述理由应做到：①主次分明，重点突出，详略得当。对争议焦点问题应当详细论述；对无争议的部分，可以简写。②加强对法律规定以及相关法理的阐释，除非法律规定十分明确，一般应当避免援引规定后直接给出结论的简单论述方式。

理由部分援引法律依据应根据案件不同需要采取不同的写法。既可以写明整个条文的内容，也可以摘抄与案件相关的内容；条文内容较多的，也可以只援引法律条款，将具体内容附在判决书的附录部分，兼顾表述的准确性和文书的可读性。对于在理由部分已经论述过的实体法律规范，在"判决如下"前可以不再重复援引。直接作为判决结果依据的法律规范，一般应当按照先《行政诉讼法》、后司法解释的次序排列，并写明具体规定的条、款、项、目。

2. 履行法定职责类案件。这类案件阐述理由应注意履行法定职责类案件的重点是原告请求行政机关履行法定职责的请求能否成立，行政机关针对原告的申请已经作出拒绝性决定的，案件的审查范围当然包含但不限于拒绝性决定的合法性。理由部分应当基于法院根据案件的已有的全部证据所能够确认的事实，结合相关法律依据，分析论述原告的请求能否成立，一般不限于原告、被告或者第三人的诉辩理由。对于行政机关尚需要另行调查或者仍有判断、裁量空间的案件，则应当判决行政机关针对原告的请求重新作出处理，为了避免当事人错误理解裁判主文，防止重复诉讼，及时化解争议，应当适当论述或者说明裁判的意见和观点。

3. 行政给付类案件。这类案件书写理由时应当结合给付判决的特点，注意以下问题：①写明应当适用的法律规范，并根据案情对法律、司法解释、行政法规、地方性法规及合法有效的规章等作必要阐释。②可根据案情分析被告是否具有法定职权，是否存在未履行给付义务或者作出拒绝给付决定情况。③分析原告申请的理由是否成立，确认原告的诉讼请求是否符合法定条件，阐明是否予以支持的理由。

4. 请求确认违法或无效类案件。对于原告要求确认行政行为（或确认不作为）违法或无效的案件，首先，应参照一审请求撤销、变更行政行为类案件的要求审查行政行为（或不作为）是否合法。其次，对于行政机关应依原告申请履职的情形，原告应提供其已经向被诉行政机关提出申请的事实以及被诉行政机关不作为的证据和依据。被告应提供证据证明原告的申请事项是否属于其法定职责或者法定义务，其是否在法定期限内已经履行法定职责或者义务以及其不作为是否符合法律规定等。对于被告应依职权主动履行法定职责的，被告应举证证明其有无履行法定职责；没有履行的，应证明其没有履行法定职责是否符合法律、法规规定。要求确认行政行为无效的，要具体分析被告有无实施被诉行政行为的主体资格、行政行为是否有依据等重大且明显违法的情形。如经过审理能够认定行政行为因缺乏职权依据而无效的，只需写明对法定职权的审查，并辅以相关的法理论证，而对被诉行政行为的执法程序、认定事实、适用法律的问题可不再赘述。

5. 一审复议机关作共同被告类案件。此类案件阐述判决理由应结合当事人的争议焦点，围绕原行政行为和复议决定的合法性进行论述。当事人对复议程序的合法性提出争议的，还应当就复议程序的合法性单独进行论述。同时注意：复议决定未改变原行政行为的处理结果，但已经改变原行政行为认定的事实和适用的依据的，一般应当基于复议决定改变后的事实和依据审查原行政行为是否合法。改变后的事实和依据合法的，一般应认定原行政行为及复议决定均合法（复议程序的合法性除外）。

（三）判决结果的写法

1. 请求撤销、变更行政行为类案件。请求撤销、变更行政行为类判决可分为驳回诉讼请求判决、撤销或者部分撤销判决、变更判决等情形。

（1）驳回原告诉讼请求的，写："驳回原告×××的诉讼请求。"

（2）撤销被诉行政行为的，写："一、撤销被告×××（行政主体名称）作出的（××××）……字第××号……（行政行为名称）；二、责令被告×××（行政主体名称）在××日内重新作出行政行为（不需要重作的，此项不写；不宜限定期限的，期限不写）。"

（3）部分撤销被诉行政行为的，写："一、撤销被告×××（行政主体名称）作出的（××××）……字第×号……（行政行为名称）的第××项，即……（写明撤销的具体内容）；二、责令被告×××（行政主体名称）在××日内重新作出行政行为（不需要重作的，此项不写；不宜限定期限的，期限不写）；三、驳回原告×××的其他诉讼请求。"

（4）根据《行政诉讼法》第77条的规定，判决变更行政行为的，写："变更被告×××（行政主体名称）作出的（××××）……字第×号……（写明行政行为内容或者具体项），改为……（写明变更内容）。"

2. 履行法定职责类案件。

（1）对于行政机关已经作出拒绝性决定，原告的诉讼请求中未明确请求判决撤销，但法院判决行政机关履行原告请求的特定法定职责或者判决行政机关就原告的请求重新作出处理的，法院可以根据具体案情，遵循有利于明确法律关系的原则，酌情依职权一并判决撤销拒绝性决定。原告的诉讼请求中明确请求判决撤销的，一般应当在判决结果中判决撤销拒绝性决定。

（2）行政机关尚需要另行调查或者仍有判断、裁量空间的案件，法院责令行政机关针对原告的请求重新作出处理的，对于行政机关能否履行职责的具体内容实质上法院尚未作出判断，对于原告相应的诉讼请求也就没有作出最终的裁判，因此应当注意在判决结果中不要采用"驳回原告其他诉讼请求"等表述。

（3）原告请求履行法定职责的请求不成立，但行政机关存在违法情形且应当确认违法的，应当在确认违法的同时，判决驳回原告的其他诉讼请求。

（4）原告请求履行法定职责的请求成立，但行政机关已经无法履行或者履行已无实际意义的，应当判决确认行政机关不履行法定职责违法，并酌情责令行政机关采取相应的补救措施。

（5）根据《行政诉讼法》第72条等的规定，履行法定职责类案件的判决结果分为以下四种情况：

第一，判决驳回原告诉讼请求的，写："驳回原告×××的诉讼请求。"

第二，判决被告履行法定职责的，写："一、撤销被告×××（行政主体名称）作出的（××××）……字第×号……（行政行为名称），即……（写明撤销的具体内容；无拒绝性决定的，该项不写）。二、责令被告×××在××日内（法律有明确规定履行职责期限的，也可写为'在法定期限内'；不宜限定期限的，也可不写）作出……（写明履行法定职责的具体内容）。"

第三，判决被告针对原告的请求重新作出处理的，写："一、撤销被告×××（行政主体名称）作出的（××××）……字第×号……（行政行为名称），即……（写明撤销的具体内容；无拒绝性决定的，该项不写）。二、责令被告×××（行政主体名称）在××日内（法律有明确规定履行职责期限的，也可写为'在法定期限内'；不宜限定期限的，也可不写）……（可写对原告的申请重新作出处理，也可将原告的申请予以精炼概括并写明原告申请的内容）。"

第四，原告的请求成立，但行政机关已经无法履行或者履行已无实际意义的，写："一、确认被告（行政主体名称）不履行……（应当履行的法定职责内容）违法；二、责令被告×××在××日内（不宜限定期限的，也可不写）……（写明补救措施的内容，无法采取补救措施的，该项可不写）。"

第五，原告的请求不成立，但行政机关有违法情形依法应当确认违法的，写："一、确认被告×××（行政主体名称）……违法；二、驳回原告×××的诉讼请求（需要判决驳回原告诉讼请求的，予以写明）。"

3. 行政给付类案件。此类案件判决结果可分为以下几种情况：

（1）判决驳回原告要求给付的诉讼请求的，写："驳回原告×××的诉讼请求。"

（2）判决被告履行给付义务的，写："责令被告×××（行政主体名称）……

（写明被告应当在一定期限内履行给付义务的具体内容、方式及期限；因特殊情况难于确定的，可判决被告在一定期限内针对原告的请求作出处理；原告申请依法履行返还财产、排除妨碍、停止侵害、恢复原状等给付义务且无需被告再行作出处理的，可直接写明上述内容）。"

（3）判决撤销拒绝给付决定的同时，判决被告履行给付义务的，写："一、撤销被告×××（行政主体名称）于××××年×月×日对原告作出×号拒绝决定（或其他名称）；二、责令被告×××（行政主体名称）……（写明被告应当在一定期限内履行给付义务的具体内容、方式及期限；因特殊情况难于确定的，可判决被告在一定期限内针对原告的请求作出处理；原告申请依法履行返还财产、排除妨碍、停止侵害、恢复原状等给付义务且无需被告再行作出处理的，可直接写明上述内容）。"

（4）判决确认被告不履行给付义务行为或者于××××年×月×日对原告作出×号拒绝给付决定（或其他名称）违法的，写："确认被告×××（行政主体名称）……（不履行给付义务或者拒绝给付的决定）违法。"

（5）其他情形，可以按照一审请求履行法定职责类案件判决结果。

4. **请求确认违法或无效类案件。**确认行政行为违法的判决，要注意区分《行政诉讼法》第74条第1款和第2款规定的不同情形，分别适用相应的款项。此类案件的判决结果分为以下三种情况：

（1）判决驳回原告诉讼请求的，写："驳回原告×××的诉讼请求。"

（2）判决确认被告作出的行政行为违法（或无效）的，写："一、确认被告×××作出的（××××）××字第×号……（行政行为名称）违法（或无效）；二、责令被告×××采取……（写明被告应当采取的具体补救措施。没有可采取的补救措施的，此项不写）。"

（3）判决确认被告不履行法定职责行政行为违法的，写："一、确认被告××××……（不履行法定职责的行为）违法；二、责令被告×××采取……（写明具体的补救措施。没有或不需要采取补救措施的，此项不写）。"

5. **一审复议机关作共同被告类案件。**此类案件书写判决结果部分应注意对原行政行为与复议决定裁判的一致性。对被诉行政行为以及维持被诉行政行为的复议决定作审查后，可以针对不同情况分别采用以下判决方式；也可以根据具体案情，遵循有利于明晰法律关系、及时定分止争的原则，适当调整：

（1）原行政行为及复议决定均合法的，写："驳回原告×××的诉讼请求。"

（2）原行政行为与复议决定均违法的，写："一、撤销……（原行政行为，应写明行政机关、作出时间、文号及名称等，下同）及……（复议决定，应写明复议机关、作出时间、文号及名称等，下同）；二、责令原行政机关在×日内重新作出行政行为（不需要重作的，此项不写；不宜限定期限的，期限不写）。"

（3）确认原行政行为违法的，写："确认……（原行政行为）及……（复议决定）违法。"

（4）确认原行政行为无效的，写："一、撤销……（复议决定）；二、确认……（原行政行为）无效。"

（5）变更原行政行为的，可写："一、撤销……（复议决定）；二、……（参照判决变更行政行为的主文）。"

（6）原行政机关对原告请求的履行法定职责或给付义务不予答复违法的，写："一、撤销……（复议决定）。（判决主文第二项已经使法律关系明确的，该项亦可不写）；二、……（参照判决被告履行法定职责或者给付义务的判决主文）。"

（7）行政机关对原告请求的履行法定职责或给付义务予以拒绝违法的，写："一、撤销……（原行政行为）及……（复议决定）。（如判决主文第二项已经使法律关系明确的，该项亦可不写）；二、……（参照判决被告履行法定职责或者给付义务的主文）。"

（8）原行政行为合法，但复议决定违反法定程序的，写："一、确认……（复议决定）程序违法；二、驳回原告×××……（写明有关针对原行政行为）的诉讼请求。"

（9）原行政行为合法，但复议决定改变原行政行为的事实或依据错误的，写："一、撤销……（复议决定）；二、驳回原告×××……（写明有关针对原行政行为）的诉讼请求。"

五、第一审行政判决书实例与评析

【实例】

××市萧山区人民法院
行政判决书[1]

（2013）×萧行初字第 6 号

原告：卢×等 204 人。

诉讼代表人：陈×娟（基本情况略）。

诉讼代表人：陈×（基本情况略）。

---

〔1〕 资料来源：中国裁判文书网。

委托代理人：徐×平、吴×建（基本情况略）。

被告：××市萧山区环境保护局（基本情况略）。

法定代表人：朱×祥（基本情况略）。

委托代理人：毛×辉（基本情况略）。

委托代理人：张×（基本情况略）。

第三人：××萧山城市建设投资集团有限公司（基本情况略）。

法定代表人：徐×兴（基本情况略）。

委托代理人：钮×斌（基本情况略）。

原告卢×等204人不服被告××市萧山区环境保护局（以下简称"萧山环保局"）环保行政许可行为，于2013年1月29日向本院提起行政诉讼，本院于2013年1月29日立案受理后，于2013年2月4日向被告送达了起诉状副本及应诉通知书。因××萧山城市建设投资集团有限公司（以下简称"萧山城投公司"）与本案被诉具体行政行为有法律上的利害关系，本院依法通知其为第三人参加诉讼。本院依法组成合议庭，于2013年4月16日和同年6月24日两次公开开庭审理了本案。原告卢×等204人共同委托代理人吴×建、徐×平，被告萧山环保局委托代理人毛×辉、张×，第三人萧山城投公司委托代理人钮×斌两次开庭审理时到庭参加诉讼。本案经××省高级人民法院批准，延长审理期限四个月。现已审理终结。

被告萧山环保局于2012年6月28日作出萧环建（2012）1070号《关于风情大道改造及南伸（金城路—湘湖路）工程环境影响报告书审查意见的函》（以下简称《审查意见函》），具体意见为："一、根据萧政纪（2011）80号、89号文件、环评报告书结论和专家评审意见，经研究，同意该项目在萧山规划许可的区域内（城厢街道）实施。环评报告中的污染防治对策、措施可作为项目实施和环境管理依据。二、项目建设内容及规模：该工程风情大道方向南起湘湖路（接顺在建的暗埋隧道），北至金城路，设计全长约4.12km；彩虹大道方向西接区界，东至青年路，设计全长约1.75km；风情大道与彩虹大道节点建设全互通立交一座。三、要求建设单位在项目实施过程中严格执行环保'三同时'制度，并做好以下各项工作：1. 项目在施工期应加强管理，文明施工，确保粉尘、沥青烟气达标排放；施工营地生活污水、施工场地生产废水等必须经处理达标后方可排放；采取隔音降噪措施，确保边界噪声达标，未经许可，夜间不得擅自进行高噪声作业施工。2. 按照环评报告的要求，采用隔声减振降噪措施，确保项目建成后各类噪声达标排放。3. 实行雨污分流、清污分流，综合污水必须经处理达到《污水综合排放标准》（GB8978-1996）一级标准后排放；如具备纳管条件，则纳入污水管网送萧山钱江污水处理厂处理。4. 固体废弃物必须妥善分类处置，严禁焚烧，避免产生二次污染。5. 加强水土保持和生态防护，工程完工后做好土地复垦、环境绿化、景观美化工作。6. 项目实施过程中应按时申报工程进度，项目竣工后三个月内必须申报环保'三同时'验收，验收合格后方可投入正式运行。"

被告萧山环保局于 2013 年 2 月 16 日向本院提供了作出被诉具体行政行为的证据、依据有：

1. 《关于风情大道改造及南伸项目建议书的批复》[萧发改投资（2009）266 号]，《关于调整风情大道改造及南伸项目建设主体的批复》[萧发改投资（2010）959 号]，《关于明确风情大道改造及南伸（金城路—湘湖路）项目建设主体和规模的批复》[萧发改投资（2011）1978 号]，萧山区人民政府专题会议纪要三份[萧政纪（2011）78 号、80 号、89 号]，以上发改文件及会议纪要证明案涉建设项目的立项依据。

2. 《风情大道改造及南伸建设项目选址意见书》（选字第 330109201100964 号），证明案涉建设项目在被告审批前已经取得规划部门××市规划局出具的选址意见书。

3. 《建设项目用地预审意见书》[萧土资预（2009）633 号]，证明案涉建设项目在被告审批前已经取得××市国土资源局萧山分局出具的用地预审意见书。

4. 《风情大道改造及南伸（金城路—湘湖路）工程项目环境影响报告书》"结论与建议"部分，证明案涉建设单位若能认真落实环评报告中提出的污染物防治措施，从环保角度看，该工程的建设是可行的。

5. 萧山环保局《承诺件受理通知书》，证明萧山城投公司向被告提交案涉环评报告许可申请的事实。

6. 《风情大道改造及南伸（金城路—湘湖路）工程项目环境影响报告书技术评审意见》及《修改清单》，证明被告在审批过程中组织专家召开了专题评审会。

7. 《风情大道改造及南伸（金城路—湘湖路）工程项目环境影响报告书（复审稿）技术复审意见》及《修改清单》，证明被告在审批过程中再次邀请专家及相关人员召开（复审稿）技术复审会议。

8. 风情大道改造及南伸（金城路—湘湖路）工程第一次公告、第二次公告以及相关街道、社区出具的公示证明及照片，报告书第 186～209 页，证明第三人分别在 2012 年 3 月 1 日至 14 日和同月 20 日至 31 日分别在萧山区城厢街道办事处以及城厢街道的湘湖社区、湖头陈社区、东湘社区、杜湖社区进行了两次公示，并在原告居住的奥兰多小镇住宅小区大门口进行了公示。

9. 风情大道改造及南伸（金城路—湘湖路）工程项目环保审批公示及照片，证明被告对案涉建设项目的环评事项已按程序进行了公示公告，符合《××省建设项目环境保护管理办法》等相关规定。

10.《风情大道改造及南伸（金城路—湘湖路）工程项目环境影响报告书》"公众参与调查"部分，证明公众参与程序符合《××省建设项目环境保护管理办法》等相关规定。

11. ××市环境保护局《行政复议决定书》[×环复决（2012）07号]，证明被诉具体行政行为事实清楚，程序合法。

法律、法规依据：

1.《××省建设项目环境保护管理办法》（2011年12月1日施行）第二十条第一款、第二款。

2.《中华人民共和国水污染防治法》第九条，《××省水污染防治条例》第三十七条。

3.《中华人民共和国大气污染防治法》第十三条，《××省大气污染防治条例》第十条、第十一条。

4.《中华人民共和国环境噪声污染防治法》第十一条、第十二条、第十三条，《××市环境噪声管理条例》第九条、第十一条、第十二条。

5.《中华人民共和国固体废物污染环境防治法》第十三条，《××省固体废物污染环境防治条例》第六条。

原告卢×等204人诉称：原告均为萧山区风情大道湘湖段"苏黎世小镇"和"奥兰多小镇"两小区的居民。最近，两小区居民了解到小区门口要进行"风情大道改造及南伸（金城路—湘湖路）工程"建设。原告不服萧山区发展和改革局审批的"风情大道改造及南伸（金城路—湘湖路）工程"可行性研究报告，向××市发展和改革委员会提起行政复议，在复议期间，萧山区发展和改革局提供了被告萧山环保局的被诉《审查意见函》作为其审批依据。原告认为，被告作出的被诉具体行政行为违法，理由如下：一、被告不具有作出被诉行为的职权。案涉建设项目位于浙江著名旅游风景区也是国家4A级旅游区区块，附近也有著名的杭州休博园，是萧山区的核心景区，且项目投资额巨大，被告无权审批。二、被诉行为事实依据不足。被告作出被诉行为时，缺乏规划部门的选址初审意见和国土资源部门的土地利用预审意见等有效的前置文件。三、被诉行为程序违法。作为与湘湖区域居民和有关单位甚至和萧山区广大市民利害攸关的事项，在作出许可行为之前，应当根据《行政许可法》第三十六条、《环境影响评价公众参与暂行办法》、《××省建设项目环境保护管理办法》等法律、规章等的规定听取利害关系人的意见，但被告没有履行这一程序。原告起诉要求：撤销被告萧山环保局2012年6月28日作出萧环建（2012）1070号《关于风情大道改造及南伸（金城路—湘湖路）工程环境影响报告书审查意见的函》的具体行政行为。

原告卢×等204人在起诉时向本院提交的证据有：

1. 卢×等204人的身份证、房屋产权证，证明原告与被诉具体行政行为有法律上的利害关系，具有诉讼主体资格。

2.《关于风情大道改造及南伸（金城路—湘湖路）工程环境影响报告书审查意见的函》［萧环建（2012）1070号］，行政复议证据清单，证明原告2012年9月对萧山区发展和改革局的发改立项行为提起行政复议过程中才得知被诉具体行政行为的内容。

3. ××市环境保护局《行政复议决定书》［×环复决（2012）07号］，证明原告在复议机关对被诉具体行政行为作出复议决定后的法定起诉期限内提起本案行政诉讼。

被告萧山环保局在法庭上辩称：一、被告对案涉环评报告书具有作出被诉许可决定的法定职权。根据《环境影响评价法》第二十三条、《建设项目环境保护管理条例》第十一条、《××省人民政府办公厅关于进一步规范完善环境影响评价审批制度的若干意见》［×政办发（2008）59号］第三条第（一）项以及《××省环保厅关于进一步下放建设项目环评审批管理权限切实加强监督管理的通知》［×环发（2009）44号］等法律、法规、规章及规范性文件关于建设项目环评审批管理权限的相关规定，风情大道改造及南伸（金城路—湘湖路）工程项目由萧山区发展和改革局立项，不属于省级和设区市级环保部门审批的建设项目范围，被告依法享有作出被诉许可决定的权限。

二、案涉项目在报批环评报告书时已经依法取得建设项目选址意见书、建设项目用地预审意见书等前置文件。第三人萧山城投公司向被告报批时，提交的环评报告中已经含有杭州市规划局出具的选字第330109201100964号《建设项目选址意见书》、杭州市国土资源局萧山分局出具的萧土资预（2009）633号《建设项目用地预审意见书》，不存在缺乏有效前置文件的情形。

三、案涉环评报告书的公众参与程序符合《××省建设项目环境保护管理办法》《环境影响评价公众参与暂行办法》等相关规定。第三人在委托环评单位编制环评报告书过程中，已按照《环境影响评价法》《××省建设项目环境保护管理办法》《环境影响评价公众参与暂行办法》等相关规定开展了公众参与活动，征求了公众意见。被告在第三人送审环评报告书时也就该项目进行了为期10个工作日公示。因此，公众参与程序符合法律规定。

四、只要认真落实环评报告中提出的污染防治对策、措施，从环保角度看，本工程的建设是可行的。案涉环评报告书的结论与建议中，不仅作出了环境影响评价结论，而且根据预测结果提出了防治对策、措施，包括施工期污染防治对策、营运期污染防治对策，还提出了一些建议。只要建设单位能落实环评报告书中提出的要求，从环保角度看本工程建设是可行的。该建设工程有利于加快萧山区城市化的进程，工程社会效益显著。

综上，被告萧山环保局请求驳回原告卢×等人的诉讼请求。

第三人述称：同意被告萧山环保局的答辩意见。

第三人萧山城投公司未向本院提交证据材料。

庭审时，原告卢×等人对被告萧山环保局提供的证据发表以下质证意见：对证据1、2的证据三性没有异议，但对上述文件内容的合法性有异议。对证据3的关联性有异议，认为该意见书所载的建设项目名称和地点与案涉建设项目无关。对证据4的结论有异议。对证据5的证据三性没有异议，但认为被告没有同时提供第三人提出申请时提交的申请资料。对证据6的合法性有异议，认为《评审意见》缺少一名技术专家的签字。对证据7没有异议。对证据8的真实性有异议，认为建设单位没有在原告居住的区域进行过公示。对证据9有异议，认为被告公示时案涉环评文件尚未编制完成，不具备公示条件，且公示地点在萧山区办事服务中心，而没有在原告居住地进行公示，公示地点不合法。对证据10、11的证据三性没有异议，但对证明对象有异议。

被告萧山环保局对原告卢×等人的证据没有异议。

第三人萧山城投公司对原告卢×等人和被告萧山环保局提供的证据均没有异议。

经庭审质证，本院对上述证据认证如下：原告证据均具备证据三性，且被告和第三人均无异议，予以采信。被告证据1、2具备证据三性，予以采信。被告证据3，根据其内容无法体现与案涉建设项目的关系，不具有关联性，不予采信。被告证据4、5、7、10、11具备证据三性，予以采信。被告证据6中《评审意见》虽缺乏一名专家的签字，但可以证明案涉环评报告书在编制过程中进行了专家评审的事实，予以采信。被告证据8，其中在"奥兰多小镇"住宅小区大门口张贴公告的照片不足以证明第三人在原告居住地进行公示的事实，对该照片不要采信，其他证据符合证据三性，予以采信。证据9，尚不足以证明被告于2012年4月23日针对第三人的环评审批申请事项进行公示的事实，不予采信。

经审理查明：风情大道改造及南伸（金城路—湘湖路）建设项目（即案涉项目）位于××市萧山区，北起萧山区金城路，南至萧山区湘湖路，全长约4.12公里，其中金城路跨线桥北侧引桥至湘湖岭穿山隧道区段计划采用高架形式。第三人因案涉项目建设需要，委托××省工业环保设计研究院有限公司（以下简称"省环保设计院"）对该项目进行环境影响评价。在案涉环评报告书编制过程中，第三人分别在萧山区城厢街道办事处所在地以及城厢街道的湘湖社区、湖头陈社区、东湘社区、杜湖社区办公地的公示栏进行了两次公示，第一次公示时间为2012年3月1日至14日，第二次为同年3月20日至31日，对案涉项目的基本情况及其对周边环境可能造成的影响、预防或减轻不良环境影响的对策和措施、环境影响评价结论要点等内容进行了公示，并注明获取环评文本简本的联系方式。在项目环评报告书编制期间，评价单位省环保设计院通过发放并收回个人调查表和团体调查表的方式进行了公众调查，征求了项目周边单位和个人对建设案涉项目的意见。二次公示期间，主要收到的群众意见是要求建设地面道路，不要建设高架。2012年4月20日，被告萧山环保局与第三人及其委托的环评单位省环保设计院和邀请的专家召开了案涉项目环境影响报告书技术评审会并形成评审意见。2012年4月23日，被告在萧山区办事服务中心大厅的公示栏上张贴案涉项目的《环保审批公示》，公示期间为2012年4月23日至同年5月7日，共10个工作日，公示内容主要为：案涉项目基本情况；案涉项目对环境可能造成的影响；预防或减轻不良环境影响的对策和措施；环境影响评价结论要点；建设单位、环评单位及审批单位的联系方式；并注明征求意见的方式是电话和信件。2012年5月29日，被告与第三人及其委托环评单位省环保设计院和邀请的专家召开案涉环评报告书（复审稿）技术复审评审会并形成复审意见。2012年6月，省环保设计院形成案涉环评报告书的送审稿。同年6月28日，第三人向被告报送该环评报告书及相关的申请材料，申请被告对该环评报告书予以批准。被告于同日受理了第三人的申请。同日，被告作出被诉《审查意见函》，批准了案涉环评报告书。

原告卢×等204人是萧山区风情大道湘湖段"苏黎世小镇"和"奥兰多小镇"两小区的业主。原告认为，案涉项目的建设将对该两个小区的造成不利影响，被告作出的被诉行政许可行为侵害了原告的合法权益，遂诉至本院，要求予以撤销。

本院认为：《××省建设项目环境保护管理办法》（以下简称《××省办法》）（2011年12月1日起施行）第二十一条规定："建设项目的环境影响评价报告书（表）的编制有下列情形之一的，环境保护行政主管部门应当要求建设单位重新编制或者修改：（一）环境影响评价机构不具备相应的资质的；（二）编制不实、质量低劣、不符合环境影响评价技术规范要求的；（三）未按照本办法规定实施公示和公众调查的；（四）未按照本办法第十五条第二款规定如实附具公示和公众调查情况，并对公众意见采纳或者不采纳的情况作出说明的；

（五）未按照本办法第十七条规定，制订相关方案、预案的。"根据《××省办法》第二十二条的规定，环保行政机关受理环境影响报告书审批申请后，除了依法需要保密的建设项目，仍需通过便于公众知晓的方式公开受理信息和环境影响报告书的查询方式以及公众享有的权利等事项，并征求公众意见，征求公众意见的期限不得少于7日。本案中，被告萧山环保局称其2012年4月23日受理第三人萧山城投公司就案涉环评报告书提出的审批申请，而第三人委托评价单位省环保设计院编制的、用于申请被告批准的案涉环评报告书（报批稿）形成于2013年6月。因此，即使被告确实是2012年4月23日受理了第三人的申请，由于需要审批的环评报告书（报批稿）此时尚未编制完成，被告主张的受理行为亦不合法。被告在《承诺件受理通知书》中明确表示第三人向其申请环评审批的时间是2012年6月28日，而被告于同日即作出被诉《审查意见函》，对案涉环评报告书予以批准，其行为明显违反《××省办法》第二十二条关于环评审批行政机关在审批环节应进行公示和公众调查的相关规定，构成严重违反法定程序。据此，依照《中华人民共和国行政诉讼法》第五十四条第（二）项第3目之规定，判决如下：

撤销被告××市萧山区环境保护局2012年6月28日作出萧环建（2012）1070号《关于风情大道改造及南伸（金城路—湘湖路）工程环境影响报告书审查意见的函》的具体行政行为。

本案受理费50元，由××市萧山区环境保护局负担。

如不服本判决，可在判决书送达之日起十五日内，向本院递交上诉状，并按对方当事人的人数提出副本，上诉于××省××市中级人民法院，并向××市中级人民法院预交上诉案件受理费50元（开户银行：工商银行湖滨分理处，账号：12××68，户名，××省××市中级人民法院）。在上诉期满后七日内仍未交纳的，按自动撤回上诉处理。

审　判　长　苏××

人民陪审员　吴××

人民陪审员　徐××

二〇一三年八月二十七日

书　记　员　王×琴

【评析】

××萧山城市建设投资集团有限公司因涉案风情大道改造及南伸项目建设需要，委托××省工业环保设计研究院有限公司（以下简称"省环保设计院"）对该项目进行环境影响评价。卢×等204人称，其均为萧山区风情大道湘湖段"苏黎世小镇"和"奥兰多小镇"两小区的居民。因不服萧山区发展和改革局审批的"风情大道改造及南伸（金城路—湘湖路）工程"可行性研究报告，向××市发展和改革委员会提起行政复议。在复议期间，萧山区发展和改革局提供了区环保局的《审查意见函》作为其审批依据。该204人认为涉案项目的建设将对两个小区造成不利影响，区环保局的行政许可行为侵害其合法权益，遂以该局为被告提起行政诉讼，请求法院撤销上述《审查意见函》。该案在全国影响较大。

本判决书的特点是：①格式正确、项目齐全。该文书按照格式要求写了首部、正文和尾部的内容，各项目要素齐全。②叙事清楚，重点突出。该文书将原告、被告的主张、证据、理由都清晰地列明，总结了案件焦点。③案件定性和适用法律准确、到位。环保机关受理环境影响报告书审批申请的基本前提是该报告书已正式形成，且环保机关受理后应依法履行公开该报告书并征求公众意见的程序后，才可予以审批。区环保局存在明显的程序违法情形，其所主张的受理城投公司提出的环评报告书审批申请的时间，尚未形成正式报批稿；其在环评报告编制过程中所公示的《环保审批公示》，不能替代《办法》所要求环保机关在申请人正式报送环评报告及相关申请材料后对环境影响报告书进行公示和公众调查的程序和义务。法院基于其程序的严重违法，判决撤销了被诉行政行为，对于彰显程序公正和促进行政机关依法行政，具有很好的示范效应。④文字精炼、层次清晰。无论是叙述事实，还是阐述理由，用语均简洁明了，逻辑清晰。

第二节　第二审行政判决书

一、第二审行政判决书的概念和功能

第二审行政判决书是指第二审人民法院依照行政诉讼法规定的第二审程序，对当事人不服尚未发生法律效力的第一审判决提出上诉的案件，经重新审理后，就实体问题作出的维持原判或改判的书面决定。

行政案件当事人上诉后，第二审人民法院即开始履行职责。第二审人民法院对上诉案件的审理，必须全面审查第一审人民法院认定的事实是否清楚，适用法律、法规是否正确，有无违反法定程序，不受上诉范围的限制。人民法院通过第二审审理并以二审行政判决书结案，可以切实纠正第一审行政判决书可能发生的错误，维护当事人的合法权益，避免错案、错判情况的发生，同时也体现了上级人民法院对下级人民法院行政审判工作的正确指导和监督，有利于帮助下级人民法院提高行政审判工作质量，公正执法。

二、第二审行政判决书的格式

第二审行政判决书供第二审人民法院依法作出维持原判或者改判的决定时使用。其格式如下：

××××人民法院
行政判决书

（××××）×行终字第×号

上诉人（原审×告）×××，……（写明姓名或名称等基本情况）。

被上诉人（原审×告）×××，……（写明姓名或名称等基本情况）。

（当事人及其他诉讼参加人的列项和基本情况的写法，除当事人的称谓外，与一审行政判决书样式相同。）

上诉人×××因……（写明案由）一案，不服××××人民法院（××××）×行初字第×号行政判决，向本院提起上诉。本院依法组成合议庭，公开（或不公开）开庭审理了本案。……（写明到庭的当事人、诉讼代理人等）到庭参加诉讼。本案现已审理终结。（未开庭的，写"本院依法组成合议庭，对本案进行了审理，现已审理终结"）。

……（概括写明原审认定的事实、理由和判决结果，简述上诉人的上诉请求及其主要理由和被上诉人的主要答辩的内容及原审第三人的陈述意见）。

……（当事人二审期间提出新证据的，写明二审是否采纳以及质证情况，并说明理由。如无新证据，本段不写）。

经审理查明，……（写明二审认定的事实和证据）。

本院认为，……（写明本院判决的理由）。依照……（写明判决依据的法律以及相关司法解释的条、款、项、目）的规定，判决如下：

……（写明判决结果）。

……（写明诉讼费用的负担）。

本判决为终审判决。

审判长×××
审判员×××

　　　　　　　　　　　　　　　　　审判员×××

　　　　　　　　　　　　　　　　××××年×月×日
　　　　　　　　　　　　　　　　　　（院印）
本件与原本核对无异

　　　　　　　　　　　　　　　　　书记员×××

附：本判决适用的相关法律依据

三、第二审行政判决书的基本内容

第二审行政判决书由首部、正文、尾部三部分组成。

（一）首部

1. 标题。在文书顶端分两行写明标题，第一行写"××××人民法院"，第二行写"二审行政判决书"。

2. 案件编号。在标题右下方写：（××××）×行终字第×号。

3. 诉讼参与人基本情况。上诉案件当事人的称谓写为"上诉人""被上诉人"，并用括号注明其在原审中的诉讼地位。原告、被告和第三人都提出上诉的，可并列为"上诉人"。当事人中一人或者部分人提出上诉，上诉后是可分之诉的，未上诉的当事人在法律文书中可以不列；上诉后仍是不可分之诉的，未上诉的当事人可以列为被上诉人。上诉案件当事人中的代表人、诉讼代理人等，分别在该当事人项下另起一行列项书写。二审行政诉讼中，如果各方都聘请了委托代理人的，应在各方栏目之下列明其委托代理人的身份事项，其写法与一审行政判决书相同。

4. 案由、审判组织、审判方式和开庭审理过程。根据我国《行政诉讼法》的规定，人民法院审理一审行政案件，在不涉及国家机密、个人隐私和法律另有规定的情况下都应依法组成合议庭公开审理，而二审行政案件，则既可以开庭公开审理，也可以在"认为事实清楚"时实行书面审理。故该项的写法应根据上述两种不同情况来决定。行文格式如下：

上诉人×××因……（案由）一案，不服××××人民法院（××××）×行初字第×号行政判决，向本院提起上诉。本院依法组成合议庭，公开（或不公开）开庭审理了本案。……（写明到庭的当事人、诉讼代理人等）到庭参加诉讼（书面审理的写"本院依法组成合议庭，对本案进行了审理"）。现已审理终结。

（二）正文

正文包括事实、判决理由和判决结果三个部分。

1. 事实。二审行政判决书的事实应写明两个方面的内容：①上诉争议的事实；②经审理查明认定的事实。

上诉争议的事实是引起二审程序发生的根据，也是二审据以判决的依据。主要应写明：①原行政机关作出具体行政行为的缘由和处理处罚决定的内容；②一审行政判决认定的事实、适用的法律及判决结果；③上诉人提起上诉的主要理由和请求；④被上诉人的主要答辩内容。书写这项内容时，要概括精练，抓准当事人争议的分歧点准确地反映出来，不要照抄原审判决书、上诉状和答辩状的内容。

2. 判决理由。判决理由在二审行政判决书中具有承上启下作用，上承接事实，下为判决结果提供立论及法律依据。阐述理由必须以二审法院查明认定的事实、证据和有关行政法规为依据，对一审法院认定的事实、适用的法律、处理结果是否正确进行具体全面的论证，对上诉有理的要讲明为什么有理，理在何处，原审判决错在何处；对上诉无理的，应阐明为何没有道理，本院不予支持，同时肯定原审判决的正确性。

阐述理由必须观点明确，说理充分，无论是维持原判还是予以改判，都应讲明足够的道理，坚持以理服人。二审判决适用的法律，应当准确引用《行政诉讼法》的规定，同时还应引用改判依据的行政法规条款。

3. 判决结果。判决结果是对案件重新审理后作出的最终处理结论。根据《行政诉讼法》的规定，二审案件经审理后，适用判决的，有三种处理结果：①驳回上诉，维持原判；②原审虽认定事实清楚，但适用法律、法规错误，依法予以改判；③原审认定事实不清，证据不足，查清事实后依法改判。

（三）尾部

尾部写明下列事项：

1. 诉讼费用的负担。写明本案收取诉讼费的数额及由谁来承担。关于二审诉讼费用的负担，要区别情况作出决定。对驳回上诉，维持原判的案件，二审诉讼费用由上诉人承担；双方当事人都提出上诉的，由双方分担。对撤销原判，依法改判的案件，应同时对一、二审的各项诉讼费用由谁负担，或者共同分担的问题作出决定，相应地变更一审法院对诉讼费用负担的决定。

2. 诉讼费用之下写明"本判决为终审判决"，表明再无上诉权。

3. 署名、日期、用印。在文书右下方由合议庭组成人员署名，之下注明制发判决书的日期，并加盖人民法院印章。在日期之下，由书记员署名。

4. 核对戳记。在判决书正本或副本尾部左方空白处加盖"本件与原本核对无异"的核对戳记。

四、第二审行政判决书的写作方法和技巧

（一）事实的写法

事实部分包括上诉争议的内容以及二审法院查明认定的事实和证据。书写上诉争议的内容时，要概括简炼，抓住争议焦点，防止照抄原审判决书、上诉状和答辩状，但又要不失原意。二审审查认定的事实和证据，要根据不同类型的案件书写。如果原审判决事实清楚，上诉人亦无异议的，简要地确认原判认定的事实即可；如果原审判决认定事实清楚，但上诉人提出异议的，应对有异议的问题进行重点分析，予以确认；如果原审判决认定事实不清，证据不足，经二审查清事实后改判的，应具体叙述二审查明的事实和有关证据。

一般情况下，二审认定事实与一审一致的，可写"本院经审理查明的事实与一审判决认定的事实一致，本院予以确认"。与一审认定的主要事实基本一致，但对个别事实作出新的认定的，可写"本院经审理查明的事实与一审判决认定的事实基本一致。但一审认定的……事实不当，应认定为……"。本院认定的事实是一审未认定的，可写"本院另查明：……"。

（二）判决理由的写法

书写判决理由要有针对性和说服力，要注重事理分析和法理分析，兼顾全面审查和重点突出。针对上诉请求和理由，重点围绕争议焦点，就原审判决及被诉行政行为是否合法，上诉理由是否成立，上诉请求是否应予支持等，阐明维持原判或者撤销原判予以改判的理由。表明二审对上诉理由或原审判决是支持还是否定的观点。尽管第二审审理不受上诉或抗诉范围的限制，对案件实行全面审查，但叙述事实或阐述理由时仍须针对上诉理由和请求这一重点部分进行。具体写法可参照一审判决书理由部分。

（三）判决结果的写法

根据 2017 年《行政诉讼法》第 89 条第 1、2 款规定，人民法院审理上诉案件，按照下列情形，分别处理：①原判决、裁定认定事实清楚，适用法律、法规正确的，判决或者裁定驳回上诉，维持原判决、裁定；②原判决、裁定认定事实错误或者适用法律、法规错误的，依法改判、撤销或者变更；③原判决认定基本事实不清、证据不足的，发回原审人民法院重审，或者查清事实后改判；④原判决遗漏当事人或者违法缺席判决等严重违反法定程序的，裁定撤销原判决，发回原审人民法院重审。原审人民法院对发回重审的案件作出判决后，当事人提起上诉的，第二审人民法院不得再次发回重审。据此，二审判决结果可分为以下四种情形：

1. 维持原审判决的，写："驳回上诉，维持原判。"

2. 对原审判决部分维持、部分撤销的，写："一、维持×××人民法院
（××××）×行初字第×号行政判决第×项，即……（写明维持的具体内容）；
二、撤销×××人民法院（××××）×行初字第×号行政判决第×项，即……
（写明撤销的具体内容）；三、……（写明对撤销部分作出的改判内容。如无需
作出改判的此项不写）。"

3. 撤销原审判决，驳回原审原告的诉讼请求的，写："一、撤销×××人
民法院（××××）×行初字第×号行政判决；二、驳回×××（当事人姓名）
的诉讼请求。"

4. 撤销原审判决，同时撤销或变更行政机关的行政行为的，写："一、撤销
×××人民法院（××××）×行初字第×号行政判决；二、撤销（或变更）
××××（行政主体名称）××××年×月×日（××××）×××字第×号
……（写明具体行政行为或者复议决定名称或其他行政行为）；三、……（写明
二审法院改判结果的内容。如无需作出改判的，此项不写）。"

五、第二审行政判决书实例与评析

【实例】

上海市高级人民法院
行政判决书[1]

（2016）沪行终 54 号

上诉人（原审原告）李×庆，男，1962 年 9 月 29 日出生，汉族，住上海市
静安区。

委托代理人唐×，××圣运律师事务所律师。

被上诉人（原审被告）××市静安区人民政府，住所地上海市。

法定代表人陆×栋，区长。

委托代理人钱×。

委托代理人陶×芳。

被上诉人（原审被告）××市人民政府，住所地上海市。

法定代表人杨×，市长。

委托代理人沈×翀。

原审第三人××市静安区住房保障和房屋管理局，住所地上海市。

---

〔1〕 资料来源：中国裁判文书网。

法定代表人洪×明，局长。

委托代理人王×婧。

上诉人李×庆因房屋征收补偿决定一案，不服上海市第二中级人民法院（2015）沪二中行初字第 94 号行政判决，向本院提起上诉。本院受理后依法组成合议庭审理了本案。本案现已审理终结。

原审法院查明，××市静安区人民政府（以下简称"静安区政府"）于 2012 年 10 月 19 日作出静府房征（2012）1 号房屋征收决定，确定房屋征收范围：东至成都北路，南至新闸路，西至大田路，北至南苏州路，并将该征收决定和征收补偿方案进行了公告。××市静安区住房保障和房屋管理局（以下简称"静安房管局"）作为房屋征收部门委托上海市静安第二房屋征收服务事务所有限公司（以下简称"静安二征所"）承担静安区 67 街坊旧城区改建地块房屋征收与补偿的具体工作。2013 年 4 月 2 日，附生效条件的房屋征收补偿协议的签约率达到 85.04%，房屋征收补偿协议生效。本市新闸路×××弄×××号房屋在上述征收决定的征收范围内，性质为公房，承租人为李×庆，房屋类型为旧里，租用公房凭证记载的居住面积：二层阁 14.1 平方米（高 1.6 米，按 1/2 计 7.05 平方米）、二层前楼 13.3 平方米。根据《静安区 67 街坊旧城区改建被征收房屋建筑面积认定和补贴办法》规定，合计居住面积 20.35 平方米，换算建筑面积 31.34 平方米。经上海房地产估价师事务所有限公司评估，被征收房屋于征收决定公告之日的房地产市场评估单价为 29 233 元/平方米，该地块评估均价为 29 200 元。公有房屋承租人李×庆在规定的期限内未申请复核。2015 年 1 月 6 日，静安房管局向李×庆征询是否需要专家鉴定，李×庆明确表示拒绝。征收决定公告之日，该户常住户口为 4 人，即李×庆、陈×华、李×红、徐×玉。根据《上海市国有土地上房屋征收与补偿实施细则》（以下简称《实施细则》）及该基地征收补偿方案，静安房管局核定被征收房屋评估价格为 73 292 978 元，价格补贴为 274 538.4 元，套型面积补贴为 438 000 元，李×庆户房屋补偿金额为 1 445 468.18 元。旧城区改建补贴 250 720 元，装潢补贴 15 670 元，认定建筑面积外的使用面积补贴 80 000 元等。协商过程中，静安房管局向李×庆户提供货币补偿和房屋产权调换两种方式选择，因李×庆不认可《补偿方案》，双方在签约期限内未达成补偿协议。静安房管局于 2015 年 1 月 19 日报请静安区政府作房屋征收补偿决定。静安区政府受理后，于 2015 年 1 月 26 日组织双方进行调查和调解，李×庆出席但调解未成。静安区政府经审查，认定静安房管局提出的以结算差价的房屋产权调换方式补偿李×庆户的方案合法、适当，遂于 2015 年 2 月 5 日作出沪静府房征补（2015）15 号房屋征收补偿决定，并将决定书依法送达李×庆及静安房管局，同时在基地张贴公示。李×庆不服，于 2015 年 4 月 3 日向××市人民政府（以下简称"市政府"）提出行政复议，市政府于 4 月 23 日受理后，经审查作出沪府复征决字（2015）第 71 号行政复议决定，维持静安区政府所作征收补偿决定。李国庆仍不服，向原审法院起诉。

原审法院认为，根据《国有土地上房屋征收与补偿条例》（以下简称《条例》）和《实施细则》的有关规定，静安区政府具有作出房屋征收补偿决定的行政职权。静安房管局因与李×庆在征收补偿方案确定的签约期限内达不成补偿协议，报请静安区政府作补偿决定。静安区政府受理后，核实了相关材料，组织召开调解会，在调解未成的情况下，静安区政府于法定期限内作出被诉房屋征收补偿决定，行政程序并无不当。静安区政府所作房屋征收补偿决定对被征收房屋的性质、类型、建筑面积、评估价格、应得房屋价值补偿款、安置房屋的建筑面积和价格的认定以及差价款的计算等，均有相应的证据予以佐证，计算准确，安置方案符合《实施细则》及基地方案的相关规定，房屋征收补偿决定认定事实清楚，法律适用准确。关于李×庆认为本案所涉征收决定程序违法的问题，因本案系房屋征收补偿决定纠纷，房屋征收决定的合法性不属于本案审查范围。房屋征收补偿决定是在征收双方无法达成协议的情况下，由市、县人民政府根据法律规定，单方作出的具有强制性的行政决定，故《条例》中关于市、县级人民政府应当提供改建地段或者就近地段的房屋供被征收人选择的规定，并非静安区政府在作出征收补偿决定时必须适用的法律规范。静安区政府补偿安置给李×庆户的产权房系上海市土地储备中心安排的用于征收地块安置的房源，未侵犯李×庆户的合法利益，安置方案并无不当。市政府受理复议申请后，经过审查，在规定的期限内作出行政复议决定，程序合法。李×庆的诉讼请求和理由，缺乏事实证据和法律依据，不予支持。依照《中华人民共和国行政诉讼法》第六十九条、《最高人民法院关于适用〈中华人民共和国行政诉讼法〉若干问题的解释》第十条第一款之规定，判决驳回李×庆的诉讼请求。李×庆仍不服，向本院提出上诉。

上诉人李×庆上诉称，被诉征收补偿决定合法的前提是存在合法有效的征收决定，原审法院认为征收决定与被诉征收补偿决定无相关性系事实认定不清；被诉征收补偿决定强制上诉人接受异地安置的行为违反了《条例》和《实施细则》关于被征收人可以选择货币补偿和房屋产权调换以及征收人应当提供改建地段或就近地段的房源供被征收人选择的规定；上诉人对自己的房屋被评估一事并不知情，从未有人上门实地测量致评估报告的内容与实际不符，上诉人也从未被告知对评估结果不服可申请复核和鉴定，评估程序亦违法。原审判决依据租用公房凭证记载认定上诉人居住的"二层阁楼 14.1 平方米，高 1.6 米"与实际不符。综上，被诉征收补偿决定损害了上诉人户的合法权益，原审判决认定事实不清，适用法律不当，应予撤销。

被上诉人静安区政府辩称，被诉征收补偿决定认定事实清楚，程序合法。在协商过程中，征收部门已经提供了就近地段的房源供上诉人选择，但双方未能达成一致。故其根据静安房管局的申请作出被诉征收补偿决定，符合现行法律规定。对被征收房屋的评估系依法进行，评估报告已根据规定送达给了上诉人。请求驳回上诉人的上诉请求。

被上诉人市政府辩称，其所作行政复议决定程序合法，认定事实清楚，并在法定期限内将行政复议决定送达上诉人，请求驳回上诉人的上诉请求。

第三人静安房管局述称，被诉征收补偿决定认定事实清楚，内容适当，程序合法，请求驳回上诉人的上诉请求。

经审理查明，原审法院查明的上述事实无误，本院予以确认。

本院认为，原审第三人静安房管局因与上诉人李×庆在征收补偿方案确定的签约期内达不成协议，报请被上诉人静安区政府作出补偿决定，被上诉人静安区政府具有作出被诉房屋征收补偿决定的法定职权。被上诉人静安区政府受理后核实了相关材料，在调解未果后于法定期限内作出被诉房屋征收补偿决定并公告，行政程序合法。被上诉人静安区政府依据租用公房凭证记载的居住面积乘以相应系数计算被征收房屋建筑面积，结合房屋评估单价等确定货币补偿金额及补贴款等，并以房屋征收补偿方案公示的房源安置均无不当。上诉人认为评估报告程序违法及结果与实际不符等异议，缺乏依据，本院不予采信。上诉人对征收决定的合法性所提异议不属本案审查范围。故原审判决驳回上诉人李×庆的诉讼请求正确，应予维持。上诉人的上诉请求不能成立，应予驳回。依照《中华人民共和国行政诉讼法》第八十九条第一款第（一）项之规定，判决如下：

驳回上诉，维持原判。

上诉案件受理费人民币 50 元，由上诉人李×庆负担（已付）。

本判决为终审判决。

审　判　长　汤××
审　判　员　陈××
代理审判员　黄××

二〇一六年四月二十二日

书　记　员　潘　×

【评析】

上海市静安区人民政府（以下简称静安区政府）于 2012 年 10 月 19 日作出房屋征收决定，李×庆户承租的公房在征收范围内。安置补偿协商过程中，静安区住房保障和房屋管理局（以下简称静安房管局）向李×庆户提供货币补偿和房屋产权调换两种方式选择，李×庆不认可《补偿方案》，静安区政府经审查认定静安房管局提出的以结算差价的房屋产权调换方式补偿李×庆户的方案合法、适当，遂作出房屋征收补偿决定。李×庆不服，提出行政复议，上海市政府维持静安区政府所作征收补偿决定。李×庆仍不服，遂提起本案诉讼。上海市第二中级人民法院认为，根据《国有土地上房屋征收与补偿条例》（以下简称《征补条例》）和《上海市国有土地上房屋征收与补偿实施细则》（以下简称《实施细则》）的规定，静安区政府具有作出房屋征收补偿决定的行政职权。其于法定期限内作出被诉房屋征收补偿决定，行政程序并无不当。被诉房屋征收补偿决定认定事实清楚，法律适用准确。××市政府在规定的期限内作出行政复议决定，程序合法。遂判决驳回李×庆的诉讼请求。上海市高级人民法院进行二审以与一审基本相同的理由判决驳回上诉，维持原判。

本判决书的特点是：①格式正确、项目齐全。该文书按照格式要求写了首部、正文和尾部的内容，各项目要素齐全。在本判决书中，法院通过对被诉征收补偿决定和行政复议决定的全面审查，特别是从被诉行政行为职权合法性、程序合法性、实体认定合法性等多个方面进行了审查，同时对相对人的实体权益保护问题作了认定。②叙事清楚，重点突出。该文书将原告、被告的主张、证据、理由、一审判决情况都清晰地列明，总结了案件争议焦点。③案件定性和适用法律准确、到位。在本判决书中，法院在行政审判中要按照严格司法的要求，坚持被诉行政行为合法性审查的标准，监督和促进行政机关全面履行政府职能，助力法治政府尽快建成。另一方面，在被诉行政行为达到合法性要求的情况下，法院应当作出明确的认定，既彰显依法行政的规则，使后续的行政执法活动有所遵循，又明晰权利保护的界限，为人民群众依法维权提供规范和指引。④文字精炼、层次清晰。无论是叙述事实，还是阐述理由，用语均简洁明了，逻辑清晰。

第三节　再审行政判决书

一、再审行政判决书的概念和功能

再审行政判决书是指对于一审或二审判决、裁定已经发生法律效力的行政案件，经提起再审或者指令再审程序之后，依法组成或者另行组成合议庭，按照一审或者二审程序再审终结，就案件的实体问题作出处理决定时使用的法律文书。

再审行政判决书供各级人民法院依照检察院抗诉或者当事人申请再审程序时使用。再审行政判决书承载着法律监督的重要作用，对已生效判决进行实质性处理。再审行政判决书应当贯彻实事求是、有错必纠的原则，体现再审程序的特点。

二、再审行政判决书的格式

×××× 人民法院

行政判决书

（××××）×行再字第×号

抗诉机关××××人民检察院（未抗诉的，此项不写）。

再审申请人（写明原审诉讼地位）×××，……（写明姓名或名称等基本情况）。

被申请人（写明原审诉讼地位）×××，……（写明姓名或名称等基本情况）。

原审第三人（或原审中的其他称谓）×××，……（写明姓名或名称等基本情况）。

（当事人及其他诉讼参加人的列项和基本情况的写法，除当事人的称谓外，与一审行政判决书样式相同。再审申请未提及的当事人，按原审判决书中诉讼地位列明。）

原审原告（或原审上诉人）×××与原审被告（或原审被上诉人）×××……（写明案由）一案，本院（或××××人民法院）于××××年×月×日作出（××××）×行×字第×号行政判决，已经发生法律效力。……（写明进行再审的根据）。本院依法组成合议庭，公开（或不公开）开庭审理了本案。……（写明到庭的当事人、代理人等）到庭参加诉讼。本案现已审理终结（未开庭的，写"本院依法组成合议庭审理了本案，现已审理终结"）。

……（概括写明原审生效判决的主要内容；简述检察机关的抗诉理由，或者当事人的陈述或申请再审要点）。

经再审查明，……（写明再审确认的事实和证据）。

本院认为，……（写明本院判决的理由）。依照……（写明判决依据的行政诉讼法以及相关司法解释的条、款、项、目）的规定，判决如下：

……（写明判决结果）。

……（写明诉讼费用的负担）。

……（按第一审程序进行再审的，写明"如不服本判决，可以在判决书送达之日起十五日内向本院递交上诉状，并按对方当事人的人数提出副本，上诉于××××人民法院"。按第二审程序进行再审或者上级法院提审的，写明"本判决为终审判决"）。

审判长×××

审判员×××

审判员×××

××××年×月×日

（院印）

本件与原本核对无异

书记员×××

附：本判决适用的相关法律依据

三、再审行政判决书的基本内容

再审行政判决书由首部、正文、尾部三部分组成。

（一）首部

1. 标题。在文书顶端分两行写明标题，第一行写"××××人民法院"，第二行写"行政判决书"。

2. 案件编号。在标题右下方写（××××）×行再字第×号。

3. 诉讼参与人基本情况。如果有抗诉机关的，应首先列明人民检察院名称，未抗诉的，此项不写。

再审案件的当事人称为再审申请人、被申请人、原审第三人，后面用括号注明其在原审中的诉讼地位，写明姓名或名称等基本情况。当事人及其他诉讼参加人的列项和基本情况的写法，除当事人的称谓外，与一审行政判决书的写法相同。再审申请未提及的当事人，按原审判决书中诉讼地位列明。

4. 案由、审判组织、审判方式和开庭审理过程。该部分的写作模式是：原审原告（或原审上诉人）×××与原审被告（或原审被上诉人）×××……（写明案由）一案，本院（或××××人民法院）于××××年×月×日作出（××××）×行×字第×号行政判决，已经发生法律效力。……（写明进行再审的根据）。本院依法组成合议庭，公开（或不公开）开庭审理了本案。……

（写明到庭的当事人、代理人等）到庭参加诉讼。本案现已审理终结（未开庭的，写"本院依法组成合议庭审理了本案，现已审理终结"）。

在写本案进行再审的根据时，根据具体案件可分为四种情况表述：①××××人民检察院于××××年×月×日提出抗诉。②本院于××××年×月×日作出（××××）×行申（监）字第×号行政裁定，对本案提起再审。③×××人民法院于××××年×月×日作出（××××）×行申（监）字第×号行政裁定，指令本院对本案进行再审。④本院于××××年×月×日作出（××××）×行申（监）字第×号行政裁定，对本案进行提审。

（二）正文

正文包括事实、判决理由、判决结果三个项目。

1. 事实。再审行政判决书的事实应写明三个方面的内容：原生效判决认定的事实和判决结果、引起再审的缘由、再审认定的事实和证据。

2. 判决理由。阐述判决理由应依照再审查明的事实，着重评析原生效判决适用法律、法规是否正确，检察院抗诉或当事人申诉的理由是否成立，阐明应予改判、如何改判，或者维持原判的理由。

3. 判决结果。判决结果是对案件重新审理后作出的最终处理结论。

（三）尾部

尾部写明下列事项：

1. 诉讼费用的负担。对全部改判或部分改判而变更原审诉讼费用负担的，写明原审诉讼费用由谁负担或者双方如何分担；对依照《诉讼费用交纳办法》第9条规定需要交纳案件受理费的，同时写明一、二审及再审诉讼费用由谁负担或者双方如何分担。对驳回再审申请，但依照《诉讼费用交纳办法》第9条规定需要交纳案件受理费的，写明再审诉讼费用的负担。

2. 诉讼费用之下写明是否有上诉权。按第一审程序进行再审的，写明"如不服本判决，可以在判决书送达之日起十五日内向本院递交上诉状，并按对方当事人的人数提出副本，上诉于××××人民法院"。按第二审程序进行再审或者上级法院提审的，写明"本判决为终审判决"。

3. 署名、日期、用印。合议庭组成人员按顺序署名，注明制发判决书的日期，加盖人民法院印章。书记员应当署名。

4. 核对戳记。在判决书正本或副本尾部左方空白处加盖"本件与原本核对无异"核对戳记。

四、再审行政判决书的写作方法和技巧

（一）事实的写法

再审行政判决书事实主要包括如下内容：

1. 原生效判决认定的事实和判决结果。先概述原生效判决的主要内容，写明原判决书中确认的行政争议事实，可以结合案件具体情况予以适当概括。然后写明原审生效裁判的理由、法律依据和判决结果。不能省略原审的论证说理，且要说明对原审生效判决执行的情况。

2. 引起再审的缘由。检察院抗诉引起再审的，简要叙述检察院抗诉的理由；当事人申请再审的，写明其申请再审的主要理由与诉讼请求；人民法院决定再审的，简述当事人提出的主要意见及其理由和请求。

3. 再审认定的事实和证据。该部分由"经再审查明"导出再审法院对事实的叙述。经过再审判定，若原审确属事实不清的，对于案件事实应当结合再审认定的证据全面、具体、详细地进行表述，且对争议事实着重分析论证。

"经审理查明"部分，包括再审争议的内容以及再审查明认定的事实和证据，要根据不同类型的案件书写。一般情况下，如再审认定事实与原审一致的，写"本院经审理查明的事实与原审判决认定的事实一致，本院予以确认"。与原审认定的主要事实基本一致，但在个别事实作出新的认定的，写"本院经审理查明的事实与原审判决认定的事实基本一致。但原审认定的……事实不当，应认定为……"。本院认定的事实是原审未认定的，写"本院另查明：……"。

（二）判决理由的写法

阐述判决理由要有针对性和说服力，注重事理分析和法理分析，兼顾全面审查和重点突出。针对再审申请请求和理由，重点围绕争议焦点，就原审判决及被诉行政行为是否合法，再审申请理由是否成立，再审请求是否应予支持等，阐明维持原判或者撤销原判予以改判的理由。具体写法可参照二审判决书理由部分。检察院抗诉的，还应对检察院抗诉的请求和理由进行审查。

（三）判决结果

再审判决书的判决结果可分为以下三种情形：

1. 全部改判的，写："一、撤销×××人民法院××××年×月×日（××××）×行×字第×号行政判决（如一审判决、二审判决、再审判决均需撤销的，应分项写明）；二、……（写明改判的内容。内容多的可分项写）。"

2. 部分改判的，写："一、维持×××人民法院××××年×月×日（××××）×行×字第×号行政判决第×项，即……（写明维持的具体内容）；二、撤销×××人民法院××××年×月×日（××××）×行×字第×号行政判决第×项，即……（写明部分改判的具体内容；如一审判决、二审判决均需撤销的，应分项写明）；三、……（写明部分改判的内容。内容多的可分项写）。"

3. 仍然维持原判的，写："维持×××人民法院××××年×月×日

（××××）×行×字第×号行政判决。"

五、再审行政判决书实例与评析

【实例】

中华人民共和国最高人民法院
行政判决书[1]

（2015）行提字第 13 号

再审申请人（一审原告、二审上诉人）××德发房产建设有限公司，住所地广东省广州市荔湾区人民中路 555 号美国银行中心 1808 室。

法定代表人郭×，该公司董事长。

委托代理人袁×翔，××市华贸硅谷律师事务所上海分所律师。

委托代理人张×茵，该公司工作人员。

被申请人（一审被告、二审被上诉人）××省广州市地方税务局第一稽查局，住所地广东省广州市天河区珠江新城华利路 59 号西塔。

法定代表人侯×光，该局局长。

委托代理人王×本，××天驰洪范律师事务所律师。

委托代理人张×干，该局工作人员。

再审申请人××德发房产建设有限公司（以下简称德发公司）因诉广州市地方税务局第一稽查局（以下简称广州税稽一局）税务处理决定一案，不服广州市中级人民法院（2010）穗中法行终字第 564 号行政判决，向本院申请再审。本院依照修订前的《中华人民共和国行政诉讼法》第六十三条第二款和《最高人民法院关于执行〈中华人民共和国行政诉讼法〉若干问题的解释》（以下简称若干解释）第六十三条第一款第十三项、第七十四条、第七十七条之规定，提审本案，并依法组成由审判员李×宇、耿×建、李×参加的合议庭，于 2015 年 6 月 29 日公开开庭审理了本案，再审申请人德发公司委托代理人袁×翔、张×茵，被申请人广州税稽一局负责人陈×湛副局长，委托代理人王×本、张×干到庭参加诉讼。现已审理终结。

一、二审法院查明：2004 年 11 月 30 日，德发公司与广州穗和拍卖行有限公司（以下简称穗和拍卖行）签订委托拍卖合同，委托穗和拍卖行拍卖其自有的位于广州市人民中路 555 号"美国银行中心"的房产。委托拍卖的房产包括

---

[1]　资料来源：中国裁判文书网。

地下负一层至负四层的车库（199 个），面积 13 022.4678 ㎡；首层至第三层的商铺，面积 7936.7478 ㎡；四至九层、十一至十三层、十六至十七层、二十至二十八层部分单位的写字楼，面积共计 42 285.5788 ㎡。德发公司在拍卖合同中对上述总面积为 63 244.7944 ㎡ 的房产估值金额为 530 769 427.08 港元。2004 年 12 月 2 日，穗和拍卖行在信息时报 C16 版刊登拍卖公告，公布将于 2004 年 12 月 9 日举行拍卖会。穗和拍卖行根据委托合同的约定，在拍卖公告中明确竞投者须在拍卖前将拍卖保证金港币 6800 万元转到德发公司指定的银行账户内。2004 年 12 月 19 日，盛丰实业有限公司（香港公司）通过拍卖，以底价 1.3 亿港元（按当时的银行汇率，兑换人民币为 1.382 55 亿元）竞买了上述部分房产，面积为 59 907.0921 ㎡。上述房产拍卖后，德发公司按 1.382 55 亿元的拍卖成交价格，先后向税务部门缴付了营业税 6 912 750 元及堤围防护费 124 429.5 元，并取得了相应的完税凭证。2006 年间，广州税稽一局在检查德发公司 2004 年至 2005 年地方税费的缴纳情况时，发现德发公司存在上述情况，展开调查。经向广州市国土资源和房屋管理局调取德发公司委托拍卖房产所在的周边房产的交易价格情况进行分析，广州税稽一局得出当时德发公司委托拍卖房产的周边房产的交易价格，其中写字楼为 5500 ~ 20 001 元/㎡，商铺为 10 984 ~ 40 205 元/㎡，地下停车位为 89 000 ~ 242 159 元/个。因此，广州税稽一局认为德发公司以 1.382 55 亿元出售上述房产，拍卖成交单价格仅为 2300 元/㎡，不及市场价的一半，价格严重偏低。遂于 2009 年 8 月 11 日根据《中华人民共和国税收征收管理法》（以下简称税收征管法）第三十五条及《中华人民共和国税收征收管理法实施细则》（以下简称税收征管法实施细则）第四十七条的规定，作出税务检查情况核对意见书，以停车位 85 000 元/个、商场 10 500 元/㎡、写字楼 5000 元/㎡ 的价格计算，核定德发公司委托拍卖的房产的交易价格为 311 678 775 元（车位收入 85 000 元/个×199 个 + 商铺收入 10 500 元/㎡×7936.75 ㎡ + 写字楼收入 5000 元/㎡×42 285.58 ㎡），并以 311 678 775 元为标准核定应缴纳营业税及堤围防护费。德发公司应缴纳营业税 15 583 938.75 元（311 678 775 元×5% 的税率），扣除已缴纳的 6 912 750 元，应补缴 8 671 188.75 元（15 583 938.75 元 − 6 912 750元）；应缴纳堤围防护费 280 510.90 元，扣除已缴纳的 124 429.50 元，应补缴 156 081.40 元。该意见书同时载明了广州税稽一局将按规定加收滞纳金及罚款的情况。德发公司于 2009 年 8 月 12 日收到上述税务检查情况核对意见书后，于同月 17 日向广州税稽一局提交了复函，认为广州税稽一局对其委托拍卖的房产价值核准为 311 678 775 元缺乏依据。广州税稽一局没有采纳德发公司的陈述意见。2009 年 9 月 14 日，广州税稽一局作出穗地税稽一处［2009］66 号税务处理决定，认为德发公司存在违法违章行为并决定：一、根据税收征管法

第三十五条、税收征管法实施细则第四十七条、《中华人民共和国营业税暂行条例》（以下简称营业税条例）第一条、第二条、第四条的规定，核定德发公司于2004年12月取得的拍卖收入应申报缴纳营业税15 583 938.75元，已申报缴纳6 912 750元，少申报缴纳8 671 188.75元；决定追缴德发公司未缴纳的营业税8 671 188.75元，并根据税收征管法第三十二条的规定，对德发公司应补缴的营业税加收滞纳金2 805 129.56元。二、根据广州市人民政府《广州市市区防洪工程维护费征收、使用和管理试行办法》（穗府〔1990〕88号）第二条、第三条、第七条及广州市财政局、广州市地方税务局、广州市水利局《关于征收广州市市区堤围防护费有关问题的补充通知》（财农〔1998〕413号）第一条规定，核定德发公司2004年12月取得的计费收入应缴纳堤围防护费280 510.90元，已申报缴纳124 429.50元，少申报缴纳156 081.40元，决定追缴少申报的156 081.40元，并加收滞纳金48 619.36元。德发公司不服广州税稽一局的处理决定，向广州市地方税务局申请行政复议。广州市地方税务局经复议后于2010年2月8日作出穗地税行复字〔2009〕8号行政复议决定，维持了广州税稽一局的处理决定。

广州市天河区人民法院一审认为：税收征管法第五条第一款规定："国务院税务主管部门主管全国税收征收管理工作。各地国家税务局和地方税务局应当按照国务院规定的税收征收管理范围分别进行征收管理。"因此，依法核定、征收税款是广州税稽一局应履行的法定职责。营业税条例第一条规定："在中华人民共和国境内提供本条例规定的劳务、转让无形资产或者销售不动产的单位和个人，为营业税的纳税人，应当依照本条例缴纳营业税。"第四条规定："纳税人提供应税劳务、转让无形资产或者销售不动产，按照营业额和规定的税率计算应纳税额。"税收征管法第三十五条第一款第六项规定，纳税人申报的计税依据明显偏低，又无正当理由的，税务机关有权核定其应纳税额。税收征管法实施细则第四十七条第一款第四项规定，纳税人有税收征管法第三十五条或者第三十七条所列情形之一的，税务机关有权按照其他合理方法核定其应纳税额。税收征管法第三十二条规定："纳税人未按照规定期限缴纳税款的，扣缴义务人未按照规定期限解缴税款的，税务机关除责令限期缴纳外，从滞纳税款之日起，按日加收滞纳税款万分之五的滞纳金。"本案中，广州税稽一局检查发现德发公司委托拍卖的房产，在拍卖活动中只有一个竞买人参与拍卖，且房产是以底价成交的，认为交易价值明显低于市场价值，于是进行调查。在调查取证过程中，广州税稽一局向房屋管理部门查询了2003年至2005年间的使用性质相同的房产交易档案材料，收集当时的市场交易价值数据，并与德发公司委托拍卖的房产的交易价格进行比较、分析，认定德发公司委托拍卖的房产的交易价格明显低于市场交易价格，在向德发公司送达税务检查情况核对意见书，将检查过程中发现的问题及核定查补其营业税和堤围防护费的具体数额、相关政策以及整个核定查补税费的计算方法、德发公司享有陈述的权利等告知德发公司后，根据上述法律法规的规定，作出被诉穗地税稽一处［2009］66号税务处理决定，认定事实清楚，证据充分，处理恰当，符合税收征管法的规定，予以支持。由于德发公司在委托拍卖时，约定的拍卖保证金高达6800万港元，导致只有一个竞买人，并最终只能以底价1.3亿港元成交，是造成交易价值比市场价值偏低的主要原因。德发公司依法应按房产的实际价值缴纳营业税及堤围防护费。德发公司申报的计税依据明显偏低，广州税稽一局作为税务管理机关，依法依职权核定其应纳税额，并作出相应的处理并无不当，也未侵犯德发公司的合法权益。因此，德发公司以广州税稽一局的行政行为侵犯其合法权益，请求撤销广州税稽一局的税务处理决定，并退回已缴税款、滞纳金以及堤围防护费、滞纳金，并判决广州税稽一局赔偿德发公司因缴纳税款、滞纳金以及堤围防护费、滞纳金所产生的利息损失、案件诉讼费的诉讼请求缺乏事实依据和法律依据，应予驳回。综上，广州市天河区人民法院依照若干解释第五十六条第四项之规定，作出（2010）天法行初字第26号行政判决，驳回德发公司的诉讼请求。

德发公司不服，向广州市中级人民法院提起上诉。

广州市中级人民法院二审认为：税收征管法第三十五条第一款规定："纳税人有下列情形之一的，税务机关有权核定其应纳税额：……（六）纳税人申报的计税依据明显偏低，又无正当理由的。"税收征管法实施细则第四十七条第一款规定："纳税人有税收征管法第三十五条或者第三十七条所列情形之一的，税务机关有权采用下列任何一种方法核定其应纳税额：（一）参照当地同类行业或者类似行业中经营规模和收入水平相近的纳税人的税负水平核定；（二）按照营业收入或者成本加合理的费用和利润的方法核定；（三）按照耗用的原材料、燃料、动力等推算或者测算核定；（四）按照其他合理方法核定。"本案中广州税稽一局经对德发公司纳税情况检查，发现其拍卖涉案房产时交易价值明显低于市场价值，广州税稽一局对此展开调查。经向广州市国土资源和房屋管理局调取2003年至2005年间的广州市部分房产交易价值的数据，广州税稽一局参考上述数据，并考虑了涉案房产整体拍卖的因素，确定德发公司拍卖的涉案房产市场交易价格应为停车位85 000元/个、商场10 500元/㎡、写字楼5000元/㎡，从而核定德发公司委托拍卖的房产的交易价格应为311 678 775元，而德发公司在拍卖涉案房产时交易价格仅以1.382 55亿元的低价成交，广州税稽一局据此认定德发公司存在申报的计税依据明显偏低且无正当理由，事实依据充分。一审判决认定广州税稽一局作出的涉案处罚认定事实清楚，证据充分正确，予以确认。德发公司拍卖涉案房产时仅有一个竞买人参与拍卖且以底价成交，其主张其拍卖价格不存在偏低，应当以拍卖价格计税的主张理由不充分，不予采纳。

税收征管法第三十二条规定："纳税人未按照规定期限缴纳税款的，扣缴义务人未按照规定期限解缴税款的，税务机关除责令限期缴纳外，从滞纳税款之日起，按日加收滞纳税款万分之五的滞纳金。"参照《广州市市区防洪工程维护费征收、使用和管理试行办法》第三条第一款规定："维护费的征收标准：……中外合资、合作、外商独资经营企业可按年营业销售总额的千分之零点九计征。"第七条规定："纳费人必须依照规定按期交纳维护费，逾期不交者，从逾期之日起，每天加收万分之五的滞纳金。逾期十天仍不缴交的，按国家和地方政府水利工程水费管理办法的有关规定处罚。"广州税稽一局经核定德发公司拍卖涉案房产的实际交易价格，并以此为标准计算德发公司应当缴纳的营业税额及堤围防护费额，扣除德发公司已缴纳的部分后确定其应当补缴营业税8 671 188.75元、堤围防护费156 081.4元，并加收相应的滞纳金。广州税稽一局就上述税务检查的情况向德发公司发出核对意见书，德发公司亦复函广州税稽一局陈述了己方的意见。广州税稽一局据此作出涉案税务处理决定书，依据上述规定，决定对德发公司追缴其少申报的营业税和堤围防护费并加收滞纳金适用法律正确，行政程序适当，其加收的滞纳金数额亦在法定的额度之内。一审判决认定广州税稽一局作出的涉案处理决定恰当，未影响德发公司的合法权益正确，予以维持。德发公司主张广州税稽一局作出涉案处罚错误、适用法律存在严重错误的主张缺乏证据支持，不予支持。

综上，广州税稽一局作出的税务处理决定，认定事实清楚，证据充分，适用法律正确，德发公司诉讼请求撤销该处理决定证据不足，其要求退回已缴税款、滞纳金以及堤围防护费、滞纳金，并赔偿因缴纳税款、滞纳金以及堤围防护费、滞纳金所产生的利息损失的诉讼请求亦缺乏事实和法律依据，一审法院驳回其诉讼请求正确。广州市中级人民法院依照修订前的《中华人民共和国行政诉讼法》第六十一条第一项的规定，作出（2010）穗中法行终字第564号行政判决，驳回上诉，维持原判。

德发公司不服，向广东省高级人民法院申请再审，广东省高级人民法院作出（2012）粤高法行申字第264号驳回再审申请通知，驳回德发公司再审申请。

德发公司向本院申请再审称：1. 被申请人广州税稽一局不是适格行政主体。1999年10月21日最高人民法院对福建省高级人民法院《关于福建省地方税务局稽查分局是否具有行政主体资格的请示报告》的答复意见认为："地方税务局稽查分局以自己的名义对外作出行政处理决定缺乏法律依据。"根据上述意见，广州税稽一局并非独立行政主体，自然不能作为本案的诉讼主体。2. 被申请人超越职权，无权核定纳税人的应纳税额。税收征管法实施细则第九条第一款规定："稽查局专司偷税、逃避追缴欠税、骗税、抗税案件的查处。"本案不属于"偷税、逃避追缴欠税、骗税、抗税"的情形，不属于稽查局的职权范围，被申请人无权对再审申请人拍卖收入核定应纳税额。被诉税务处理决定超出被申请人的职权范围，应属无效决定。3. 被诉税务处理决定认定德发公司申报纳税存在"申报的计税依据明显偏低"和"无正当理由"的证据明显不足。本案中从委托拍卖合同签订，到刊登拍卖公告，再到竞买人现场竞得并签署成交确认单，整个过程均依法进行，成交价格 1.3 亿港元亦未低于拍卖保留价。拍卖价格是市场需求与拍卖物本身价值互相作用的结果。拍卖前，申请人银行债务 1.3 亿港元已全部到期，银行已多次发出律师函追收，本案拍卖是再审申请人为挽救公司而不得已采取的措施。但拍卖遵循的是市场规律，成交价的高低完全不是再审申请人所能控制，本案拍卖成交价虽然不尽如人意，但不影响拍卖效力，再审申请人只能也只应以拍卖成交价作为应纳税额申报缴纳税款。4. 再审申请人已经按照拍卖成交价足额申报纳税并取得主管税务机关出具的完税凭证，没有任何税法违法违章行为，被申请人无权重新核定应纳税额。本案物业拍卖成交后，2005 年 3 月至 7 月，申请人按照全部 1.3 亿港元拍卖收入，申报和缴纳营业税款 6 912 750 元，以及堤围防护费 124 429.5 元，并取得荔湾区地方税务局出具的完税凭证。期间，主管税务机关从未提出核定应纳税额，申请人不可能知晓税务机关会对拍卖价进行何种调整，只能也只应按照全部拍卖成交价纳税。在缴纳上述税款后，申请人的纳税义务已全部完成，不存在被诉税务处理决定和原审判决认定的"未按税法规定足额申报缴纳营业税"和"未足额申报缴纳堤围防护费"等所谓"违法违章行为"。5. 即使再审申请人存在"申报的计税依据明显偏低"和"无正当理由"的情况，被申请人也应当依照税收征管法第五十二条行使职权，其在再审申请人申报纳税 4 年多后进行追征税款和滞纳金，超过了税收征管法第五十二条关于税款和滞纳金追征期限的规定。税务机关追征税款和滞纳金，除法定的其他前提条件外，需受到三年追征期限的限制。本案被申请人的被诉税务处理决定对申请人纳税行为没有认定为偷税、抗税、骗税的情形，没有认定是编造虚假计税依据的情形，也没有认定是存在因纳税人计算错误等法定特殊情形，如果追征税款必须在 3 年以内即 2008 年 1 月 15 日以前提出处理意见，并不得加收滞纳金，而不能没有任何理由将追征期限无限制延长，或者延长至 5 年。本案即使存在少缴税款的情形，也是因被申请人和主管税务机关违法不作为及适用法律不当造成的。综上，请求本院：1. 依法撤销广州市天河区人民法院（2010）天法行初字第 26 号行政判决和广州市中级人民法院（2010）穗中法行终字第 564 号行政判决；2. 依法撤销被申请人于

2009 年 9 月 16 日作出的穗地税稽一处［2009］66 号《税务处理决定书》；3. 判令被申请人退回违法征收的申请人营业税 8 671 188.75 元及滞纳金人民币 2 805 129.56 元，退回违法征收的申请人堤围防护费 156 081.40 元及滞纳金人民币 48 619.36 元，以及上述款项从缴纳之日起至实际返还之日止按同期银行贷款利率计算的利息。

广州税稽一局答辩称：1. 关于答辩人独立执法资格及职权范围的问题。（1）执法资格。根据税收征管法第十四条以及税收征管法实施细则第九条的规定，答辩人具有独立执法资格。（2）职权范围。根据税收征管法实施细则第九条第二款，《国家税务总局关于稽查局职责问题的通知》（国税函［2003］140号）、《转发广东省机构编制委员会办公室、广东省地方税务局关于重新印发广州等市区地方税务局职能配置、内设机构和人员编制规定的通知》（穗地税发［2004］89 号）等文件规定，稽查局的现行主要职责是指：稽查业务管理、税务检查和税收违法案件查处；凡需要对纳税人、扣缴义务人进行账证检查或者调查取证，并对其税收违法行为进行税务行政处理（处罚）的执法活动，仍由各级稽查局负责。答辩人不存在越权执法的问题。（3）核定权限。根据税收征管法第三十五条规定，税款核定的主体是税务机关，而税收征管法所称的"税务机关"包括省以下税务局的稽查局。2. 关于答辩人对拍卖成交价格不予认可的问题。（1）答辩人质疑拍卖成交价的法律依据。税收征管法第三十五条第一款第六项所称的"纳税人申报的计税依据明显偏低，又无正当理由的"情形，并没有将拍卖成交价格明显偏低的情形排除在外。（2）答辩人认为计税依据明显偏低的主要理由：一是拍卖价格与历史成交价相比悬殊。根据再审申请人提供的广州市东方会计师事务所有限公司 2005 年 6 月 23 日出具的《专项审计报告》显示，再审申请人全部物业的收入为 7.17 亿元，再审申请人约八成的收入是由约三成的物业销售产生，其余约二成的收入 1.38 亿元，是由再审申请人本次拍卖约七成的物业产生。二是本次拍卖成交价格明显偏低，明显偏离同期、同类、同档次物业的市场成交价格。该物业是位于广州市城市中心的高档写字楼，拍卖成交均价仅为 2300 余元/㎡。答辩人根据至少 8 个相近楼盘大量数据（2003 年至 2005 年期间的交易成交价格）进行分析比对，最终认定本次拍卖的成交价明显低于市场价格（写字楼仅为四成，商铺不到三成，停车场甚至不到一成）。三是拍卖成交价格远低于再审申请人自行提供的评估价和成本价。再审申请人委托拍卖的估价，均价约为 8400 元/㎡；再审申请人委托会计师事务所审计确认的成本均价约为 7100 元/㎡。（3）关于计税依据明显偏低，无正当理由的依据。一是只有唯一竞买人。根据现行拍卖行规及《中华人民共和国拍卖法》的规定，拍卖应当公开竞价。只有两个或两个以上的竞买人才能进行竞价，没有竞买人竞争的不能称为拍卖，在仅有一位竞买人的情况下，应当中止拍卖。二是拍卖保证金门槛设置过高。本次拍卖保证金占拍卖保留价的比例高达50%，但再审申请人一直未对其拍卖前设立高额保证金门槛的具体理由，作出令人信服的解释，过高的保证金比例限制了其他潜在的竞买人参与拍卖竞买。三是拍卖保留价设置过低。依据《最高人民法院关于人民法院民事执行中拍卖、变卖财产的规定》第八条、《最高人民法院关于人民法院委托评估、拍卖工作的若干规定》第十三条的规定，拍卖保留价应参照财产评估价确定，本案申请人第一次拍卖就将拍卖保留价，设置约为其自行确定房产评估价的20%，明显不符合财产拍卖的惯常做法。四是拍卖的房产已办抵押，拍卖未征询全部抵押权人银行的同意。再审申请人在拍卖前并未按照《中华人民共和国担保法》等法律规定将本次拍卖的时间、地点等拍卖信息书面通知银行债权人，甚至个别债权人对此一无所知。五是竞买人拍卖前知道拍卖底价，交易双方有诚信问题。委托拍卖前，唯一竞买人曾私下接触拍卖行，拍卖行向其透露底价，违反公平交易原则。答辩人调查取证时，交易双方均否认拍卖前相识。事实上，交易双方法定代表人曾经是夫妻关系。3. 关于核定程序是否合法、核定价格是否合理等问题。答辩人有权进行核定。一、二审法院根据答辩人提供的相关举证材料，对核定程序是否合法，核定价格是否合理进行审核和审查，并有结论。4. 关于追征税款、滞纳金问题。（1）税务机关查补税款是法定的职责，再审申请人的房产于2004年12月9日拍卖成交，答辩人于2006年9月18日依法对再审申请人送达《税务检查通知书》，历经三年税务检查，并于2009年9月16日依法作出税务处理决定，系依法履行职责，本案也不属于税收征管法第五十二条第一款的情形，根据税收征管法实施细则第八十条规定，税务机关的责任是指税务机关适用法律、行政法规不当或者执法行为违法，本案不存在此类情形。（2）加收税收滞纳金的法律依据。一是税收滞纳金加收的起始日期的依据。根据税收征管法第二十二条的规定，申请人少缴税款，是从滞纳税款之日起算。二是营业税纳税义务时间。按照营业税条例第九条、第十三条的规定，应当在收款之日起的次月15日（2005年1月15日）内向税务机关申报缴纳其应缴税款。三是申请人申报纳税的义务。根据税收征管法第二十五条第一款规定，再审申请人必须依照法律、行政法规规定或者税务机关依照法律、行政法规的规定确定的申报期限、申报内容如实办理纳税申报。再审申请人以其自认为合理的价格进行纳税申报，应对其未能如实、依法纳税申报的行为承担法律责任。综上，一、二审法院判决认定事实清楚，证据充分，适用法律正确，程序合法，请求维持原判。

　　本院再审查明事实与原审查明事实基本一致。

本院认为：本案争议的焦点问题是德发公司将涉案房产拍卖形成的拍卖成交价格作为计税依据纳税后，广州税稽一局在税务检查过程中能否以计税依据价格明显偏低且无正当理由为由重新核定应纳税额补征税款并加收滞纳金。结合双方当事人再审期间的诉辩意见，本院对当事人广州税稽一局的执法资格、执法权限、将涉案房产拍卖价格作为计税依据申报纳税是否明显偏低且无正当理由、广州税稽一局追征税款和加收滞纳金是否合法等问题分别评述如下：

（一）关于广州税稽一局是否具有独立的执法主体资格的问题

2001年修订前的税收征管法未明确规定各级税务局所属稽查局的法律地位，2001年修订后的税收征管法第十四条规定："本法所称税务机关是指各级税务局、税务分局、税务所和按照国务院规定设立的并向社会公告的税务机构。"2002年施行的税收征管法实施细则第九条进一步明确规定："税收征管法第十四条所称按照国务院规定设立的并向社会公告的税务机构，是指省以下税务局的稽查局。"据此，相关法律和行政法规已经明确了省以下税务局所属稽查局的法律地位，省级以下税务局的稽查局具有行政主体资格。因此，广州税稽一局作为广州市地方税务局所属的稽查局，具有独立的执法主体资格。虽然最高人民法院1999年10月21日作出的《对福建省高级人民法院〈关于福建省地方税务局稽查分局是否具有行政主体资格的请示报告〉的答复意见》明确"地方税务局稽查分局以自己的名义对外作出行政处理决定缺乏法律依据"，但该答复是对2001年修订前的税收征管法的理解和适用，2001年税收征管法修订后，该答复因解释的对象发生变化，因而对审判实践不再具有指导性。德发公司以该答复意见主张广州税稽一局不具有独立执法资格，无权作出被诉税务处理决定的理由不能成立。

（二）关于广州税稽一局行使税收征管法第三十五条规定的应纳税额核定权是否超越职权的问题

此问题涉及税收征管法实施细则第九条关于税务局和所属稽查局的职权范围划分原则的理解和适用。税收征管法实施细则第九条除明确税务局所属稽查局的法律地位外，还对税务稽查局的职权范围作出了原则规定，即专司偷税、逃避追缴欠税、骗税、抗税案件的查处，同时授权国家税务总局明确划分税务局和稽查局的职责，避免职责交叉。国家税务总局据此于2003年2月28日作出的《国家税务总局关于稽查局职责问题的通知》（国税函［2003］140号）进一步规定："《中华人民共和国税收征管法实施细则》第九条第二款规定'国家税务总局应当明确划分税务局和稽查局的职责，避免职责交叉'。为了切实贯彻这一规定，保证税收征管改革的深化与推进，科学合理地确定稽查局和其他税务机构的职责，国家税务总局正在调查论证具体方案。在国家税务总局统一明确之前，各级稽查局现行职责不变。稽查局的现行职责是指：稽查业务管理、税务检查和税收违法案件查处；凡需要对纳税人、扣缴义务人进行账证检查或者调查取证，并对其税收违法行为进行税务行政处理（处罚）的执法活动，仍由各级稽查局负责。"从上述规定可知，税务稽查局的职权范围不仅包括偷税、逃避追缴欠税、骗税、抗税案件的查处，还包括与查处税务违法行为密切关联的稽查管理、税务检查、调查和处理等延伸性职权。虽然国家税务总局没有明确各级稽查局是否具有税收征管法第三十五条规定的核定应纳税额的具体职权，但稽查局查处涉嫌违法行为不可避免地需要对纳税行为进行检查和调查。特别是出现税收征管法第三十五条规定的计税依据明显偏低的情形时，如果稽查局不能行使应纳税款核定权，必然会影响稽查工作的效率和效果，甚至对税收征管形成障碍。因此，稽查局在查处涉嫌税务违法行为时，依据税收征管法第三十五条的规定核定应纳税额是其职权的内在要求和必要延伸，符合税务稽查的业务特点和执法规律，符合《国家税务总局关于稽查局职责问题的通知》关于税务局和稽查局的职权范围划分的精神。在国家税务总局对税务局和稽查局职权范围未另行作出划分前，各地税务机关根据通知确立的职权划分原则，以及在执法实践中形成的符合税务执法规律的惯例，人民法院应予尊重。本案中，广州税稽一局根据税收征管法第三十五条规定核定应纳税款的行为是在广州税稽一局对德发公司销售涉案房产涉嫌偷税进行税务检查的过程中作出的，不违反税收征管法实施细则第九条的规定。德发公司以税收征管法实施细则第九条规定"稽查局专司偷税、逃避追缴欠税、骗税、抗税案件的查处"，本案不属于"偷税、逃避追缴欠税、骗税、抗税"的情形为由，认为广州税稽一局无权依据税收征管法第三十五条的规定对德发公司拍卖涉案不动产的收入重新核定应纳税额，被诉税务处理决定超出广州税稽一局的职权范围，应属无效决定的理由不能成立。

（三）关于德发公司以涉案房产的拍卖成交价格作为计税依据申报纳税是否存在"计税依据明显偏低，又无正当理由"情形的问题

根据税收征管法第三十五条第一款第六项规定，税务机关不认可纳税义务人自行申报的纳税额，重新核定应纳税额的条件有两个：一是计税依据价格明显偏低，二是无正当理由。德发公司委托拍卖的涉案房产包括写字楼、商铺和车位面积共计 63 244.7944 ㎡，成交面积为 59 907.0921 ㎡，拍卖实际成交价格 1.3 亿港元，明显低于德发公司委托拍卖时的 5.3 亿港元估值；涉案房产 2300 元/㎡的平均成交单价，也明显低于广州税稽一局对涉案房产周边的写字楼、商铺和车库等与涉案房产相同或类似房产抽样后确定的最低交易价格标准，即写字楼 5000 元/㎡、商铺 10 500 元/㎡、停车场车位 85 000 元/个；更低于德发公

司委托的广州东方会计师事务所有限公司对涉案房产项目审计后确认的7123.95元/㎡的成本价。因此，广州税稽一局认定涉案房产的拍卖价格明显偏低并无不当。

营业税条例第四条和《广州市市区防洪工程维护费征收、使用和管理试行办法》第三条第一款规定销售不动产的营业额是营业税的计税依据。拍卖是销售不动产的方式之一，不动产的公开拍卖价格就是销售不动产的营业额，应当作为营业税等税费的计税依据。就本案而言，广东省和广州市的地方税务局有更为明确的规范性文件可以参考，《广东省地方税务局关于拍卖行拍卖房地产征税问题的批复》（粤地税函〔1996〕215号）和《广州市地方税务局关于明确拍卖房地产税收征收问题的通知》（穗地税发〔2003〕34号）明确规定拍卖房地产的拍卖成交额可以作为征收营业税的计税价格；《广东省财政厅、广东省地方税务局关于规范我省二手房屋交易最低计税价格管理的指导性意见》（粤财法〔2008〕93号）规定，通过法定程序公开拍卖的房屋，以拍卖价格为最低计税价格标准。

拍卖价格的形成机制较为复杂，因受到诸多不确定因素的影响，相同商品的拍卖价格可能会出现较大差异。影响房地产价格的因素更多，拍卖价格差异可能会更大。依照法定程序进行的拍卖活动，由于经过公开、公平的竞价，不论拍卖成交价格的高低，都是充分竞争的结果，较之一般的销售方式更能客观地反映商品价格，可以视为市场的公允价格。如果没有法定机构依法认定拍卖行为无效或者违反拍卖法的禁止性规定，原则上税务机关应当尊重作为计税依据的拍卖成交价格，不能以拍卖价格明显偏低为由行使核定征收权。广州市地方税务局2013年修订后的《存量房交易计税价格异议处理办法》就明确规定，通过具有合法资质的拍卖机构依法公开拍卖的房屋权属转移，以拍卖对价为计税价格的，可以作为税务机关认定的正当理由。该规范性文件虽然在本案税收征管行为发生后施行，但文件中对拍卖价格本身即构成正当理由的精神，本案可以参考。因此，对于一个明显偏低的计税依据，并不必然需要税务机关重新核定；尤其是该计税依据是通过拍卖方式形成时，税务机关一般应予认可和尊重，不宜轻易启动核定程序，以行政认定取代市场竞争形成的计税依据。

但应当明确，拍卖行为的效力与应纳税款核定权，分别受民事法律规范和行政法律规范调整，拍卖行为有效并不意味税务机关不能行使应纳税额核定权，另行核定应纳税额也并非否定拍卖行为的有效性。保障国家税收的足额征收是税务机关的基本职责，税务机关对作为计税依据的交易价格采取严格的判断标准符合税收征管法的目的。如果不考虑案件实际，一律要求税务机关必须以拍卖成交价格作为计税依据，则既可能造成以当事人意思自治为名排除税务机关的核定权，还可能因市场竞价不充分导致拍卖价格明显偏低而造成国家税收流失。因此，有效的拍卖行为并不能绝对地排除税务机关的应纳税额核定权，但税务机关行使核定权时仍应有严格限定。

具体到本案，广州税稽一局在被诉税务处理决定中认定拍卖价格明显偏低且无正当理由的主要依据是，涉案房产以底价拍卖给唯一参加竞买的盛丰实业有限公司，而一人竞买不符合拍卖法关于公开竞价的规定，扭曲拍卖的正常价格形成机制，导致实际成交价格明显偏低。此问题的关键在于，在没有法定机构认定涉案拍卖行为无效，也没有充分证据证明涉案拍卖行为违反拍卖法的禁止性规定，涉案拍卖行为仍然有效的情况下，税务机关能否以涉案拍卖行为只有一个竞买人参加竞买即一人竞拍为由，不认可拍卖形成的价格作为计税依据，直接核定应纳税额。一人竞拍的法律问题较为特殊和复杂，拍卖法虽然强调拍卖的公开竞价原则，但并未明确禁止一人竞拍行为，在法律或委托拍卖合同对竞买人数量没有作出限制性规定的情况下，否定一人竞买的效力尚无明确法律依据。但对于拍卖活动中未实现充分竞价的一人竞拍，在拍卖成交价格明显偏低的情况下，即使拍卖当事人对拍卖效力不持异议，因涉及国家税收利益，该拍卖成交价格作为计税依据并非绝对不能质疑。本案中，虽然履行拍卖公告的一人竞拍行为满足了基本的竞价条件，但一人竞拍因仅有一人参与拍卖竞价，可能会出现竞价程度不充分的情况，特别是本案以预留底价成交，而拍卖底价又明显低于涉案房产估值的情形，即便德发公司对拍卖成交价格无异议，税务机关基于国家税收利益的考虑，也可以不以拍卖价格作为计税依据，另行核定应纳税额。同时，"计税依据明显偏低，又无正当理由"的判断，具有较强的裁量性，人民法院一般应尊重税务机关基于法定调查程序作出的专业认定，除非这种认定明显不合理或者滥用职权。广州税稽一局在被诉税务处理决定中认定涉案拍卖行为存在一人竞拍、保留底价偏低的情形，广州市地方税务局经复议补充认为，涉案拍卖行为保证金设置过高、一人竞拍导致拍卖活动缺乏竞争，以较低的保留底价成交，综合判定该次拍卖成交价格不能反映正常的市场价格，且德发公司未能合理说明上述情形并未对拍卖活动的竞价产生影响的情况下，广州税稽一局行使核定权，依法核定德发公司的应纳税款，并未违反法律规定。

（四）关于广州税稽一局核定应纳税款后追征税款和加征滞纳金是否合法的问题

税收征管法对税务机关在纳税人已经缴纳税款后重新核定应纳税款并追征税款的期限虽然没有明确规定，但并不意味税务机关的核定权和追征权没有期限限制。税务机关应当在统筹兼顾保障国家税收、纳税人的信赖利益和税收征管法律关系的稳定等因素的基础上，在合理期限内核定和追征。在纳税义务人不存在违反税法和税收征管过错的情况下，税务机关可以参照税收征管法第五十二条第一款规定确定的税款追征期限，原则上在三年内追征税款。本案核定应纳税款之前的纳税义务发生在 2005 年 1 月，广州税稽一局自 2006 年对涉案纳税行为进行检查，虽经三年多调查后，未查出德发公司存在偷税、骗税、抗税等违法行为，但依法启动的调查程序期间应当予以扣除，因而广州税稽一局 2009 年 9 月重新核定应纳税款并作出被诉税务处理决定，并不违反上述有关追征期限的规定。德发公司关于追征税款决定必须在 2008 年 1 月 15 日以前作出的主张不能成立。

根据依法行政的基本要求，没有法律、法规和规章的规定，行政机关不得作出影响行政相对人合法权益或者增加行政相对人义务的决定；在法律规定存在多种解释时，应当首先考虑选择适用有利于行政相对人的解释。有权核定并追缴税款，与加收滞纳金属于两个不同问题。根据税收征管法第三十二条、第五十二条第二款、第三款规定，加收税收滞纳金应当符合以下条件之一：纳税人未按规定期限缴纳税款；自身存在计算错误等失误；或者故意偷税、抗税、骗税的。本案中德发公司在拍卖成交后依法缴纳了税款，不存在计算错误等失误，税务机关经过长期调查也未发现德发公司存在偷税、抗税、骗税情形，因此德发公司不存在缴纳滞纳金的法定情形。被诉税务处理决定认定的拍卖底价成交和一人竞买拍卖行为虽然能证明税务机关对成交价格未形成充分竞价的合理怀疑具有正当理由，但拍卖活动和拍卖价格并非德发公司所能控制和决定，广州税稽一局在依法进行的调查程序中也未能证明德发公司在拍卖活动中存在恶意串通等违法行为。同时本案还应考虑德发公司基于对拍卖行为以及地方税务局完税凭证的信赖而形成的信赖利益保护问题。在税务机关无法证明纳税人存在责任的情况下，可以参考税收征管法第五十二条第一款关于"因税务机关的责任，致使纳税人、扣缴义务人未缴或者少缴税款的，税务机关在三年内可以要求纳税人、扣缴义务人补缴税款，但是不得加收滞纳金"的规定，作出对行政相对人有利的处理方式。因此，广州税稽一局重新核定德发公司拍卖涉案房产的计税价格后新确定的应纳税额，纳税义务应当自核定之日发生，其对德发公司征收该税款确定之前的滞纳金，没有法律依据。此外，被诉税务处理决定没有明确具体的滞纳金起算时间和截止时间，也属认定事实不清。

综上，广州税稽一局核定德发公司应纳税额，追缴 8 671 188.75 元税款，符合税收征管法第三十五条、税收征管法实施细则第四十七条的规定；追缴 156 081.40 元堤围防护费，符合《广州市市区防洪工程维护费征收、使用和管理试行办法》的规定；广州税稽一局认定德发公司存在违法违章行为没有事实和法律依据；责令德发公司补缴上述税费产生的滞纳金属于认定事实不清且无法律依据。据此，依照《中华人民共和国行政诉讼法》第七十条第一项、第二项，第八十九条第一款第二项的规定，《中华人民共和国国家赔偿法》第三十六条第一项、第七项的规定，参照《最高人民法院关于审理民事、行政诉讼中司法赔偿案件适用法律若干问题的解释》第十五条第一款的规定，判决如下：

一、撤销广州市中级人民法院（2010）穗中法行终字第564号行政判决和广州市天河区人民法院（2010）天法行初字第26号行政判决；

二、撤销广州市地方税务局第一稽查局穗地税稽一处〔2009〕66号税务处理决定中对广州德发房产建设有限公司征收营业税滞纳金2 805 129.56元和堤围防护费滞纳金48 619.36元的决定；

三、责令广州市地方税务局第一稽查局在本判决生效之日起三十日内返还已经征收的营业税滞纳金2 805 129.56元和堤围防护费滞纳金48 619.36元，并按照同期中国人民银行公布的一年期人民币整存整取定期存款基准利率支付相应利息；

四、驳回广州德发房产建设有限公司其他诉讼请求。

一、二审案件受理费100元，由广州德发房产建设有限公司和广州市地方税务局第一稽查局各负担50元。

本判决为终审判决。

审判长　李×宇
审判员　耿×建
审判员　李　×
二○一七年四月七日
书记员　梁　×

【评析】

2005年1月，××德发房产建设有限公司（以下简称德发公司）委托拍卖行将其自有的位于广州市人民中路555号"美国银行中心"的房产拍卖后，按1.382 55亿元的拍卖成交价格，向税务部门缴付了营业税6 912 750元及堤围防护费124 429.5元并取得了相应的完税凭证。2006年间，广州市地方税务局第一稽查局在检查德发公司2004年至2005年地方税费的缴纳情况时，认为德发公司的上述房产拍卖成交单价格2300元/㎡，不及市场价的一半，价格严重偏低，遂决定追缴德发公司未缴纳的营业税，加收营业税滞纳金，决定追缴堤围防护费，加收滞纳金堤围防护费。德发公司不服该决定，提起行政诉讼。一审判决驳回德发公司诉讼请求；二审维持一审判决，驳回德发公司上诉。再审判决撤销一、二审判决，并撤销被诉处理决定中加收营业税滞纳金和堤围防护费滞纳金的部分。

本判决书的特点是：①格式正确、项目齐全。该文书按照格式要求写了首部、正文和尾部的内容，各项目要素齐全。②叙事清楚，重点突出。该文书将原告、被告的主张、证据、理由、一审、二审的审判情况都清晰地列明，总结了案件争议焦点。③案件定性和适用法律准确、到位。其一，认为不违反法律原则和精神的行政惯例应当予以尊重。通过司法确认的方式，认可省级以下税务局及其税务稽查局在具体执法过程中形成的不违反法律原则和精神且符合具体执法规律和特点的惯例，对今后人民法院处理类似问题提供了借鉴。其二，体现法院在促进依法行政方面的司法能动性，既保障国家利益不受损，也要防止税收权力的任性。进一步明确拍卖价格作为计税依据的合法性，限定税务机关行使应纳税额核定权行使条件，厘清特定税收专业领域行政机关职权和市场主体自治的界限。税务机关确定应纳税额时，应当尊重市场行为形成的市场价格；其基于国家税收利益的考虑否定拍卖价格作为计税价格时，行使《税收征收管理法》第35条第1款第6项应纳税额核定权时，应当受到严格限制。纳税义务人以拍卖不动产的拍卖价格作为计税依据依法纳税后，在该拍卖行为未被有权机关依法认定为无效或者认定存在违反《拍卖法》的行为并影响拍卖价格的情况下，税务机关原则上不能根据《税收征收管理法》第35条第1款第6项的规定行使应纳税额核定权，但如果拍卖行为中存在影响充分竞价的因素导致拍卖价格过低，如本案中的一人竞拍时，税务机关基于国家税收利益的考虑，有权行使应纳税额核定权。其三，贯彻"法无明文规定不可为"的法治理念，确保当事人合法权益不受行政机关无法律依据的剥夺。行政权的行使应当严格限定在法律明确规定的范围内，在法律没有规定的情况下，行政机关不得作出影响行政相对人合法权益或者增加行政相对人义务的决定。税务机关根据《税收征管法》第35条第1款第6项的规定行使应纳税额核定权，应当受到《税收征收管理法》第52条关于追缴税款和滞纳金的条件和期限的限制；因不能归责于纳税义务人的原因时，新确定的应纳税额，缴纳义务应当自核定之日发生，征收该应纳税额确定之前的税收滞纳金没有法律依据。④文字精炼、层次清晰。无论是叙述事实，还是阐述理由，用语均简洁明了，逻辑清晰。

该文书需要注意的地方是，根据2015年最高人民法院《关于人民法院案件案号的若干规定》，案号的编排规格应为：（"收案年度"）＋法院代字＋类型代字＋案件编号＋"号"。

本章思考题

1. 简述一审行政判决书的类型和特点。

2. 制作二审行政判决书应注意哪些事项?

3. 再审行政判决书的基本内容有哪些?

▶ 写作训练题

根据下列材料书写一份一审行政判决书,材料未尽内容可以自行虚构。

济南市民陈×在使用滴滴专车软件开"专车"送客时,被济南市城市公共客运管理服务中心(以下简称济南客管中心)认定为非法运营"黑车",予以查扣并处2万元罚款。不满处罚结果的陈×一纸诉状将济南客管中心起诉至济南市市中区人民法院,要求撤销该行政处罚。

庭审中,双方就被告是否具有行政处罚主体资格和行政权限、处罚的程序是否合法、被告作出的行政处罚依据事实是否充分、被告的法律适用是否正确等焦点问题展开了讨论。

陈×的代理律师李×谦认为,陈×在事发当时没有交易,不构成非法运营;济南客管中心处罚没有明确说明陈×违反的是哪一条法规;此外2万元的罚款缺乏相关依据。

济南客管中心答辩称,该单位作为负责全市客运出租汽车的道路运输管理机构,有权对未经许可擅自从事出租客运经营的行为作出处罚决定;陈×当时在进行运营,处罚证据确凿,适用法律正确,程序合法。济南客管中心还表示,出租车运营需要三个条件:企业具有出租车经营资格证,车辆具有运营证,驾驶员具有客运资格证。根据《山东省道路运输条例》,对未取得出租汽车运营证从事出租车汽车经营的处以5000元以上3万元以下罚款。

济南市市中区人民法院审理后认为,本案中,陈×在与乘客通过网络约车软件取得联系后,使用未取得运营证的车辆将乘客送至目的地,并按约定收取了车费。陈×的行为构成未经许可擅自从事出租汽车客运经营,违反了现行法律的规定。但虑及网约车这种共享经济新业态的特殊背景,该行为的社会危害性较小。被告对未经许可擅自从事出租汽车客运的行为可以依法进行处罚,但原告在本案所涉道路运输经营行为中仅具体实施了其中的部分行为,在现有证据下,被告将本案行政处罚所针对的违法行为及其后果全部归责于原告,并对其个人作出了较重的行政处罚,处罚幅度和数额畸重,存在明显不当。根据《中华人民共和国行政诉讼法》第70条的规定精神,依法应当予以撤销。

第七章
律师实务文书（上）

学习目标

1. 领会律师实务文书的概念、功能和特点，各种诉状类文书的概念和功能。

2. 掌握起诉状、答辩状、上诉状、申诉状、再审申请书等常用诉状类文书的写作方法和技巧。

3. 能够代替委托人书写常用的诉状类法律文书。

导读案例

陈×愿诉崔×振、北京××大学附属中学
侵害其生命权、健康权、身体权案[1]

陈×愿与崔×振系同班同学，二人在北京××大学附属中学（以下简称附中）读书。2013 年 9 月 5 日下午体育课上，陈×愿爬单杠时，崔×振在下方将其运动裤扒下，双方发生争执。体育老师扇了崔×振两个耳光，双方争执暂时平息。放学后，陈×愿离开学校，崔×振手持弹簧刀将陈×愿腰部扎伤，随后陈×愿被送到××社区卫生所中心进行简单包扎后，送往北京儿童医院治疗，9 月 16 日出院。住院期间，在陈×愿父母的多次催促下，崔×振之父支付了部分医疗费。10 月 12 日，陈×愿将崔×振、附中起诉到北京市朝阳区法院，要求依法判令二被告赔偿医疗费、护理费、交通费、营养费、残疾赔偿金、精神损害抚慰金、鉴定费等费用。

崔×振辩称，其不同意陈×愿的诉讼请求。其与陈×愿都不满 14 岁，事发后其父母也借钱给陈看病，当时陈家说只要他们把医疗费垫付了就行，其已经把医疗费都垫付了，但现在陈又来找他要钱，他没有能力赔偿。并认为本次纠纷的发生其与陈×愿、附中都有责任，附中应承担 50% 的责任，陈×愿应承担

---

〔1〕　资料来源：郭林虎主编：《法律文书情境写作教程》，法律出版社 2016 年版，第 101 页。

20%的责任。自己已经垫付了部分医疗费并支付了两次救护车费。

北京市朝阳区法院审理此案后认为，原告陈×愿与被告崔×振、附中均有责任。对原告的损失，法院认定被告崔×振应承担60%的责任，附中承担30%的责任，陈×愿承担10%的责任。判决崔×振的法定代理人赔偿114 491元，附中赔偿57 245元。

一审判决后，崔×振、附中均不服，向北京市第三中级人民法院提出上诉。崔×振认为原审确定的附中及陈×愿的责任比例过低，请求撤销原判，改判其承担30%的赔偿责任。附中认为本案应适用过错责任的归责原则，原判未考虑到侵权行为发生在校外的事实，判令其承担30%的赔偿责任，存在明显的事实认定和因果关系错误。请求撤销原判，改判驳回陈×愿对该校的原审诉讼请求。

北京市第三中级人民法院审理后判决驳回上诉，维持原判。

本案中，陈×愿认为崔×振和附中侵犯了自己的生命权、健康权、身体权，并向北京市朝阳区法院起诉，递交的是民事起诉状；崔×振的辩称文书则是民事答辩状；崔×振和附中向北京市第三中级人民法院提出上诉，递交的是民事上诉状。这些文书都是诉状，作为法学专业的本科学生，制作诉状类文书是必备的能力。

第一节　概　述

一、律师实务文书的概念和功能

律师实务文书，是指律师接受公民、法人或者其他组织的委托，在办理法律事务时所制作的具有法律意义的文书的总称。

我国《律师法》第28条规定，律师可以从事下列业务：①接受自然人、法人或者其他组织的委托，担任法律顾问；②接受民事案件、行政案件当事人的委托，担任代理人，参加诉讼；③接受刑事案件犯罪嫌疑人、被告人的委托或者依法接受法律援助机构的指派，担任辩护人，接受自诉案件自诉人、公诉案件被害人或者其近亲属的委托，担任代理人，参加诉讼；④接受委托，代理各类诉讼案件的申诉；⑤接受委托，参加调解、仲裁活动；⑥接受委托，提供非诉讼法律服务；⑦解答有关法律的询问、代写诉讼文书和有关法律事务的其他文书。

律师实务文书就是律师从事上述业务活动的重要工具和真实记录。随着社会的飞速发展，我国各项法律制度日趋完善，律师在社会领域中的作用也日益凸显。律师根据事实和法律，制作各种律师实务文书，为当事人提供法律帮助，向案件承办机关提出法律意见，不仅有利于维护当事人的合法权益，而且也有助于办案机关正确处理法律案件和法律事务，维护法律的正确实施。

二、律师实务文书的分类

律师实务文书主要包括三个方面：①以律师事务所名义出具的文书。如刑事辩护委托合同，刑事、民事、行政诉讼代理委托合同，律师事务所函，律师会见在押犯罪嫌疑人、被告人专用介绍信，调查专用证明等。②以律师名义出具的文书。如辩护词、代理词、法律意见书、律师见证书、授权声明、调查笔录、会见笔录等。③由律师代书的以委托人名义出具的文书。如诉状类文书，各种有关法律事务的申请书、委托书，各种合同、协议书，遗嘱，报案材料、上访材料等。

三、律师实务文书的特征

律师实务文书是律师接受公民、法人或其他组织的委托或法律援助机构的指派，在处理法律事务过程中制作的文书，目的是维护当事人的合法权益。这种文书与代表国家进行执法活动的公检法等机关在处理案件过程中制作的文书存在性质上的区别，其在内容和形式上也有着不同于其他法律文书的特点。表现在：

（一）书写的受托性

律师实务文书大部分都是律师代替委托人书写的法律文书，律师在制作这部分文书时，必须以委托人的名义书写，文书中的法律关系主体是委托人而非律师本人。律师只是根据委托人提供的事实和证据材料，依据有关法律规定和文书格式，代替委托人拟定法律文书。因此，律师实务文书是律师为当事人提供法律帮助和服务的表现形式。如果没有当事人的委托，律师就无法介入到诉讼活动和非诉讼活动当中去处理相关的法律事务，也无权制作律师实务文书。因此，受托性是律师承办业务、制作律师实务文书的前提和基础。

（二）内容的广泛性

律师实务文书的范围十分广泛，就律师代书的法律文书来讲，就有两大类。一类是代写各种诉讼文书。诉讼文书是指在诉讼过程中，依据法律，按照委托人提供的事实，用一定的格式和文字形式制作的法律文书。包括各种诉状和诉讼中的申请书、委托书。诉状主要包括起诉状、反诉状、上诉状、答辩状、申诉状等；申请书有各类案件在撤诉、财产保全、复议、强制执行等问题上提出申请，以及民事诉讼中宣告失踪或死亡等几类特别程序的案件提出申请时制作的申请书。一类是代写非诉讼文书。非诉讼文书是指诉讼以外的其他有关法律事务内容或有关法律行为的文书。其范围非常广泛，如在经济、商务、金融、证券、企业管理、房地产交易、商标注册、专利申请、婚姻、家庭、财产、税务代缴、消费投诉等活动中的各种法律文书，以及在仲裁活动、公证活动、行政复议活动中的有关法律文书。此外，以律师、律师事务所的名义出具的文书也有多种，涉及诉讼领域和非诉讼领域。

（三）具有法律意义

具有法律意义是律师实务文书与公检法等机关制作的法律文书共有的特征，也是律师实务文书与一般行政公务文书相区别的最大特点。国家机关制定的行政公文，虽然某些文种具有一定的约束力，但都没有法律意义。而律师实务文书则是具有法律意义的文书。律师代书的合同、协议书、遗嘱等法律文书，一旦生效，当事人就须按照这些文书的内容行使自己的权利和履行自己的义务，一旦权利义务发生争议，这些文书也是法院、仲裁机构等机关处理案件的依据。律师代书的诉状类文书，[1] 能够引起诉讼程序的发生、变化和终结。律师制作的辩护词、代理词，对司法机关、仲裁机关处理案件具有重要的参考价值。

第二节　起诉文书

起诉文书，是指公民、法人或其他组织为了维护自己的合法权益，直接向人民法院提起诉讼时所使用的法律文书。包括各种起诉状，如民事起诉状、行政起诉状、刑事自诉状、刑事附带民事起诉状。

起诉文书是当事人行使诉讼权利、获得司法保护、维护合法权益的重要手段。它可以引起第一审审判程序的发生，是人民法院对各种诉讼案件进行审理或调解的依据和基础。

一、民事起诉状

（一）民事起诉状的概念和功能

民事起诉状，是指公民、法人或者其他组织，认为自己的民事权益受到侵害或者与他人发生民事争议时，为了维护自身的合法权益，向法院提出诉讼请求时制作的法律文书。起诉的一方是原告，被诉方是被告。原告起诉的目的是请求法院通过审判活动确认或保护自己的合法权益，或者排除被告的不法侵害。

我国《民事诉讼法》第 119 条规定，起诉必须符合下列条件：①原告是与本案有直接利害关系的公民、法人和其他组织；②有明确的被告；③有具体的诉讼请求和事实、理由；④属于人民法院受理民事诉讼的范围和受诉人民法院管辖。第 120 条规定，起诉应当向人民法院递交起诉状，并按照被告人数提出副本。第 121 条规定，起诉状应当记明下列事项：①原告的姓名、性别、年龄、

---

〔1〕 诉状是指诉讼当事人一方为维护自身的合法权益，以书面形式依法向法院提出某种诉讼请求或答辩时使用的文书。其特点是：①制作主体是案件当事人；②制作依据是我国相关法律规定和文书格式；③具有法律意义。诉状类文书，按诉讼性质可分为刑事诉状、民事诉状和行政诉状；按审级可分为一审诉状和二审诉状；按内容可分为起诉状、答辩状、反诉状、上诉状和申诉状。参见安秀萍主编：《法律文书理论与实务》，清华大学出版社 2009 年版，第 314 页。

民族、职业、工作单位、住所、联系方式，法人或者其他组织的名称、住所和法定代表人或者主要负责人的姓名、职务、联系方式；②被告的姓名、性别、工作单位、住所等信息，法人或者其他组织的名称、住所等信息；③诉讼请求和所根据的事实与理由；④证据和证据来源，证人姓名和住所。原告提起的民事诉讼须符合上述规定，法院才会受理其起诉的案件，并启动审判程序。因此，民事起诉状是原告维护其合法权益的手段，该文书能够引起民事诉讼程序的发生，也是法院查明案情、区分是非责任、处理案件的基础和依据。

（二）民事起诉状的格式

按照新的《民事诉讼文书样式》的规定，民事起诉状的格式包括第一审普通程序用民事起诉状、提起公益诉讼用民事起诉状、提起第三人撤销之诉用民事起诉状、案外人提起执行异议之诉用民事起诉状以及申请人提起执行异议之诉用民事起诉状。其中普通程序用的民事起诉状又有两种格式：一种供公民起诉用；一种供法人或其他组织用。两种格式的民事起诉状除了当事人基本情况和署名不同之外，其余内容大体相同。现只列供公民起诉用的民事起诉状格式。

民事起诉状

原告：×××，男/女，××××年×月×日生，×族，……（写明工作单位和职务或职业），住……。联系方式：……。

法定代理人/指定代理人：×××，……。

委托诉讼代理人：×××，……。

被告：×××，……。

……

（以上写明当事人和其他诉讼参与人的姓名或名称等基本信息）

诉讼请求：

……

事实与理由：

……

证据和证据来源，证人姓名和住址：

……

此致
××××人民法院

附：1. 本起诉状副本×份
　　2. 证据目录

起诉人　（签名）
××××年×月×日

（三）民事起诉状的基本内容

民事起诉状由首部、正文和尾部组成。

1. 首部。首部包括标题和当事人基本情况两项内容。

（1）标题。无论什么性质的民事诉讼案件，标题均写"民事起诉状"。

（2）当事人基本情况。民事案件当事人包括原告、被告和第三人。

当事人是自然人的，基本情况应依次写明其姓名、性别、出生日期、民族、职业或工作单位和职务、住所、联系方式（邮编和电话号码）。当事人是无民事行为能力或限制民事行为能力人的，在当事人项下，另起一行列项写明其法定代理人基本情况，包括姓名（之后，用括号括注其与当事人的关系）、性别、出生日期、民族、职业、工作单位、住所、联系方式。没有法定代理人的，写指定代理人基本情况。原告起诉时已经委托诉讼代理人的，应在原告及其法定代理人项下，另起一行列项写明诉讼代理人基本信息。

当事人是法人或非法人组织的，基本情况应先写明单位名称、住所。再起一行写明法定代表人/主要负责人的姓名、职务及联系方式。原告起诉时已经委托诉讼代理人的，应在法定代表人/主要负责人项下，另起一行列项写明诉讼代理人基本信息。

2. 正文。正文包括诉讼请求，事实与理由，证据和证据来源、证人姓名和住址。

（1）诉讼请求。从广义上讲，诉讼请求是当事人向法院提出的，要求法院予以判决的请求。当事人希望法院对其请求作出与之相应的确认、给付、形成这些具体的判决。而狭义的诉讼请求仅仅指原告向被告主张的法律上的利益。诉讼请求是原告进行诉讼所希望达到的目的。这一目的必须是原告对被告提出的实体权利请求。如要求解除合同；要求赔偿损失；要求确认房产权属；要求清租腾房；要求排除妨碍；等等。诉讼请求在民事诉讼中具有重要的地位，不仅决定着诉的变更、合并、重复起诉和既判力的客观范围，而且还与正当当事人的识别、管辖的确定、证明对象等密切相关。[1]诉讼请求是民事起诉状的灵魂，是制作民事起诉状时需要重点解决的问题。

（2）事实与理由。这部分是民事起诉状的核心。事实与理由是诉讼请求赖以成立的基础，也是法院解决民事纠纷的依据。在民事案件中，事实是指当事

---

〔1〕 江伟主编：《民事诉讼法》，高等教育出版社2004年版，第11页。

人之间民事权益纠纷形成的事实。如双方当事人之间民事法律关系发生、变更或消灭的事实，民事权利义务关系发生争执的事实，民事权益受到侵害的事实。理由就是能够表明原告民事权利存在和应当受到保护的理由，它是支持诉讼请求成立的支柱。无论何种性质的民事案件，起诉的理由都必须建立在案件事实和证据基础之上，因此，理由要从事实中归纳、引申出来。

（3）证据和证据来源、证人姓名和住址。民事案件实行"谁主张、谁举证"的原则，原告对自己提供的事实和主张负有举证责任，因此，应当在起诉状中写明证据。凡是能证明起诉事实和主张成立的证据，包括物证、书证、证人证言、视听资料、鉴定意见、勘验笔录都要列举。

3. 尾部。尾部包括以下三项内容：

（1）文书致送法院的名称。分两行书写："此致""××××人民法院"。

（2）附项。在法院名称之下，写本起诉状副本×份。副本份数按被告人数写。

（3）署名、盖章、日期。在附项右下方由起诉人署名、盖章。如系单位，应写单位名称，其下由法定代表人/主要负责人签名，并加盖单位公章。其下写明年月日。

（四）民事起诉状的写作方法和技巧

1. 标题和当事人基本情况的写法。标题应在文书顶端居中写明"民事起诉状"。

当事人基本情况应按原告、被告、第三人的顺序列写。当事人是自然人的，其姓名必须以身份证为准；是法人或非法人组织的，其名称应以营业执照或其他有权机关核发的证照为准，其住所是指主要办事机构所在地，主要办事机构不能确定的，应写注册地或登记地。

共同诉讼案件中，当事人各方是多人的，应当一一列出，并按要求分别写明他们的基本情况。如果起诉时，原告一方人数众多，且人数尚未确定的，部分当事人可先行起诉，待法院立案后再行追加或由当事人向法院申请追加其他当事人。先行起诉的原告也可以推选自己的代表人；已经选出代表人的，应在起诉状中列出。

对当事人应列写准确。原告一般必须是与本案有直接利害关系的人。与案件仅有间接关系的人不能作为原告，因此，无民事行为能力人或限制民事行为能力人的监护人不能列为原告，只能以法定代理人身份出现在民事起诉状中。在法律、司法解释有明确规定的特殊情况下，某些自然人或组织尽管与所争议的民事纠纷没有直接的利害关系，他们也可以成为适格的原告。如环境污染案件，法律规定的机关可以作为原告向法院提起诉讼。对被告不仅应列准确，而且要列全面，如无民事行为能力人、限制民事行为能力人造成他人损害的，应将其本人及其监护人列为共同被告。

2. 诉讼请求的写法。诉讼请求的事项可以有一项，也可以有多项，应根据原告主张的实体权利多寡来决定。如有多项诉讼请求，应按主次顺序逐项列出。诉讼费用的负担通常是作为一项独立的诉讼请求列在最后。

诉讼请求的提出必须合法有据。诉讼请求的提出必须有法律依据。比如，我国法律对人身损害赔偿的范围和标准有明确的规定，原告只能据此提出请求数额，超出法律规定的请求数额，法院不予支持。诉讼请求的提出还必须以证据事实为基础。比如，原告提出人身损害赔偿的诉讼请求，必须是被告已经实施了侵犯原告人身权的行为，并且已经造成了损害后果。根据我国《民事诉讼法》的规定，原告有权放弃或变更诉讼请求。因此，如果原告在起诉状中提出的诉讼请求不合适，就应注意在庭审前或庭审中变更诉讼请求或者增减诉讼请求。

诉讼请求的范围必须明确、具体。诉讼请求的范围必须以法律规定的被告应承担的法律责任范围为限。诉讼请求必须写明确。如确认之诉，要明确写明是要求法院确认诉讼标的的所有权归属，还是要求确认某种法律行为的有效无效。诉讼请求也必须写具体。有赔偿数额请求的，应具体写清要求赔多少。如民间借贷案件可以提出如下诉讼请求：①请法院判令被告立即归还原告借款本金人民币××元；②请法院判令被告支付借款利息人民币××元；③诉讼费用由被告承担。

书写诉讼请求，文字应精炼，力戒冗长啰唆。如有一民事起诉状中将诉讼请求写成"我于2014年5月8日，以8万元的价格购买了石桥村王×平房五间，被告居住此房，拒不腾房搬家。故请法院保护我的合法权益，依法判令被告立即腾房搬家"。恰当的写法应是"请法院依法判令被告立即腾退××房屋"。

3. 事实的写法。民事起诉状中写事实，一般采取时序法，写清事实的来龙去脉。应将案件发生的时间、地点、涉及的人物、纠纷的起因、演变过程、造成的后果以及双方争执的焦点等要素叙写清楚，以便法院在法庭调查时能全面、准确地了解事实真相，辨明是非、分清责任，依法作出正确公正的裁判。

叙述事实应详略得当，突出争议焦点。对于与诉讼请求有关的事实情节以及准备在理由部分作为论据的事实情节，应详细写述。对与案件定性定量关系不大、但又必须交代的事实，可以简略写述。无关的事实，不写。

书写事实，还必须注意与法律条款、司法解释中规定的案件构成要件密切联系。比如离婚案件。按照《婚姻法》的规定，法院准予离婚的前提条件是"夫妻感情确已破裂"。法院判断夫妻感情是否破裂，应从婚姻基础、婚后感情、离婚原因、婚姻现状以及夫妻关系有无和好的可能性等方面综合考量。因此，离婚案件起诉状的事实部分，就应写明上述几方面的事实。

4. 理由的写法。理由部分要用"综上所述，原告认为……"作为引语，之后写明四项内容：①针对案件事实分析民事纠纷的性质，认定被告的行为确属违法行为或侵权行为；②指明被告行为造成的后果，说明其应当承担民事责任；③根据双方权利义务关系，阐明提出诉讼请求的合理性与合法性；④起诉的法律依据和要求，写"为此，根据《中华人民共和国×××》第×条之规定，特向你院起诉，请依法判决"。

5. 证据的写法。列举证据应全面、清楚。对物证、书证应写明证据的名称和来源，对证人证言应写明证人的姓名和住址。根据《最高人民法院关于民事诉讼证据的若干规定》第 14 条第 1 款的规定，当事人应当对其提交的证据材料逐一分类编号，并依照对方当事人人数提出副本。为了方便相关人员了解证据，原告要制作证据目录，对证据材料的来源、证明对象和内容作简要说明，并签名盖章，注明提交日期。一般应在起诉状的附项部分写明证据目录。

二、行政起诉状

（一）行政起诉状的概念和功能

行政起诉状，是指公民、法人或者其他组织认为行政机关和行政机关工作人员的具体行政行为侵犯了其合法权益，依法向人民法院起诉时制作的法律文书。

我国《行政诉讼法》第 49 条规定，提起诉讼应当符合下列条件：①原告是符合本法第 25 条规定的公民、法人或者其他组织；②有明确的被告；③有具体的诉讼请求和事实根据；④属于人民法院受案范围和受诉人民法院管辖。第 50 条规定，起诉应当向人民法院递交起诉状，并按照被告人数提出副本。原告起诉应符合上述规定，法院才会受理其起诉的案件，并启动审判程序。因此，行政起诉状是原告行使诉讼权利、维护其合法权益的手段，能够引起行政诉讼程序的发生，它是法院处理行政争议、正确处理案件的基础和依据。同时也可以促使行政机关及其工作人员依法行政，正当行使权力，廉洁守法。

（二）行政起诉状的格式

行政起诉状

原告×××，……（写明原告基本信息）。

委托代理人×××，……（写明姓名、工作单位等基本信息）。

被告×××，……（写明名称、地址、法定代表人等基本信息）。

其他当事人×××，……（参照原告的身份写法，没有其他当事人的，此项可不写）。

　　诉讼请求：……（应写明具体、明确的诉讼请求）。

　　事实和理由：……（写明起诉的理由及相关事实依据，尽量逐条列明）。

　　此致

××××人民法院

原告：×××（签名盖章）

××××年×月×日

　　附：

　　1. 起诉状副本×份

　　2. 被诉行政行为×份

　　3. 其他材料×份

（三）行政起诉状的基本内容

行政起诉状包括首部、正文和尾部三项内容。

1. 首部。首部包括标题和当事人基本情况。

（1）标题。写"行政起诉状"。

（2）当事人基本情况。当事人包括原告、被告和第三人。

原告是自然人的，基本情况写明其姓名、性别、工作单位、住址、有效身份证件号码、联系方式等基本信息。原告是法人或非法人组织的，先写原告名称、地址、联系电话，再另起一行写法定代表人或负责人等基本信息。原告起诉时委托了诉讼代理人的，在原告及法定代表人或负责人项下，另起一行列写委托代理人的姓名、工作单位等基本信息。

行政诉讼的被告恒定为行政机关，应先写行政机关的名称和地址，另起一行写明法定代表人的姓名、职务、联系方式。

如有第三人，另起一行写明其基本情况。具体参照原告基本情况的写法。

2. 正文。正文是行政起诉状的主体，包括诉讼请求、事实与理由。

（1）诉讼请求。诉讼请求是原告向法院提出的，要求法院予以判决的请求。诉讼请求是行政起诉状的必备要件。原告应根据案件具体情况提出恰当的诉讼请求。

（2）事实与理由。事实是行政法律关系存在的基础，也是法院作出判决的依据。一般来说，行政起诉状的事实包括三个方面：①原告实施的、引起被告作出具体行政行为的事实；②被告作出具体行政行为的事实；③原告对具体行政行为是否申请过行政复议，如果申请过复议，复议机关是否改变了原具体行政行为，若改变了原具体行政行为，改变后具体行政行为的内容是什么。

理由是能够表明原告行政权利存在和应受到保护的理由，同时也是能够支持诉讼请求成立的支柱。理由部分应概括出原告对具体行政行为的不服之处，说明行政机关的处罚或处理的错误所在，写明起诉的法律依据和要求。

3. 尾部。尾部包括以下三项内容：

（1）文书致送法院的名称。分两行书写："此致""××××人民法院"。

（2）署名、盖章、日期。在法院名称之下右端由原告署名。如系单位，应写单位全称，其下写法定代表人（或代表人）姓名，并在姓名上加盖单位公章。其下写明起诉的年月日。

（3）附项。在日期之下，左下方写明附项。附项写起诉状副本×份、证据等内容。

（四）行政起诉状的写作方法和技巧

1. 标题和当事人基本情况的写法。标题应在文书顶端居中写明"行政起诉状"。

对当事人基本情况应按原告、被告、第三人的顺序依次写明各自的基本情况。

行政诉讼的原告必须是符合《行政诉讼法》第25条规定的公民、法人或其他组织。有权提起诉讼的公民死亡，其近亲属可以提起诉讼。有权提起诉讼的法人或其他组织终止，承受其权利的法人或其他组织可以提起诉讼。

行政诉讼的被告只能是行政机关。公民、法人或其他组织直接向法院提起诉讼的，作出具体行政行为的行政机关是被告。经复议的案件，复议机关维持原具体行政行为的，作出原行政行为的行政机关和复议机关是共同被告；复议机关改变原具体行政行为，复议机关是被告。两个以上行政机关共同作出具体行政行为的，共同作出具体行政行为的机关是共同被告。行政机关委托的组织作出具体行政行为的，委托的行政机关是被告。

2. 诉讼请求的写法。行政起诉状的诉讼请求可从以下几方面提出：①请求判决撤销或者变更具体行政行为；②请求判决确认行政行为违法；③请求判决被告履行法定职责或者给付义务；④请求判决确认具体行政行为无效；⑤请求判决被告予以赔偿或者补偿；⑥请求解决行政协议争议；⑦请求一并审查规章以下规范性文件；⑧请求一并解决相关民事争议；⑨其他诉讼请求。

3. 事实与理由的写法。在制作行政起诉状时，不管是叙述事实还是阐述起诉的理由，都应围绕具体行政行为的合法性进行。

叙述事实应将行政纠纷的经过按时间发展的顺序全面、客观地叙写出来。经过行政复议程序的，还应将复议的情况及结果写明。叙述事实要抓住关键性的问题，详细叙述，次要的枝节问题，可以简述或一笔带过。

理由部分要用"综上所述，原告认为……"作为引语，然后写明以下三项内容：①概括写明原告对被告具体行政行为的不服之处。②说明被告行为存在的错误或不当之处，并分析论证其为什么是错误的或不当的。这一部分应根据不同的案情来决定论述的重点。如果属于行政机关侵犯人身权和财产权的案件，应重点阐明其具体行政行为与事实严重不符，或者依据的法律、法规不正确，或者有严重的程序违法现象，或者超越职权、滥用职权，或者行政处罚决定于法不合、显失公平。如果属于行政机关不履行法定职责或拖延履行法定职责的案件，则应阐明原告依据何种法律规定，证明其应享有的权利受到侵犯、请求权理由正当，被告理应履行什么职责及其履行职责的法定期限。总之，阐述理由应紧紧围绕着案件事实进行分析、评断，从中揭示出被告具体行政行为存在的不合法之处。③起诉的法律依据和要求。写"为此，根据《中华人民共和国行政诉讼法》第×条之规定，特向你院起诉，请依法判决"。

三、刑事自诉状

（一）刑事自诉状的概念和功能

刑事自诉状，是指刑事自诉案件的被害人及其法定代理人或近亲属直接向人民法院控告被告人的犯罪行为，要求追究被告人的刑事责任时所制作的法律文书。

我国《刑事诉讼法》第 112 条规定，对于自诉案件，被害人有权向人民法院直接起诉。被害人死亡或者丧失行为能力的，被害人的法定代理人、近亲属有权向人民法院起诉。人民法院应当依法受理。《刑事诉讼法》第 204 条对自诉案件的范围作了明确规定。《最高人民法院关于适用〈中华人民共和国刑事诉讼法〉的解释》第 1 条对人民法院直接受理的自诉案件作了进一步的细化解释。具体来讲，自诉案件包括以下三类案件：

1. 告诉才处理的案件。包括侮辱、诽谤案（《刑法》第 246 条规定的，但严重危害社会秩序和国家利益的除外）；暴力干涉他人婚姻自由案（《刑法》第 257 条第 1 款规定的）；虐待案（《刑法》第 260 条第 1 款规定的）；侵占案（《刑法》第 270 条规定的）。

2. 人民检察院没有提起公诉，被害人有证据证明的轻微刑事案件。包括故意伤害案（《刑法》第 234 条第 1 款规定的）；非法侵入住宅案（《刑法》第 245 条规定的）；侵犯通信自由案（《刑法》第 252 条规定的）；重婚案（《刑法》第 258 条规定的）；遗弃案（《刑法》第 261 条规定的）；生产、销售伪劣商品案（刑法分则第三章第一节规定的，但严重危害社会秩序和国家利益的除外）；侵犯知识产权案（刑法分则第三章第七节规定的，但是严重危害社会秩序和国家利益的除外）；属于刑法分则第四章、第五章规定的，对被告人可能判处 3 年有期徒刑以下刑罚的案件。

3. 被害人有证据证明对被告人侵犯自己人身、财产权利的行为应当追究刑事责任，且有证据证明曾经提出控告，而公安机关或者人民检察院不予追究被告人刑事责任的案件。这类案件是由公诉案件转为自诉案件的案件，其目的是解决被害人告状难的问题。

我国实行公诉兼自诉的起诉制度，大部分刑事案件都是由人民检察院代表国家实行公诉，少数刑事案件允许公民个人自诉。这种分工的主要原因是分流案件起诉的工作量，有利于国家将有限的司法资源投入到追诉那些较为严重的犯罪中，同时也有利于发挥公民个人追诉犯罪的积极性，使那些轻微的犯罪案件也能够得到及时地解决。人民检察院决定对公诉案件起诉的，应当制作起诉书，并向人民法院移送起诉书、案卷材料和证据。被害人及其法定代理人或近亲属向法院提起自诉的，应当提交刑事自诉状；同时提起附带民事诉讼的，应当提交刑事附带民事自诉状。被告人是二人以上的，应当按照被告人人数提供自诉状副本。

刑事自诉状是被害人一方行使起诉权，揭露、控告、证实犯罪，维护自身合法权益的重要手段，也是法院受理和审判刑事自诉案件、追究被告人刑事责任的基础和依据。

（二）刑事自诉状的格式

刑事自诉状

自诉人

被告人

案由和诉讼请求

事实与理由

证据和证据来源，证人姓名和住址

此致

××××人民法院

附：本诉状副本×份

自诉人　×××

××××年×月×日

（三）刑事自诉状的基本内容

刑事自诉状由首部、正文和尾部组成。

1. 首部。首部包括标题、当事人基本情况两项内容。

（1）标题。写"刑事自诉状"。

（2）当事人基本情况。提起诉讼的一方当事人是自诉人，被指控一方当事人是被告人。当事人基本情况依次写明其姓名、性别、出生年月日、民族、出生地、职业或工作单位和职务、住址等。

2. 正文。正文包括案由和诉讼请求；事实与理由；证据和证据来源，证人姓名和住址。

（1）案由和诉讼请求。"案由"是指自诉人指控的被告人侵犯其合法权益所构成的罪名。如虐待罪、遗弃罪等。"诉讼请求"是自诉人向法院提出的，要求法院对被告人作出某种裁判的请求。诉讼请求是自诉人提起诉讼要达到的目的。自诉案件起诉的目的一般是要求法院追究被告人的刑事责任。

（2）事实与理由。这部分是刑事自诉状的重点。一般应将事实和理由分开书写。

刑事自诉状中所写的事实，应是被告人侵犯自诉人合法权益的犯罪事实，而且必须是有确实充分的证据证明的犯罪事实。应将被告人犯罪的时间、地点、动机、目的、手段、具体经过、造成的后果、被害人、作案人及其事后态度等要素明确交待出来，以便法院调查核实。

理由是自诉人根据有关法律规定，结合被告人的犯罪事实，论证其犯罪行为的性质及其应负的法律责任，从而说明自己的起诉行为是合理合法的。

（3）证据和证据来源，证人姓名和住址。自诉人是行使控诉职能的一方，因此应对自己起诉的事实负举证责任，必须对其指控的犯罪事实提供确实充分的证据来证明。自诉人如果在起诉时缺乏证据，起诉后又提不出补充证据，就应自行撤诉，否则，就会被法院驳回自诉。

3. 尾部。尾部包括以下三项内容：

（1）致送法院的名称。分两行书写："此致""××××人民法院"。

（2）附项。写明本诉状副本×份。

（3）署名、盖章、日期。在附项右下方由自诉人署名或盖章，其下写明起诉的年月日。

（四）刑事自诉状的写作方法和技巧

1. 当事人基本情况的写法。按照自诉人、被告人的顺序写明当事人的基本情况。被告人有多人的，应按其犯罪地位的主次依次列明各项内容。

当事人是无民事行为能力人或者限制民事行为能力人的，先写当事人基本情况，然后另起一行写明其法定代理人基本情况，即姓名（之后括注其与当事人的关系）、性别、职业或工作单位和职务、住址。

2. 案由和诉讼请求的写法。案由应根据指控被告人的犯罪事实，结合刑法分则相关条款来确定。

在案由和诉讼请求中，应明确指出被告人所犯罪名，并请求法院依法追究被告人的刑事责任。如暴力干涉婚姻自由案件，可写为"被告人×××犯暴力干涉婚姻自由罪，请依法追究其刑事责任"。

书写诉讼请求应当用语明确、精练。一般只表明要求法院以何种罪名追究被告人刑事责任即可，而不必提出具体的刑种和刑期要求，如请法院判处被告人有期徒刑2年。

3. 事实的写法。刑事自诉状中所写的事实必须是构成犯罪的事实，不要将被告人的一般违法行为、违纪行为写入。所写的犯罪事实应当能够反映出起诉罪名的犯罪构成要件，而且有相应的证据证明，能够经得起法庭调查时被告方的质询和反驳。

叙述事实应做到：①实事求是。必须客观如实地反映案情原貌，不能夸大、缩小、歪曲事实，更不能虚构事实，诬告陷害他人，否则，需要承担刑事责任。②重点突出。叙写事实应分清主次，重点突出犯罪构成要件，将犯罪行为与危害后果之间的因果关系和重要情节交待清楚。③脉络清晰，层次分明。叙写犯罪事实一般采取时序法。如系共同犯罪案件，则应采取突出主犯法，按照被告人的主次顺序书写，突出主犯的犯罪地位和作用。

4. 理由的写法。刑事自诉状的理由部分，可以写为"综上所述，自诉人认为……（概括犯罪事实，说明罪名成立的事实依据），其行为已触犯《中华人民共和国刑法》第×条之规定，应当以××罪追究其刑事责任。根据《中华人民共和国刑事诉讼法》第×条的规定，特向你院起诉，请依法公正判处"。如"综上所述，自诉人认为，被告人赵×与他人非法同居长达五年之久，不顾家庭生活，自诉人与赵×的夫妻感情已经破裂。赵×的行为已触犯《中华人民共和国刑法》第二百五十八条之规定，应当以重婚罪追究其刑事责任。根据《中华人民共和国刑事诉讼法》第一百一十二条的规定，特向你院起诉，请依法公正判处"。

阐述理由应注意：①应用精炼的语言文字对犯罪事实进行分析评价，对被告人犯罪的性质、情节和后果概括出结论性意见，讲明起诉的道理。②确定罪名应恰当，必须符合刑法及其修正案和司法解释的相关规定，且应属于刑事自诉罪名的范畴。③引用法律条文应准确、具体、完整。

5. 证据的写法。刑事自诉状中所列的证据，应是能证明犯罪事实成立、合格的证据。凡是能够证明上述犯罪事实成立的证据，不管属于哪一种证据种类，都应列举出来。列举时，应注意证据与案件事实的关联性，证据的名称应写规范，符合法律要求，证据内容应写准确、具体。如申请证人出庭作证的，应写明证人的姓名和住址，证言能证明什么问题，以便法院审查其是否具备证人资格；对其他证据，应写清证据的名称和来源，是否原物原件，供法院立案时审查。

四、刑事附带民事起诉状

（一）刑事附带民事起诉状的概念和功能

刑事附带民事起诉状，是指刑事案件的被害人及其法定代理人或者近亲属在向人民法院控告被告人犯罪行为的同时，要求一并解决因犯罪行为造成的物质损失赔偿问题而制作的法律文书。

我国《刑事诉讼法》第99条第1款规定，被害人由于被告人的犯罪行为而遭受物质损失的，在刑事诉讼过程中，有权提起附带民事诉讼。被害人死亡或者丧失行为能力的，被害人的法定代理人、近亲属有权提起附带民事诉讼。因此，不管是公诉案件，还是自诉案件，被害人如果因为被告人犯罪行为的侵害而遭受有物质损失的，都可以提起附带民事诉讼。但《最高人民法院关于适用〈中华人民共和国刑事诉讼法〉的解释》中明确规定不得提起附带民事诉讼的物质损失，被害人不得提起附带民事诉讼。

被害人一方通过刑事附带民事起诉状提起诉讼，在要求法院追究被告人刑事责任的同时，一并主张民事赔偿，不仅可以从刑罚上有力地制裁犯罪，而且也能从经济上使自己的物质损失得到赔偿。从诉讼资源的合理配置角度来说，刑事处罚与民事赔偿一并解决，也有利于节约司法资源和诉讼成本。

（二）刑事附带民事起诉状的格式

刑事附带民事起诉状

附带民事诉讼原告人

附带民事诉讼被告人

诉讼请求

事实与理由

证人姓名和住址，其他证据名称和来源

此致

××××人民法院

附：本诉状副本×份

附带民事诉讼原告人×××

××××年×月×日

（三）刑事附带民事起诉状的基本内容

刑事附带民事起诉状由首部、正文和尾部三部分组成。

1. 首部。首部包括标题和当事人基本情况两项内容。

（1）标题。写"刑事附带民事起诉状"。

（2）当事人基本情况。写明姓名、性别、出生年月日、民族、出生地、职业、工作单位和职务、住址等情况。

2. 正文。正文包括诉讼请求、事实与理由、证据三项内容。

（1）诉讼请求。附带民事起诉状的诉讼请求一般包括两个方面：一是请求法院追究被告人的刑事责任；二是请求判令被告人承担民事责任，赔偿因犯罪行为造成的物质损失。

（2）事实与理由。事实部分既要写明被告人实施犯罪行为的事实，又要写明犯罪行为给被害人造成的物质损失的事实。犯罪事实的写法与刑事自诉状的要求相同，但附带民事起诉状必须把犯罪行为与物质损失之间的因果关系交待清楚。

理由部分首先应对被告人的犯罪行为进行分析评价，说明其行为触犯的《刑法》条款，犯有何罪，应当依法追究其刑事责任；然后阐明被告人应当进行民事赔偿的理由及法律依据，说明赔偿的合理性及合法性；最后写明起诉的法律依据和要求。

（3）证据。理由写完之后，还要列举出能够证明被告人犯罪行为给原告人造成物质损失的证据。

3. 尾部。尾部包括以下三项内容：

（1）文书致送法院的名称。分两行书写："此致""×××人民法院"。

（2）附项。在法院名称之下，写明本诉状副本×份。

（3）署名、盖章、日期。在附项右下方由附带民事诉讼原告人署名、盖章。其下写明起诉的年月日。

（四）刑事附带民事起诉状的写作方法和技巧

1. 当事人基本情况的写法。对当事人基本情况应按照原告人、被告人的顺序写明各自的基本情况。当事人是无民事行为能力人或限制民事行为能力人的，在当事人基本情况写完之后，另起一行写明其法定代理人的基本情况，即姓名（之后括注其与当事人的关系）、性别、职业或工作单位和职务、住址。

2. 诉讼请求的写法。由于附带民事诉讼是在刑事诉讼的过程中附带解决民事赔偿问题的诉讼活动，因此刑事附带民事起诉状的诉讼请求应提出要求追究被告人刑事责任的请求及要求被告人依法给予民事赔偿的请求。比如："诉讼请求：①请法院依法追究被告人×××故意伤害罪的刑事责任；②请法院依法判令被告人×××赔偿原告人医疗费××元、护理费××元、交通费××元、误工费××元，共计××元。"

提起民事赔偿请求应注意附带民事诉讼案件的赔偿范围，所提出的赔偿项目和标准应合法有据，对赔偿数额应写准确、具体。确定的赔偿数额必须有相关的医疗费发票、损坏的财产估价鉴定等证据支持，赔偿数额的多寡应根据犯罪行为造成的实际损害后果合理确定，不宜过高或过低，必须适度，才有可能获得法院的支持。

3. 事实的写法。事实应分两个层次叙述。首先叙述被告人实施的犯罪行为经过，采取时序法从犯罪的时间、地点、动机、目的、手段、具体过程及产生的后果等方面将被告人实施的本次犯罪经过展示出来。其次写明被告人的犯罪行为给被害人造成的物质损失有哪些及其大小。重点应交待清楚犯罪行为与物质损失之间的因果关系，物质损失的具体数额。

4. 理由的写法。事实写完之后，应另起一段阐明起诉的理由。理由部分应以"综上所述，原告人认为"作为引语。之后，先分析评价被告人的行为特征，说明其行为触犯了《刑法》哪一条哪一款的规定，应以何种罪名追究其刑事责任。然后再结合案情说明犯罪行为给被害人造成了哪些物质损失，具体数额是多少，并引用民事实体法相关规定，说明被告人应承担的民事赔偿责任。最后写"为此，根据《中华人民共和国刑事诉讼法》第九十九条第一款之规定，特向你院起诉，请依法判处"。

5. 证据的写法。《最高人民法院关于适用〈中华人民共和国刑事诉讼法〉的解释》第151条规定："附带民事诉讼当事人对自己提出的主张，有责任提供证据。"据此，附带民事诉讼原告人应在起诉状中写明能够支持本方主张的证据。对证据的写述应全面、清楚。

五、起诉文书实例与评析

【实例】

刑事附带民事起诉状[1]

原告人李××，男，1966年5月10日出生，汉族，×县×镇×村第六居民组，村民。

被告人刘××，男，1964年×月×日出生，汉族，×县×镇×村第六居民组，村民。

被告人马××，男，36岁，汉族，×县×镇×村，村民。

---

[1] 资料来源：http://www.592nx.com/show.asp? id=501.

诉讼请求

1. 请求依法追究被告人刘××、马××犯故意伤害罪的刑事责任，并要求对其从重处罚。

2. 请求依法判令被告人刘××、马××赔偿我受伤的医疗费 11 287.20 元、误工费 47 700 元、护理费 6450 元、伙食补助费 3420 元、营养费 2000 元、交通费 300 元、法医鉴定费 260 元以及伤残补助费（待伤残鉴定后确定），共计 71 417.20 元。

事实与理由

××××年 3 月 25 日 19 时许，我在我家门口圪蹴着，被告人刘××、马××开车过来，我没防备他俩突然下车，被告人马××把我抱住，被告人刘××用铁器在我头部打了数下，马××又拿水泥块在我下颌部砸了几下，把我打昏倒地，逃之夭夭。之后，被我妻子发现叫人把我送至××县人民医院抢救治疗，诊断为闭合性颅脑损伤、脑震荡、颅骨骨折、头皮血肿、头面部皮肤裂伤、下颌骨骨折、牙齿松动。经法医鉴定为轻伤害。

我在××县人民医院住院治疗 99 天，已花去医疗费 11 287.20 元，我住院期间，开始 30 天由我两个亲属在医院进行陪侍护理，之后由一个亲属护理。出院后在家休息治疗 60 天，经过治疗终结，我头部仍然昏昏沉沉，记忆力下降，牙齿松动。由于被告人刘××、马××故意伤害犯罪行为，使我受伤住院花去巨额的医疗费用，使我遭受极大的精神痛苦和蒙受极大的经济损失。我经营镁渣加工业务，被伤害住院导致停产，为此损失惨重。

基于上述事实，被告人刘××、马××无视国家法律，胆大妄为，光天化日之下，无故行凶伤人，故意伤害我的身体健康，情节恶劣，危害严重，其行为已构成故意伤害罪，依法应当受到法律的严惩。由于被告人刘××、马××故意伤害犯罪行为给我造成了经济损失，依法应当承担赔偿责任。为此，具状起诉，请求依法公正判决，维护原告人的诉讼请求及合法权益。

此致
××县人民法院

起诉人　×××
×××× 年八月十四日

【评析】

这是一份故意伤害案件的刑事附带民事起诉状。其主要特点是：①叙述事实清楚、重点突出。该文书以时序法交待了案件发生的具体经过、造成的后果、原告人被伤害后住院治疗的情况以及身体恢复的程度。重点突出与诉讼请求相关的事实。文字简练，脉络清晰。②理由阐述较为充分。理由部分对案件事实进行了分析评价，阐明被告人的行为构成的罪名、给原告人造成的经济损失以及应承担刑事责任和民事赔偿责任的理由，进一步明确了诉讼请求的合法性和合理性。但该文书也存在不足之处。主要表现在：①欠缺证据部分。②理由部分没有引用相关的法律依据。③当事人基本情况写得不完整。

第三节　答辩文书

答辩文书，是指在诉讼活动中，被告方或被上诉方针对原告方或上诉方的起诉状、上诉状的内容，依法进行答复和辩解的法律文书。包括各种答辩状，如刑事答辩状、民事答辩状、行政答辩状。

答辩是一种应诉行为，它是法律赋予被告方、被上诉方的诉讼权利，体现了诉讼当事人权利平等的原则。制作答辩文书，可以使人民法院兼听诉讼双方的意见，全面了解案情，从而作出公正的裁判，维护当事人的合法权益。

一、民事答辩状

（一）民事答辩状的概念和功能

民事答辩状，是指民事案件的被告或者被上诉方，针对原告或者上诉方的起诉状、上诉状的内容，依法进行答复和辩解的法律文书。

我国《民事诉讼法》第125条规定，人民法院应当在立案之日起5日内将起诉状副本发送被告，被告应当在收到之日起15日内提出答辩状。人民法院应当在收到答辩状之日起5日内将答辩状副本发送原告。第167条规定，原审人民法院收到上诉状，应当在5日内将上诉状副本送达对方当事人，对方当事人在收到之日起15日内提出答辩状。人民法院应当在收到答辩状之日起5日内将副本送达上诉人。

答辩是一种应诉行为，是法律赋予被告、被上诉方的诉讼权利，它体现了诉讼当事人权利平等原则。被告、被上诉方通过答辩状，反驳对方当事人的诉讼请求，提出本方意见和主张，可以使法院兼听诉讼双方的意见和要求，全面了解案情，作出公正的裁判，从而维护答辩人的合法权益。

（二）民事答辩状的格式

民事答辩状的格式有两种：一是供公民答辩用；一是供法人或非法人组织用。两种格式除答辩人基本情况和署名的写法不同外，其余内容大体相同。现只列供公民答辩用的民事答辩状格式。

民事答辩状

答辩人：×××，男/女，××××年×月×日生，×族，……（写明工作单位和职务或职业），住……。联系方式：……。

法定代理人/指定代理人：×××，……。

委托诉讼代理人：×××，……。

对××人民法院（××××）……民初……号……（写明当事人和案由）一案起诉，答辩如下：

……（写明答辩意见）

证据和证据来源，证人姓名和住所：

……

此致

××××人民法院

附：本答辩状副本×份

答辩人（签名）

××××年×月×日

（三）民事答辩状的基本内容

民事答辩状由首部、正文、尾部三部分组成。

1. 首部。首部包括标题、当事人基本情况和答辩案由。

（1）标题。写"答辩状"或"民事答辩状"。

（2）当事人基本情况。具体内容与民事起诉状当事人基本情况写法相同。如果答辩时已经委托了诉讼代理人，应写明其基本情况。写法与民事起诉状相同。

（3）答辩案由。此项要求写明对何法院何案号的何人何案由案件的起诉或上诉提出答辩。比如："对××人民法院（××××）……民初……号……（写明当事人和案由）一案的起诉（或上诉），答辩如下："

2. 正文。正文包括答辩理由；答辩请求；证据和证据来源，证人姓名和住所。

（1）答辩理由。这部分是答辩状的写作重点。可根据案件具体情况阐明答辩的理由，或者完全否定对方提供的事实和证据；或者说明对方提供的事实与真实情况不符；或者说明答辩人对对方的债务或权利已经履行或消灭；或者提出对方权利不能存在的新事实和证据；等等。

（2）答辩请求。提出答辩请求是答辩人的诉讼权利。答辩人应在阐述答辩理由之后，将自己的答辩意见予以归纳，提出本方答辩的请求，即根据有关法律规定对本案如何处理提出主张，请求法院依法作出公正的裁判。答辩请求应合理合法，文字表述应明确、具体。

（3）证据和证据来源，证人姓名和住所。答辩请求及理由写完之后，对于需要答辩人举证的事项，应写明证据的名称、件数、来源或证据线索，有证人的应写明证人姓名、住所等，以便法院审核。

3. 尾部。包括以下三项内容：

（1）文书致送法院的名称。分两行书写："此致""××××人民法院"。

（2）附项。在法院名称之下，写明本答辩状副本×份。

（3）署名、盖章、日期。在附项右下方由答辩人署名、盖章。其下写明答辩的年月日。

（四）民事答辩状的写作方法和技巧

1. 标题和当事人基本情况的写法。标题写在文书顶端居中位置。书写当事人基本情况时应注意，因原告、上诉人已经在起诉状、上诉状中将自己的基本情况写明并提交法院，所以当事人基本情况部分只写答辩人基本情况。

2. 答辩理由和请求的写法。在这部分中，答辩人必须做两项工作：①对原告或上诉方提出的诉讼请求进行答复。答复有肯定和否定两种情况。肯定的答复就是承认对方的诉讼请求，可以承认全部，也可以只承认部分。否定的答复就是不承认对方的诉讼请求。②对原告或上诉方提出的事实、理由、证据进行辩驳。如果对方诉状在事实上有错误，就要从实际出发，实事求是地说明事实真相，并提供证据加以证明；如果对方诉状在适用法律上存在错误，就要提出新的、正确的可用于处理案件的法律、法规依据；如果涉及法律责任等问题，就要以法律为根据进行有理有据的答辩。

阐述答辩理由应注意三点：①针对性。一审答辩状针对的是民事起诉状，答辩人反驳的对象是民事起诉状中错误的诉讼请求、事实、理由及其法律依据。二审答辩状针对的是民事上诉状，答辩人不仅要针对民事上诉状中错误的上诉请求、事实、理由进行答辩，而且还必须结合一审民事判决书查明的事实、认定的观点、法律依据以及裁判结论阐明自己的观点，陈述本方理由。②尊重事实和法律，不无理取闹。阐述答辩理由时，否定对方的诉讼请求及其所依据事实及理由，必须以事实为根据，以法律为准绳。如果对方的诉讼请求是合理合法的，就应当接受，承认自己的错误和责任。切不可为了追求胜诉，故意歪曲事实或捏造事实，这样做不仅不利于民事纠纷的及时解决，反而增加案件处理的难度，还有可能使自己陷入不利的境地。③有理有据。答辩人不管是反驳对方的错误和不实之处，还是提出本方的主张和意见，都必须有事实依据和法律依据，并进行充分的说理，以理以法服人。

答辩请求是答辩人在阐述答辩理由的基础上针对原告或上诉人的诉讼（上诉）请求向人民法院提出的请求。答辩人应根据有关法律规定，请求法院保护自己的合法权益。一审民事答辩状的答辩请求主要从以下几方面提出：①要求法院驳回起诉；②要求法院否定原告请求事项的一部分或全部；③提出新的主张和要求，如追加第三人；④提出反诉请求。二审民事答辩状的答辩请求多数情况下都是要求二审法院驳回上诉、维持原判。

二、行政答辩状

（一）行政答辩状的概念和功能

行政答辩状，是指行政案件的被告或者被上诉方，针对原告或者上诉方的起诉状、上诉状的内容，依法进行答复和辩解的法律文书。

我国《行政诉讼法》第 67 条规定，人民法院应当在立案之日起 5 日内，将起诉状副本发送被告。被告应当在收到起诉状副本之日起 15 日内向人民法院提交作出行政行为的证据和所依据的规范性文件，并提出答辩状。

制作行政答辩状是法律赋予被告、被上诉方的诉讼权利。通过诉讼双方的起诉和答辩，法院可以兼听双方当事人的意见及主张，既有助于正确处理行政案件，又有利于维护当事人的合法权益。

（二）行政答辩状的格式

行政答辩状

答辩人×××，地址……（写明名称、地址等基本信息）。

法定代表人×××，……（写明姓名、职务等基本信息）。

委托代理人×××，……（写明姓名、工作单位等基本信息）。

因×××诉我单位……（写明案由或起因）一案，现答辩如下：

答辩请求：……

事实与理由：……（写明答辩的观点、事实与理由）

此致

××××人民法院

答辩人：×××（盖章）

××××年×月×日

附：

1. 答辩状副本×份
2. 其他文件×份
3. 证物或书证×件

（三）行政答辩状的基本内容

民事答辩状由首部、正文、尾部三部分组成。

1. 首部。首部包括标题、当事人基本情况和答辩案由。

（1）标题。写"答辩状"或"行政答辩状"。

（2）当事人基本情况。具体内容与行政起诉状当事人基本情况写法相同。如果答辩时已经委托了代理人，应写明其基本情况。写法与行政起诉状相同。

（3）答辩案由。此项要求写明对何人起诉或上诉的何案提出答辩。比如："因×××诉我单位……（写明案由或起因）一案，现答辩如下："

2. 正文。正文包括答辩请求、事实与理由两项内容。

（1）答辩请求。答辩人应根据有关法律规定对本案如何处理向法院提出具体的请求，表明本方的诉讼主张。这样做有助于法院迅速确定争议焦点，节省司法成本，快速准确地裁判案件，及时解决纠纷。

（2）事实与理由。在这一部分中，应将答辩人提出答辩请求所依据的事实和理由写清楚。

3. 尾部。写明以下三项内容：

（1）文书致送法院的名称。分两行书写："此致""××××人民法院"。

（2）署名、盖章、日期。在法院名称的右下方由答辩人署名、盖章。其下写明答辩的年月日。

（3）附项。在文书左下方写明附项。先写本答辩状副本×份，再写证据材料有哪些，页数等。

（四）行政答辩状的写作方法和技巧

1. 标题和当事人基本情况的写法。参见民事答辩状的写法。

2. 答辩请求的写法。行政诉讼的答辩请求，可以从多方面提出。比如，可以要求法院驳回原告的起诉，或者要求法院维持原具体行政行为，或者要求法院撤销部分具体行政行为，或者向法院表示愿意重新作出具体行政行为。

3. 事实与理由的写法。在行政诉讼中，原告或上诉人对行政机关认定的事实不服往往表现在几个方面，比如认为行政机关认定的与原告有关的事实是虚假的，或者认为行政机关认定的与原告有关的事实部分真实、部分虚假，或者认为行政机关认定的与原告有关的事实存在，但行政机关对事实的性质认定错误。因此，行政机关在答辩时应利用自己在行政程序中收集的证据证明讼争事实确实存在，或者自己对事实性质的认识是正确的。如果原告或上诉人对行政机关作出具体行政行为的法律依据有异议，行政机关在答辩时应对自己作出具体行政行为所依据的规范性文件，结合案件事实进行分析，论证适用法律规范的正确性。

三、答辩文书实例与评析

【实例】

民事答辩状[1]

答辩人名称：甲有限公司

地址：××××××××2号

法定代表人姓名：×××　　　　职务：××××

答辩人因乙运输有限公司诉甲有限公司及其济南分公司租赁合同纠纷一案，根据本案事实和相关法律规定，依法提出答辩意见如下：

一、甲有限公司济南分公司不应列为本案的被告。

根据我国《公司法》第十四条规定，分公司不具有法人资格，其民事责任由公司承担。甲有限公司济南分公司不具备法人资格，不独立承担民事责任，其民事责任由甲有限公司承担。因此，甲有限公司济南分公司作为被告主体不适格，不应列为本案的被告。

二、答辩人所欠原告租金为22 740元，原告主张被告支付租金61 040元，与事实不符。

原告与甲有限公司济南分公司签订的租赁合同第三条结算方式约定，经甲乙双方商定每立方按二十元人民币计算。原告为甲有限公司济南分公司共输送砼2887方，合计人民币57 740元。甲有限公司济南分公司已于2006年12月10日支付给乙运输有限公司3万元租赁费。2006年12月8日原告驾驶员驾驶混凝土输送泵车时，发生交通事故，造成对方一死一伤，事后经有关部门认定驾驶员负全部责任。根据原告与甲有限公司济南分公司签订的租赁合同第二条乙方权利与义务的约定，因乙方造成损失，由乙方负责。因此，此次交通事故造成被害人×××的损失应由原告乙运输有限公司负责。甲有限公司济南分公司于2006年12月14日替原告支付给被害人×××5000元补偿费，此费用应由原告负责。因此，扣除之前所付的运输费和补偿费，事实上答辩人所欠原告租金为22 740元（57 740元－30 000元－5000元＝22 740元），请求法院依据事实对原告要求答辩人支付租金的请求予以改判。

---

[1] 资料来源：http：//blog.sina.com.cn/s/blog_ aaadf81001017rfw.html.

三、原告要求答辩人承担滞纳金 305 200 元，明显过高，有失公平原则。

根据相关规定，逾期付款违约金应当依照付款金额每日万分之二点一计算。答辩人付款金额仅为 22 740 元，而原告却请求答辩人承担违约金达 305 200 元，明显过高，显失公平，违背诚实信用原则。我国《合同法》第 114 条规定，约定的违约金过分高于造成的损失的，当事人可以请求人民法院或者仲裁机构予以适当减少。刚出台的《最高人民法院关于适用〈中华人民共和国合同法〉若干问题的解释（二）》第二十九条规定，当事人主张约定的违约金过高请求予以适当减少的，人民法院应当以实际损失为基础，兼顾合同的履行情况、当事人的过错程度以及预期利益等综合因素，根据公平原则和诚实信用原则予以衡量，并作出裁决。依照付款金额每日万分之二点一计算，答辩人承担违约金数额为 3778 元，答辩人请求法院根据法律规定及公平合理原则，对原告滞纳金的请求予以改判。

综上所述，原告的诉讼请求违背事实真相，不符合法律规定，恳请法庭在查明事实的基础上，依法审理，公正裁决，以维护答辩人的合法权益，维护正常的经济秩序。

此致

××××区人民法院

答辩人　甲有限公司

××××年×月×日

【评析】

这是一起租赁合同纠纷案件的一审答辩状。本案原告乙运输有限公司将甲有限公司及其济南分公司起诉到某区人民法院。甲有限公司作为被告在答辩时首先根据我国《公司法》的规定，说明原告将被告甲有限公司的济南分公司列为被告是错误，并阐明了理由。其次，答辩人对原告主张其支付租金 61 040 元的诉讼请求，明确指出该请求所依据的事实有误，并结合租赁合同所规定的结算方式和乙方权利与义务的约定，阐明答辩人所欠原告的租金为 22 740 元，并要求法院依据事实对原告要求答辩人支付租金的请求予以改判。最后答辩人对原告要求其承担滞纳金 305 200 元的诉讼请求，根据《合同法》和最高法院关于《合同法》的司法解释，论证了原告此项要求明显过高，有失公平原则。答辩理由的阐述紧紧围绕案件事实和相关法律规定，从而为答辩请求的实现提供了有力的支持。该文书文字表述准确到位，逻辑清晰。美中不足的是：①欠缺证据。②答辩案由的写法不符合新的《民事诉讼文书样式》的要求。

第四节　上诉文书

上诉文书，是指各类诉讼案件的当事人或其法定代理人，不服第一审人民法院的裁判，在法定的上诉期限内，向上一级人民法院提起上诉，请求撤销或变更原审裁判时所制作的法律文书。包括各种上诉状，如刑事上诉状、刑事附带民事上诉状、民事上诉状、行政上诉状。

上诉文书是当事人行使上诉权，维护自身合法权益的工具。它是第二审人民法院启动第二审审判程序的依据。上诉文书如果符合事实和法律，理由正当，经第二审人民法院审理后，作出正确的裁判，就可避免错案的发生；如原裁判正确或部分正确，经第二审裁判后，就可维持正确的裁判，从而保证法律的正确实施。

一、刑事上诉状

（一）刑事上诉状的概念和功能

刑事上诉状，是指刑事诉讼的被告人、自诉人或者他们的法定代理人，不服地方各级人民法院第一审未生效的判决或裁定，在法定期限内，向上一级人民法院提出上诉，请求撤销、变更原裁判或者发回重审时制作的法律文书。

《刑事诉讼法》第216条规定，被告人、自诉人和他们的法定代理人，不服地方各级人民法院第一审的判决、裁定，有权用书状或者口头向上一级人民法院上诉。被告人的辩护人和近亲属，经被告人同意，可以提出上诉。附带民事诉讼的当事人和他们的法定代理人，可以对地方各级人民法院第一审的判决、裁定中的附带民事诉讼部分，提出上诉。

刑事案件的当事人不服一审法院的裁判，用刑事上诉状提出上诉，是行使上诉权的重要形式。上诉状也是法院启动二审审判程序、查明案件事实、公正合法地处理案件的基础，有利于避免冤假错案的发生，维护法律的正确实施，维护当事人的合法权益。

（二）刑事上诉状的格式

刑事上诉状

上诉人

上诉人×××（姓名）××（案件性质）一案，于××××年×月×日收到××人民法院××××年×月×日（××××）×刑初×号刑事判决（或裁定），现因不服该判决（或裁定），提起上诉。

上诉请求

上诉理由

此致

××××人民法院

附：本上诉状副本×份

上诉人　×××

××××年×月×日

（三）刑事上诉状的基本内容

刑事上诉状由首部、正文和尾部组成。

1. 首部。首部包括标题、当事人基本情况和上诉事由。

（1）标题。写"刑事上诉状"。

（2）当事人基本情况。当事人包括上诉人和被上诉人。此项内容的列项公诉案件和自诉案件不同。

自诉案件当事人的称谓，提起上诉的称为上诉人，对方当事人称为被上诉人。如果是一审自诉人提起上诉的，则自诉人是上诉人，一审被告人是被上诉人。如果是一审被告人提出上诉的，则被告人是上诉人，一审自诉人为被上诉人。如果一审自诉人和被告人均提出上诉，都列为上诉人，没有被上诉人。

在公诉案件中，一审被告人提出上诉的，列为上诉人，没有被上诉人，不能把人民检察院列为被上诉人。

当事人的法定代理人提出上诉的，仍把自诉人或被告人列为上诉人，写明其基本情况后，然后另起一行写明其法定代理人的基本情况。

被告人的辩护人或者近亲属经被告人同意后提出上诉的，还是应当把被告人本人列为上诉人，写明其基本情况，然后另起一行写明代为上诉人的基本情况。

当事人基本情况依次写明姓名、性别、出生年月日、民族、出生地、文化程度、职业或工作单位和职务、住址等内容。

（3）上诉事由。写明上诉人因何案不服何法院何时何字号的判决或裁定而提出上诉。表述为"上诉人×××（姓名）××（案件性质）一案，于××××年×月×日收到××人民法院××××年×月×日（××××）×刑初×号刑事判决（或裁定），现因不服该判决（或裁定），提起上诉"。

2. 正文。正文包括上诉请求和上诉理由。

（1）上诉请求。上诉请求是上诉人提出上诉希望达到的目的，反映上诉人上诉的真实意愿。

（2）上诉理由。上诉理由就是上诉人不服一审法院判决或裁定的根由。上诉理由是上诉请求的支柱，它是为实现上诉请求服务的。上诉请求能否实现，关键在于上诉理由是否充分。

3. 尾部。写明以下三项内容：

（1）致送法院的名称。分两行书写："此致""××××人民法院"。

（2）附项。写明本上诉状副本×份。

（3）署名、盖章、日期。在附项右下方由上诉人署名或者盖章，其下写明上诉的年月日。

（四）刑事上诉状的写作方法和技巧

1. 当事人基本情况的写法。按上诉人、被上诉人顺序分别写明当事人的基本情况，并注明其在一审中的诉讼地位。如上诉人（一审自诉人或被告人）、被上诉人（一审被告人或自诉人）。上诉人、被上诉人是二人以上的，则按一定顺序分别写明各自的基本情况。

2. 上诉请求的写法。上诉请求应针对原审裁判结果提出。要求明确具体地指出上诉人对原审裁判结果是全部不服，还是部分不服；是请求二审法院撤销原判，全部改判，还是部分改判。如"请二审法院依法撤销××××人民法院的（××××）×刑初×号刑事判决，依法改判上诉人无罪"。

上诉请求有几项的，应分条列项地写明。

上诉请求应写得简明扼要、直截了当、切实可行。

3. 上诉理由的写法。上诉理由应围绕上诉请求展开说理，应从一审裁判认定的事实是否清楚有据、适用的法律是否正确、量刑是否适当、诉讼程序是否合法等方面进行分析评价，阐明为什么上诉的具体理由。

（1）认定事实方面。刑事案件事实是对被告人定罪量刑的基础。如果认定事实有错误，势必会导致定罪量刑的错误。因此，写上诉状时首先要考虑从原裁判认定事实方面寻找上诉理由。原裁判认定事实错误是指原裁判认定的事实不清楚或者认定事实的证据存在问题。具体情形包括：原裁判认定的犯罪行为不是被告人实施的；原裁判据以定罪的证据存在矛盾或疑问，不能排除其他可能性，现有证据不能得出唯一结论的；原裁判据以定罪的关键证据虚假或系非法所得，导致案件基本事实不清的；按照法律、司法解释规定应当进行司法鉴定而未鉴定的或鉴定不符合要求，造成原裁判事实不清、证据不足的；等等。

阐述上诉理由时，首先应明确具体地指出原裁判错在何处，然后用确实、充分的证据说明事实真相，全部或部分否定原审裁判认定的事实。

（2）适用法律方面。一审法院的裁判适用法律错误通常是指原裁判认定的事实虽无不妥，但在案件性质的认定、罪名的确定或者量刑方面存在错误。如原判认定被告人的行为构成故意伤害罪，被告人认为自己的行为属于正当防卫而提出上诉；原判认定被告人的行为构成抢劫罪，被告人认为构成盗窃罪而提出上诉；原判以受贿罪判处被告人死刑，被告人认为量刑过重而提出上诉；等等。书写上诉理由时，首先应明确、具体地指出原裁判适用法律错在何处，然后结合案件事实，论证本案应适用的具体法律规定。

（3）诉讼程序方面。一审法院违反诉讼程序方面的错误是指原审法院在审理案件和作出裁判时，存在违反法定诉讼程序的情形。如违反有关公开审判规定的；违反回避制度的；剥夺或限制了当事人的法定诉讼权利，可能影响公正审判的；审判组织的组成不合法的；等等。阐述上诉理由时，应根据有关法律规定，指出原审法院在诉讼程序方面的具体错误。

上诉理由写完后，一般还要对上诉请求予以总结，强调上诉人的主张。表述为"为此，根据《中华人民共和国××法》的规定，特向你院上诉，请依法撤销原审判决（或裁定）的全部（或部分），予以改判（或重新审判）"。

阐述上诉理由应该做到：说理充分，立论有据，用语精炼，逻辑严谨，层次清晰，坚持以法以理服人，避免空洞、无力的说教式写法。从表达方式上看，上诉理由主要运用的写作手法是反驳，即针对原审裁判的错误或不当之处进行驳斥。实践中常用的反驳手法主要有反驳论点法、反驳论据法和反驳论证法，具体采用何种手法，应视具体案情而定。倘若驳斥的内容有几个方面，可采取分条列项的方法分层论述。

二、民事上诉状

（一）民事上诉状的概念和功能

民事上诉状，是指民事诉讼的当事人因不服人民法院第一审未生效判决、裁定，在法定期限内，向上一级人民法院提出上诉，请求撤销、变更一审判决、裁定或者重新审理的法律文书。

《民事诉讼法》第 164 条规定，当事人不服地方人民法院第一审判决的，有权在判决书送达之日起 15 日内向上一级人民法院提起上诉。当事人不服地方人民法院第一审裁定的，有权在裁定书送达之日起 10 日内向上一级人民法院提起上诉。第 165 条规定，上诉应当递交上诉状。上诉状的内容，应当包括当事人的姓名、法人的名称及其法定代表人的姓名或者其他组织的名称及其主要负责人的姓名；原审人民法院名称、案件的编号和案由；上诉的请求和理由。

民事上诉状是当事人行使上诉权的重要工具，也是法院启动二审审判程序、查明案件事实、公正合法地处理案件的基础，有利于维护当事人的合法权益，维护司法公正。

（二）民事上诉状的格式

民事上诉状

上诉人（一审×告或第三人）：×××，男/女，××××年×月×日出生，×族，……（写明工作单位和职务或职业），住……。联系方式：……。

法定代理人/指定代理人：×××，……。

委托诉讼代理人：×××，……。

被上诉人（一审×告）×××，……。

……

（以上写明当事人和其他诉讼参加人的姓名或者名称等基本信息）

×××因与×××……（写明案由）一案，不服××人民法院××××年×月×日作出的（××××）……号民事判决/裁定，现提出上诉。

上诉请求：

……

上诉理由：

……

证据和证据来源，证人姓名和住所：

……

此致

××××人民法院

附：本上诉状副本×份

上诉人（签名或者盖章）

××××年×月×日

（三）民事上诉状的基本内容

民事上诉状包括首部、正文和尾部三项内容。

1. 首部。首部包括标题、当事人基本情况和上诉事由。

（1）标题。写"民事上诉状"。

（2）当事人基本情况。上诉人是自然人的，基本情况写法与民事起诉状相同。上诉人是法人或者其他组织的，先写名称、住所，然后另起一行写明法定代表人/主要负责人的姓名、职务及联系方式。上诉时已经委托诉讼代理人的，应在上诉人及其法定代理人/指定代理人、法定代表人/主要负责人项下，另起一行列项写明诉讼代理人基本信息。

（3）上诉事由。应写明上诉人因何案不服何人民法院何时何字号民事判决或裁定提出上诉。具体写明如下一段文字："×××因与×××……（写明案由）一案，不服××人民法院×××年×月×日作出的（××××）……号民事判决/裁定，现提出上诉。"

2. 正文。正文是上诉状的核心内容，包括上诉请求；上诉理由；证据和证据来源，证人姓名和住所。

（1）上诉请求。上诉请求是上诉人通过二审所要达到的目的，应体现上诉人的真实意愿。

（2）上诉理由。上诉理由是上诉人不服一审法院裁判的具体理由，应根据事实和法律说明原审裁判认定的事实、适用的法律、诉讼程序等方面存在的错误或不当之处。上诉理由写的越充分、越透彻，越有利于实现上诉的目的。

（3）证据和证据来源，证人姓名和住所。上诉人在上诉时有新证据的，应当在上诉理由之后写明证据和证据来源，证人姓名和住所。

3. 尾部。写明以下三项内容：

（1）致送法院的名称。分两行书写："此致""××××人民法院"。

（2）附项。写明本上诉状副本×份。

（3）署名、盖章、日期。在附项右下方由上诉人署名或者盖章，其下写明上诉的年月日。

（四）民事上诉状的写作方法和技巧

1. 当事人基本情况的写法。按上诉人、被上诉人顺序分别写明当事人的基本情况，并注明其在一审中的诉讼地位。如上诉人（一审×告或第三人）、被上诉人（一审×告）。

上诉人与被上诉人是多人的，应按主次顺序分别写明各自的基本情况。

书写上诉状时一定要将被上诉人列写正确。特别要注意必要共同诉讼人的一人或者部分人提出上诉的，应按下列情形分别处理：①上诉仅对与对方当事人之间权利义务分担有意见，不涉及其他共同诉讼人利益的，对方当事人为被上诉人，未上诉的同一方当事人依原审诉讼地位列明；②上诉仅对共同诉讼人之间权利义务分担有意见，不涉及对方当事人利益的，未上诉的同一方当事人为被上诉人，对方当事人依原审诉讼地位列明；③上诉对双方当事人之间以及共同诉讼人之间权利义务承担有意见的，未提起上诉的其他当事人均为被上诉人。

如有第三人参与诉讼，还需写明第三人基本情况，具体写法参照上诉人与被上诉人基本情况的写法。

2. 上诉请求的写法。上诉请求应针对原审裁判结果提出。如果原裁判认定的基本事实不清楚，或者认定事实错误，或者适用法律错误，上诉时可以请求二审法院撤销一审判决，依法改判。如果原判决认定的基本事实不清，或者原判决遗漏当事人，或者具有违法缺席判决等严重违反法定程序的情形，上诉时可以请求二审法院撤销一审判决，将本案发回重审。诉讼费用的负担也可以作为一项独立的上诉请求提出。比如："诉讼请求：①请二审法院依法撤销××人民法院所作（××××）×民初×号民事判决中第一、第二项判决，依法改判。②本案一审、二审诉讼费用由被上诉人承担。"

上诉请求有几项的，应分条列项地写明。

上诉请求应写周全，因为二审法院是围绕当事人上诉请求审理案件的，当事人没有提出请求的，不予受理。因此，在写上诉状之前，应该对一审判决书进行仔细的分析，找出其中的错误之处，认真考虑从哪些方面提出上诉请求。书写上诉请求要简明扼要，一语道明，切忌拖泥带水。

3. 上诉理由的写法。书写上诉理由，首先要找出原审裁判中能够影响原审裁判结果的错误，提炼出上诉理由的论点。然后针对这些论点，摆出有确凿证据证明的事实，结合正确的法律条款进行分析论证，反驳原裁判的错误。具体可从以下几个方面展开论述：①原审裁判在认定事实和运用证据上有重大错误的，应以其为论点，摆出事实真相并列举相关证据，分析原裁判存在的问题，指出其错误之处，阐明上诉人的观点。②原审裁判对纠纷的性质认定错误，是非分辨不清，没有正确合理确定当事人责任的，上诉人应根据具体案情，指出本案属于何种法律性质，辨明是非责任，表明本方态度。③原审裁判适用法律错误的，应有针对性地分析原审裁判适用法律为什么是错误的，本案应当如何正确适用法律。④原审法院严重违反法定诉讼程序，影响公正裁判的，应先指出原审法院违反法定诉讼程序的事实表现，再阐明法律规定的正确诉讼程序应如何运作。

上诉理由写完后，应对上诉请求予以总结，强调上诉人的主张。表述为"为此，根据《中华人民共和国××法》的规定，特向你院上诉，请依法撤销原审判决（或裁定）的全部（或部分），予以改判（或重新审判）"。

上诉理由主要采取反驳的手法书写。写时应从具体案情出发，紧紧围绕原审裁判的错误，进行有理、有力、有据的驳斥。一般来说，凡是能够动摇或者改变原审裁判的问题和能够支持上诉请求的问题就是关键和重点，重点问题应放在前面予以充分论述，非重点问题放在后面一一阐明。反驳时，要注意一定要有条理性，做到层次分明、章法有序。如果原裁判有几处错误，则应用分条列项的方法，将驳斥的内容逐一表述出来进行反驳。避免将几个不同性质的问题纠葛在一起进行驳斥，致使头绪繁杂、含混不清的现象出现。

三、行政上诉状

（一）行政上诉状的概念和功能

行政上诉状，是指行政诉讼当事人不服人民法院第一审未生效的行政判决、裁定，在法定期限内，向上一级人民法院提起上诉，要求重新审理，并撤销或变更原审裁判的法律文书。

《行政诉讼法》第85条规定，当事人不服人民法院第一审判决的，有权在判决书送达之日起15日内向上一级人民法院提起上诉。当事人不服人民法院第一审裁定的，有权在裁定书送达之日起10日内向上一级人民法院提起上诉。

行政上诉状是当事人行使上诉权的书面表现形式，能够引起二审程序的发生，是二审法院依法对上诉案件进行审理和裁判的基础和依据。

（二）行政上诉状的格式

行政上诉状

上诉人×××，……（写明姓名或名称等基本情况）。

被上诉人×××，……（写明姓名或名称等基本情况）。

上诉人×××因……（写明案由）一案，不服××人民法院××××年×月×日作出的（××××）×行初×号判决（或裁定），现提出上诉。

上诉请求：

……（写明具体的上诉请求）。

上诉理由：

……（写明不服原审判决或裁定的事实及理由）。

此致

××××人民法院

上诉人：×××（签名或盖章）

××××年×月×日

附：

1. 上诉状副本×份

2. ……

（三）行政上诉状的基本内容

行政上诉状包括首部、正文和尾部三项内容。

1. 首部。首部包括标题、当事人基本情况和上诉事由。

（1）标题。写"行政上诉状"。

（2）当事人基本情况。按上诉人、被上诉人的顺序分别写明各自的基本情况，并在姓名之后括注其在一审中的诉讼地位。具体写法可以参照民事上诉状当事人基本情况的写法。

（3）上诉事由。写明上诉人因何案不服何法院何时何字号的判决或裁定而提出上诉。可表述为："上诉人×××因……（写明案由）一案，不服××××人民法院××××年×月×日作出的（××××）×行初×号判决（或裁定），现提出上诉。"

2. 正文。正文包括上诉请求和上诉理由。

（1）上诉请求。上诉请求是上诉人提起上诉的目的。应简要写明上诉人请求二审法院依法撤销或变更一审行政裁判，以及如何解决行政争议的具体要求。

（2）上诉理由。上诉理由是上诉人不服一审法院行政裁判的具体理由。上诉理由是否充分有力，关系到上诉请求能否实现、上诉目的能否达到，因此一定要写好。

3. 尾部。尾部写明下列三项内容：

（1）文书致送法院的名称。分两行书写："此致""××××人民法院"。

（2）署名、盖章、日期。在法院名称下一行的右端由上诉人署名或者盖章，其下写明上诉的年月日。

（3）附项。写明本上诉状副本×份和证据。

（四）行政上诉状的写作方法和技巧

1. 上诉请求的写法。上诉请求应明确、具体地指出要求二审法院如何裁判上诉案件。比如"上诉请求：①请二审法院撤销××人民法院作出的（××××）×行初×号行政判决，判令被上诉人××市工商管理局履行法定职责，向原告颁发营业执照。②被上诉人承担本案一、二审诉讼费用。"

2. 上诉理由的写法。阐述上诉理由应有针对性，即必须针对一审裁判在认定事实、适用法律、诉讼程序等方面的错误或不当之处，进行分析论证。如有新的证据，应一并提供给二审法院。具体写法可以参照民事上诉状理由部分的写作方法。

四、上诉文书实例与评析
【实例】

刑事上诉状[1]

上诉人：任×山，男，1951年9月20日出生，汉族，户籍地××省××区××路×号。

上诉人因一审判决诈骗罪一案，不服××市××区人民法院（××××）×刑初字第×号刑事判决书，现提出上诉。

上诉请求：

请求撤销××市××区人民法院（××××）×刑初字第×号刑事判决书，改判上诉人无罪。

上诉理由：

一、一审判决理由完全是有罪推定，认定上诉人构成诈骗罪的证据不确实、不充分。

从××区人民检察院的起诉书来看，该院是以上诉人涉嫌票据诈骗罪提起公诉的，在本案的一审过程中，上诉人的辩护人已经提出上诉人并不明知涉案的票据系变造票。这一观点也获得了一审法院认可，即上诉人主观上并不明知在逃犯于×路提供的450万元的承兑汇票系变造，故不构成票据诈骗罪。上诉人认为，一审法院在没有认定上诉人构成票据诈骗罪的情况下，却认定为普通诈骗罪，一审法院的判决结论与其自身观点存在明显自相矛盾，属于典型的有罪推定。

1. 上诉人没有构成诈骗犯罪的主观故意。根据刑法规定，诈骗罪必须是指以非法占有为目的，用虚构事实或者隐瞒真相的方法骗取财物。一审法院在判决中认为，上诉人隐瞒了广西国正源水务有限公司无任何经营往来的事实，系空壳公司，但是对于×路提供的商业承兑汇票还是提供了公司的印章给文×进行背书，故属于一种隐瞒事实真相的行为。众所周知，市场上没有实际经营业务的公司比比皆是，广西国正源水务有限公司并没有注销，公司与株洲福尔程化工有限公司在没有真实交易的情况下，对承兑汇票的背书行为并不构成犯罪，仅仅属于不符合票据法的行为，如果要追究责任，相互进行背书的公司都涉嫌犯罪了。很明显，这是根本不成立的。

2. 如果上诉人不构成票据诈骗罪，同样就不可能构成诈骗罪。在上诉人涉嫌的犯罪中以及其他诈骗犯罪中，如果要骗取他人财物，必须通过隐瞒事实真

---

[1]　资料来源：http：//www.66law.cn/goodcase/17590.aspx.

相的方法采取一定的诈骗手段。在本案中，如果认定上诉人构成诈骗罪，不是以广西国正源水务有限公司有没有实际经营业务为大前提，因为被害人湘潭大兴公司并非上述原因支付给株洲福尔程化工有限公司440万元资金，而是以购买承兑汇票为前提。那么，对于涉案承兑汇票是不是真实的，有没有隐瞒该票系变造的这一情节，才是认定上诉人有没有诈骗犯罪主观故意的前提条件。一审法院既然已经认定上诉人没有隐瞒承兑汇票系变造的主观故意情节，却认定属于诈骗，这根本不能自圆其说。

3. 一审法院对上诉人的口供存在明显的断章取义的取舍，没有对全部口供进行综合审核认定。首先，侦查机关于2012年2月10日对上诉人进行了第一次提审，从口供第4页的内容来看，上诉人与于×路于2011年3、4月份认识，于×路称其在北京有一家医药公司，当时，上诉人问于×路他的公司能否出具银行承兑汇票，于×路说可以由其公司担保银行开具承兑汇票……于是上诉人提出要他开一份银行承兑汇票，由上诉人出13%的手续费……根据上诉人的供述，不难发现，上诉人与于×路事前从来没有有关商量变造银行承兑汇票的预谋。其次，从2012年3月6日，侦查机关对上诉人的第五次提审口供第2页来看："问：你知道于×路买过来的承兑汇票的来历吗？知道承兑汇票的真伪吗？答：我没有考虑承兑汇票的真伪，于×路只告诉我这份银行承兑汇票的信息可以到全国各个银行去查询，信息是真实的。"由此可见，上诉人主观上并不明知涉案的票据属于变造的承兑汇票。关于于×路为什么能够以60万元的价格获得一张450万元的承兑汇票？这是本案上诉人涉嫌犯罪的关键处。上诉人认为，一审不能以需要支付60万元成本获得了450万元的承兑汇票这种理解推测该票据明知是变造的。60万元换来450万元承兑汇票的可能性有很多，上诉人一直以为是于×路支付办理贷款的成本从银行贷出来，从来没有想过经过银行验证的票据是假的。

4. 从本案被询问人颜×兴、宋×武、朱×明、彭×强、齐×开等人陈述的内容来看，上诉人根本不可能知道涉案票据系变造的汇票。颜×兴在第一次询问笔录第2页陈述称：我们的财务人员专门到银行对这张承兑汇票进行了查验，证实汇票是真实的；宋×武在第一次询问笔录第2页陈述称：朱×明当时承诺他已经在银行查询了汇票的真假，保证是真票。朱×明在第一次询问笔录第2页陈述称：我以前一个叫文×的朋友带着任×山拿着一张承兑汇票找到我……通过银行查询这张承兑汇票的票面等情况，确认盖章承兑汇票确实存在……彭×强在第一次询问笔录第2页陈述称：饭后，齐×开、张×良及另外三人到银行验证承兑汇票的真伪……后来，张×良告诉我，这张承兑汇票银行验票是真实的。齐×开在第二次询问笔录第2页陈述称：××银行的工作人员告诉我们这份承兑汇票是真实的。如此多的证人证言均证实承兑汇票的真实性，那么，一审判决认定上诉人对票据的真假情况存在隐瞒是不客观的。

5. 上诉人再次向二审法院强调，对于于×路提供的 450 万元承兑汇票有关贴现过程，上诉人全程没有参与，全部是文×一手操办，文×仅仅向上诉人告知可以从银行借到钱，上诉人一直认为自己与于×路应该各归还各自拿到的钱，从来没有想过据为已有，不用归还。

6. 从上诉人的二位证人伏×中和胡×波的证言可以得知，直到 2012 年 1 月 18 日（2011 年腊月二十五），上诉人在福建省建瓯市委托了伏×中前往湖南长沙与宋×武、朱×明协商归还银行承兑汇票贴现的欠款的事情。此期间，上诉人从来没有躲藏起来，公安机关的补充材料中宋×武、朱×明已经证实伏×中代表上诉人协商还款的事情。上诉人在整个案发过程中，没有任何不接电话或故意逃避追捕的行为，电话也没有更换过，上诉人也不可能于 2012 年 2 月 10 日用实名制的车票乘火车去福建。

二、恳请二审法院坚持"罪刑法定、疑罪从无、无罪推定"刑法原则。

如今，真正犯罪嫌疑人于×路、文×负案在逃，上诉人被关押后，深感冤屈和无奈，因为只要此二人一天不到案，上诉人将无法真正进行辩白，上诉人年岁已高，身患严重高血压，曾一次次想了结余生，可是一想到自己不能身负着不白之冤，就只能在看守所苟延残喘的忍辱活下去。上诉人始终坚持认为，即使犯罪嫌疑人于×路、文×没有到案，但我国刑法明确规定了疑罪从无的原则，既然本案无法形成完整的链条，那么，根据我国《刑法》第一百六十二条第一款第三项的规定：（三）证据不足，不能认定被告人有罪的，应当作出证据不足、指控的犯罪不能成立的无罪判决。

综上所述，为了避免冤假错案的发生，恳请二审法院抛弃顾忌各个部门的利益，顾忌错案的影响后果的思维模式，坚决拨乱反正，改判上诉人无罪。

此致
××市中级人民法院

上诉人　任×山
2013 年 1 月 ×日

【评析】

这是一起刑事案件的上诉状。一审法院认定上诉人构成诈骗罪，上诉人则认为其行为不构成犯罪。该上诉状的特点是：①项目齐全。按照规定写了首部、上诉请求和理由、尾部等内容。②上诉请求明确具体。③阐述上诉理由有理有据。该部分首先运用证据反驳原审认定的事实有误，然后依据疑罪从无原则和我国刑事法律规定，论证本案应作无罪处理的道理，从而为上诉请求的实现提供了事实依据和法律支持。

但该文书也存在不足之处，如对上诉人基本情况、上诉事由的写述不符合规范要求；适用法律应为《刑事诉讼法》第一百六十二条第一款第（三）项〔2012 年《刑事诉讼法》改为第一百九十五条第一款第（三）项〕，而非《刑法》第一百六十二条第一款第三项。

第五节　反诉文书

反诉文书，是指刑事自诉案件的被告人或民事案件的被告在诉讼过程中，就自诉人或民事原告起诉的同一行为事实或纠纷事实，提出相反诉讼请求时所制作的法律文书。包括各种反诉状，如刑事反诉状（只有自诉案件存在）和民事反诉状。

反诉文书具有以下特点：①反诉状在内容上必须与本诉有密切联系。刑事反诉状的内容不能超出自诉人的指控范围。民事反诉状提出的事实必须与本诉紧密相关，诉讼请求也须与本诉相对或相反。②反诉只能在本诉开始以后提出，它是以自诉人或原告的起诉为前提的，否则就不能称其为反诉。③反诉状的目的在于使反诉与本诉合并审理，以抵销或吞并对方的诉讼请求。④反诉具有独立性，即使本诉撤诉，反诉人没有撤诉的话，反诉依然继续进行。

一、刑事反诉状

（一）刑事反诉状的概念和功能

刑事反诉状，是指刑事自诉案件的被告人，在一审刑事审判过程中，就自诉人起诉的同一纠纷事实反过来再起诉自诉人所制作的法律文书。

在刑事自诉案件中，反诉是法律赋予被告人的一项诉讼权利。反诉提出的是与本诉有直接联系的新的独立的诉讼请求，它具有对抗本诉自诉人提出的诉讼请求的目的。这种对抗可以使本诉的自诉人受到刑事处罚。被告人提交反诉状，向法院反映自己的诉讼主张，有利于维护自身的合法权益。对法院来讲，反诉与本诉合并审理，能够节省诉讼成本，提高审判效率。

（二）刑事反诉状的格式

刑事反诉状

反诉人（本诉被告人）

被反诉人（本诉自诉人）

反诉请求

事实与理由

证据和证据来源，证人姓名和住址

此致

××××人民法院

附：本反诉状副本×份

反诉人　×××

××××年×月×日

（三）刑事反诉状的基本内容

刑事反诉状包括首部、正文和尾部三项内容。

1. 首部。首部包括标题和当事人基本情况。

（1）标题。写"刑事反诉状"。

（2）当事人基本情况。依次写明反诉人和被反诉人的姓名、性别、出生年月日、民族、籍贯、职业、工作单位及职务、住址等，并在反诉人与被反诉人姓名之后，用括号注明其在本诉中的诉讼地位。如反诉人（本诉被告人）、被反诉人（本诉自诉人）。

2. 正文。正文包括反诉请求；事实与理由；证据和证据来源，证人姓名和住址三项内容。

（1）反诉请求。反诉请求是反诉人提出反诉所要达到的目的。反诉请求的内容必须针对本诉事实提出，不能超越。

（2）事实与理由。刑事反诉状的事实与理由是反诉请求赖以成立的基础，也是法院判断是非、分清责任、正确处理本诉和反诉的依据。必须重视此部分的写作。

（3）证据和证据来源，证人姓名和住址。刑事反诉状与刑事自诉状一样，必须要有确实、充分的证据证明反诉事实确实存在，被反诉人的行为已经构成某种犯罪，从而为反诉理由的阐述打下坚实的基础。

3. 尾部。尾部包括以下三项内容：

（1）文书致送单位的名称。分两行书写："此致""××××人民法院"。

（2）附项。在法院名称之下，写本反诉状副本×份。

（3）反诉人署名、日期。在右下角由反诉人署名，并写明制作文书的日期。

（四）刑事反诉状的写作方法和技巧

1. 反诉请求的写法。书写反诉请求应用非常精炼的语言文字，向法院提出明确具体的反诉请求。如"自诉人王×的行为已构成××罪，请法院依法追究其刑事责任"。

2. 事实与理由的写法。刑事反诉状的事实与刑事自诉状的事实的写法基本相同。一般按照时序法将被反诉人实施犯罪的动机、目的、时间、地点、具体经过、给反诉人造成的危害后果真实地反映出来。但由于刑事反诉状叙事的目的不同于刑事自诉状，刑事自诉状叙事的目的是支持诉讼请求，刑事反诉状叙事的目的是支持反诉请求，因此，两种诉状在叙事时的侧重点有所不同。刑事反诉状叙事应紧紧围绕反诉的请求写明提起反诉所依据的事实、被反诉人的过错及其应当承担的刑事责任展开。凡是能够支持反诉请求，或者能够动摇、抵消、吞并本诉或者使本诉失去作用的事实，都要作为重点详细地叙述清楚，对于那些不影响本诉，但又必须交代的事实，应简略地写述。

事实写完之后应另列一段阐明反诉的理由。反诉理由应以反诉事实为依据，以法律为准绳，分析被反诉人行为的性质及其应当承担的法律责任，并援引法律条文，作为提起反诉的法律依据。具体可写为"综上所述，反诉人认为，……（写明反诉的理由）。为此，根据《中华人民共和国××法》的规定，特向你院提出反诉，请依法判决"。

二、民事反诉状

（一）民事反诉状的概念和功能

民事反诉状，是指民事案件的被告方，在一审民事审判过程中，就原告方起诉的同一纠纷事实反过来再起诉原告所制作的法律文书。

根据《民事诉讼法》第51条的规定，在案件受理后，法庭辩论终结前，被告有提出反诉的权利。民事反诉状是当事人实现其反诉权利，提出反诉请求，达到反诉目的，取得反诉效果的重要工具。也有利于法院兼听本诉和反诉各方当事人的意见和理由，全面查清案情，公正处理案件。

民事案件反诉与刑事自诉案件反诉的后果是不同的。刑事自诉案件的反诉在后果上可以使本诉的自诉人也受到相应的刑事处罚，但不能抵销反诉人本人应受的刑事处罚。而民事案件的反诉，既可以抵销、排斥、吞并原告所主张的权利，也可以使本诉原告的诉讼请求部分或全部丧失，甚至超出本诉原告所主张的权利范围。

（二）民事反诉状的格式

民事反诉状有两种格式，一是供公民反诉用，一是供法人或者非法人组织用。现只列供公民用的民事反诉状。

民事反诉状

反诉原告（本诉被告）：×××，男/女，××××年×月×日生，×族，……（写明工作单位和职务或职业），住……。联系方式：……。

法定代理人/指定代理人：×××，……。

委托诉讼代理人：×××，……。

反诉被告（本诉原告）×××，……。

……

（以上写明当事人和其他诉讼参加人的姓名或者名称等基本信息）

反诉请求：

……

事实与理由：

……

证据和证据来源，证人姓名和住所：

……

此致

××××人民法院

附：本反诉状副本×份

反诉人（签名）

××××年×月×日

（三）民事反诉状的基本内容

民事反诉状包括首部、正文和尾部三项内容。

1. 首部。首部包括标题和当事人基本情况。

（1）标题。写明"民事反诉状"。

（2）当事人基本情况。在民事反诉状中，反诉人称为反诉原告，被反诉人称为反诉被告。反诉的被告，只能是民事案件的原告，而不能是其他人。当事人基本情况的写作内容与民事起诉状中的相关内容一样。

2. 正文。正文包括反诉请求；事实与理由；证据和证据来源，证人姓名和住所三项内容。

（1）反诉请求。反诉请求是反诉人向法院提出的，要求作出某种裁判的请求。它是提出反诉所希望达到的目的。反诉请求的内容必须针对本诉的事实提出。

（2）事实与理由。反诉的事实和理由是反诉请求赖以成立的基础。与民事起诉状一样，必须用有确凿证据证明的事实和明确有力的法律依据，论证提出反诉请求的合理性和合法性。反诉理由越充分，说理越透彻，就越能支持反诉请求，就更容易达到反诉的目的。

（3）证据和证据来源，证人姓名和住所。事实与理由写完之后，也要列举证据。凡是能够证明反诉事实成立的证据都必须列举。证据必须确实、充分。证据的写法和要求与民事起诉状相同。

3. 尾部。尾部包括以下三项内容：

（1）致送单位的名称。分两行写："此致""××××人民法院"。

（2）附项。在法院名称之下，写明本反诉状×份。

（3）署名、日期。在右下角由反诉人署名，并注出制作文书的日期。

（四）民事反诉状的写作方法和技巧

1. 当事人基本情况的写法。应按照反诉原告、反诉被告的顺序依次写明各自的基本情况，写法与民事起诉状相同。但在当事人姓名之后，应用括号注明其在本诉中的诉讼地位。如反诉原告（本诉被告）、反诉被告（本诉原告）。当事人是无民事行为能力或限制民事行为能力人的，在当事人项下，另起一行列项写明其法定代理人/指定代理人基本情况。当事人是法人或非法人组织的，应在其基本情况写完后，再起一行写明法定代表人/主要负责人的基本情况。反诉原告反诉时已经委托诉讼代理人的，应在反诉原告及其法定代理人/指定代理人或法定代表人/主要负责人项下，另起一行列项写明委托诉讼代理人基本信息。

2. 反诉请求的写法。反诉请求与本诉的诉讼请求之间要有密切联系。二者或者基于相同的法律关系，或者具有因果关系，或者基于相同的事实。对于符合条件的反诉，法院将与本诉合并审理。如果本诉、反诉的诉讼请求没有关联，反诉不成立，法院将裁定不予受理。

反诉请求要求写得明确具体，文字表述简明扼要。如"请法院依法判令被反诉人：①继续履行合同；②赔偿反诉人无法营业期间的经济损失 30 000 万元整；③承担本案反诉费用"。反诉请求有几项的，应分项写明。

3. 事实与理由的写法。民事反诉状叙述事实的方法和要求与民事起诉状相同。一般按照时序法将案件发生的时间、地点、涉及的人物、纠纷的起因、具体过程、造成的后果等要素反映出来。叙事重点要突出，详略要得当。应将与反诉请求有关的事实以及在理由部分作为论据的事实详细叙述清楚；对于那些不影响本诉，但必须交代的事实，简略写述。

事实写完之后应另列一段阐明反诉的理由，开头可用"综上所述，反诉人认为"作为引语，然后以反诉事实为基础，结合相关法律法规，分析反诉被告的行为性质，指出其行为给反诉原告造成的损失，阐明应当承担民事责任的理由。最后引用有关法律条文，作为提起反诉的法律依据。可写为"为此，根据《中华人民共和国××法》的规定，特向你院提出反诉，请依法判决"。

三、反诉文书实例与评析

【实例】

民事反诉状

反诉原告（本诉被告）：A 县林业公司　　　　　　住所地：A 县塞坝镇
法定代表人张×，公司经理，联系方式×××××××。

反诉被告（本诉原告）：B 县苗业公司　　　　　　住所地：B 县清山镇
法定代表人黄×，公司经理，联系方式×××××××。

反诉请求：

请求人民法院依法判决反诉被告 B 县苗业公司：

1. 返还我公司货款 20 万元及其利息；

2. 支付林管部门对我公司罚款 1 万元及其利息；

3. 支付合同违约金；

4. 承担本案诉讼费用。

事实与理由：

2014 年 3 月 20 日，我公司经理张×赴 B 县清山镇，与 B 县苗业公司经理黄×签订了购销红果树苗的合同，约定"苗业公司供给林业公司经过检验合格的红果树苗 100 万株，价款 40 万元，货到付款 50%，树苗栽到地里二个月后再付款 50%"。

3 月 30 日，苗业公司未及检验将 100 万株树苗送到我公司，我公司付给货款 20 万元，并将树苗植入林场。6 月 5 日，森林病虫害防治所受林管部门委托，对该批树苗进行检疫，发现 40% 的树苗有根癌病。林管部门对我公司罚款 1 万元，并销毁了所有树苗。

综上所述，反诉人认为：苗业公司违反合同约定，将未经检疫的、携带根癌病的红果树苗提供给我公司，极大地损害了我公司的利益，给我公司的生产经营造成了巨大的损失。为此，根据《中华人民共和国合同法》第一百零七条及《中华人民共和国民事诉讼法》第五十一条之规定，提出反诉，请你院依法公正裁判，以维护我公司的合法权益。

证据和证据来源，证人姓名和住所：

1. 合同原件 1 份

2. 林管部门罚款决定书 1 份

3. 森林病虫害防治所检疫证明 1 份

此致

A 县人民法院

附：本反诉状副本 2 份

反诉人　A 县林业公司

法定代表人：张×

（公章）

二〇一五年五月×日

【评析】

这份民事反诉状项目要素齐全，格式规范。叙述事实清楚有序，逻辑清晰。理由围绕反诉被告的违约行为和对反诉原告造成的损失依法论理，有理有据，为反诉请求的实现打下了坚实的基础。语言精炼，文笔流畅。值得借鉴。

第六节　申诉（申请再审）文书

申诉（申请再审）文书，是指各类诉讼案件的当事人及其法定代理人、近亲属，对已经发生法律效力的裁判不服，向司法机关（人民法院和人民检察院）呈送的，要求按照审判监督程序对案件进行再审的法律文书。包括各种申诉状、再审申请书，如刑事申诉状、行政申诉状、民事再审申请书。

申诉文书有以下几个特点：①申诉文书是针对已经发生法律效力的裁判所提出的诉讼文书。②申诉文书可能引起，但并不是必然会引起对案件的再审，关键在于已生效的裁判是否确有错误，申诉、申请再审是否有理。③申诉文书是保护当事人合法权益的文书。但是提交申诉状、再审申请书不能阻止已生效裁判的执行。

一、刑事申诉状

（一）刑事申诉状的概念和功能

刑事申诉状，也称"刑事申诉书"，是指刑事案件的当事人及其法定代理人、近亲属，认为已经发生法律效力的判决、裁定有错误，向人民法院或者人民检察院提出申诉时制作的法律文书。

《刑事诉讼法》第 241 条规定，当事人及其法定代理人、近亲属，对已经发生法律效力的判决、裁定，可以向人民法院或者人民检察院提出申诉，但是不能停止判决、裁定的执行。

在我国，申诉是法律赋予当事人的诉讼权利，也是人民法院和人民检察院发现错案的重要途径，是再审案件来源之一。当事人如果认为已经生效的刑事裁判确有错误，有权制作刑事申诉状向法院或者检察院申诉，请求复查案件并予以重新审判。人民法院对申诉案件进行审查后，如果认为申诉符合《刑事诉讼法》第242条规定的情形之一的，应当对案件进行重新审判。人民检察院接到申诉后，也应对案件进行审查，如果认为原裁判确有错误，应当按照审判监督程序向人民法院提起抗诉。对于抗诉案件，法院必须启动再审程序进行重新审判。法院通过对案件进行再审，可以纠正错误的刑事裁判，维护当事人的合法权益，维护法律的正确实施。

（二）刑事申诉状的格式

刑事申诉状

申诉人

申诉人×××对××人民法院××××年×月×日（××××）××××号刑事判决（或裁定），提出申诉。

请求事项

事实与理由

此致
××人民法院（人民检察院）

附：原审××书复印件1份

申诉人 ×××
××××年×月×日

（三）刑事申诉状的基本内容

刑事申诉状包括首部、正文和尾部三项内容。

1. 首部。首部由标题、申诉人基本情况和申诉事由组成。

（1）标题。写"刑事申诉状（书）"。

（2）申诉人基本情况。应依次写明申诉人的姓名、性别、出生年月日、民族、出生地、职业或工作单位及职务、住址等。申诉人系在押犯或服刑犯的，还应写明在押、服刑处所。如系被告人的法定代理人或近亲属申诉的，应先写明其姓名、年龄、职业等身份事项，并注明其与在押犯、服刑犯的关系。然后另起一行列项写明在押、服刑犯本人的基本情况。

（3）申诉事由。表述为"申诉人×××对××人民法院×××年×月×日（××××）××××号刑事判决（或裁定），提出申诉"。

2. 正文。正文包括请求事项和事实与理由。

（1）请求事项。请求事项是申诉人向司法机关提出的，要求对申诉案件作何处理的请求，是申诉人通过申诉想要达到的目的。

（2）事实与理由。事实与理由是刑事申诉状的主体内容，要求在说明事实真相的基础上，充分阐述提出申诉的理由，实际上是对原生效裁判提出的反驳。

3. 尾部。尾部写明以下三项内容：

（1）文书致送法院的名称。分两行书写："此致""××××人民法院（或人民检察院）"。

（2）附项。在法院名称之下，写明原审裁判文书复印件1份。

（3）署名、盖章、日期。在附项右下方由申诉人署名、盖章。其下写明申诉的年月日。

（四）刑事申诉状的写作方法和技巧

1. 请求事项的写法。此部分应简明扼要地指出已经生效的刑事裁判有何错误或不当，并提出请求司法机关对该案作何处理，是请求检察机关提出抗诉，还是请求法院进行再审。如果是请求法院再审的，还需进一步明确具体地提出要求法院变更错误的生效裁判，或者是撤销错误的裁判，或者是请求重新审判。比如，如果确属冤假错案，申诉人无罪的，如果向原审法院提出申诉，请求事项可写为"请依法撤销原判，对本案进行再审，并依法改判申诉人无罪"；如果是向原审法院的上级法院申诉，希望上级法院提审，不希望指令再审，则请求事项可写为"请依法撤销××区人民法院（××××）×刑初×号刑事判决，对本案进行提审，并改判申诉人无罪"。总之，请求事项应根据具体案情书写，因案而异，并且符合法律规定。

请求事项有几项的，应分条列项地写明。

2. 事实与理由的写法。首先应简明扼要地叙述原裁判认定的事实和裁判的结果，然后指出原裁判存在的错误或不当之处，并实事求是的说明事实真相。本案如经过多次判决，应按最后一次判决认定的事实写。

事实写完之后，应另起一段阐明理由。开头可用"综上所述，申诉人认为……"作为引语，之后写明申诉的具体理由。这部分应根据《刑事诉讼法》第242条关于申诉案件重新审判的有关规定，结合原生效裁判的错误或不当之处进行分析论证。一般来讲，原裁判存在的错误及不当之处主要表现在：认定事实有错误；适用法律不当；违反法定诉讼程序；审判人员在审理该案时有贪污受贿、徇私舞弊、枉法裁判行为。申诉人应从这几个方面寻找理由，阐明提出申诉的合理性和合法性。如果认为原生效裁判在认定事实上出现了重大失误，影响到裁判结果的正确性，可以采取釜底抽薪的方法，用所掌握的新事实和新证据予以驳斥。如果认为原生效裁判混淆了罪与非罪的界限而将无罪者定罪判刑，或者混淆了罪与罪的界限导致轻罪重判、罪与刑不相适应，或是适用法律出现了严重失误从而影响案件性质的准确认定，阐述理由就应讲清原生效裁判对案件的定性、定罪、适用法律错在何处，为什么是错误的，并指出应当如何定性、定罪、适用何种法律哪条哪款处理案件。如果认为原审审判人员在审理案件时，有贪污受贿，徇私舞弊，枉法裁判行为，阐述理由应当讲清审判人员贪污受贿、徇私舞弊、枉法裁判的事实和依据。最后阐明申诉的法律依据和请求。可表述为"为此，根据《中华人民共和国××法》第×条的规定，特向你院提出申诉，请依法重新审理"。

阐述申诉理由在内容次序的安排上应该采取先主后次的做法，即将原生效裁判中的主要错误问题放到前面阐明，将次要错误问题放到后面阐明，使人阅后感觉重点突出，重轻有序，层次清晰。为了突出所论述问题的要点题旨，可以在每个问题之前加上小标题，概括出题旨，以便受理申诉的司法机关审查。

二、民事再审申请书

（一）民事再审申请书的概念和功能

民事再审申请书，是指民事案件当事人对已经发生法律效力的民事判决、裁定认为确有错误，或者对已经发生法律效力的民事调解书，有证据证明调解违反自愿原则或者调解协议的内容违反法律规定，向人民法院提出再审申请，请求重新审判的法律文书。

根据《民事诉讼法》第199条、第201条、第202条的规定，当事人对已经发生法律效力的判决、裁定，认为有错误的，可以向上一级人民法院申请再审；当事人一方人数众多或者当事人双方为公民的案件，也可以向原审人民法院申请再审。当事人对已经发生法律效力的调解书，提出证据证明调解违反自愿原则或者调解协议的内容违反法律的，可以申请再审。但对已经发生法律效力的解除婚姻关系的判决、调解书，不得申请再审。

申请再审是法律赋予当事人的诉讼权利，当事人制作民事再审申请书向法院申请再审，是法院启动再审程序，对案件重新审理的重要材料来源。通过再审，既可以纠正法院错误的生效裁判，维护司法公正，维护当事人的合法权益，也可以督促法院加强审判监督，提高审判质量，防止错案的发生。

（二）民事再审申请书的格式

再审申请书

再审申请人（一、二审诉讼地位）：×××，男/女，××××年×月×日出生，×族，……（写明工作单位和职务或者职业），住……。联系方式：……。

法定代理人/指定代理人：×××，……。

委托诉讼代理人：×××，……。

被申请人（一、二审诉讼地位）：×××，……。

……

原审原告/被告/第三人（一审诉讼地位）：×××，……。

……

（以上写明当事人和其他诉讼参加人的姓名或者名称等基本信息）

再审申请人×××因与×××……（写明案由）一案，不服××人民法院（写明原审人民法院的名称）××××年×月×日作出的（××××）……号民事判决/民事裁定/民事调解书，现提出再审申请。

再审请求：

……

事实和理由：

……（写明申请再审的法定情形及事实和理由）。

证据和证据来源，证人姓名和住所：

……

此致

××××人民法院

附：1. 本民事再审申请书副本×份

　　2. ……（其他材料）

再审申请人（签名或者盖章）

××××年×月×日

（三）民事再审申请书的基本内容

民事再审申请书包括首部、正文和尾部三项内容。

1. 首部。首部包括标题、当事人基本情况和申请事由。

（1）标题。写"再审申请书"或"民事再审申请书"。

（2）当事人基本情况。当事人包括再审申请人、被申请人和原审其他当事人。当事人基本情况的内容与民事起诉状中当事人基本情况的内容相同。

（3）申请事由。表述为"再审申请人×××因与×××……（写明案由）一案，不服××人民法院（写原审法院名称）×××年×月×日作出的（××××）……号民事判决/民事裁定/民事调解书，现提出再审申请"。

2. 正文。正文包括再审请求；事实与理由；证据和证据来源，证人姓名和住所。

（1）再审请求。再审请求是再审申请人要求法院对案件进行再审所要达到的目的。可以请求法院对案件进行再审，也可以直接写出要求再审予以改判。

（2）事实与理由。事实与理由是当事人申请再审的基础，也是法院审查能否引起本案再审的重要依据。这部分是整个文书的核心内容，一定要写完整、写充分。

（3）证据和证据来源，证人姓名和住所。再审申请人有新证据的，应写明证据和证据来源，证人姓名和住所。没有新证据的，不写此项内容。

3. 尾部。尾部写明以下三项内容：

（1）致送法院名称。分两行写明"此致""××××人民法院"。

（2）附项。写明本民事再审申请书副本×份。副本份数应按被申请人和原审其他当事人的人数提交。除此之外，还应附其他材料，包括原审判决书、裁定书、调解书，反映案件基本事实的主要证据及其他材料，再审申请人的身份证明，法人或其他组织的营业执照、组织机构代码证书、法定代表人/主要负责人身份证明书，委托代理人的身份证明和授权委托书。

（3）署名、盖章、日期。在文书右下方由再审申请人署名或盖章，之下写明申请的年月日。

（四）民事再审申请书的写作方法和技巧

1. 当事人基本情况的写法。当事人是自然人的，写明其姓名、性别、出生年月日、民族、籍贯、工作单位和职务或职业、住址、联系方式。当事人是法人或其他组织的，先写明单位名称、住所地，之后另起一行写明法定代表人/主要负责人的姓名、职务、联系方式。

写时应注意，在当事人姓名之后，用括号注明其在原审中的诉讼地位。比如，再审申请人（原审原告或被告）、再审申请人（原审上诉人或被上诉人）、被申请人（原审被告或原告）、被申请人（原审被上诉人或原审上诉人）。

2. 再审请求的写法。再审请求应用简明扼要的文字写明再审申请人要求再审法院依法撤销或变更原审错误的生效裁判或调解书以及如何对其错误进行改判的具体请求。

请求事项可以是一项，也可以是多项。提出多项请求的，应按主次顺序分项列明。如"再审请求：①请依法撤销××人民法院（××××）×民终×号民事判决；②依法判决被申请人继续履行合同；③依法判决被申请人赔偿再审申请人经济损失人民币 12 万元。"

3. 事实与理由的写法。叙述事实一般采取时序法将整个案件的诉讼过程写完整、写清楚。即写明民事纠纷发生的时间、地点、起因、具体过程、造成的后果、有何证据证明等，诉讼后原审法院如何裁判此案。如果案件经过二审程序，还应写明一审裁判作出后当事人提出上诉，二审法院审判该案的情况和作出的处理结果。目的是让再审法院了解整个案件诉讼的全貌。同时，也为再审理由的论述打下基础。

阐述再审申请的理由应因案而异。如果再审申请人不服已经生效的民事裁判，就应先从判决书或裁定书中找出错误，并归纳成几点，然后针对每一点运用事实和法律进行批驳，指明其错在何处。如果再审申请人不服已经生效的调解结果，就应根据实际情况阐述理由。比如，以调解违反自愿原则为由申请再审的，理由部分就应写出审判人员具有强迫调解或欺骗当事人进行调解的行为；以调解协议的内容违反法律为由申请再审的，就应提出证据证明调解协议的内容违反了某个法律规定。

在阐述申请再审的理由时，还应引用有关民事实体法的条文为再审请求提供法律依据，说明再审请求的合法性。

在理由部分的最后，应引用《民事诉讼法》第 199 条（判决、裁定适用）或 201 条（调解适用），作为申请再审的程序法依据。

三、申诉（申请再审）文书实例与评析

【实例】

申　诉　书[1]

申诉人：刘××（系原审被告人刘×之父），男，1959 年 9 月×日出生，汉族，河北省卢龙县人，系××省××县××中学教员，住××省××县××街16 号，邮政编码：××××××

申诉人刘××对××省××县人民法院 2007 年 11 月 7 日（2007）×刑初字第×号刑事判决书不服，提出申诉。

请求事项：

请求原审法院立案再审，依法改判，从轻判处原审被告人刘×的刑罚。

---

〔1〕　资料来源：宋健主编：《法律文书的制作与应用》，中国政法大学出版社 2012 年版，第 350 页。

事实与理由：

我认为，××省××县人民法院（2007）×刑初字第×号刑事判决，不管是对案件发生起因的确认还是在适用法律方面，都有错误，我们无法接受。

一、刘×故意伤害案件发生的起因，在于被害人郭××不遵守交通规则。对这一重要问题，原判没有认定，只是说"被告人刘×与被害人郭××，在××小学房西路上骑自行车相遇，因双方互相躲让而没有让开，致使两车相撞，随后发生口角，并厮打起来"。事实的真相是，被害人郭××不遵守交通规则，骑自行车在道路的左边行驶，致使发生了与被告人刘×相撞的后果。对此，郭××不但不表示歉意，还态度蛮横，这才引起双方的口角和相互厮打。对这起故意伤害案件的发生，被害人郭××应负主要责任，而原判对此却不分是非，在量刑时，对这一情节也不加考虑，这显然是不公正的。

二、案件发生后，派出所有关人员曾到我家传讯被告人刘×，因刘×不在家，通知我们家长，待刘×回来后，让他马上去公安派出所。刘×回来得知后，便去派出所，并如实交代了罪行，接受司法机关的审查和裁判。根据最高人民法院、最高人民检察院、公安部《关于当前处理自首和有关问题具体应用法律的解答》第2条的规定，应以投案自首对待，而原审判决没有认定被告刘×有自首情节，更没有适用《刑法》第67条给予从轻处罚，对此，我们怎能服判？

据此，我们请求法院对此案立案再审，重新处理，查清发案原因，分清是非，全面适用法律，正确处理此案。

此致
××县人民法院

申诉人　刘××
二〇〇七年十月二十二日

附：原审法院刑事判决书抄件1份。

【评析】

本文书是一份刑事申诉书。申诉人认为原审已生效的判决确有错误，要求原审法院立案再审并依法改判。此文书的特点是：①请求事项明确、具体。②叙述清楚、理由充分。该文书在事实与理由部分详细分析了原审判决存在的两处错误，运用事实真相和司法解释相关规定论证原审裁判认定的事实有误、适用法律不当，导致对原审被告人的量刑不当。该文书也存在不足之处，表现在：①附项书写位置不合规范要求。②对申诉人基本情况一项写的不完整，漏写了原审被告人的基本情况。此案申诉是由原审被告人刘×之父提起的，正确的做法是先写申诉人（刘×之父）的基本情况，然后再另起一段列项交代原审被告人刘×的基本情况。

本章思考题

　　1. 什么是民事起诉状？民事起诉状有哪些种类？其正文部分应写明哪些内容？

　　2. 什么是刑事自诉状？其功能有哪些？刑事自诉状应如何阐述起诉理由？

　　3. 如何区别答辩状与反诉状？

　　4. 如何区别刑事上诉状与刑事申诉状？

　　5. 民事上诉状与民事再审申请书的区别是什么？

写作训练题

　　根据下列案情材料，为新兴服装公司拟写一份民事起诉状。

　　新兴服装公司于2013年4月与华丽商场签订了一份服装购销合同。合同约定：自同年8月起新兴服装公司按月向华丽商场提供男式夹克衫100套，女式夹克衫80套，用料为花涤纶。单价分别为200元（男）、180元（女）。在年底结算，一次付清。华丽商场于同年7月份先付定金3万元。新兴服装公司自同年8月至12月先后分五批按合同为华丽商场按规格、质量要求提供了合同规定的产品。但截至2014年2月，华丽商场仍未支付剩余的大部分货款。虽经新兴服装公司多次催要，但华丽商场仍借口服装滞销，资金紧张，一直拖欠至今（2014年5月）。新兴服装公司在无可奈何的情况下，向××市××区人民法院提起诉讼。

　　新兴服装公司（法定代表人高×，经理，电话1357×××××××），位于××市××大街××号。

　　华丽商场（法定代表人、李×，经理，电话1500×××××××），位于××市××大街××号。

第八章
律师实务文书（下）

▶ 学习目标

1. 了解辩护词、代理词、法律意见书、合同的概念和功能。

2. 能够根据具体案情材料制作相应的法律文书，如辩护词、代理词、法律意见书、合同等文书。

▶ 导读案例

××公司传播淫秽物品牟利案[1]

深圳市××科技有限公司（以下简称××公司）通过网络系统中的大量缓存服务器介入淫秽视频传播而拒不履行安全管理义务，间接获取巨额非法利益。××公司及4名主管王×、吴×、张×东、牛×举被检察机关起诉到北京市海淀区人民法院。庭审中，××公司及4名主管王×、吴×、张×东、牛×举的辩护人发表了辩护词。北京市海淀区人民法院将本案审理后以传播淫秽物品牟利罪判处××公司罚金一千万元；分别判处4名主管人员王×、吴×、张×东、牛×举三年零六个月至三年不等的有期徒刑，并处罚金。一审宣判后，原审被告人吴×不服，向北京市第一中级人民法院提出上诉。二审中，吴×的辩护人发表了辩护词。2016年12月15日，北京市第一中级人民法院二审维持了一审判决。

此案本身涉及网络传播、技术中立与法律边界等各种问题，每一个议题都具有前沿性和吸睛力，此案耗时将近两年半，将会是一起载入我国司法史的重大案件。本案中的××公司以及4名主管王×、吴×、张×东、牛×举的辩护人在法庭上发表的一审辩护词、二审辩护词均是律师实务文书。

---

[1]　资料来源：《人民法院报》2016年12月16日，第3版，有改动。

第一节　辩护词

一、辩护词的概念和功能

辩护词，是指刑事案件的辩护人依据刑事诉讼法规定的程序，在参与刑事诉讼活动中，为履行其辩护职责，维护被告人的合法权益向法庭发表的演说词。

刑事被告人享有辩护权是我国宪法规定的基本原则，也是一项重要的刑事诉讼制度。我国《刑事诉讼法》第32条第1款规定，犯罪嫌疑人、被告人除自己行使辩护权以外，还可以委托1~2人作为辩护人。下列人员可以被委托为辩护人：①律师；②人民团体或者犯罪嫌疑人、被告人所在单位推荐的人；③犯罪嫌疑人、被告人的监护人、亲友。第34条规定，犯罪嫌疑人、被告人因经济困难或者其他原因没有委托辩护人的，本人及其近亲属可以向法律援助机构提出申请。对符合法律援助条件的，法律援助机构应当指派律师为其提供辩护。犯罪嫌疑人、被告人是盲、聋、哑人，或者是尚未完全丧失辨认或者控制自己行为能力的精神病人，或者是可能被判处无期徒刑、死刑，没有委托辩护人的，人民法院、人民检察院和公安机关应当通知法律援助机构指派律师为其提供辩护。

律师为刑事诉讼中的犯罪嫌疑人、被告人进行辩护在我国辩护制度中居主导地位。律师接受委托或指派担任辩护人，开庭前除了应做好阅卷、会见犯罪嫌疑人/被告人、调查取证等业务工作外，拟写好辩护词也是刑事辩护业务工作中的一项重要内容。一份观点明确、论理深刻、逻辑严谨、富有说服力的优秀辩护意见，能够系统而准确地反映出辩护人对案件的看法及要求，打动并影响法官，有助于法院全面、客观地了解案情，查清事实真相，准确适用法律，作出公正的裁判，使被告人的合法权益得到最大限度的保护。同时，辩护词在法庭上公开演讲，对于广大旁听群众来说，无疑也起到了宣传法制、教育公民遵纪守法的重要作用。

二、辩护词的格式

辩 护 词

审判长、审判员/人民陪审员：

根据《中华人民共和国刑事诉讼法》第32条的规定，××律师事务所接受本案被告人×××的委托，指派我（们）担任被告人的辩护人，参与本案诉讼活动。开庭前，我（们）查阅了本案案卷材料，会见了被告人，进行了调查取证工作，刚才又听了法庭调查。辩护人认为，……（无罪或罪轻）。理由如下：

一、……。

二、……（分述辩护理由）。

综上所述，辩护人认为，根据我国《刑法》第×条第×款之规定，请求法庭对被告人宣告无罪（或免除处罚或从轻、减轻处罚）。

辩护意见发表完毕。

辩护人：××律师事务所

律师×××

××××年×月×日

三、辩护词的基本内容

辩护词没有固定格式，但根据多年来的辩护实践，却早已形成通行的、共同认可的表达模式。其内容主要由三部分组成：

（一）引言部分

引言又称序言、前言。主要包括以下几项内容：

1. 标题。在文书上端居中写出"辩护词"。

2. 称呼语。写明该辩护词的发表是在向法庭审判人员述说。应在标题之下第一行顶格写："审判长、审判员"或"审判长、人民陪审员"。在发表辩护意见过程中，如果论述到比较重要的问题时，为了突出该论述内容可以在阐述前反复插入该呼语，以便突出其重要性。如："审判长、审判员：辩护人特别需要向法庭强调的是：①……②……③……"

3. 开场白。开场白是辩护词中发表辩护意见的起句语、题旨段，主要交待辩护人的身份及职责，说明开庭前本辩护人都做了哪些准备工作，提出辩护观点。近年来，开场白的写作已形成了一种比较固定、通用的表达模式。如："根据《中华人民共和国刑事诉讼法》第32条的规定，××律师事务所接受本案被告人×××的委托，指派我（们）担任被告人的辩护人，参与本案诉讼活动。开庭前，我（们）查阅了本案案卷材料，会见了被告人，进行了调查取证工作，刚才又听了法庭调查。辩护人认为，……（无罪或罪轻）。理由如下：……"

辩护词的开头不应拘泥于这一种固定表达模式，可以根据案情特点，设计不同类型的开头，如提问式、同情抚慰式、针锋相对式、交待情况式、总领全文式等，这是由于辩护词属于法庭演讲论辩文书，律师发表辩护意见要取得良好的辩护效果，抓住人心，开头开得好，就能牢牢吸引住人，使人顺着开头的思路有兴趣地听下去。

（二）辩护理由

辩护理由是辩护词的论述部分。在这一部分中，辩护人需要运用法律理论结合案件事实进行具体而深刻地论述，为开场白中所提出的辩护观点提供全面而有力的支撑，并通过充分精要的分析、坚实而严谨的反驳，证明辩护观点的成立，驳斥公诉机关指控的错误所在。写好这一部分，对于确保刑事辩护工作的成功，充分发挥辩护词的实际功效，作用十分重大。

（三）结束语

这是辩护词的结语。主要是对辩护观点进行小结，概括全文，归纳辩护的中心思想，简要提出对本案处理的意见和要求，请求法庭予以充分地考虑。最后，用"我的发言完了，谢谢审判长、审判员"结尾。底下由辩护人署名，写明"××律师事务所律师×××"。再下标出制作的日期。

四、辩护词的写作方法和技巧

辩护词的制作，关键在于辩护理由的阐述。辩护理由的内容阐述应根据辩护人确立的辩护观点去安排，一般来说可从以下几个方面提出：

1. 无罪辩护。如果认为被告人之行为并不构成犯罪，首先应该先摆出公诉机关指控的涉嫌罪名，之后运用法律理论结合案情进行分析，并辅以确凿的证据印证，说明被告人之行为并不属于犯罪，而属于正当防卫、紧急避险、意外事故或情节显著轻微，从而应宣告无罪。如果认为从证据角度来看指控被告人构成犯罪存在疑问，应当从证据能力、证明力、证明责任、证明标准等角度进行辩护。

2. 罪轻辩护。罪轻辩护包括两种：一种是对定罪无异议，在量刑方面进行罪轻辩护；另一种是认定应构成法定刑较轻的罪名，即此罪与彼罪的辩护。有的案件，刑事犯罪成立无疑，公诉机关指控罪责并无不当，但辩护人为了充分行使辩护职能，可以以从轻或减轻作为主辩方向，提出被告人所具备的诸如自首、中止犯罪、犯罪动机、出于义愤、对方负有一定责任、犯罪后认罪态度好、有悔罪或立功表现、属从犯或胁从犯、聋哑人犯罪、犯罪时未达到法定刑事责任年龄等从轻或减轻处罚的法定或酌定情节，从而达到辩护的目的。此罪与彼罪的辩护主要围绕犯罪构成展开，以罪名的异同为重点。

3. 免除刑事责任辩护。辩护人在充分掌握案件材料的基础上，如果认为被告人的行为罪责较轻，符合刑法总则第 19 条、第 20 条第 2 款、第 21 条第 2 款、第 22 条第 2 款、第 23 条第 2 款、第 24 条第 2 款、第 27 条第 2 款、第 28 条中规定的诸如聋哑人、盲人犯罪，正当防卫、紧急避险超过必要的限度造成不应有的危害，预备犯、未遂犯、中止犯、从犯、胁从犯等情形，可以运用足够的事实依据及法律依据进行分析论证，说明被告人具备了免除刑事责任的条件。

　　辩护理由的论述应具备很强的条理性及严密的逻辑性，一般来说其论述的模式大都是采用专题分项式，即列出几个问题，每一专题前冠以独立的小标题，按照主次轻重顺序依次排列，分项论证，各题单列自成体系，合并又形成一个完整的群体，从不同角度、不同方面说明总的辩护论点。

　　正确、恰当地运用一定的论证方法是写好辩护理由的重要一环。实践中辩护词的写作较常使用的论证方法主要有以下几种类型：

　　1. 事实论证。列宁曾经说过："事实不仅是胜于雄辩的东西，而且是证据确凿的东西。"辩护人将经查证属实的事实列举出来，用事实说话，证明立论的正确性，本身就具有不可辩驳的说服力。

　　2. 法理论证。在辩护实践中，辩护人认为起诉书或一审判决书在适用法律上和对案件定性上有差错，认为被告人行为不构成犯罪或本身具备了从轻、减轻、免除刑事处罚条件，诸如自首、初犯、中止犯、预备犯、正当防卫、紧急避险或正当防卫、紧急避险超过必要的限度造成不应有的危害等，都可以根据某项法律条文作为依据进行法理论证，以证明论点的正确。

　　3. 因果论证。在刑事案件中，犯罪危害后果的产生大都由一定的原因所导致，特别是凶杀、伤害案件，被告人为什么要杀人或致伤人命，总是事出有因。运用因果论证的方法，可以从案情纵向的发展过程去考察犯罪动机的起因，以求达到减轻被告人罪责之辩护目的。

　　4. 正反对比论证。辩护词中运用正反对比的方法，可以使所论事理更深刻、更透彻，使辩护论点鲜明、突出。

　　除了从事实、法律角度的辩护，还可以从情感方面展开辩护。比如，剖析被告人犯罪原因、提交被告人社会调查报告、阐述案件的社会影响等。

　　以上几种方法是辩护词中较为常见的方法。需要指出的是，由于案情的复杂性，根据实际需要，这几种方法既可用其中一种，也可综合穿插起来同时使用，具体应根据案情决定。

　　辩护理由是支持辩护论点的支柱，辩护观点能否成立，主要取决于理由论述的好坏。由此，阐述理由必须坚持"以事实为依据，以法律为准绳"的原则，通过摆事实，讲道理，依法分析案情，于分析之中揭示矛盾，从中得出正确的结论。力戒说理软弱无力，空洞无物，用抽象的语言取代具体的分析，说理透彻、充分，才能以理服人，情、理、法交融，使己之观点为法庭所接受。

　　辩护词中使用语言要严谨平实，不卑不亢，不得强词夺理，无理狡辩。更不能用讽刺、挖苦性语言对公诉人进行人身攻击。

五、辩护词实例与评析

【实例】

辩护词[1]

审判长、人民陪审员：

受被告人李×琴委托，经北京××律师事务所指派，由王×杰、王×清律师担任本案被告人李×琴的辩护人。经过审阅本案卷宗，向被告人了解情况，又经过了本案的庭审，辩护人已对本案案情有了充分的掌握。在此基础上，发表如下无罪辩护意见。

庭审情况表明，本案在侦查中，公安在询问孩子时，不依法让法定代理人到场；鉴定人给孩子检查伤情时不依法让法定代理人到场。

公诉人当庭承认其在审查起诉时没有见过证人，事实如何查明？

法院未依法通知证人出庭，未依法通知被害人的父母到庭，他们在法庭门口被禁止进入。

请法庭一定要关注公诉机关××区检察院在本案中的违法行为：

第一，本案公诉人颜×俐是××市检察院的检察官，应当回避没有回避，侵犯了李×琴的上诉权。

第二，公诉机关搞证据突袭，过错在先，法院没有依法安排休庭，显属不当。公诉人当庭拿出的一份"会议记录"，李×琴当庭才看到，公诉人搞证据突袭，违反各方在"庭前会议"上的约定，侵犯李×琴的质证权。李×琴和辩护律师要求休庭予以准备是合理合法的。并且，合议庭不安排休庭导致李×琴质证权受阻，李×琴的要求属于正常表达，不属于闹庭。在审判中代理审判员徐×露多次打断李×琴的合理诉求，李×琴悲愤交加中晕倒在法庭，后被法警抬到候审室。一直以来，李×琴爱孩子、爱家庭，她没有试图自杀的动机。法院处理此事的最佳选择是让其回家，得到亲人的安抚，而不是逮捕，故××市××区法院对其逮捕是缺乏依据的，对其羁押也是不必要的。

第三，公诉人以感情代替法律，用道德审判代替法律审判。一方面，说李×琴在收养孩子时的两份证明有问题，试图抹黑收养证的合法性，抹黑养母的形象。另一方面，公诉人感情用事，公开在法庭上用语——"南京虐童案"是不理性的。公诉人颜×俐多次不当发言，被审判长警告达50余次。

第四，公诉机关××区检察院使用双重标准来公诉案件。一方面该院在对××市公安局物证鉴定所的"鉴定意见"的违法办案之处发出了"纠违通知

---

[1]　资料来源：http://blog.sina.com.cn/s/blog_8ae47c960102vsbn.html，略有改动。

书"，同时又来采用这份明显无效的"鉴定意见"。鉴定人承认，在4月5日××市公安局××分局对李×琴刑事拘留时，没有这份鉴定意见，鉴定人倒签日期到4月5日，实际上鉴定意见是4月8日才作出，4月23日才送达李×琴，侵犯了李×琴重新鉴定的权利。公诉机关对于这么重大的违法行为仅仅是责令纠错，对于李×琴的轻微家庭暴力，却认为是犯罪。

本案我们要特别警惕公诉机关假惺惺的以孩子利益最大化的名义来伤害孩子，伤害孩子深爱的母亲，离间家庭亲亲相隐的规定，伤害中国正在艰难重建的道德情感。案发前，孩子住在李×琴家180平方米，生活富裕，窗明几净，屋内洒满阳光。李×琴除了工作就是辅导孩子学习，李×琴家中和孩子的合影全是孩子幸福的时光。案发后，孩子租住在十平方米的房间，家徒四壁，满是甲醛味道……

如今，案情真相大白，多位法学专家发出了理性的声音，认为不应当给养母李×琴定罪。"虐童案"里情与法的冲突，应当引起司法机关和公众的思考，不能仅仅为了满足法律文本上的正义和公众快意恩仇的"义愤"，忽略了当事人真正需要救济的权利和利益。其实，孩子没有因"虐童"而产生心理阴影，然而，网络曝光、李×琴被拘留、被公诉给孩子带来的伤害超过"虐童"本身。

辩护人将从三个方面进行阐述：

一、事实之辩

本案孩子的伤情是轻微伤。首先，检方使用的××市公安局物证鉴定所的"鉴定意见"漏洞百出。此"鉴定意见"的两名鉴定人出庭时称，其依据的是××出版社的一本教科书，同时也承认这本教科书没有法律效力。其次，检方提交的来自××省检察院的法医顾×、××省公安厅的法医徐×、××市检察院的法医高×等的联合"会诊意见"，其不属于法定证据种类，也没有出庭作证，关键是这种做法早已经被明令禁止。……

辩方专家证人胡×强法医和庄×胜法医对"鉴定意见"审查后出具"审查意见"，胡×强认为孩子皮内出血为主，且伤后当日能安卧，次日能正常上学，3至4日即基本吸收，说明其损伤轻微，不应属于轻伤范畴。胡×强法医还出庭作证，已经充分论证其依据权威的公安部刑事侦查局"人体损伤程度鉴定标准《释义》"和司法部司法鉴定管理局的"人体损伤程度鉴定标准《适用指南》"，被害人是轻微伤。

二、法律之辩

从适用法律上来讲，被告人也是无罪的：

第一，退一步讲，即使被害人构成轻伤，公安和检察院不该受理此案，法院应当判决无罪依据很充分。《最高人民法院、最高人民检察院、公安部、司法部关于依法办理家庭暴力犯罪案件的意见》（以下简称《四部委意见》）第 8 条明确规定，尊重被害人的程序选择权。明确规定，在侦查过程中，被害人不再要求公安机关处理的，公安机关应当依法撤销案件。被害人（孩子）和生父母在侦查阶段、审查起诉阶段均强烈要求不追究李×琴的刑事责任，公安局不予撤案，强行推进，公安机关、检察机关明显越权。

本案是家事。百姓的家庭，"风能进，雨能进，国王不能进"道出了一个基本常识，那就是公权力和私权利有明确的界限，警察的权力应当有边界。公权力进入私领域有一个原则，那就是"非请莫入"。

第二，退一步讲，即使法院不考虑这份"鉴定意见"的程序违法，根据刑事诉讼法的规定，该鉴定意见也不应该被采纳。双方的法医对孩子的伤情鉴定的适用标准存在重大分歧，根据疑点利益归于被告人的刑事诉讼价值取向，也应当判决被告人无罪。

第三，再退一步讲，在法院行使自由裁量权时，《四部委意见》第 18 条还规定，"切实贯彻宽严相济刑事政策。对于实施家庭暴力构成犯罪的，应当根据罪刑法定、罪刑相适应原则，兼顾维护家庭稳定、尊重被害人意愿等因素综合考虑，宽严并用，区别对待。对于实施家庭暴力情节显著轻微，危害不大不构成犯罪的，应当撤销案件、不起诉，或者宣告无罪"。这也符合刑法"情节显著轻微，危害不大，不认为是犯罪"的规定。

法律关于"亲亲相隐"的特殊规定。《刑事诉讼法》第 188 条明确规定："经人民法院通知，证人没有正当理由不出庭作证的，人民法院可以强制其到庭，但是被告人的配偶、父母、子女除外。"如果法院把家长判刑，而这违背孩子的初衷，孩子的负罪感会伴随一生。自己亲自把妈妈送进监狱，而这，有悖人伦。孩子和生父母的愿望是尽快回到李×琴身边，目前孩子十分思念李×琴，十分牵挂李×琴。

三、道德之辩

我们希望法院的判决不要拆散这个原本幸福的家庭。法院的判决会对社会和人们的行为产生指导和规范作用。"南京彭宇案"一审判决书一经作出，立即引起舆论一片哗然，此后各地不断出现了"看到老人摔倒也没人敢扶"的怪现象，引发了一场"公共道德危机"……

……

另外，个别政府工作人员缺乏"人权保护"意识。在接触孩子的过程中，一位工作人员指着孩子的生母对孩子说："李×琴不是你亲妈，这才是你的亲妈。"这位工作人员说破真相之举，无异于在一个 9 岁孩子心中投下一枚炸弹。

西方有句谚语说，没有一滴雨认为自己造成了洪灾。中国有句谚语是，可怜天下父母心。我们希望法院的判决不要成为洪灾中的一滴水，法院的判决对这个家庭是否解体至关重要，对我们每一个家庭至关重要，关系到每一个孩子的冷暖，我们希望法院作出一个暖判决。

本案中，如果法院默许公安在侦查时在凌晨两点把熟睡中的孩子从养父怀里夺走，在生父母不在场时强行询问孩子，鉴定人在孩子家长不在场时强行对孩子脱衣进行人身检查、拍照，置明显的程序违法于不顾，明明是轻微伤非要认定是轻伤，明明是自诉案件却强行侦查、公诉……如果法院对所有这些违法行为默认，冤判其母，驱逐其子，辩护人不敢想象我市的法治进程会出现怎样的局面。

前几天，××区法院驳回生父母起诉发帖人徐×尧的合理诉求，结合李×琴的遭遇和我们开庭的感受，我们至今没有看到我市司法改善的迹象。所以，判决稍有不慎，一方面，会把孩子和李×琴逼上绝境，另一方面，无异于自毁我市法治建设的长城。

辩护人善意提醒，本案是自诉案件，且被害人跪求公安、检察院撤销案件，为何不按照法律规定撤案？近期，中央政法委、公安部、最高人民检察院、最高人民法院密集发声要求一定避免冤假错案的发生。南京，多事之秋，备受关注。我们既是为李×琴辩护，也是想提醒××省司法内的良知不要偏离法治，重庆教训，殷鉴不远。南京的法治，需要保卫。

最后，祝福江苏，祝福南京，祝福天下所有的父母和孩子，希望江苏无冤！

此致

××市××区人民法院

辩护人：北京××律师事务所

律师 王×杰

律师 王×清

2015 年 9 月 28 日

【评析】

该案是一个广受社会关注的案件，关注家暴、护佑童年成了该案辩护词的关键词。本辩护词的特点是：①格式正确、项目齐全。该文书按照格式要求写了首部、正文和尾部的内容，各项目要素齐全。②叙事清楚，重点突出。该文书首先指出了检察机关的违法之处，然后从事实之辩、法律之辩、道德之辩三个角度进行辩护，思路清晰，情法交融。③观点鲜明和适用法律准确、到位。本辩护词是做无罪辩护，该案件交织着法律、亲情、道德，从情、理、法角度进行多元论述。辩护词一直在强调，对于未成年人，最有利于他成长的生活还是有亲情的家庭生活。当人情与法碰撞，法律的严肃性不容撼动，但法律在施行中，也应该尽可能考虑到弥补感情的裂痕，而不是将感情的裂痕扩大甚至撕裂。

无罪辩护本身难度较大，本辩护词已经涵盖了情、理、法多个角度，是一篇特别出色的辩护词。但还可以在被害人谅解、被害人与被告人亲子关系社会调查等方面进行开掘，进一步深入地进行论证。

第二节 代理词

一、代理词的概念和功能

代理词，是民事、行政诉讼案件和刑事附带民事诉讼案件的代理人在法庭辩论阶段受被代理人的委托，依据事实和法律为维护被代理人的合法权益所发表的意见。

我国三大诉讼活动当中，民事、行政案件的当事人，刑事自诉案件的自诉人及刑事附带民事诉讼案件的被害人均可以委托代理人代理诉讼。律师接受当事人的委托在上述诉讼活动中依法行使代理权，在法庭辩论阶段，根据掌握的事实、证据并依据有关法律规定，全面、系统地阐述自己对案件的看法及意见，不仅可以有力地维护当事人的合法权益，使之利益得到最大实现，而且也有助于法庭全面客观地了解事实真相，准确适用法律，公正裁决，确保法律的公正实施。同时，代理词还具有缓和矛盾，化解纠纷之功能。一份情理交织、据情释法、情真意切的论述演讲，往往使反目为仇走向法庭的当事人消除恩怨，化解纷争，促成和解。

二、代理词的格式

代 理 词

审判长、审判员（或人民陪审员）：

根据《××诉讼法》第×条之规定，××律师事务所接受本案当事人的委托，指派我（们）担任本案原告（被告）×××的诉讼代理人，参与本案诉讼活动。接受委托之后，我（们）听取了被代理人的陈述，查阅了本案案卷材料，进行了必要的调查并参加了庭审，对案件有较为细致的了解。根据法律和事实，现发表如下代理意见：

一、……。

二、……（分述代理意见）。

综上所述……（对代理意见进行概括和总结）。

诉讼代理人：××律师事务所

律师×××

××××年×月×日

三、代理词的基本内容

代理词的种类较多，从诉讼程序上划分，可分为一审代理词、二审代理词和再审代理词；从案件性质来划分，可分为民事代理词、行政代理词和刑事自诉代理词、刑事附带民事诉讼代理词；从委托人法律地位来划分，可分为原告方代理词、被告方代理词、第三人代理词、上诉人代理词、被上诉人代理词、再审申请人代理词、再审被申请人代理词等。不同类型的代理词其内容和写作重点有所不同，但其行文格式基本上都是一样的。主要由以下三部分组成：

（一）首部

1. 标题。在文书上端居中写"代理词"。

2. 称呼语。在标题下行顶格写"审判长、审判员"或"审判长、人民陪审员"，表明代理意见的发表是在向法庭审判人员申述。

3. 序言。这是代理词的开场白，说明委托关系建立，开庭前做的准备工作，提出对案件的基本看法。实践中，该项内容已形成了如下较固定的表达模式：

我（们）受××律师事务所的指派，担任本案原告（被告、第三人、上诉人、被上诉人、附带民事诉讼原告人、附带民事诉讼被告人）×××的诉讼代理人，今天依法出席法庭的审理活动。开庭前我认真听取了我的当事人所介绍的情况，查阅了案件有关材料，并展开调查，收集了相关的证据，刚才又参与了法庭调查，使我对本案的事实有了进一步认识，代理人认为……，现发表如下代理意见，请法庭采纳。

（二）代理意见

代理意见是代理词的中心内容，主要是围绕着代理观点进行充分的分析论证，具体写法应考虑案情需要，根据被代理人的法律地位及其提出的诉讼请求、答辩目的等因素来考虑写什么和怎么写。

（三）结论

结论是代理词的结束语。这一部分主要是总结归纳代理意见，点明代理意见的主旨，并向法庭提出希望采纳己方观点的主张。最后由代理人署名，注明具文的日期。

四、代理词的写作方法和技巧

一般来说，代理意见主要应从事实和证据的认定是否清楚、准确，双方争议的焦点如何从法律上予以正确判定，有何法律依据能够支持等方面进行论述。由于代理的当事人所处诉讼地位不同，写法上也就各有所别。具体说，如属于代理一审原告方的，应该以起诉状作为基础，对起诉状中陈述的事实及证据，作进一步的补充发挥，并依据事实对对方的侵权或违约行为进行有理有据的分析，分清是非，区分正误，辨别责任，从事实和法律两方面，说明所提诉讼请求的合理、合法。如属于代理一审被告方的，则应以答辩状作为基础，针对原告诉状中所述事实、理由及其诉讼请求进行针锋相对的辩驳，并列出自己收集到的相关证据，说明事实的真相，引用有关法律依据，分析争诉焦点，证明原告所诉事实、理由及请求不真实或不能成立。如果属于代理二审上诉人或被上诉人的，主要应针对原审裁判在认定事实、适用法律、程序是否合法及处理结论是否正确发表代理意见。同时，也可以针对对方当事人所述事实、理由和请求进行驳斥。

代理意见的发表如果论述的问题不止一个，可以分为几个专题，在各专题之前冠以小标题，分层次进行阐述，以使其结构层次表达清晰、有序。

发表代理意见时应做到以下几点：

1. 观点鲜明，符合法律规定。阐述代理意见，要以相关的法律规定为依据，结合案件事实进行缜密分析，做到观点鲜明，立论正确。只有当事人的诉讼主张或抗辩理由言之成理、持之有据，才有可能获得法院的支持，作出有利于己方的裁判。

2. 紧扣争议焦点，充分论理，坚持以理、以法服人。律师接案后通过审查相关证据材料及法律文书已对案件的基本情况有了大概的了解，庭前交换证据，使争议的焦点进一步明朗化，因此在撰写代理词时应该抓准双方在法庭上有可能产生分歧的争议焦点，有针对性地进行论证、反驳。论理要善于将法律规定的基本原则及代理人对其的理解认识与具体案件事实结合起来，依法论理。说理的充足可以使自己的辩论主张牢固地树立起来。

3. 准确引用法律、法规。发表代理意见需要对应适用的法律、法规及相关司法解释进行释义说明并加以援引作为支撑观点的法律依据。引用法律必须准确、完整，切不可断章取义或者曲解法律规定。

4. 代理意见内容应严格限定在授权范围之内。代理词是否涉及实体处分权，完全取决于委托人授权的范围。只有经过特别授权，代理律师才可以在代理词中发表涉及实体权利的代理意见。

五、代理词实例与评析

【实例】

代理词[1]

尊敬的审判长、审判员:

上海市××律师事务所接受本案上诉人陈×女士的委托,指派我们担任本案的代理人,参与本案的诉讼,根据庭审调查的事实以及相争议焦点,发表如下代理意见:

一、关于上诉人与孩子之间是否存在父母子女关系?

上诉人认为,其与孩子的关系可以类推适用现行《婚姻法》的继父母子女关系以及类推适用最高院1991年复函的规定:

1. 我国现行法律并无亲子关系认定制度,对于继父母子女关系,《民法通则》或《婚姻法》等法律也未给出明确定义,但从现行的法律规定来看,父母子女关系成立的条件分为如下几类:第一种是基于自然血亲成立,血缘关系是决定性因素;第二种养父母子女关系成立的决定性因素在于是否有办理合法的收养手续;而第三种继父母子女关系成立的决定性因素在于是否共同生活。是否形成具有法律意义上的继父母子女关系,除了结婚的事实外,共同生活或者抚养行为起到了决定性的作用,如果没有共同生活的事实,继父母子女仅是一种姻亲关系,只具备伦理上的意义,没有法定的权利义务关系。

因而,判断是否形成继父母子女关系,与孩子是否为父母前一段婚姻中所生并无实际的意义,被上诉人庭审中过分强调前一段婚姻关系在继父母子女关系形成上的作用实际上是对继父母子女关系的一种曲解,而被上诉人认为本案上诉人与孩子间不能适用继父母子女关系的重要理由也就是孩子并非在上诉人亡夫前一段婚姻中出生,显然这一观点即使是从现行法律规定上来看也不能成立。

虽然,本案的上诉人和亡夫找人代孕的行为不具备合法性,但行为的违法性并不必然导致结果的违法性,本案的不合法行为导致的结果是两个孩子的出生,孩子一出生即为民事权利主体,他们同样拥有被抚养以及不被歧视的权利,也就是说不能因为上诉人和其亡夫以及提供卵子者和代孕母亲的违法行为而造成孩子父母的缺位。就目前的实际情况来看,卵子提供者以及代孕母亲无法寻找,上诉人养育近四年,与孩子建立了深厚的感情,是最适合抚养孩子以及建立父母子女关系的人选,而上诉人和孩子的关系与继父母子女关系的形成有着

---

[1] 资料来源:http://www.360doc.com/content/16/0621/13/30079260_569506045.shtml.

诸多的类似，无血缘关系，但有合法的婚姻关系以及共同生活的事实，当下，为了解决孩子的身份关系以及抚养问题，可以类推适用继父母子女关系。

2. 在判断人工生育子女的法律地位时，是否具有血缘关系从来都不是判断的标准，最高院1991年的复函以及最高院的指导案例早已确定这一原则，这也符合全世界立法趋势，亦为世界各国立法所采纳。最高院1991年复函解决的是人工授精子女法律地位的问题，在这一复函中，最终确定为孩子父亲的人并非精子的提供者，而是孩子母亲的丈夫。

本案中两个孩子的出生与人工授精子女一样，出生基于夫妻双方的意愿，妻子一方并非卵子的提供者，却有与孩子共同生活的事实，虽上诉人与其亡夫得到孩子的手段并非为法律所允许，但在立法未有明确之前，并不能排除上诉人具有合法的母亲身份的可能，人工授精的子女法律地位在1991年复函以前同样处于模糊状态，无法界定。从世界各国的立法上来看，异质人工授精这种行为本身也经历了从不合法到合法的过程，而关于人工授精子女的法律地位的认定也从单一的以血缘关系判断演变为不将血缘关系作为判断标准。

随着现代文明以及科学技术的发展，建立人类卵子库满足越来越多人的生育需求，也并未完全没有可能，随之而来的父母子女关系问题也是必然需要解决的。而本案类推适用最高院1991年复函解决孩子的法律地位问题，不会造成对于买卖卵子以及代孕行为肯定的结果。如现行行政法律法规有对上诉人的违法行为的处罚条款，应当适用行政法律法规解决，而不应影响上诉人以及孩子的民事权利，不能混为一谈。

二、被上诉人不能依据《民法通则》第16条的规定取得孩子监护权：

假设依据上诉人行为的违法性就可以剥夺上诉人的监护权，那么被上诉人同样无权成为孩子的爷爷奶奶，理由如下：

1. 上诉人亡夫罗×行为的违法性可能会导致其无法成为孩子的父亲。假设上述逻辑关系成立，无论被上诉人如何否认其子罗×参与代孕行为，但其子至××提供精子、支付代孕巨款、从××接回孩子并且做亲子鉴定已是不争的事实，相信没有罗×物质上的支持以及强烈的生育意愿，也就不会发生两个孩子出生的事实了。包括两被上诉人在原审庭审时也一再提到其在代孕这件事上是明知的，再强调罗×没有参与代孕行为或受到上诉人的欺骗，显然被上诉人是无法自圆其说的。那么罗×同样参与了代孕并且促成了代孕的成功，罗×的行为同样违法，显然如果上述被上诉人的逻辑成立，无论罗×与孩子有无血缘关系罗×都因自己的违法行为导致其不是孩子的父亲，那么被上诉人更加不能因为和罗×的父母子女关系而理所应当地成为孩子的爷爷奶奶。做个不恰当的比方，就是罗×和上诉人一同干了件违法的事，但是上诉人受到了法律的惩处，剥夺其监护权，而罗×却因此获益，理所应当地成了孩子的父亲，显然这是不符合法律的本意的。被上诉人大谈特谈权利来源、身份关系基础，仅从上诉人行为违法性上来看待本案的问题，那么假设本案中卵子的提供者是一名已婚妇女，其和丈夫都主张两个孩子的抚养权，那么此时罗×可能也只是一个精子提供者，而不是孩子的父亲了，自然，被上诉人也不是孩子的爷爷奶奶了。

2. 本案不应将血缘关系作为优势因素考量。此外，必须说明的是本案并非卵子提供者或者代孕母亲向上诉人主张孩子的抚养权，需要考量血缘关系是否具有优势。被上诉人认为两个孩子仅能视为罗×的非婚生子女，非婚生子女和婚生子女享有同等的权利。那么，假设两个孩子是因为罗×婚外情所生的子女，婚外情同样违反了婚姻法的禁止性规定，行为本身同样是不合法的，而上诉人却心甘情愿地抚养了孩子四年，并且也愿意在罗×去世后继续抚养孩子，此时，还能够仅凭血缘关系将孩子交由被上诉人监护吗？显然，答案是否定的。

3. 现行民事法律规范无法成为被上诉人主张监护权的依据。《民法通则》和《婚姻法》的规定是被上诉人主张权利的重要依据，然而《民法通则》明文规定只有在未成年人父母死亡或没有监护能力的情况下，未成年人的祖父母才能在有能力的情况下担任监护人，《婚姻法》第28条也规定了有负担能力的祖父母、外祖父母，对于父母已经死亡或父母无力抚养的未成年的孙子女、外孙子女，有抚养的义务。姑且不论被上诉人是否为孩子的祖父母以及他们的监护能力，就单说这一前提条件，被上诉人也很难符合，原审在排除了上诉人的母亲资格后，同时也无法查明孩子的孕母及卵子提供者，但无法查明不等于孕母或卵子提供者已然死亡或者丧失监护能力，在这种情况下将孩子直接判决给被上诉人也根本违反了法律规定。

综上，被上诉人也并非孩子当然的监护人。

三、由于现行的民事法律规范并无父母子女关系认定的规则，而假设上诉人与被上诉人均并无必然的监护人资格，此时，判断孩子应当由谁监护以及跟随归谁生活就应以儿童利益最大化原则作为判断标准，这一原则也为《联合国儿童权利公约》所确定。

在现行的法律规范内，本案可能出现的几种情况：

1. 假设上诉人与被上诉人均不具备法律规定的第一、第二顺序监护人的资格，孩子应当交由居委会或者国家民政部门进行监护；

2. 本案无法查明孩子的母亲，但可交由公安部门顺藤摸瓜，也许假以时日，能够寻找到代孕的母亲或者卵子提供者，再将孩子交由孩子的母亲抚养；

3. 在上诉人与被上诉人之间选择最合适的一方来抚养孩子，或者共同行使监护权。

那么我们来看第一种情形，两个孩子已经来到上诉人的家庭生活了近四年，形成了稳定的生活环境，从孩子的角度来看，他和别的孩子没有任何差别，而一旦把孩子送交民政部门监护，势必改变孩子的生活环境而且必将改变孩子一生的命运，显然这并不是一个有利于孩子的决定。

再看第二种情形，假设找到了孩子的母亲，孩子的母亲是否有抚养意愿尚未得知，但通常代孕母亲或卵子提供者大都出于经济利益的驱使生育孩子，其本身并无意愿更加没有经济能力抚养孩子。将孩子交由代孕母亲或卵子提供者来抚养，或许从血缘关系上看更加密切，但显然也不是有利于孩子的决定。

最后一种情形，虽然上诉人与被上诉人都不必然是孩子的监护人，但短期内立法也无法解决本案的问题，那么如何寻找一个最佳的途径解决孩子的抚养问题，当然应当遵循儿童利益最大化原则进行处理：

首先，从双方的抚养意愿上来看，被上诉人虽然主张孩子的监护权，但在多次的庭审中，被上诉人曾不止一次地提到罗×的亲姐姐愿意抚养，并且有抚养能力，被上诉人取得监护权后就会把两个孩子送到美国交由女儿抚养（杨浦法院2014年8月27日庭审笔录第5页第9行；闵行法院2014年4月30日庭审笔录第4页倒数第二行、第5页以及第6页以及闵行法院2014年7月9日庭审笔录第3页倒数第四行、第4页第1行），可见，被上诉人虽然坚称自己是为了保护孩子才争取孩子抚养权的说法显然站不住脚，被上诉人根本没有抚养意愿；而上诉人自始至终为了能和孩子生活在一起，一再地对财产作出一定程度的放弃，甚至愿意放弃自己名下全部的股权份额，可见其抚养的意愿。代理人认为，不论双方之间有多少财产利益的纷争，都不应该拿孩子的将来作为武器。

其次，从双方的抚养能力上看，不论被上诉人如何陈述自己有经济能力抚养孩子，但两名被上诉人是耄耋老人已是不争的事实，两名孩子尚有14年才能成年，被上诉人如何保证在这14年间身体健康还有富余的精力去照顾并保护孩子，还是说交由与孩子素未谋面的姑姑抚养，那么法庭将孩子判给被上诉人抚养的意义何在？代理人非常想说的是，金钱不是养育孩子的唯一条件，而情感和关怀才是幼年的孩子最需要的。反观上诉人，有正当的工作，有足够的精力保证孩子能够得到充分的照顾，并且能让孩子生活的现状不做任何改变，安稳地度过童年，对孩子有足够的爱心，显然上诉人的抚养能力优于被上诉人。

再者，从孩子目前的生活环境来看，孩子已与上诉人以及上诉人的父母建立了深厚的感情，而被上诉人并未带过两个孩子，甚至在明知孩子是代孕出生的情形下提起诉讼，压根没有考虑到孩子的隐私可能会被曝光的风险。而根据多次的庭审表现，被上诉人无法控制自己的情绪，辱骂上诉人，很难给予孩子正面的影响，如将孩子交由被上诉人处抚养，不但会改变孩子现有的稳定的生活环境，还可能会给孩子带来不可逆的影响。而两个四岁的孩子又如何认知在不到两年的时间内失去了爸爸和妈妈？这恐怕不是一个判决可以解决的问题了。

最后，从判决对孩子利益保护的角度来说，本案的判决恐对孩子的将来产生更深远的影响在于，罗×去世后的财产仍然未得到分配，按照原审判决如果监护权由被上诉人单独行使，而孩子的孕生母亲无法寻找的情形下，一旦被上诉人侵犯孩子的人身或财产权益，谁来保护孩子？难道保护孩子的责任要推卸给同样无辜的国家相关部门？或者由相关部门主动干预？显然，原审判决未曾考虑这些问题。相反，如果能够由上诉人继续抚养孩子，上诉人如有侵犯孩子权益的行为，被上诉人作为祖父母仍然有权监督上诉人以及保护孩子。上诉人也不止一次地在公开场合表达其愿意在保证孩子权益的情况下，将属于孩子的遗产份额交由被上诉人监管。

孩子利益保护是本案必须考虑不可回避的问题，原审判决未有任何论证，草率地作出判决，实属对孩子的将来不负责任。

综上所述，生儿育女是人类最基本的愿望，对某些人来说也是最重要的需求，同时还是种族延续的需要。虽然本案中的上诉人和罗×用了不恰当的方式生育了两个孩子，从公法性质上看，这一行为虽然是禁止性行为，但上诉人并未对任何私权利造成侵害，不论是代孕的母亲还是卵子提供者应当都是自愿行为，上诉人的行为如果要受到法律的惩处，也是应当由相关部门作出处罚，而不是以剥夺孩子抚养权的方式代替。如果假定上诉人的行为违法因而无法获取母亲的身份，那么罗×也不能因为提供了精子就取得了合法的父亲身份，被上诉人更加不能取得爷爷奶奶身份，因为这一切并不以血缘关系作为判断标准。无效的民事行为产生的法律后果不一定无效，本案涉及的代孕行为即使无效，但造成的法律后果是两个孩子的出生，不论孩子是婚生还是非婚生子女，都应当等同于婚生子女进行对待，而要解决本案的问题，唯一的途径就是从儿童利益最大化角度出发，作出最有利于孩子成长的判决。

上述代理意见恳请贵院予以斟酌参考！

此致

××市第一中级人民法院

委托代理人：谭×律师、方×律师

2015 年 11 月 16 日

【评析】

代孕一直是医学界、法律界争议较大的话题，本案是对代孕所生子女与父母之间亲属法律关系认定的第一案。本案中男女再婚后购买他人卵子，由男方提供精子，通过体外授精联合胚胎移植技术，委托另一名女性代孕生育一对龙凤胎。男方因病离世后，其父母与女方为孩子的监护抚养问题对簿公堂。一审法院判决龙凤胎由祖父母监护，××市第一中级人民法院终审判决，对祖父母要求担任孩子监护人并进行抚养的诉讼请求予以驳回。

这份代理词特点是：①具有高超的辩论技巧，立论鲜明。代理词以继父母子女关系切入，以陈×与孩子间形成事实上的继父母子女关系作为支点，进一步引用《联合国儿童权利公约》中的儿童利益最大化原则，为法官作出合理判决提供了法律支持。在关系到监护权归属这类几乎可以决定孩子命运的选择时，确实应以儿童利益最大化作为指导原则。②逻辑清晰，思路明确。该案在法律上具有复杂性，本代理词抽丝剥茧，理清已有法律规范，对案件进行了仔细剖析。卫生部门的行政规章禁止代孕生育子女，但现实生活中代孕方法能够为女方不能生育子女的夫妻实现生育子女的愿望，本案并不涉及代孕是否合法问题，争议点在于确认已经通过代孕方法生育的子女与母方的亲属关系。母方既没有自己提供卵子，也没有由自己的身体孕育，在生理上与代孕所生的子女毫无血缘关系。但问题是，通过代孕生育子女是配偶双方共同的意思，因而不能否认他们之间的婚生子女关系，决定代孕的双方，是代孕所生子女法律上的父母，非如此不能保护现实的亲属关系。与自己有自然血缘关系的祖父母，在其子去世后，否认代孕子女母亲的血缘关系，试图以自然的血缘关系来否定法律认可的亲属关系，是不符合法律规定的，必须依法维护通过代孕所生子女与其父母的婚生子女关系，保护母方的亲权不受侵害。③写作规范，格式整齐，行文流畅。

第三节　法律意见书

一、法律意见书的概念和功能

法律意见书，是律师接受当事人的委托，就公民、法人或其他组织提出的专业性法律事务的询问，经过调查了解，并参阅法规用书面形式给予解答所制作的一种非诉讼法律文书。

法律意见书主要适用于法律事务中的重大专门性法律问题。律师接受当事人的委托，针对其提出的具体要求，进行调研后出具书面文件，为其提供法律上的帮助，不仅能够为咨询者提供决策的指南，而且对日后纠纷的避免也具有重要作用。

二、法律意见书的格式及基本内容

法律意见书（Legal Opinion）有可能涉及各种事项，法律意见书的内容非常广泛，法律意见书的形式也是多种多样的。常见的有要件性法律意见书，审查性法律意见书，解疑性法律意见书，股票发行、上市、配股法律意见书，等等。目前尚无一个规范性文件对全部法律意见书加以规范，以下介绍几类常见的法律意见书的基本内容：

（一）审查性法律意见书

审查性法律意见书是订立合同或设计方案的当事人就合同或方案的形式、内容请求律师进行全面审查、分析、评断，并提出修改意见，律师经审查后作出准确、肯定的答复和提出修改意见的文书。《公开发行证券公司信息披露的编报规则（第 12 号）——公开发行证券的法律意见书和律师工作报告》是制作此类法律意见书的指引。此类法律意见书的内容如下：

1. 首部。

（1）标题居中写明"合同（方案）审查意见书"。

（2）致送单位名称。

（3）审查对象。

2. 正文。

（1）合同（方案）的基本内容。应重点摘录合同（方案）拟订的目的，合同中各方当事人的基本情况，以及各方权利义务关系等主要内容。

（2）合同（方案）存在的主要问题。应逐条列出合同的不当之处及其能带来的不良后果或严重后果。

（3）审查修改意见及法律根据。应当针对合同中的主要问题，提出可行的修改意见，同时引用有关法律的规定，以论证其合法性。

3. 尾部。律师及律师所在的律师事务所名称及审查修改意见出具的时间。[1]

（二）解疑性法律意见书

解疑性法律意见书是近几年来随着法律意见书使用范围扩大而出现的一个新文种。此类法律意见书的内容如下：

1. 首部。

（1）标题。标明"法律意见书"字样。

（2）致送单位或个人。即委托或拟委托单位或个人。

（3）制作法律意见书的缘由和依据。用简要的文字概括交代本法律意见就对方提出的什么问题予以答复。

2. 正文。这部分是法律意见书的主体部分。一般应写明下列内容：

---

〔1〕 参见李云飞、郭月霞主编：《法律文书写作教程》，中国检察出版社 2016 年版，第 348 页。

（1）说明。包括两项内容：①对方提供的文件，即本律师审查的文件细目。应注明的事项：一是文件齐备与否，是否尚有应予提供而未予提供的文件；二是文件的真实性由提供一方负责，但提供一方已就真实性作出说明者除外。②如果需要进行实地调查或到相关机关咨询，应写明调查或咨询经过及其结果。

（2）事实的概述。了解提出的法律事实是作出法律分析的前提。因此，法律意见书在对法律问题作出答复之前，应将通过审查材料或者加上调查咨询而得出的事实梗概列出，如当事人为何人、在何单位，法律事实于何时何地如何发生、如何发展、特别是目前状况如何，中间一方或双方有何变故，与本案有关的第三方于何时何地如何介入、特别是目前状况如何，一方或双方准备采用何种行为，等等，均应写清来龙去脉，找出因果关系，以便于分析。

（3）法律分析。法律分析部分是法律意见书最重要的部分。针对当事人提出的问题，通过运用法律、法规的阐述，予以释明，从而给咨询者一个确切可行的答案，表明自己的意见。阐述法律意见应做到观点明确，论据充分，论证严密，符合法律，科学可行。如果事实部分比较复杂，既有可能适用此部法律，又有可能适用彼部法律，涉外案件还存在一个适用哪一国家或地区法律的问题，那么，首先应就法律适用问题进行分析。然后通过所适用的法律、法规来详细解答委托人或拟委托人所提问题。一般而言，这一部分需要针对当事人所咨询的有关事务进行分析或阐述，并作出肯定或否定的结论。制作法律意见书应注意意见的建设性与可行性以及预测性。如果只答复一个问题，应针对回答的问题单项作答；如果答复若干个问题，或答复的问题需要分项分别作答的，可分列若干个小标题分项标号予以作答，以保证内容结构清晰而不紊乱。

3. 结尾。

（1）注明"本法律意见书未经本律师同意，不得向第三方出示为证据使用"。

（2）写明律师的工作单位、职务及姓名，并注明制作日期。[1]

（三）关于股票发行、上市和配股的法律意见书

股票发行、上市和配股的法律意见书，是指律师接受当事人的委托，对当事人进行的股票发行、上市和配股等金融证券业务和其他相关法律事务的有关法律问题，准确运用法律，进行阐述与分析，作出明确结论，出具给当事人的书面意见。其内容如下：

1. 首部。

（1）标题。写明"××律师事务所关于××公司×××年度股票发行上

---

〔1〕　参见李云飞、郭月霞主编：《法律文书写作教程》，中国检察出版社2016年版，第349页。

市和配股的法律意见书"。

（2）前言。一是致送单位，即××公司（发行人）。二是出具法律意见书的依据，即说明律师与发行人之间的聘用关系，并具体说明律师参与该项工作的具体身份。三是出具法律意见的范围，即概述已审查过的事项，说明本法律意见书就与本次股票发行、上市和配股有关问题发表法律意见的范围，诸如律师是否同意将本法律意见书作为发行人申请公开发行股票所必备的法律文件上报，并依法对其出具的法律意见负责。

2. 正文。正文包括：①发行人发行股票的主体资格；②发行人的章程（或者章程草案）；③本次发行上市的授权和批准；④本次发行、上市的实质条件；⑤发行人招股说明书；⑥发行人所有者授权使用、经营的主要财产；⑦发行人的重大债权债务关系；⑧发行人的环境保护和产品技术标准；⑨发行人涉及的诉讼、仲裁或行政处罚；⑩发行人的税务问题；⑪发行人募股资金的运用；⑫本次发行所涉及的其他中介机构；⑬律师认为需要说明的其他问题；⑭结论意见。

中国证监会发布的准则规定，法律意见书应作出全面说明并表述结论性的意见字数一般不超过3000字。上述内容与格式中的某些具体要求对发行人确实不适用的，律师可以根据实际情况作出某些修改，也可以根据需要增加其他内容，但是应在律师工作报告中对这样做的原因作出特别说明。

对于不符合条件的事项或者律师已经勤勉尽责仍不能对其法律适用作出确定性意见的事项，应当发表保留意见，并指出上述事项对本次发行、上市的影响程度。对于某些可以依法作出假设的事实（如对原件的真实性和对企业重要管理人员的书面陈述的信赖等）可以直接说明没有作进一步的验证。

3. 尾部写明出具法律意见书的日期并签字盖章。[1]

三、法律意见书的写作方法和技巧

制作法律意见书应注意做到以下几点：

1. 认真做好撰写前的调查研究分析工作。写作前律师应针对需要答复的有关问题，做好前期的准备工作，包括查阅、寻找相关的法律依据，参阅有关的规范性法律文件，前往有关实际部门进行实地调查、了解、查询等。前期工作准备得越充分，出具法律意见回答的正确性、可行性就越强。

2. 正确理解法律，准确、科学答复。律师是精通法律的专业工作者，其是为当事人提供法律帮助、排忧解难的。律师接受当事人的委托，解答重大的法律事务询问，就是为当事人在民商事活动中遇到的法律障碍提供足够的法律依

---

〔1〕 参见李云飞、郭月霞主编：《法律文书写作教程》，中国检察出版社2016年版，第347页。

据，从法律角度寻求解决问题的可行方案，供其决策，避免其利益受到损害，这就决定了答复必须准确无误，且有法律保障。因此，在法律意见书中应以相应的法律为依托，通过对问题的梳理、概括、分析、比较，才能从中得出正确的答复结论。

3. 结构严谨，条理清晰。答复的逻辑结构写作要注意将重要的、关键性的问题放到前面说明，次要问题排列其后写述，这样主次分明，重点突出，使人读后便于即刻把握重点。此外，在对法律问题进行阐述时，还应注意论据与分论点的证明关系，分论点与总论点的证明关系，使论证的结构层次形成一个环环相扣的链形结构，以增强所要说明问题的分量。

四、法律意见书实例与评析

【实例】

法律意见书[1]

丙建筑劳务有限公司暨×××总经理：

陕西××律师事务所（以下简称"本所"）接受贵单位委托，就贵单位诉甲建设公司、乙建筑劳务发展有限公司建设工程合同纠纷二审提供法律意见，本所律师接受委托后，对贵单位提供的关于本纠纷的相关材料进行了详细的审查，现就本纠纷发表如下法律意见。

一、出具本法律意见的事实依据

1. ×市×区人民法院（2014）×民初字第 11111 号案件民事裁定书；

2.（2014）×民初字第 11111 号案件原告×市丙建筑劳务有限公司上诉状；

3. 调取的（2013）×民初字第 22222 号案件原告乙建筑劳务发展有限公司提供的证据（×区跨绕城立交桩基分包合同、结算单、甲建设公司庭审笔录、判决书）；

4.（2012）×民初第 33333 号案件被告甲建设公司的上诉状；

5. ×市中级人民法院二审（2013）×中民五终字第 44444 号民事裁定书；

6. 乙建筑劳务发展有限公司的民事起诉状。

二、出具法律意见书的主要法律依据

1.《中华人民共和国民事诉讼法》；

2.《最高人民法院关于适用〈中华人民共和国民事诉讼法〉的解释》；

3.《中华人民共和国民法通则》；

4.《中华人民共和国合同法》。

---

[1]　资料来源：陕西××律师事务所办案实例，有删减。

三、本案的基本事实

上诉人×市丙建筑劳务有限公司（以下简称"丙公司"）诉称被上诉人甲建设公司（以下简称"甲公司"）将×港务区跨绕城立交（北半桥）桩基工程承包给上诉人、上诉人又将该工程分包给张×。在张×索要工程款时，甲公司已和乙建筑劳务发展有限公司（以下简称"乙公司"）通过伪造虚假证据，进行恶意诉讼，侵害了上诉人的权益。上诉人于 2014 年 7 月 3 日将甲公司和乙公司起诉到×区人民法院后，经审理后于 2016 年 5 月 23 日作出（2014）×民初字第111111 号民事裁定书，裁定驳回上诉人丙公司的起诉，其理由为：×省×县人民法院受理张×诉丙公司、甲公司建设工程施工合同纠纷一案后经审理作出（2012）×民初第33333 号判决书后，甲公司不服判决于 2013 年 9 月 16 日上诉，该上诉状于 2013 年 10 月 16 日送达给丙公司，按照法律规定，丙公司于 2013 年10 月 16 日知道其民事权益受到损害，应当在六个月内向本院提起诉讼（2013 年 10 月 17 日~2014 年 4 月 16 日），而上诉人是 2014 年 7 月 3 日提起诉讼，故依据《中华人民共和国民事诉讼法》第五十六条第三款、第一百五十四条第一款第（三）项之规定驳回起诉。

四、对本案的法律问题分析

（一）上诉人于 2014 年 3 月 20 日知道权益被损害

根据《中华人民共和国民事诉讼法》第五十六条第三款："前两款规定的第三人，因不能归责于本人的事由未参加诉讼，但有证据证明发生法律效力的判决、裁定、调解书的部分或者全部内容错误，损害其民事权益的，可以自知道或者应当知道其民事权益受到损害之日起六个月内，向作出该判决、裁定、调解书的人民法院提起诉讼。人民法院经审理，诉讼请求成立的，应当改变或者撤销原判决、裁定、调解书；诉讼请求不成立的，驳回诉讼请求。"

在（2012）×民初第33333 号案件二审法院调取（2013）×民初字第22222 号判决书，于 2014 年 3 月 20 日开庭质证，丙公司才知道确有（2013）×民初字第22222 号民事判决书，才知道判决书的内容，知道自己的民事权益受到损害。

根据《中华人民共和国民事诉讼法》第五十六条及《最高人民法院关于适用〈中华人民共和国民事诉讼法〉的解释》第二百九十二条："第三人对已经发生法律效力的判决、裁定、调解书提起撤销之诉的，应当自知道或者应当知道其民事权益受到损害之日起六个月内，向作出生效判决、裁定、调解书的人民法院提出，并应当提供存在下列情形的证据材料：（一）因不能归责于本人的事由未参加诉讼；（二）发生法律效力的判决、裁定、调解书的全部或者部分内容错误；（三）发生法律效力的判决、裁定、调解书内容错误损害其民事权益。"

丙公司在（2013）×民初字第22222 号案件中未参加诉讼，故可在 2014 年 3

月 21 日至 2014 年 9 月 24 日内提起第三人撤销权之诉。

（二）×区人民法院不应裁定驳回起诉

×市×区人民法院（2014）×民初字第 11111 号民事裁定书驳回丙公司起诉理由是按照法律规定，丙公司于 2013 年 10 月 16 日知道其民事权益受到损害。

根据×市中级人民法院调取的（2013）×民初字第 22222 号判决书经丙公司于 2014 年 3 月 20 日开庭质证才知道自己的权益被损害，丙公司于 2014 年 7 月 3 日提起诉讼，其提起第三人撤销之诉时间在法律规定的范围，×区人民法院不应驳回起诉，故×区人民法院裁定错误。

……

六、本案的诉讼策略

1. 二审中采纳上诉人在庭审质证中才知道权益被侵害的时间点。根据《中华人民共和国民事诉讼法》第六十四条第一款和《最高人民法院关于适用〈中华人民共和国民事诉讼法〉的解释》第九十条、第九十一条之规定，甲公司应举证证明（2013）×民初字第 22222 号民事判决书的内容，如不能举证则应承担不利后果，丙公司无义务举证，而甲公司未举证，则×县人民法院作出（2012）×民初第 33333 号判决书，确认"乙公司未实际参与工程施工、甲公司与丙公司存在真实的劳务关系"，在二审中×市中级人民法院调取证据［（2013）×民初字第 22222 号民事判决书］进行质证后，丙公司才知道其权益受到损害，丙公司符合起诉的条件，不应裁定驳回起诉。

2. 丙公司申请再审。如果二审法院采纳一审法院判决理由，丙公司提起的撤销之诉已过规定时间，维持原裁定，则根据审判监督程序启动再审。

3. 法院对（2013）×民初字第 22222 号案件启动再审。通过法院依职权或者检察院通过抗诉或提出检察建议启动再审。

4. 提起新的诉讼推翻（2013）×民初字第 22222 号判决。在××市中级人民法院以原审认定事实不清，证据不足，且程序违法，可能影响案件的正确判决，裁定发回重审，在重审中用相反的证据推翻（2013）×民初字第 22222 号民事判决书。

5. 提起新的诉讼，即提起恶意串通损害第三人利益诉讼或确认丙公司和甲公司存在合同法律关系之诉。

七、结语

本律师出具以上法律意见书，所根据贵司提供的材料及调取的材料，有些材料需继续收集、调取，本法律意见书也将随着证据材料的调取而逐步完善。

以上法律意见，供贵司参考。

　　　　　　　　　　　　　　　　　　　陕西××律师事务所
　　　　　　　　　　　　　　　　　　　二〇××年××月××日

【评析】

　　这份法律意见的特点是：①格式正确、项目齐全。该文书按照格式要求写了首部、正文和尾部的内容，各项目要素齐全。②结构合理、条理清晰。在出具法律意见之前，写明了出具本法律意见的事实依据、法律依据、基本事实。然后对案件涉及的法律问题进行分析，并提出诉讼策略。③叙事清楚，重点突出。在出具法律意见时，紧扣案件事实和法律规范，并将两者贴切地结合起来。

第四节　合　同

一、合同的概念和功能

　　合同，是平等主体的自然人、法人和其他组织之间设立、变更、终止民事权利义务关系的协议。这里的"平等主体"是指在民事活动中享有民事权利资格的自然人、法人具有平等的法律地位；"之间"是指合同是一种双务行为，其签约须有双方当事人参加；"民事权利义务关系"是指社会关系由民商事法律调整时，所赋予当事人的权利义务及他们之间所形成的利益关系；"协议"是指当事人为实现上述利益关系经协商在意愿一致的基础上共同达成的书面文据。

　　合同是一种具有法律约束力的文书。合同一经签约，并付诸文字实现，立约各方就产生了一定的权利义务关系，这种权利义务关系富有法律意义，受法律的保护和约束，立约各方均应信守条款约定内容，履行义务，否则就将承担因违约而引起的法律责任。

　　合同具有规范、制约人们行为，用法律手段维护社会主义市场经济秩序有序发展，提高经济效益，制裁违约，保护守约人合法利益的重要作用。合同对于当事人权利义务的形成范围及责任承担也具有证据效力。

二、合同的特征和分类

　　合同具有如下特征：①合同是一种民事法律行为。②合同以产生、变更或终止民事权利义务关系为目的。③合同是两个以上的当事人意思表示相一致的协议，即合同是当事人协商一致的产物。④合同是合同当事人在平等自愿基础上产生的民事法律行为。

　　合同的种类较多，包括有名合同和无名合同。常见的有名合同包括买卖合同，供用电、水、气、热力合同，赠与合同，借款合同，租赁合同，融资租赁合同，承揽合同，建设工程合同，运输合同，技术合同，保管合同，仓储合同，委托合同，行纪合同，居间合同。

三、合同的格式及基本内容

合同的结构主要分为两种：一种是条款式结构；一种是表格式结构。条款式结构是指将双方口头约定好的有关内容列成若干条款，写入合同之中。表格式结构是指按照印制好的表格，将协商一致的内容逐项填入表中。在写作时，无论是什么结构的合同，其内容通常都包括如下几个方面：

（一）标题

在合同的顶端居中写明"××××合同"。其中"××××"是写明合同的性质类型，如"房屋租赁合同""买卖合同""建设工程施工合同"等。

（二）合同签约者

在标题之下左侧按顺序列出立约双方的名称。如系自然人签约的，应写明甲方：×××，乙方：×××。如系法人签约的，写明各自单位的全称。立约人的称谓应根据合同的不同类型来决定，如系买卖合同，应统一用"出卖人""买受人"称谓；系承揽合同，用"定作方""承揽方"称谓；财产租赁合同，称"出租方""承租方"；仓储合同称"存货方""保管方"；技术转让合同称"让与人""受让人"；承包合同称"发包方""承包方"；借款合同称"贷款方""借款方"；等等。为了行文方便，在名称之后还可以用括号注明"（以下简称甲方或乙方）"。在合同签约者后面应注明其基本情况。属格式合同的，在签约者名称之下还应写明合同编号、合同签订地点及签订时间。

（三）正文

正文是合同的核心部分，用列出的条款或表格写明合同的具体内容。合同正文一般来说，需要写明两方面的内容：

1. 写明双方或多方签订本合同的缘由或目的。这是合同的起句开头部分，要求用十分简练的几句话交待出为何事或出于何种目的签订本合同，如："为发展果品生产，增加集体和个人经济收入，根据我国有关政策规定，经村委会研究和甲乙双方充分协商，特订立本合同，供双方共同遵守。"也可先引用有关经济法规，再引出签约的缘由，如："根据《中华人民共和国合同法》及有关规定，为明确出租方与承租方的权利义务关系，经双方协商一致，签订本合同。"

书写这一部分时要求文字简明扼要，只需将订立合同的依据和目的一笔写明即可，起到引入正文的作用，不要文字拖沓，写得冗长累赘，以免喧宾夺主，影响正文内容的表现。

2. 合同条款。合同条款即协商的具体内容，是合同的主体部分。条款式合同应按先后次序写明双方或多方所商定的有关事项，即双方共同做什么事情、如何去做、做到什么程度、何时完成、违约怎么办，从中体现出各方在履行中所应承担的义务和应享有的权利。表格式合同则需要按照表格中所列项目协商填写。无论条款式还是表格式，一般来说，都要反映出以下一些要点，即合同一般需要具备的六要素：

（1）标的。标的是合同中权利和义务所指向的对象，任何合同都必须具备标的，这是因为合同大都是以一定的财产关系，即物质利益关系为其内容的，若标的物不明确，合同就无法履行。

（2）数量。数量是确定合同履行的重要条件之一。某些合同的签订，必须明确标的的数额，如买卖合同中发货的件数、每件的金额、总计的金额、运费支出的金额，借贷合同中贷款的数额、利息的标准，建筑工程施工合同中工程造价、预算数额等都必须在合同中规定具体而明确，不能笼统含糊，否则，易因此而引发纠纷。

（3）质量。质量是合同的重要内容之一，也是履约的重要依据。质量标准规格如不具体写清，履约时则容易发生纠纷，一旦提起诉讼，也容易造成有理说不清，因而必须写得明确、具体。如工业产品的质量，必须具体订出何年何月的国家或部颁标准，并在合同中明确写出标准的编号。如果是协商标准，必须另附协议书或提交样品。

（4）价款和酬金。这是指取得对方产品或物品，接受对方劳务所支付的代价。凡国家规定有价格的产品（包括国家定价、浮动价），应遵守国家的价格；国家未规定价格的，可由当事人双方自愿协商议定。

（5）履行的期限、地点和方式。履行的期限是指当事人完成合同规定义务的时间范围，逾期即属违约。履行的地点是指当事人完成合同规定义务的地理位置，合同履行的地点对于诉讼提起确认管辖权具有重要作用。履行的方式是指当事人完成合同规定义务的方法，如货物是自提还是送货上门或是代办托运，付款方式是现金支付还是托收承付或支票转账。写清这些内容对于完成合同任务以及对双方当事人进行制约都有重要作用。

（6）违约责任。违约责任是指当事人因违反约定而不履行或者不完全履行合同义务时应当承受的法律制裁措施。如支付违约金、支付赔偿金、价格制裁、定金制裁、解除合同、信贷制裁、给付逾期保管费等。违约责任对于维护合同的法律严肃性，敦促当事人按合同履约具有重要保证作用。在合同中违约责任有些是法定的，也就是说在合同法中规范了一旦违约应如何制裁的措施。

除了上述六项主要要素内容外，根据合同法的规定，法律规定的或者按照合同的性质必须具备的条款，以及当事人一方要求必须规定的条款，也是合同的主要条款。这些条款应根据合同性质的不同有所区别地写入，如建筑、安装工程合同中，应明确规定工程范围、建设工期、工程开竣工时间、工程质量、工程造价、技术资料交付时间、原材料和设备供应责任，预算和决算、交工验收等条款；在仓储合同中应明确规定储存货物的品名、规格、数量、保管方法、验收项目和验收方法、入库和出库手续、损耗标准和损耗的处理、费用负担和结算方法等条款；在财产租赁合同中应明确规定租赁财产的名称、数量、用途、租赁期限、租金和租金交纳期限、租赁期间财产维修保养的责任等条款；在借款合同中，应明确规定借款的数额、用途、期限、利率、结算办法等；保险合同中应明确规定保险标的、坐落地点、保险金额、保险责任、除外责任、赔偿办法、保险费交付办法以及保险起止期限等条款。

合同的主要条款写完之后，一般还应写明如下几条：一是争议的解决办法，写明合同履行中如发生纠纷双方应友好协商解决，协商不成提交××××人民法院裁判（此条为约定管辖）或提交××××仲裁委员会仲裁（注：仲裁或诉讼只能选其一）。二是写明"双方未尽事宜可制定补充协议，补充协议与本合同具有同等效力"。三是写明"本合同一式×份，由××保管一份，××保管一份"。合同有附件的还应予注明，有的还写明合同的有效期限。

（四）结尾

结尾写明以下两项内容：

1. 签名、盖章。在正文末尾的下方写明双方或多方签订合同的单位名称和单位代表人姓名，并加盖公章或合同专用章。个人签订的，需签署姓名或加盖私章。

2. 注明签约的年月日。部分合同还有附件，附件形式多种多样，如商品明细表格、加工图纸、使用条件等。合同的附件是合同的组成部分，不能有所疏漏或发生差错。

四、合同的写作方法和技巧

制作合同应注意做到以下几个方面：

1. 遵从自愿原则。合同是双方法律行为的表现，是当事人意思表示的一致。所谓"意思"，是指当事人追求建立某种合同关系的愿望或打算；所谓"表示"，是指这种内在的愿望见诸外部的行动，即将内心打算变为现实。签订合同，当事人只有取得一致的内在意思和外在表示，为达到一定目的，通过双方的法律行为，才能产生合同法律关系，否则双方的利益就难以实现，即使实现了也容易导致纠纷。因此在签订合同时，必须充分注意到这一点。

2. 坚持合法原则。合同是一种法律文书，合同签订的目的就是运用法律手段来规范、制约立约人的行为，使之在法律的轨道上运行。因此，订立合同必须遵守国家法律、法规，合同内容须是合法的，合同条款约定必须限定在法律许可和保护的范围之内，合同确认的权利义务，须是当事人依法可以行使的权利和应当承担的义务。否则，即使是双方自愿，也不能视为有效。如：违反国家政策规定擅自套购国家市场上禁止流通物而签订的合同；为避税而规避法律双方恶意串通签订的合同；采取欺诈、胁迫方式签订的合同；损害社会公共利益签订的合同。这些都是对法律的违反，上述合同法律不予保护。

3. 体现合理原则。订立合同的双方当事人在合同关系中具有平等的地位，双方享有的权利多大，承担的义务也就多大，该权利义务相互作用，必须体现对等。因此，签订合同应该贯彻平等互利、协商一致、等价有偿的原则，任何一方均不得以限制或命令的方式迫使对方接受自己的意见或使合同中一方与另一方的权利义务关系出现重大失衡，否则合同显失公正，利益受损一方可向人民法院起诉申请撤销该合同。

4. 表达严密、完善。起草合同要建立整体观念、总揽全局，避免合同内容的缺失。一份合同不仅整体的条款内容要完善，而且每一款中的内容表达也要周密严谨，以免发生漏洞而出现问题。如标的物不仅要写明数量、质量，而且要写明计量单位、质量的技术要求和标准；价款和酬金要写明计算标准、结算方式和程序，如需运输，还应有运费承担、运价标准和途中损失的约定及包装的标准。条款内容书写的严密、完善，发生争议后就有了说理的依据，解决纷争就占有了主动权。

5. 用语措词精确、明了，准确表达当事人的意思。合同是契约性文件，约定信守条款最忌讳内容笼统、含糊不清、模棱两可。合同写作实践中出现的诸如"质量标准争取达到要求""价格要合理"等都是不明确的语言，达到要求是达到什么要求，合理又合到什么程度，均无可操作性，一旦发生纷争，由于没有衡量、确认的尺度，容易扯皮。再如"力争年内交货""尽量按时结清货款"，此类语言也笼统含糊，似是而非，留有极大的隐患，必须坚决杜绝。

五、合同实例与评析

【实例】

二手房买卖合同[1]

卖方：＿＿＿＿＿＿，身份证号码：＿＿＿＿＿＿＿＿＿＿＿＿＿

现住址：＿＿＿＿＿＿＿＿＿＿＿＿＿＿＿＿＿＿＿＿＿＿＿＿＿

家庭电话：＿＿＿＿＿；手机：＿＿＿＿＿＿＿＿＿＿＿＿＿＿＿

买方：＿＿＿＿＿＿，身份证号码：＿＿＿＿＿＿＿＿＿＿＿＿＿

身份证地址：＿＿＿＿＿＿＿＿＿＿＿＿＿＿＿＿＿＿＿＿＿＿＿

---

[1] 资料来源：http://www.chinalawedu.com/web/191/wa16 08242678.shtml.

现住址：_____

家庭电话：_____；手机：_____

根据《中华人民共和国合同法》《中华人民共和国城市房地产管理法》及其他有关法律、法规的规定，在平等、自愿、公平、协商一致的基础上，就房屋买卖事宜达成如下协议：

第一条　房屋基本情况

（一）卖方所售房屋（以下简称该房屋）坐落为：_____【区（县）】_____【小区（街道）】_____【幢】【座】【号（楼）】_____单元_____号，（室）该房屋所在楼层为_____层，建筑面积共_____平方米。

随该房屋同时转让的房屋附属设施设备、装饰装修、相关物品清单等具体情况见附件一。

第二条　房屋权属情况

（一）该房屋所有权证证号为：_____。

（二）土地使用状况

该房屋占用的国有土地使用权以_____（出让或划拨）方式获得。土地使用权证号为：_____，土地使用权年限自_____年_____月_____日至_____年_____月_____日止。乙方应当办理土地使用权出让手续并缴纳土地使用权出让金。

（三）该房屋性质为商品房。

（四）该房屋的抵押情况为_____。

（五）该房屋的租赁情况为_____。

第三条　买卖双方通过_____公司居间介绍（房地产执业经纪人：_____，经纪人执业证书号：_____）达成本交易。中介费用为本合同房屋总价的3%，买卖双方各承担一半中介费，中介费在房屋所有权证过户到买方名下之日支付。无论任何原因导致本交易未最后完成，已支付的中介费应该全部退还。

第四条　成交价格和付款方式

（一）经买卖双方协商一致，该房屋成交价格为：人民币_____元（小写），_____元整（大写）

上述房屋价格包括了该房屋附属设施设备、装饰装修、相关物品和其他与该房屋相关的所有权利。

（二）买方付款方式如下：

1. 本合同签订后3日内，买方向卖方支付定金成交总价的10%，即人民币

_____元。

2. 该房屋过户到买方名下后 3 日内，买方向卖方支付成交总价的 80%，即人民币_____元。

3. 该房屋验收交接完成后 3 日内，买方向卖方支付成交总价的 10%，即人民币_____元。

第五条 权属转移登记和户口迁出

（一）双方同意，自本合同签订之日起 3 日内，双方共同向房屋权属登记部门申请办理房屋权属转移登记手续。

（二）如买方未能在房屋权属登记部门规定的办理房屋权属转移登记手续的期限内（最长不超过 3 个月）取得房屋所有权证书的，买方有权退房，卖方应当自收到退房通知之日起 3 日内退还买方全部已付款，并按照中国人民银行同期贷款利率付给利息。

（三）卖方应当在该房屋所有权转移之日起 30 日内，向房屋所在地的户籍管理机关办理完成原有户口迁出手续。如卖方未按期将与本房屋相关的户口迁出的，每逾期一日，卖方应向买方支付全部已付款万分之五的违约金。如逾期超过 90 日，买方有权解除本合同，卖方应收到解除通知之日起 3 日内退还买方全部已付款，并按照中国人民银行同期贷款利率付给利息。

第六条 房屋产权及具体状况的承诺

卖方保证该房屋没有产权纠纷，因卖方原因造成该房屋不能办理产权登记或发生债权债务纠纷的，卖方应支付房价总款 5% 的违约金，并承担其他赔偿责任。

卖方保证已如实陈述该房屋权属状况、附属设施设备、装饰装修情况和相关关系，附件一所列的该房屋附属设施设备及其装饰装修随同该房屋一并转让给买方。

卖方保证自本合同签订之日起至该房屋验收交接完成，对已纳入附件一的各项房屋附属设施设备及其装饰装修保持良好的状况。

在房屋交付日以前发生的【物业管理费】【供暖】【水】【电】【燃气】【有线电视】【电信】：_____费用由卖方承担，交付日以后（含当日）发生的费用由买方承担。卖方同意将其缴纳的该房屋专项维修资金（公共维修基金）的账面余额在房屋过户后 10 日转移给买方。如卖方未按期完成专项维修资金过户的，每逾期一日，卖方应支付已交付房价款万分之五的违约金。

第七条 房屋的交付和验收

卖方应当在房屋过户到买方名下后 30 日内将该房屋交付给买方。该房屋交付时，应当履行下列各项手续：

1. 卖方与买方共同对该房屋附属设施设备、装饰装修、相关物品清单等具体情况进行验收，记录水、电、气表的读数，并交接附件一中所列物品；

2. 买卖双方在房屋附属设施设备、装饰装修、相关物品清单上签字；

3. 移交该房屋房门钥匙；

4. 按本合同规定办理户口迁出手续；

5. 本合同规定的相关费用的支付和房屋专项维修资金的过户；

6. 本合同规定的其他应完成的事项。

本条规定的各项手续均完成后，才视为该房屋验收交接完成。

第八条　本合同签订后，卖方再将该房屋出卖给第三人，导致买方不能取得房屋所有权证的，买受人有权解除本合同，卖方应当自收到解除通知之日起 2 日内退还买方全部已付款，并按买方累计已付房价款的 1 倍支付违约金。

第九条　税、费相关规定

本合同履行过程中，买卖双方应按照国家及地方相关规定缴纳各项税、费，买卖双方承担税费的具体约定如下：

1. 卖方需付税费：①营业税；②城市建设维护税；③教育费附加；④印花税；⑤个人所得税；⑥土地增值税；⑦房地产交易服务费；⑧土地使用费；⑨提前还款短期贷款利息（如有）；⑩提前还款罚息（如有）；

2. 买方需付税费：①印花税；②契税；③产权登记费；④房地产交易服务费；⑤《房地产证》贴花；

3. 其他税费由买卖双方各承担一半：①权籍调查费；②房地产买卖合同公证费（如有）；③评估费；④保险费（如有）；⑤其他（以实际发生的税费为准）。

因一方不按法律、法规规定缴纳相关税费导致交易不能继续进行的，其应当向对方支付相当于房价总款5%的违约金。

第十条　违约责任

（一）逾期交房责任

除不可抗力外，卖方未按本合同第七条约定的期限和条件将该房屋交付买方的，按照如下规定处理。

1. 逾期在 30 日之内，自第七条约定的交付期限届满之次日起至实际交付之日止，卖方应按日计算向买方支付已交付房价款万分之五的违约金，并于该房屋实际交付之日起 3 日内向买方支付违约金，合同继续履行；

2. 逾期超过 30 日后，买方有权退房。买方退房的，卖方应当自收到退房通知之日起 3 日内退还全部已付款，并按照买方全部已付款的 5% 向买方支付违约金。

（二）逾期付款责任

买方未按照第四条约定的时间付款的，按照以下规定处理：

1. 逾期在 30 日之内，自约定的应付款期限届满之次日起至实际支付应付款之日止，买方按日计算向卖方支付逾期应付款万分之五的违约金，并于实际支付应付款之日起 3 日内向卖方支付违约金，合同继续履行；

2. 逾期超过 30 日后，卖方有权解除合同。卖方解除合同的，买方应当自解除合同通知送达之日起 3 日内按照逾期应付款的 5% 向卖方支付违约金，并由卖方退还买方全部已付款。

第十一条 不可抗力

因不可抗力不能按照约定履行本合同的，根据不可抗力的影响，部分或全部免除责任，但因不可抗力不能按照约定履行合同的一方当事人应当及时告知另一方当事人，并自不可抗力事件结束之日起 3 日内向另一方当事人提供证明。上述房屋风险责任自该房屋验收交接完成之日起转移给买方。

第十二条 争议解决方式

本合同项下发生的争议，由双方协商解决；协商不成的，依法向房屋所在地人民法院起诉。

第十三条 本合同自双方签字（盖章）之日起生效。双方可以根据具体情况对本合同中未约定、约定不明或不适用的内容签订书面补充协议进行变更或补充。对本合同的解除，应当采用书面形式。本合同附件及补充协议与本合同具有同等法律效力。本合同附件为本合同的一部分，与本合同具有同等法律效力。

卖方：　　　　　　　　　　买方：

中介方：

合同签订日期：＿＿＿＿年＿＿＿＿月＿＿＿＿日

【评析】

本合同属于比较常见的二手房买卖合同，其特点是：①本合同项目齐备，条款合法。合同包含了房屋的状况、抵押情况、出租情况、付款方式、付款时间、违约责任、争议解决等内容，都是二手房买卖合同的重要方面。②文字精炼、层次清晰。本合同用语简洁明了，运用法言法语，逻辑清晰。

二手房买卖涉及的金额通常较大，可以对部分内容的约定更加明确，比如房屋现状（家具、家电情况）、房屋的共有情况、抵押房屋的赎楼时间及赎楼款的支付方、出租房屋的优先购买权情况、中介责任应当尽量细化。作为二手房买卖中的主要佐证文件，应当将房产证、买卖双方身份证复印件均作为合同附件。

▶ **本章思考题**

1. 辩护词的写作应注意哪些方面？
2. 代理词的写作应注意哪些方面？
3. 书写合同时主要应包括哪些内容？
4. 书写法律意见书时主要应包括哪些内容？

▶ **写作训练题**

根据下列案情材料书写一份辩护词。

检察机关指控，被告人王×娃持有 C3 驾照，自购一辆核定载重 7.990 吨的自卸货车，驾驶该车型须持有 A1 或 A2 或 B2 驾照。2009 年××月××日凌晨 6 时许，王×娃驾驶该车装载 32 吨水泥熟料，行至西安市长安区协和搪瓷厂门前的 108 国道时，因打瞌睡车辆向右偏离，撞上了同向骑自行车上学的初中学生王×圆、张×。车辆从二人身上轧过后，将骑自行车上学的张×1 挂倒，从其腿上轧过，并将贾×梅、贾×利以及 3 辆自行车卷挂车下。其中王×圆、张×两人被撞击、碾压当即死亡，张×1 被撞击、碾压构成重伤，十级伤残。三辆自行车及贾×梅、贾×利二人被拖挂在车体下。王×娃肇事后，置拖挂在车体下的贾×梅、贾×利及自行车于不顾，驾车加速逃离现场，并不顾他人劝阻，致车下两人被碾压死亡。死亡学生最大 15 岁，最小 13 岁。

王×娃在肇事后并未下车察看、保护现场、抢救伤员，反而加速逃离现场。路经此处的两位司机发现后，先后驾车超越肇事车辆，示意并试图逼其停车，同车的王×见状也提醒王×娃，但王×娃置之不理。到达××水泥厂后，王×娃更换了右前轮轮胎，卸下水泥熟料和车牌，与王×开车回到泾阳。在一石料场，下车查看车辆，发现车身有血迹和人体组织，王×随即取出卫生纸递给王×娃擦拭痕迹，后王×离开石料场。王×娃给妻子打电话并告诉了自己开车撞人一事，其妻赶到石料场并得知王×娃执意出逃，将随身 1000 元交给王×娃。王×娃驾车逃至旬邑县，将车丢弃后搭车逃往乌鲁木齐。肇事 5 天后，王×娃到泾阳县公安局投案。

检察机关以交通肇事罪、故意杀人罪（针对被害人贾×梅、贾×利）对王×娃提出指控。检察机关认为，事故中，3 名学生被撞后又有 2 名学生被拖挂，死在距离现场 170 多米的地方，经法医鉴定，2 名学生的死因与拖挂伤有关，有别于其他受害学生死因，属王×娃明知撞人后又逃逸拖挂所致，所以他的行为性质发生了变化，已经由交通肇事转变为故意杀人。

王×娃的辩护人提出的主要辩护意见是：①王×娃不构成间接故意杀人罪，仅构成交通肇事罪；根据交通事故认定书，4 名受害人均当场死亡，王×娃应该只构成交通肇事罪，逃逸则属加重情节；②王×娃构成自首；③王×娃罪不当死。

第九章

监狱法律文书

▶ 学习目标

1. 了解监狱法律文书的概念、功能、特点、分类。

2. 能够根据具体案情材料制作相应的法律文书，如监狱起诉意见书、提请减刑、假释意见书。

▶ 导读案例

黄×裕案[1]

××集团创始人黄×裕2008年末因涉嫌经济犯罪被刑拘。2010年，黄×裕因犯非法经营罪、内幕交易罪、单位行贿罪被判处有期徒刑14年，并处罚金人民币6亿元，没收个人部分财产人民币2亿元。

2010年入狱之后，黄×裕在北京市第二监狱服刑。2011年，因为表现良好，黄×裕被派往监狱医院当护理员，护理"病犯"。2012年10月，黄×裕获得10个月的减刑后被调往花房工作，与监狱园林队的其他服刑人员一起，负责整个监狱的花卉养护以及草地的修剪和浇灌。2015年12月，刑罚执行机关以罪犯黄×裕获得两次监狱改造积极分子为由，建议将其刑期减去1年。2016年5月31日，北京市第二中级人民法院发布刑事裁定书，罪犯黄×裕在刑罚执行期间确有悔改表现，符合法定减刑条件，对其减去有期徒刑11个月。在狱中度过了7年半时光的黄×裕，迎来了他的第二次减刑（黄×裕的刑期从2008年11月17日起开始计算）。

北京市第二监狱制作的减刑建议书是监狱法律文书。

---

[1]　资料来源：http://news.ifeng.com/a/20160531/48885771_0.shtml.

第一节　概　述

一、监狱法律文书的概念和功能

监狱法律文书，是指我国监狱对判处死刑缓期两年执行、无期徒刑、有期徒刑的罪犯，在执行刑罚和教育改造过程中，依照法定程序，根据国家法律和监管规定制作的具有法律效力或法律意义的文书总称。

监狱法律文书是我国监狱对罪犯执行刑罚、进行教育改造的工具，也是监狱是否严格按照法律规定进行狱政管理的重要标志之一。它既是执行刑罚、惩罚罪犯，使其认罪服法的有效手段，又是教育改造罪犯，使其痛改前非、重新做人的生动材料。此外，它还是检查执法情况，总结经验教训，健全和完善监狱法制的材料依据。

二、监狱法律文书的特点

（一）主体的特定性

我国监狱包括成年犯监狱和未成年犯管教所。监狱作为国家的刑罚执行机关，担负着执行刑罚和改造罪犯的任务，监狱法律文书的制作主体当然是监狱及监狱管教人员。

（二）内容的法定性

监狱法律文书的内容涉及监狱在执行刑罚和改造罪犯过程中所产生和需要处理的各种法律事务。监狱法律文书是为处理这一法律事务制作和使用的一种文字工具。制作监狱法律文书必须依据我国有关的法律规定，其法律依据主要是国家的刑事法律，包括刑法、刑事诉讼法、监狱法、人民警察法等法律，也包括国家行政机关制定的有关监狱管理的行政法规和部门规章。

三、监狱法律文书的分类

2002 年 7 月，司法部监狱管理局颁布了《监狱执法文书格式（试行）》[1]，规定了 48 种文书。

根据不同的标准，可以对监狱法律文书进行不同的分类：

1. 根据监狱法律文书的内容不同，可划分为监狱执行刑罚事务文书（如收监文书、暂予执行文书、建议减刑/假释文书等）、狱政管理文书（如对罪犯的奖惩文书、评审鉴定表、对罪犯关押禁闭/使用戒具审批表、抓捕脱逃罪犯文书等）和监狱侦查文书（如狱内立案文书、笔录、结案文书等）。

2. 根据监狱法律文书的受文对象及处理方式不同，可划分为监狱等执行机

---

〔1〕　参见安秀萍主编：《法律文书理论与实务》，清华大学出版社 2009 年版，第 220 页。

关内部使用的文书（如罪犯入监登记表、罪犯奖惩审批表、狱内案件立案报告表等）、向法院和检察院提请审查决定或裁定的文书（如提请减刑/假释意见书、起诉意见书、提请复查意见书、提请执行死刑意见书等）、向罪犯家属和有关机关发出的通知书（如罪犯入监通知书、罪犯奖励/惩罚通知书、提请对保外就医罪犯执行监督考察通知书、罪犯病危通知书、罪犯死亡通知书等）和其他文书（如刑满释放人员证明书、罪犯申诉材料转递单等）。

3. 根据监狱法律文书的体裁不同，可划分为笔录类文书（如讯问笔录、询问笔录等）、填空类文书（如通知类、清单类等）和报告类文书（如狱内立案报告等）。

第二节　监狱起诉意见书

一、监狱起诉意见书的概念和功能

监狱起诉意见书，是指监狱对罪犯在服刑期间又犯罪或者发现了判决时未发现的罪行侦查终结后，认为需要追究刑事责任的，依法向人民检察院提出起诉意见时制作的文书。

《刑事诉讼法》第262条第1款规定，罪犯在服刑期间又犯罪的，或者发现了判决的时候所没有发现的罪行，由执行机关移送人民检察院处理。根据上述规定，监狱需要制作起诉意见书，连同案卷材料、证据一并移送同级人民检察院审查处理。

监狱起诉意见书是监狱要求人民检察院在法定期限内对案件进行审查并作出处理决定的文书，具有向人民检察院提出起诉意见的作用，同时也是人民检察院审查起诉的基础和依据，该文书的使用可以促使罪犯认罪服法，接受法律制裁，有利于揭露犯罪，惩罚犯罪。

二、监狱起诉意见书的格式

××监狱
起诉意见书

（××××）×监起字第×号

罪犯×××，……（罪犯的基本情况），因××罪经××人民法院于××××年×月×日以……号刑事判决书判处……，附加……，刑期自××××年×月×日交付执行，现押……。

现经侦查，罪犯×××在服刑期……主要事实如下：……

为此，根据《中华人民共和国监狱法》第×条、《中华人民共和国刑法》第×条第×款、《中华人民共和国刑事诉讼法》第二百六十二条第一款的规定，特请你院审查，依法处理。

此致
××××人民检察院

（公章）

××××年×月×日

附：

1. 罪犯×××劳改档案共×卷×册。

2. 罪犯×××涉嫌犯罪的案卷材料共×卷×册。

三、监狱起诉意见书的基本内容

监狱起诉意见书由首部、正文和尾部组成。

（一）首部

1. 标题。包括制作机关名称和文书名称。居中分两行书写，"××监狱""起诉意见书"。

2. 文书编号。如"（××××）×监起字第×号"。依次写明年度、机关代字、文书代字和文书序号。

3. 罪犯的基本情况。依次写明罪犯的姓名、性别、年龄、民族、籍贯、文化程度、原判罪名、原判法院、原判时间、判决书文号、原判刑种、刑期、交付执行的时间及执行场所。

4. 案由。有两种写法：如系又犯新罪的，可写为："现经调查证实，罪犯××在服刑改造期间，又犯有下列罪行：……"；如系发现余罪、漏罪的，可写为："现经调查证实，罪犯×××在服刑改造期间发现有判决时所没有发现的罪行，其主要事实如下：……"。

（二）正文

包括两部分内容：

1. 犯罪事实和证据。写明监狱经调查核实的有关罪犯在服刑期间所犯的罪行或者罪犯在判决时所漏掉或隐瞒的罪行及证据。

2. 提请起诉的理由和法律依据。写明两项内容：①根据刑法分则的有关规定，对犯罪事实进行高度概括，阐明罪犯在服刑期间又犯有或隐瞒什么罪行，危害程度如何，造成什么后果，罪犯认罪态度如何。②引用建议起诉的实体法及程序法条文，提出起诉意见请求。

（三）尾部

1. 写明致送机关名称，即"此致""××人民检察院"。

2. 在右下方注明制作日期，同时加盖制作机关公章。

3. 附项。应注明随案移送的罪犯档案的卷数、页数，以及罪犯所犯新罪或漏罪的案卷材料的卷数、页数等。

四、监狱起诉意见书的写作方法和技巧

（一）犯罪事实的写法

叙写犯罪事实，要把罪犯所犯新罪或漏罪的时间、地点、动机、目的、手段、情节、后果等要素如实地叙述清楚，然后列出证实以上犯罪事实的具体证据。叙述力求详略得当，重点突出。既要反映案情的全貌，又要重点写明犯罪事实的要素。共同犯罪案件，要注意把各个犯罪人在共同犯罪中的地位、作用以及应负的具体罪责写清楚。

（二）提请起诉理由的写法

阐述起诉的理由时要根据犯罪事实进行论述，力求准确确定罪名；引用法律条文应做到准确无误。

五、监狱起诉意见书实例与评析

【实例】

××监狱
起诉意见书

（200×）×监起字第×号

罪犯黄××，男，19××年×月×日生，汉族，××省××市人，高中文化程度，因盗窃罪经××市××区人民法院于200×年×月×日以（200×）×刑初字第×号刑事判决判处有期徒刑10年，于200×年×月×日送我监狱执行劳动改造。

现经调查证实，罪犯黄××在服刑改造期间，发现了判决的时候没有发现的而又应当追究刑事责任的罪行，主要事实如下：

2010年10月6日凌晨，被告人黄××到××市中医院院内，将曹××停放在该处的一辆红色雅马哈牌摩托车盗走，该车经鉴定价值4250元。

经侦查已取得如下证据：（1）被害人曹××的陈述；（2）××价格鉴定中心鉴定意见；（3）监控录像光盘一份。

综上所述，罪犯黄××的盗窃罪行被遗漏，其实施的盗窃曹××摩托车的行为，犯罪事实清楚、证据确实充分，足以认定。为此，根据《中华人民共和国刑法》第二百六十四条、《中华人民共和国刑事诉讼法》第二百六十二条第一款的规定，特提请你院审查，依法处理。

此致

××××人民检察院

（公章）

二○一×年×月×日

附：1. 罪犯黄××劳改档案共 1 卷 58 页；

2. 罪犯黄××漏罪案卷材料 1 卷 25 页。

【评析】

发现罪犯在判决时没有发现的漏罪，根据法律规定，应由执行机关移送检察机关处理。该起诉意见书用时序法叙述了犯罪事实，也列举了相关证据，引用相关法律规定说明提出起诉意见的法律依据，文字表述规范。

第三节　提请减刑、假释建议书

一、提请减刑、假释建议书的概念和功能

提请减刑、假释建议书，是监狱依法对在服刑改造期间确有悔改或立功表现且已执行符合法定要求刑期的罪犯，提请人民法院审核裁定减刑或假释时制作的文书。

《刑事诉讼法》第262条第2款规定，被判处管制、拘役、有期徒刑或者无期徒刑的罪犯，在执行期间确有悔改或者立功表现，应当依法予以减刑、假释的时候，由执行机关提出建议书，报请人民法院审核裁定，并将建议书副本抄送人民检察院。人民检察院可以向人民法院提出书面意见。

针对个别地方出现的"有钱人""有权人"减刑早、频次高、幅度大和假释比例高的问题，中央政法委于2014年初下发专门的指导意见，要求对职务犯罪、金融犯罪、黑社会性质组织犯罪这"三类罪犯"减刑、假释案件依法公开。

随后，最高人民法院对全国法院办理减刑、假释案件提出了"五个一律"的工作要求，即受理案件后一律公示，"三类罪犯"减刑、假释案件一律公开开庭审理，公开开庭一律邀请人大代表、政协委员旁听，裁定书一律上网公开，违法违纪办案一律从严追究责任，发布《关于减刑、假释案件审理程序的规

定》，对减刑、假释案件审理程序作出相关规定。2016 年 9 月 19 日最高人民法院审判委员会第 1693 次会议通过《最高人民法院关于办理减刑、假释案件具体应用法律的规定》，自 2017 年 1 月 1 日起施行。

刑罚执行机关在制作提请减刑、假释建议书时应严格按照上述法律和司法解释的规定进行。

减刑、假释是激励罪犯改造的刑罚制度，提请减刑、假释建议书的主要作用是体现党和国家对罪犯所采取的惩办与宽大相结合的政策，促使罪犯接受改造，改恶从善，重新做人。

二、提请减刑、假释建议书的格式

提请减刑、假释建议书的格式包括提请减刑建议书的格式和提请假释建议书的格式，两种格式基本相同。现只列提请减刑建议书的格式。

××监狱
提请减刑建议书

（××××）×监减字第×号

罪犯×××……（写明罪犯身份情况），因××罪经××人民法院于×××
×年×月×日以×号刑事判决书判处……，于××××年×月×日送我狱服刑改造……（写明刑罚执行情况）

该犯在服刑期间，确有悔改（立功）表现，具体事实如下：

……（写明罪犯服刑期间的表现）

综上所述，罪犯×××在服刑期间……，确有悔改和立功表现。为此，根据《中华人民共和国监狱法》第二十九条、《中华人民共和国刑法》第七十八条第一款、《中华人民共和国刑事诉讼法》第二百六十二条第二款的规定，建议对罪犯×××予以减刑，特提请审核裁定。

此致
××××人民法院

（执行机关印）
××××年×月×日

附：罪犯×××卷宗材料共×卷×页。

三、提请减刑、假释建议书的基本内容

提请减刑建议书和提请假释建议书的内容基本相同，行文格式一致，所以合并说明。

提请减刑、假释建议书由首部、正文和尾部组成。

（一）首部

首部内容包括文书名称、文书字号、罪犯基本情况和案由。

1. 文书名称。分两行书写："××监狱""提请减刑（假释）建议书"。

2. 文书字号。写为：（××××）×监减（假）字第×号。

3. 罪犯基本情况。依次写明姓名、性别、年龄、民族、籍贯、原判罪名、原判法院名称、判决日期、判决字号、判处刑罚种类、交付执行改造的日期和场所。

4. 案由。提请减刑建议书表述为："该犯在服刑改造期间，确有悔改或（和）立功表现，具体事实如下：……"。提请假释建议书表述为："该犯在服刑改造期间，确有悔改或立功表现，并已服刑够法定年限，具体事实如下：……"。

（二）正文

正文包括悔改或者立功表现的具体事实、减刑或者假释的理由、法律依据和执行机关的结论性意见三个方面内容。

1. 悔改或者立功表现的具体事实。这是减刑、假释的必备条件和事实依据，是写作的重点。

根据2017年1月1日起施行的《最高人民法院关于办理减刑、假释案件具体应用法律的规定》第3条、第4条、第5条的规定，"确有悔改表现"是指同时具备以下条件：①认罪悔罪；②遵守法律法规及监规，接受教育改造；③积极参加思想、文化、职业技术教育；④积极参加劳动，努力完成劳动任务。具有下列情形之一的，可以认定为有"立功表现"：①阻止他人实施犯罪活动的；②检举、揭发监狱内外犯罪活动，或者提供重要的破案线索，经查证属实的；③协助司法机关抓捕其他犯罪嫌疑人的；④在生产、科研中进行技术革新，成绩突出的；⑤在抗御自然灾害或者排除重大事故中，表现积极的；⑥对国家和社会有其他较大贡献的。第④项、第⑥项中的技术革新或者其他较大贡献应当由罪犯在刑罚执行期间独立或者为主完成，并经省级主管部门确认。具有下列情形之一的，应当认定为有"重大立功表现"：①阻止他人实施重大犯罪活动的；②检举监狱内外重大犯罪活动，经查证属实的；③协助司法机关抓捕其他重大犯罪嫌疑人的；④有发明创造或者重大技术革新的；⑤在日常生产、生活中舍己救人的；⑥在抗御自然灾害或者排除重大事故中，有突出表现的；⑦对国家和社会有其他重大贡献的。第④项中的发明创造或者重大技术革新应当是

罪犯在刑罚执行期间独立或者为主完成并经国家主管部门确认的发明专利,且不包括实用新型专利和外观设计专利;第⑦项中的其他重大贡献应当由罪犯在刑罚执行期间独立或者为主完成,并经国家主管部门确认。上述规定是收集、整理和叙述罪犯悔改或者立功具体事实的依据和指导思想。

2. 减刑或者假释的理由。理由是对悔改和立功表现的具体事实进行高度概括后所作的结论,表明执行机关对减刑或假释罪犯改造表现的具体看法和结论。

3. 依据和执行机关的结论性意见。具体表述为:"为此,根据《中华人民共和国监狱法》第二十九条(或第三十一条、第三十二条)、《中华人民共和国刑法》第七十八条第一款(或第八十一条第一款)、《中华人民共和国刑事诉讼法》第二百六十二条第二款的规定,建议对罪犯×××予以减刑或假释,特提请审核裁定。"

(三)尾部

1. 写明报请的法院全称。即"此致""××××人民法院"。

2. 在右下方注明文书制作日期,并加盖文书制作机关的公章。

3. 附项中说明附"罪犯×××卷宗材料共×卷×页"。

四、提请减刑、假释建议书的写作方法和技巧

(一)罪犯悔改或立功表现事实的写法

叙述罪犯在服刑期间悔改或者立功表现的具体事实,必须实事求是,根据情况逐一写明。对无期徒刑、有期徒刑罪犯建议减刑的,根据对不同条件的罪犯,在减刑的法定期限、间隔和起始时间上的不同处理,以及相关法律和司法解释的规定,事实分为以下几种情况:确有悔改表现;确有立功表现;确有重大立功表现;确有悔改并有立功表现;确有悔改表现并有重大立功表现;悔改表现突出;悔改表现突出并有立功表现。对被判处死刑缓期二年执行罪犯提请减刑时,可根据罪犯的不同情况,依照法律规定,事实写作应体现出,一是没有故意犯罪,二是有重大立功表现。

假释建议书中的事实分为假释后不致再危害社会或具有特殊情况,需要假释。

(二)减刑或者假释理由的写法

减刑或者假释的理由应当与悔改或者立功表现的具体事实前后呼应。因为具体事实是为阐述理由打基础的,理由是从事实中总结归纳出来的。因此,两者之间必须前后呼应。如果结论是"确有悔改表现",具体事实则要从它所包含的内容,即认罪服法等方面叙述罪犯悔改的事实;如果结论是"确有立功表现",则要叙述其立功的具体情形。如果是"确有悔改并有立功表现",则要写明悔改和立功两方面的情形。

五、提请减刑、假释建议书实例与评析

【实例】

贵州省××监狱
提请减刑建议书[1]

（2016）黔×监减字第×号

罪犯黄×，男，1981年7月17日生，汉族，贵州省县人，初中文化，2014年5月28日调入我监，现在一监区服刑。

2014年1月24日，贵州省××市××区人民法院作出（2014）×刑初字第1号刑事判决，认定黄×犯盗窃罪，判处有期徒刑三年零六个月，并处罚金10 000元（未履行）。判决发生法律效力后于2014年2月17日交付执行（刑期自2013年7月1日起至2016年12月31日止）。

该犯在近期服刑改造期间，确有悔改表现。具体事实如下：

一、认罪悔罪，遵守监规纪律情况。该犯在服刑改造以来，能认罪服法，遵规守纪，服从管教，主动向干警汇报思想，深挖犯罪思想根源，能认识到自己犯罪给家人、社会带来的危害，自觉矫正恶习。

二、劳动改造情况。能积极主动的参加劳动，该犯从事T1大环组工种，劳动中能坚守岗位，踏实肯干，按时完成劳动任务，表现较好。

三、接受教育情况。能自觉接受和参加"三课"教育，到课率100%，尊重教师，遵守课堂纪律，从不迟到和早退，按时完成作业，在贵州省监狱服刑人员2015年度思想教育统一考试中获A1卷86分、B1卷79分的优异成绩。

四、奖罚情况。该犯现考评等级为三级，在2014年6月至2015年7月考评积分周期被评为改造积极分子。

综上所述，罪犯黄×在服刑期间，能认罪悔罪，遵规守纪，服从管教，积极参加劳动和"三课"学习，确有悔改表现。经检察机关审查，同意对该犯提请减刑。据此，依照《中华人民共和国监狱法》第二十九条、《中华人民共和国刑法》第七十八条、《中华人民共和国刑事诉讼法》第二百六十二条第二款之规定，建议对罪犯黄×提请减刑五个月，特提请审核裁定。

此致

贵州省××自治州中级人民法院

---

[1]　资料来源：http://gs.gzjyj.gov.cn/xxgk/ywgk/88377.shtml。

二〇一六年×月×日

附：罪犯黄×服刑改造材料一卷×册×页

【评析】

这是一份提请减刑建议书，对罪犯的身份事项和判决及执行情况交待得简洁明了，对于悔改表现的事实，能分类叙述，从四个方面展示了罪犯在监狱中改造的情况，为下文提请减刑提供了充分的事实依据，有说服力，也做到了事实和理由的一致。

▶ **本章思考题**

1. 监狱法律文书的特点是什么？

2. 监狱起诉意见书的基本内容有哪些？

3. 制作减刑、假释建议书有哪些技巧？

▶ **写作训练题**

根据下列材料，制作一份提请假释建议书。

罪犯王×胜，男，1988年2月14日生，汉族，初中文化。2010年1月12日贵州省××县人民法院作出（2010）×刑初字第281号刑事判决，认定王×胜犯盗窃罪，判处有期徒刑十一年，剥夺政治权利二年，并处罚金5000元；犯掩饰、隐瞒犯罪所得罪，判处有期徒刑六个月，并处罚金2000元。总和刑期十一年零六个月，剥夺政治权利二年，罚金7000元，数罪并罚，决定执行有期徒刑十一年，剥夺政治权利二年，并处罚金7000元（已履行）。

该犯不服，提起上诉。2010年2月23日贵州省××自治州中级人民法院作出（2010）×刑终字第91号刑事裁定，驳回上诉，维持原判。判决发生法律效力后交付执行，刑期自2009年2月28日起至2020年2月27日止。于2010年5月18日送至贵州省××监狱服刑。2013年1月28日贵州省××自治州中级人民法院作出（2013）××刑执字第1413号刑事裁定，减去有期徒刑一年零九个月，剥夺政治权利二年不变；2014年12月18日，贵州省××自治州中级人民法院作出（2014）××刑执字第4619号刑事裁定，减去有期徒刑十一个月，剥夺政治权利二年不变，刑期至2017年6月27日止。

该犯在服刑期间的悔改表现有：能认罪服法，服从管理教育，认真遵守法律法规及监规，接受教育改造。能深挖自己的犯罪根源，能认清自己的犯罪给社会带来的危害，积极追求改造，综合表现较好。能按时完成各项劳动任务，出勤率达100%。积极参加"三课"学习，自觉遵守课堂纪律，认真听讲，按时完成作业，各科考试成绩合格。2014年度第二学期考试政治思想教育86分，技术教育82分；2015年度第一学期考试政治思想教育82分，技术教育76分；到课率100%。能自觉遵守监规纪律，并用《监狱服刑人员行为规范》严格约束自己的言行，不断矫正自己的不良习惯。能严格遵守监狱的生活卫生管理制度，按规定搞好个人内务卫生和环境卫生。

2014年7月至2015年6月考评周期被评为改造积极分子。经贵州省××自治州人民检察院派驻贵州省××监狱驻监检察室列席评审会议，对该犯现实表现无异议。

第十章

仲裁文书、公证文书

学习目标

1. 了解仲裁文书、公证文书的概念、功能和分类。

2. 掌握仲裁协议书、仲裁申请书、仲裁裁决书的概念、功用和制作方法。

3. 掌握公证文书制作的基本要求。

4. 能够根据具体案情材料制作相应的法律文书，如仲裁协议书、仲裁申请书、仲裁裁决书、合同（协议）公证书等。

导读案例

××食品厂与××商场速冻食品购销合同纠纷案[1]

2014年6月6日，甲市××商场采购人员张×找到甲市××食品厂销售科，要求订购速冻饺子、速冻馄饨、速冻包子。双方经过协商后签订了一份速冻食品购销合同。合同约定：由××食品厂按月向××商场提供速冻饺子1800包、速冻馄饨1200包、速冻包子800包，每包重840克；价格分别为16元/包、13元/包、10元/包；××食品厂于7月、8月、9月、10月、11月五个月的5日以前提供货物，××商场按月于月底结算本月货款。合同还约定了如遇有纠纷，将申请甲市仲裁委员会仲裁。合同签订后，××食品厂每月均按合同规定的时间、品种、规格履行了交货义务。××商场按约定支付了7月、8月、9月的货款，但未支付10月、11月的货款。虽经××食品厂多次催促，××商场却一直借口资金紧张，未获解决。后又以10月、11月两月供货质量存在问题为由，拒不给付所欠货款。故此，双方发生争执。关于10月、11月两月的速冻食品，××商场在收货时和收货后并未提出存在质量问题，经甲市食品安全技术监督部门对所剩余的部分食品进行检验，亦未发现存在质量问题。××商场拖欠货款，已明显构成违约。

---

[1] 资料来源：某仲裁机构办案实例。

2014 年 12 月 10 日，××食品厂以××商场拖欠货款为由，根据合同中约定的仲裁条款，向甲市仲裁委员会申请仲裁，要求依法裁决××商场支付拖欠的两个月的货款，并承担本案仲裁费用。

2015 年 1 月 15 日，甲市仲裁委员会对本案进行了不公开审理，最终裁决××商场支付剩余货款并承担本案仲裁费用。

本案纠纷发生后，××食品厂没有向法院提起诉讼，而是申请了仲裁，并取得了有利于自己的裁决结果。

该案中，××食品厂申请仲裁时制作的仲裁申请书，甲市仲裁委员会处理纠纷制作的仲裁裁决书，都属于仲裁文书范畴。

第一节　仲裁文书

一、仲裁文书概述

（一）仲裁文书的概念和功能

仲裁，亦称公断，是指根据有关规定或者当事人之间的协议，由一定的机构以第三者的身份，对双方发生的争议，在事实上作出判断，在权利义务上作出裁决的一种方式。通过仲裁方式解决纠纷有诸多优势：仲裁是一种快速解决纠纷的方法；仲裁费用一般比诉讼费用低；仲裁审理是否公开，完全由当事人决定，有利于保护当事人的隐私；仲裁员一般都是具有专业知识的专家学者，处理案件更加公平公正。因此，实践中许多当事人在发生纠纷后都选择用仲裁方式解决纠纷。

仲裁文书，是指当事人之间根据已达成的仲裁协议，为解决经济合同纠纷、其他财产权益纠纷而制作的申请仲裁和仲裁机构依照法定仲裁程序解决纠纷时制作的各种法律文书的总称。如仲裁当事人为参加仲裁活动而制作的申请书、答辩状，仲裁机构为处理纠纷而制作的仲裁调解书、裁决书等都是仲裁文书。本章的仲裁文书仅限于民商事仲裁文书。

仲裁文书是仲裁机构进行仲裁活动的文字凭证和忠实记录。仲裁机构在仲裁过程中认定的事实是否客观、真实，证据是否确实、充分，程序是否合法，适用法律是否准确，裁决是否公正，等等，都要通过仲裁文书反映出来。因此，制作仲裁文书，可以及时有效地解决各种经济、海商、海事等纠纷，维护当事人的合法权益，保障社会主义市场经济的健康发展。

（二）仲裁文书的分类

仲裁文书以不同的标准可以划分为不同的种类。

1. 按仲裁文书适用范围的不同，可分为国内仲裁文书和涉外仲裁文书。国内仲裁文书是仲裁机构和申请人在仲裁国内纠纷案件过程中，按照国内仲裁程序制作的法律文书。涉外仲裁文书是仲裁机构和申请人在仲裁涉外经济贸易、运输和海事纠纷案件过程中，按照涉外仲裁程序制作的法律文书。

2. 按仲裁文书制作主体不同，可分为当事人制作的仲裁文书（如仲裁申请书、仲裁协议书、仲裁答辩书、仲裁反请求书、财产保全措施申请书等）和仲裁机构制作的仲裁文书（如受理或不予受理仲裁申请通知书、提请人民法院财产保全函、仲裁裁决书、仲裁调解书等）。

3. 按仲裁文书内容是否反映双方当事人的共同意思表示，可分为双方合意的仲裁文书（如仲裁协议书、仲裁调解书等）和单方意思的仲裁文书（如仲裁申请书、仲裁答辩书、仲裁反请求书等）。

二、仲裁协议书

（一）仲裁协议书的概念和功能

仲裁协议，是指双方当事人在自愿、协商、平等互利的基础之上将他们之间已经发生或者可能发生的争议提交仲裁解决的书面文件。仲裁协议包括合同中订立的仲裁条款和以其他书面方式在纠纷发生前或发生后达成的请求仲裁的协议。

仲裁协议书，是指公民、法人和其他组织之间订立的，一致表示愿意将他们之间已经发生或可能发生的合同或其他财产权益争议提交仲裁解决的书面意思表示。仲裁协议书具有独立性，它是在合同中没有规定仲裁条款的情况下，双方当事人为了专门约定仲裁内容而单独订立的一种协议。这种协议可以在争议发生之前订立，也可以在争议发生之后订立。

仲裁协议书是当事人提请仲裁机构解决纠纷的法律依据。当事人之间一旦签订了仲裁协议书，就等于放弃了向法院起诉的权利。纠纷发生后，当事人必须按照协议书的约定，将特定的争议事项向特定的仲裁机构申请仲裁。同时仲裁协议书也是仲裁机构受理仲裁申请的依据，当事人请求事项或反诉请求事项超出协议约定范围的，仲裁机构不能审理。

（二）仲裁协议书的格式

仲裁协议书

当事人：

当事人：

当事人双方愿意提请_____仲裁委员会按照《中华人民共和国仲裁法》的规定，仲裁如下争议：

（1）……

（2）……

当事人名称（姓名）：　　　　　当事人名称（姓名）：

法定代表人：　　　　　　　　　法定代表人：

地址：　　　　　　　　　　　　地址：

签字（盖章）　　　　　　　　　签字（盖章）

年　月　日　　　　　　　　　　年　月　日

仲裁补充协议书

根据《中华人民共和国仲裁法》，我们经过协商，愿就×××年×月×日签订的合同第_____条约定的仲裁事项，达成如下补充协议：

凡因执行本合同或与本合同有关的一切争议，申请_____仲裁委员会仲裁，并适用《仲裁委员会仲裁规则》。仲裁委员会的裁决是终局的，对双方都有约束力。

当事人名称（姓名）：　　　　　当事人名称（姓名）：

法定代表人：　　　　　　　　　法定代表人：

签字（盖章）　　　　　　　　　签字（盖章）

年　月　日　　　　　　　　　　年　月　日

（三）仲裁协议书的基本内容

仲裁协议书包括首部、正文和尾部三项内容。

1. 首部。首部包括标题和当事人基本情况。

（1）标题。文书顶端居中写明"仲裁协议书"。

（2）当事人基本情况。当事人是自然人的，依次写明其姓名、性别、出生年月日、职业或工作单位和地址。当事人是法人或其他组织的，应写明单位名称、住所、法定代表人/主要负责人的姓名、职务。

2. 正文。正文包括以下三项内容：

（1）请求仲裁的意思表示。

（2）选定的仲裁委员会。

（3）仲裁事项。

上述三个方面的内容是仲裁协议书不可或缺的组成部分，缺少任何一项内容都将导致仲裁协议无效。因此，在制作仲裁协议书时应当写完整。

3. 尾部。尾部写明下列事项：

（1）双方当事人名称及法定代表人签字。

（2）协议书制作的年月日。

（四）仲裁协议书的写作方法和技巧

正文是仲裁协议书的核心内容，应认真制作。具体写述时，可以分为以下两个层次：

1. 请求仲裁的意思表示和选定的仲裁委员会。即当事人明确地表明将他们之间已经发生的或可能发生的争议提交×××仲裁委员会仲裁的共同意思表示。可表述为："当事人双方愿意提请×××仲裁委员会按照《中华人民共和国仲裁法》的规定，仲裁如下争议：……"

我国仲裁不分级别管辖和地域管辖，而是采取当事人协议选择仲裁委员会的制度。当事人必须在仲裁协议书中选定一个合格的仲裁委员会作为处理纠纷的仲裁机构，以避免在管辖问题上产生歧义。如果仲裁协议书对仲裁委员会没有约定或约定不明确，当事人之间必须达成补充协议，达不成补充协议的，仲裁协议书无效。因此，对仲裁委员会的名称应当写准确，写具体，以明确管辖机构。

2. 仲裁事项。这部分应具体写明提请仲裁的争议事项。争议事项较多时，可以分项列明。如仲裁事项：①……；②……。

当事人在仲裁协议中必须写明仲裁事项。如果仲裁协议书对仲裁事项没有约定或约定不明的，当事人之间必须达成补充协议，达不成补充协议的，仲裁协议书无效。当事人双方在仲裁协议书中约定的仲裁事项也不能超出法律规定的仲裁范围，否则，就是无效的。根据我国《仲裁法》的规定，仲裁协议中约定的仲裁事项超出法律规定的仲裁范围，或者是无民事行为能力人、限制民事行为能力人订立的仲裁协议，或者是一方采取胁迫手段迫使对方订立的仲裁协议，都是无效的仲裁协议。

当事人提请仲裁的事项也不能超出协议书约定的范围，如果超出双方约定的范围，另一方当事人有权拒绝参与仲裁。

如果在仲裁协议之后需要制作仲裁补充协议书，要在其中写明以下内容：文书名称；补充协议的由来；补充的内容；当事人签名、盖章；补充协议订立的日期。

三、仲裁申请书

（一）仲裁申请书的概念和功能

仲裁申请书，是指签订合同的一方当事人，为维护自身的合法权益，就合同执行过程中产生的纠纷，根据当事人之间达成的仲裁协议，向仲裁机构提请仲裁时所制作的文书。

根据我国《仲裁法》的规定，当事人申请仲裁应当符合三个条件：①有仲裁协议；②有具体的仲裁请求和事实、理由；③属于仲裁委员会的受理范围。当事人申请仲裁，应当向仲裁委员会递交仲裁协议、仲裁申请书及副本。仲裁机构应当在收到仲裁申请书之日起 5 日内，作出受理或不受理的决定，并通知当事人。不予受理的，应以书面形式说明理由。

　　仲裁申请书是当事人行使仲裁申请权的重要工具，也是仲裁机构启动仲裁程序、调解或裁决仲裁案件的基础。当事人向选定的仲裁机构提交仲裁申请书，有利于仲裁机构明确争议焦点，公正、及时地解决纠纷，保护当事人的合法权益。

　　（二）仲裁申请书的格式

仲裁申请书

　　申请人：

　　被申请人：

　　案由：

　　请求事项：

　　……

　　事实和理由：

　　……

　　证据和证据来源、证人姓名和住所：

　　……

　　此致

××仲裁委员会

申请人：×××

××××年××月××日

　　附：本仲裁申请书副本×份

　　（三）仲裁申请书的基本内容

　　仲裁申请书包括首部、正文和尾部三项内容。

　　1. 首部。首部包括标题、当事人基本情况和案由。

　　（1）标题。文书顶端居中写明"仲裁申请书"。

　　（2）当事人基本情况。写明申请人与被申请人的姓名、性别、出生年月日、职业或工作单位和住址、电话。当事人是法人或其他组织的，应当写明单位名称、住所、法定代表人/主要负责人的姓名、职务、电话。当事人如果委托代理人参加仲裁活动，还应写明委托代理人的姓名、工作单位和职务。

（3）案由。即提起仲裁申请的事由。应简明扼要地写明申请人提请仲裁申请的根据，争议性质和要求，以及收受该申请书的仲裁机关名称。如"申请人陕西省西安市 A 公司与被申请人河南省洛阳市 B 公司在履行购销合同过程中发生纠纷，根据双方事先在合同中订立的仲裁条款，特提请××市仲裁委员会仲裁解决"。

2. 正文。正文部分是仲裁申请书的关键，包括请求事项；事实和理由；证据和证据来源、证人姓名和住所三项内容。

（1）请求事项。请求事项是申请人申请仲裁所要达到的根本目的，主要写明申请人请求仲裁机构解决什么纠纷，满足什么具体要求。

（2）事实和理由。事实与理由是仲裁请求赖以成立的基础。这部分应当认真写作。

（3）证据和证据来源，证人姓名和住所。申请人在申请仲裁时，应当提供能够证明案件事实和自己主张的各种证据及其来源。

3. 尾部。尾部写明下列事项：

（1）仲裁机构名称。分两行书写："此致""××仲裁委员会"。

（2）署名、盖章、日期。在文书右下方由申请人签名、盖章。其下写申请仲裁的年月日。

（3）附项。在文书左下方写明仲裁申请书副本的份数。申请人应按对方人数和仲裁庭的组成人数提交副本。

（四）仲裁申请书的写作方法和技巧

1. 请求事项的写法。请求事项限于我国《仲裁法》规定的范围，即必须是平等主体的公民、法人和其他组织之间发生的合同纠纷和其他财产权益纠纷。对于婚姻、收养、监护、扶养、继承纠纷以及依法应当由行政机关处理的行政争议，当事人不能申请仲裁。

请求事项应当写明确、具体，文字应精炼、准确。如有几项请求，应分条列项地写明。如某装修工程合同纠纷案件仲裁申请书的请求事项写为"请依法裁决被申请人：①赔偿申请人因地板被泡所造成的经济损失 15 000 元；②对被水浸泡的装饰部分（墙面、壁柜）履行维修义务；③支付因其延期竣工而产生的违约金 7800 元（自 2015 年 1 月 26 日至 7 月 17 日，共计 172 天）；④承担本案仲裁费"。

2. 事实和理由的写法。在仲裁申请书中叙述事实，一般采取时序法将纠纷发生的时间、地点、原因、具体经过、造成的后果、双方争议的焦点以及各自应负的责任写清楚。重点应说明纠纷的性质和过错的责任，为阐述请求仲裁的理由奠定好基础。

叙述纠纷事实应当实事求是，所叙述的事实应当有确实充分的证据证明。

理由应当根据前面叙述的案件事实，结合有关法律、法规和国际公约，分析论证被申请人违约的性质和应当承担的责任。如在合同纠纷案件中，应依据法律说明合同是否成立、是否有效，然后明辨是非责任，最后说明有责任的一方应当承担什么样的法律责任。

理由部分的论述应当坚持"以事实为根据、以法律为准绳"的原则，言之成理，有法可依，引用的法律条款或国际公约应当准确无误。

比如，某购销合同纠纷案件仲裁申请书事实与理由的写法：

2014 年 10 月 9 日，被申请人甘肃省××市房地产开发公司与申请人在西安市签订购销合同一份。双方约定：由被申请人采购申请人生产的钢窗 900 副，申请人交货之后，被申请人应在 2 个月内一次付清货款。合同还对钢窗的单价、规格、质量、数量等内容作了明确规定。同年 12 月 9 日，申请人按照合同规定的期限向被申请人全部交货，所交货物经被申请人验收合格（有验收合格单为据）。但被申请人未按合同规定的期限向申请人给付货款。之后，被申请人又提出部分钢窗不符合合同规定的质量要求，要求退货。经申请人与被申请人多次交涉，被申请人又称由于房地产市场价格变化的影响，其公司资金紧张，难以支付全部货款。

基于上述情况，申请人认为被申请人拒不交付货款，已构成违约。其违约行为对申请人的生产经营活动造成了严重的影响。为此，根据申请人与被申请人事先达成的仲裁协议，特申请××仲裁委员会予以仲裁。

这份仲裁申请书叙述事实清楚、明了，理由写述基本符合要求。不足之处是理由部分未结合相关法律规定进行具体分析。

3. 证据的写法。凡是能够证明案件事实和仲裁请求的各种证据都应列举出来。对于证人证言，应写明证人姓名和住址，对其他证据，应写明名称和来源。

四、仲裁裁决书

（一）仲裁裁决书的概念和功能

仲裁裁决书，是指仲裁机构根据当事人的申请，依照法定程序，对当事人之间的纠纷进行审理后，就实体问题所作出的书面决定。

我国《仲裁法》第 51 条第 1 款规定，仲裁庭在作出裁决前，可以先行调解。当事人自愿调解的，仲裁庭应当调解。调解不成的，应当及时作出裁决。

仲裁裁决书是仲裁机构行使仲裁权的集中体现，是仲裁机构对案件处理结论的文字载体，也是确定当事人权利义务的重要法律文书。我国仲裁实行一裁终局制度，仲裁裁决书发生法律效力后，当事人就同一纠纷再申请仲裁或者向法院起诉的，仲裁机构或者法院不予受理。负有义务的一方当事人如果不履行仲裁裁决书确定的义务，另一方当事人有权向有管辖权的法院申请强制执行。

（二）仲裁裁决书的格式

×××仲裁委员会
裁 决 书

（201×）×仲裁字第×号

申请人：

住所地：

法定代表人：

委托代理人：

被申请人：

住所地：

法定代表人：

委托代理人：

案由：……（写明根据申请人与被申请人之间的仲裁协议或有关合同条款以及申请人的仲裁申请书受理该案，并应写明受理该案的案由及受理时间，以及写明仲裁庭的组成情况、开庭审理情况及双方当事人递交有关补充材料与进行答辩的情况。）

本案已审理终结。现将本案案情、仲裁庭意见和裁决分述如下：

……（简述本案案情及写明双方当事人的仲裁请求。再写仲裁庭查明的事实和认定的证据。）

本庭认为：……（仲裁裁决的理由。写仲裁庭对本案的态度，对当事人双方的仲裁请求或答辩依据是支持或是反对，仲裁裁决所依据的法律。）根据《中华人民共和国××法》之规定，裁决如下：

一、……

二、……（写明裁决结果）

本案仲裁费××元，由被申请人（或申请人）承担。

本裁决为终局裁决，自作出之日起发生法律效力。

首席仲裁员　×××
仲　裁　员　×××
仲　裁　员　×××
二〇一×年×月×日
（仲裁委员会印章）

（三）仲裁裁决书的基本内容

仲裁裁决书包括首部、正文和尾部三项内容。

1. 首部。首部包括标题、编号、当事人基本情况和案由。

（1）标题。在文书顶端居中分两行书写"××××仲裁委员会""裁决书"。

（2）编号。在标题的右下方写明"（××××）×仲裁字第×号"。编号一般由年份、制作机构代字、文书性质和序号组成。

（3）当事人基本情况。当事人包括申请人和被申请人。

当事人是自然人的，基本情况依次写明其姓名、性别、出生年月日、民族、职业或工作单位和职务、住所、联系方式。当事人是法人或其他组织的，应当写明单位名称和住所地、法定代表人/主要负责人的姓名、职务。

当事人委托代理人参加仲裁活动的，还应写明委托代理人的基本情况。委托代理人是律师的，基本情况写其姓名、工作单位和职务。委托代理人是一般公民的，基本情况写其姓名、性别、出生年月日、职业或工作单位和职务、住所。

（4）案由。

2. 正文。正文包括事实、裁决理由、裁决主文、仲裁费用的负担等内容。

3. 尾部。写明以下两项内容：

（1）交待裁决书的法律效力和裁决生效的时间。我国仲裁实行一裁终局制度，因此，在仲裁费用负担情况项下，写明"本裁决为终局裁决，自作出之日起发生法律效力"。

（2）署名、日期、用印。在文书右下方，由仲裁庭组成人员署名，之下写明制作文书的日期并加盖仲裁机构公章。在日期之下，写明书记员姓名。

（四）仲裁裁决书的写作方法和技巧

1. 案由的写法。这部分写明五项内容：

（1）案由。如"申请人×××与被申请人××购销合同纠纷一案"。

（2）仲裁庭受理案件的依据和时间。仲裁庭受理案件的依据是指申请人之间的仲裁协议和申请人的仲裁申请。如"本委根据申请人与被申请人于2015年

5月23日所签订的《购销合同》中的仲裁条款及申请人2016年10月31日的仲裁申请，于2016年11月6日依法予以受理"。

写作时应注意，对仲裁庭受理案件的依据不能遗漏。因为根据法律规定，如果没有仲裁协议，作出的仲裁裁决可能会因申请人的申请，由人民法院予以撤销。

（3）仲裁庭的组成人员。

（4）仲裁方式。写明是开庭仲裁还是不开庭仲裁。开庭仲裁的，应写明开庭的时间、地点和双方当事人及其委托代理人出庭情况。

（5）本案现已审理终结。

2. 事实的写法。事实分两部分写明下列内容：

（1）双方当事人之间纠纷产生的经过、争议焦点及各方所持的主要意见和请求。如果当事人在仲裁过程中有增加或者变更仲裁请求，或者提出反请求的，应当一并写明。

（2）仲裁机关查明的事实和证据。这部分应写明仲裁机关经过庭审调查、辩论、质证所查明的事实以及所依据的证据。

叙述仲裁机关查明的事实，开头可用"经审理查明："作为引语，之后一般采取时序法，将纠纷发生的时间、地点、起因、具体过程、造成的后果等内容叙写清楚。

对证据的写法可因案而异。实践中，大多数仲裁裁决书都采取以下两种写法：①将查明认定的事实写完之后，另起一段列举证据。将证据表述为"上述事实有……等证据在案佐证，本委依法予以认定"。②先写庭审时各方当事人的举证、质证情况；然后再写仲裁庭对证据的认定结果；最后写经审理查明认定的事实。两种写法相比，后者更能反映庭审的实况，说明仲裁庭认定的事实是仲裁员根据采信的证据确认得来的，更加符合仲裁员办案的逻辑思维过程。

3. 裁决理由的写法。阐述裁决理由应根据仲裁机关查明的事实和证据，结合相关法律规定，分析论证双方当事人应当承担的责任。对双方当事人的意见和请求，正确的，应当予以支持；错误的，应当予以驳回，并说明理由。

该部分写作模式是"本委认为，……。依照《中华人民共和国××法》第×条的规定，裁决如下：……"

论述裁决理由应做到：论点明确，论据充分，论证严密，语言精练，表达准确，条理清晰。

4. 裁决主文的写法。裁决主文，即裁决结果，是对案件实体问题所作的处理决定。

该部分应针对当事人的请求事项作出裁决结果，既不能超出请求的范围，也不能有遗漏。裁决应明确当事人之间的法律关系和责任分担，确定权利人享有的权利和义务人履行的义务。文字表述应准确、全面、明确、具体。如给付之请求，应写明给付义务人、给付对象、给付的标的物、给付数额、履行期限及具体方式、逾期履行的责任。

裁决主文有几项的，应分条列项写明。

5. 仲裁费用负担的写法。具体写明本案仲裁费多少元，由一方承担还是双方分担，具体数额是多少。

五、仲裁文书实例与评析

【实例】

××仲裁委员会

仲裁裁决书[1]

（2012）×仲裁字第×号

申请人：司××，男，198×年×月×日，居民身份证号码321322198×××××××××，汉族，××县人，农民，住××县××镇××村七组。

委托代理人：周×，江苏××律师事务所律师。

被申请人：中国人寿财产保险股份有限公司××中心支公司。

住所地：××市××路××大楼裙楼2楼。

负责人：宋×琴，该公司总经理。

委托代理人：路×，该公司职员。

申请人司××（以下简称申请人）与被申请人中国人寿财产保险股份有限公司××中心支公司（以下简称被申请人）责任保险合同纠纷一案，本委根据申请人与被申请人于2011年9月3日签订的"机动车保险合同"中约定的争议解决方式"提交宿迁仲裁委员会处理"及申请人于2012年9月7日递交的仲裁申请书，于2012年9月13日依法予以受理。根据《中华人民共和国仲裁法》和本委仲裁规则的规定，指定仲裁员范×林担任本案独任仲裁员，由本委秘书处工作人员王×奇担任庭审记录。仲裁庭于2012年10月26日对本案进行了不公开开庭审理，申请人的委托代理人周×及被申请人的委托代理人路×到庭参加庭审活动，本案现已审理终结。

申请人申请称：2011年9月2日，申请人将其所有的苏ne9957/苏n6619半

---

〔1〕　资料来源：http://www.66law.cn/goodcase/17814.aspx。

挂牵引车/重型普通挂车在被申请人处投保了三者险（不计免赔），其中三者险保险金额550 000元，保险期间自2011年9月3日至2012年9月2日。2012年6月17日，申请人的驾驶员杨×应驾驶上述车辆沿苏245线由南向北行驶至沭阳县扎下镇京沪高速加油站南出口时右转弯撞由南向北陈×梅驾驶的电动自行车，致使陈×梅受伤，电动自行车损坏。该起事故经沭阳县交警部门认定，杨×应负全部责任，陈×梅无责任。后经沭阳县人民法院（2012）沭民初字2599号民事调解书确定申请人应在强制险限额外赔偿陈×梅医疗费79 844.59元，现申请人已经履行相关赔付义务。根据相关法律规定，被申请人应在三者险范围内赔偿申请人79 844.59元。因与被申请人协商理赔未果，现申请人提出仲裁申请，请贵委依法裁决。

被申请人答辩称：对申请人的车辆在我公司投保商业三者险及交通事故事实无异议，但依据三者险保险条款，医疗费要扣除国家基本医疗保险外的费用。另外，不承担本案的仲裁费用。

经审理查明：2011年9月2日，申请人在被申请人处为其所有的苏ne9957重型半挂牵引车、苏n6619重型普通半挂车投保机动车损失险、第三者责任险等险种，其中第三者责任险特别约定不计免赔。苏ne9957重型半挂牵引车第三者责任险保险金额为500 000元，保险期限自2011年9月3日零时起至2012年9月2日24时止；苏n6619重型普通半挂车第三者责任险保险金额为50 000元，保险期限自2011年9月16日零时起至2012年9月15日24时止。

2012年6月17日11时34分，申请人雇佣的驾驶员杨×应驾驶上述车辆沿苏245线由南向北行驶至沭阳县扎下镇京沪高速加油站南出口时右转弯撞由南向北陈×梅驾驶的电动自行车，致使陈×梅受伤、电动自行车损坏。该起事故经沭阳县交警部门认定，杨×应负全部责任，陈×梅无责任。

沭阳县公安局交通巡逻警察大队经现场勘查，调查取证后认为：杨×应驾驶机动车，进出道路，未让在道路内正常行驶的车辆优先通行，该行为违反了《江苏省道路交通安全条例》第三十七条之规定，其行为是导致本起事故发生的直接原因；陈×梅在此次事故中未发现与事故发生有因果联系的违法行为，故杨×应负该起事故的全部责任，陈×梅无责任。

陈×梅受伤后，被送到沭阳县人民医院住院治疗，截至2012年8月23日，花医疗费99 844.59元，目前仍在治疗过程中。

期间，陈×梅向沭阳县人民法院起诉，诉求杨×应、申请人及被申请人赔偿医疗费等经济损失。经沭阳县人民法院调解，杨×应、申请人于2012年8月27日前赔偿陈×梅医疗费50 000元，于2012年11月24日前赔偿陈×梅医疗费29 844.59元；被申请人于2012年9月23日前在交强险限额内赔偿陈×梅医疗费20 000元。沭阳县人民法院于2012年8月24日作出（2012）沭民初字2599号民事调解书，对上述调解内容予以确认，该民事调解书已生效。

上述事实有申请人陈述、被申请人答辩、机动车保险投保单、机动车保险单、交通事故责任认定书、机动车行驶证、沭阳县人民医院情况说明及医疗费用清单、民事调解书等证据在案佐证，本委依法予以认定。

本委认为，申请人、被申请人之间的机动车保险合同合法有效，双方均应严格按照合同约定履行自己的义务。申请人的投保车辆在保险期间发生保险事故，被申请人应当按照保险合同的约定向申请人承担保险责任。本案中，双方对交通事故的发生、责任认定及申请人对第三人的赔偿数额均无异议，本委依法予以确认。对被申请人辩称的医疗费用中应扣除国家基本医疗保险外的医疗项目支出，本委认为，首先，被申请人未能举证证明伤者陈×梅存在基本医疗保险外的医疗保险项目支出的数额；即使存在，被申请人亦应当按照基本医疗保险范围内的同类医疗费用标准予以赔付；其次，被申请人的主张系其单方解释，解释内容明显违背了第三者责任保险设立的目的，将应当由保险人承担的责任排除在保险责任之外；第三，保险条款中的免责条款，在订立保险合同时应当向投保人明确说明，否则，该条款不产生效力。在庭审中，被申请人未能提供充分有效证据证明其对申请人尽到了明确的说明义务，故其解释对申请人不产生法律效力。因此，本委对被申请人的上述辩解不予采信。对被申请人主张的不负担本案的仲裁费用问题，本委认为，《机动车第三者责任保险条款》第七条第七项中的"仲裁或者诉讼费用以及其他相关费用"系指责任保险的被保险人因给第三者造成损害的保险事故而被提起仲裁或者诉讼的，由被保险人支付的仲裁或者诉讼费用以及其他的必要的、合理的费用，而非申请人提起仲裁所产生的费用，故对被申请人的主张不予支持。本案调解不成，依照《中华人民共和国合同法》第四十四条、第六十条、第一百零七条、《中华人民共和国保险法》第二条及《中华人民共和国仲裁法》第五十一条的规定，裁决如下：

一、被申请人自收到本裁决书之日起五日内向申请人支付保险金79 844.59元。

二、本案仲裁费3585元，由被申请人负担。

本裁决为终局裁决，自作出之日起发生法律效力。

独任仲裁员 范×林

二〇一二年十月三十日

记录员：王×奇

【评析】

这是一份保险合同纠纷案件的仲裁裁决书。其特点是：①格式基本符合规范要求。②叙事清楚，重点突出。事实部分将申请人投保的情况、交通事故发生的整个经过写得简明清晰，重点突出了事故造成的后果、责任认定以及申请人赔偿的情况，这些都是确定索赔范围和数额的关键内容，从而为申请人成功索赔奠定了事实基础。③阐述理由充分有力。理由部分根据查明的事实和证据，结合相关法律规定，分析论证了被申请人应当承担的保险责任。对当事人无争议的责任认定和赔偿数额问题直接予以认定。对被申请人提出的"医疗费用中应扣除国家基本医疗保险外的费用"和"不负担本案仲裁费用"的主张，从证据角度、第三者责任保险设立之目的、保险人承担的免责条款说明义务三个方面进行了细致分析，并结合《机动车第三者责任保险条款》的相关规定予以驳斥，据事依法论理，最后得出的裁决结论令人信服。但该文书也存在不足之处，主要是未将当事人举证、质证的内容呈现出来，对仲裁庭认定的证据也写得较为笼统，这些都削弱了事实论证的力度。

第二节　公证文书

一、公证文书概述

（一）公证文书的概念和功能

公证，是公证机构根据自然人、法人或者其他组织的申请，依照法定程序对民事法律行为、有法律意义的事实和文书的真实性、合法性予以证明的活动。

公证文书，简称公证书，是指国家公证机构根据当事人的申请，按照法定程序，依法证明公证事项的真实性、合法性所制作的具有法律效力的证明文件。

公证文书是法律文书的重要组成部分。由于公证文书是公证机构代表国家作出的证明文书，其证明效力高于其他书证。在民事诉讼中，公证文书是一种可靠的证据，只要没有相反证据足以推翻公证文书所证明的事项，人民法院就应将公证文书直接作为证据采用或交付执行。因此，公证文书对于预防纠纷，维护正常的民事流转秩序，保护当事人的合法权益具有重要的意义。

（二）公证文书的特点

公证文书具有以下几个特点：

1. 特定性。公证文书只能由国家依法设立的公证机构制作，其他任何单位和个人均无权制作公证文书。我国《公证法》第 25 条规定，自然人、法人或者其他组织申请办理公证，可以向住所地、经常居住地、行为地或者事实发生地的公证机构提出。申请办理涉及不动产的公证，应当向不动产所在地的公证机构提出；申请办理涉及不动产的委托、声明、赠与、遗嘱的公证，可以适用前款规定。第 30 条规定，公证机构经审查，认为申请提供的证明材料真实、合法、充分，申请公证的事项真实、合法的，应当自受理公证申请之日起 15 个工作日内向当事人出具公证书。

2. 具有法律效力。公证文书是一种具有法律效力的法律文书。根据我国《公证法》第 36 条、第 37 条第 1 款、第 38 条的规定，经公证的民事法律行为、有法律意义的事实和文书，应当作为认定事实的根据，但有相反证据足以推翻该项公证的除外。对经公证的以给付为内容并载明债务人愿意接受强制执行承诺的债权文书，债务人不履行或者履行不适当的，债权人可以依法向有管辖权的人民法院申请执行。法律、行政法规规定未经公证的事项不具有法律效力的，依照其规定。可见，公证文书不同于一般的证明文书，其特殊性表现在：①它是具有证据效力的文书。在民事诉讼中，人民法院应当将其作为认定事实的根据。但有相反证据足以推翻公证证明的除外。②部分公证文书具有强制执行的效力。对于公证机关依法赋予强制执行效力的、以给付为内容并载明债务人愿意接受强制执行承诺的债权文书，一方当事人不履行的，对方当事人可以向有管辖权的人民法院申请执行。③公证文书还具有使法律行为成立的效力。根据某些法律、法规、国际惯例及双边协定的规定或者当事人的约定，某些行为必须经过公证才能成立并发生应有的法律效力，如果没有进行公证，该项法律行为就不能成立，也就不发生法律效力。

3. 具有公信力。公证是公证机构以国家名义进行的证明活动。按照我国《公证法》的规定，公证机构是依法设立，不以营利为目的，依法独立行使公证职能、承担民事责任的证明机构。公证机构办理公证，应当遵守法律，坚持客观、公正的原则。公证书应当按照国务院司法行政部门规定的格式制作，由公证员签名或者加盖签名章并加盖公证机构印章。可以看出，我国对公证文书的制作主体、制作原则、制作格式等都有严格的要求。对每一个公证事项，公证机构都必须经过申请、审查和出证三道工序，才能制作公证文书。所有这些规定，都是确保所出具的公证文书是真实的、合法的。这样的公证文书是令人信服的，因而具有很高的公信力。

4. 兼具真实性与合法性。公证是公证机构对公证事项的真实性和合法性进行证明的活动，公证活动的核心内容就是证明公证对象的真实性和合法性。公证机构办理任何公证事务，都必须首先依照法定的程序对公证对象的真实性、合法性进行审查，然后才能根据审查结果，决定是否出具公证书。《公证法》第 30 条明确规定，公证机构经审查，认为申请提供的证明材料真实、合法、充分，申请公证的事项真实、合法的，应当自受理公证申请之日起 15 个工作日内向当事人出具公证书。第 31 条规定，当事人虚构、隐瞒事实，或者提供虚假证明材料的；或者提供的证明材料不充分或者拒绝补充证明材料的；或者申请公证的事项不真实、不合法的，公证机构不予办理公证。公证文书作为公证活动的书面载体，必然也具有真实性和合法性的特征。正因为如此，公证文书的证明效力高于其他书证。

（三）公证文书的分类

公证文书根据不同的标准可以划分为不同的种类。从我国目前公证实践来看，有以下几种划分方法：

1. 根据公证文书的性质划分，可分为民事公证书、经济公证书、涉外公证书等。

2. 根据公证机构的业务范围划分，可分为证明法律行为的公证文书；证明有法律意义事实的公证文书；证明有法律意义文书的公证文书；办理赋予强制执行效力的债权文书公证文书；办理提存、证据保全及其他与公证有关的法律事务的公证文书。

3. 根据公证文书的格式划分，可分为定式公证书和要素式公证书。

4. 根据公证文书制作主体划分，可分为公证申请书和公证书。公证申请书，是当事人请求公证机构对其申请公证的事项予以公证的文书。包括文字叙述式的公证申请书和表格式公证申请表。表格式公证申请表又包括国内民事公证申请表、国内经济公证申请表、涉外民事公证申请表、涉外经济公证申请表。申请人可根据申请公证的类别，选择合适的表格填写。

5. 根据公证文书的内容划分，可分为公证书、公证决定书、公证通知书和辅助性公证文书。公证书是国家公证机构接受当事人的公证申请后，依照法定程序办理公证事项时所出具的确认申请事项真实、合法的证明文件。它是公证文书中最为重要的文书。公证决定书是公证机构根据事实和法律，为解决某些程序事项而作出的书面处理意见。包括受理决定书、不予受理决定书、回避决定书、终止公证决定书、拒绝公证决定书和撤销公证决定书。公证通知书是公证机构向当事人通告公证决定或其他公证程序事宜的文书。辅助性公证文书是公证机构在办理公证业务活动中制作的服务于办证的文书。包括申请公证登记表（书）、公证笔录、现场勘验记录、勘验报告、公证卷宗封面和目录、公证审批表、拒绝公证通知、执行许可证明书、公证法律意见书、司法建议书、保管文件和物品凭证等。

（四）公证文书制作的基本要求

公证文书的制作必须符合以下几个方面的要求：

1. 遵循格式，写全事项。格式虽然只是公证文书的外在形式，但它对文书的内容也形成了固定性要求。因此，制作公证文书不可忽视法定的文书格式。我国《公证法》第 32 条第 1 款明确规定，公证书应当按照国务院司法行政部门规定的格式制作。因此，公证机构办理公证事务时，一旦确定了制作某种公证文书，就必须选定相应的文书格式，不管是定式公证书还是要素式公证书，均应按照国务院司法行政部门下发的格式的规范性要求制作公证文书。

在遵循既定的文书格式制作公证文书时，还应按照要求写全各种事项要素。根据《公证程序规则》第42条的规定，公证书包括以下主要内容：①公证书编号；②当事人及其代理人的基本情况；③公证证词；④承办公证员的签名（签名章）、公证机构印章；⑤出具日期。因此，公证人员办理具体公证事务所制作的各种公证文书，都应包括上述五个方面，不能遗漏其中任何一项内容。又比如，对当事人及其代理人基本情况的写述，也应写全他们的各种身份要素。

另外，制作每一种公证文书，从文书的草拟、审批、编号、打印、校对、装订、盖章到送达当事人，都要符合公证文书的格式要求和技术规范要求。

2. 文字规范，用词准确。制作公证文书使用的文字必须符合规范要求。我国《公证法》第32条第2款明确规定，公证书应当使用全国通用的文字；在民族自治地方，根据当事人的要求，可以制作当地通用的民族文字文本。《公证程序规则》第43条规定，制作公证书应当使用全国通用的文字。在民族自治地方，根据当事人的要求，可以同时制作当地通用的民族文字文本。两种文字的文本，具有同等效力。发往香港、澳门、台湾地区使用的公证书应当使用全国通用的文字。发往国外使用的公证书应当使用全国通用的文字。根据需要和当事人的要求，公证书可以附外文译文。根据上述规定，公证机构制作公证文书时应当注意：①发往国外使用的公证书必须使用全国通用的文字，即中文。如果需要附外文译文，当事人要求附外文译文的，可以附外文译文。②对发往我国港澳台地区使用的公证文书，也应当使用全国通用的文字，即中文制作。③对国内其他地方使用的公证文书，在民族自治地方，可以使用当地民族通用的文字，其他地方也应当使用中文。

在坚持使用规范文字的基础上，公证机构制作公证书还应注意用词力求做到准确。因为公证书具有证据上的效力，其真实性和合法性不能令人有任何质疑，因此在遣词造句上，必须准确反映客观事实和法律规定。公证文书作成后不得涂改、挖补，必须修改的应加盖公证处校对章。

3. 真实合法，方可出证。这是对公证机构出具公证文书的内容要求。不管出具何种公证文书，公证机构都必须首先对当事人申请的公证事项进行审查，审查之后，如果认为公证事项是真实的、合法的，才能出具公证文书。反之，不应出具公证文书。如果公证机构及其公证员为不真实、不合法的事项出具了公证书，应当承担法律责任，[1] 由此给公证当事人、公证事项的利害关系人造成损失的，公证机构还应当承担相应的赔偿责任；公证机构赔偿后，可以向有故意或者重大过失的公证员追偿。

二、定式公证书

（一）定式公证书的概念和功能

定式公证书是相对于要素式公证书格式而言的，是指具有固定格式的公证书。

定式公证书的格式固定，篇幅短小，文字简明，印制规范。这类公证文书由于主管机关下发了固定的格式，因此，较易制作，便于公证人员具体操作，及时出证。有利于确保公证文书的质量，提高公证效率，维护当事人的合法权益。

（二）定式公证书的格式

定式公证书格式的主要依据是司法部 1992 年制定的《公证书格式（试行）》，计有公证书格式 56 式 106 种，现场公证词格式 2 种，通知书格式 1 种，代书格式 3 种。[2] 此后，司法部还对一些涉外、涉港澳台定式公证文书格式进行了若干改进和增减。由于定式公证书的格式种类繁多，不便一一列举。现仅列举三种格式，以供参考。

1. 继承公证书。继承公证书的格式有法定继承公证书和遗嘱继承公证书两种，这里仅列举遗嘱继承公证书的格式。

遗嘱继承公证书

（××××）××字第×号

继承人：×××，男（女），××××年×月×日出生，现住××省××市××街××号。

被继承人：×××，男（女），生前住××省××市××街××号。

---

[1] 《公证法》第 42 条第 1 款、第 2 款规定，公证机构及其公证员有下列行为之一的，由省、自治区、直辖市或者设区的市人民政府司法行政部门对公证机构给予警告，并处 2 万元以上 10 万元以下罚款，并可以给予 1 个月以上 3 个月以下停业整顿的处罚；对公证员给予警告，并处 2 千元以上 1 万元以下罚款，并可以给予 3 个月以上 12 个月以下停止执业的处罚；有违法所得的，没收违法所得；情节严重的，由省、自治区、直辖市人民政府司法行政部门吊销公证员执业证书；构成犯罪的，依法追究刑事责任：①私自出具公证书的；②为不真实、不合法的事项出具公证书的；③侵占、挪用公证费或者侵占、盗窃公证专用物品的；④毁损、篡改公证文书或者公证档案的；⑤泄露在执业活动中知悉的国家秘密、商业秘密或者个人隐私的；⑥依照法律、行政法规的规定，应当给予处罚的其他行为。因故意犯罪或者职务过失犯罪受刑事处罚的，应当吊销公证员执业证书。

[2] 周道鸾主编：《法律文书格式及实例点评》，法律出版社 2003 年版，第 491 页。

查×××于××××年×月×日在×××（地名）死亡，死亡后在×××（地名）留有遗产。死者生前立有遗嘱。根据死者的遗嘱，死者×××的遗产应由×××继承。

中华人民共和国××省××市公证处

公证员（签名章或签名）

××××年×月×日

2. 遗嘱公证书。

遗嘱公证书

（××××）××字第×号

兹证明×××（应写明姓名、性别、出生年月日和现住址）于××××年×月×日在××（地点或者公证处），在我和×××（可以是其他公证员，也可以是见证人）的面前，立下了前面的遗嘱，并在遗嘱上签名（或者盖章）。

经查，遗嘱人的行为和遗嘱的内容符合《中华人民共和国继承法》第十六条的规定，是合法有效的。

中华人民共和国××省××市公证处

公证员（签名章或签名）

××××年×月×日

3. 提存公证书。

提存公证书

（××××）××字第×号

兹证明债务人×××（写明姓名、年龄、性别、职业、住址、身份证号码等内容，如果是法人单位，应当写明单位全称、法定代表人、单位地址）因×××（债务依据及无法履行给付的原因），于××××年×月×日将债务标的××××（标的名称、数量、金额）提交我处。从即日起，债务人×××所欠债权人×××（应写明姓名、年龄、住址，如果是法人单位，应当写明单位全称、法定代表人、单位地址）的上述债务已经履行。

中华人民共和国××省××市公证处

公证员（签名章或签名）

××××年×月×日

（三）定式公证书的基本内容

定式公证书由首部、正文和尾部组成。

1. 首部。首部包括标题、编号和当事人基本情况。

（1）标题。写"×××公证书"。

（2）编号。写"（××××）××字第×号"。

（3）当事人基本情况。

2. 正文。正文，即公证证词。公证证词是公证书的核心，应写明公证证明的对象、证明的范围和内容、证明所依据的法律、法规等。

3. 尾部。应写明公证机构名称、承办公证员签名（或签章）和出证日期，并加盖公证处印章和钢印。

（四）定式公证书的写作方法和技巧

1. 首部的写法。标题应在文书顶端居中位置书写。

编号写在标题右下方位置。编号由年度、公证机关名称简称、公证类别代码和文书编排号组成。年度只表明出具公证书的年份，用四位阿拉伯数字表述。编号应连续写下去，不受年份限制，即上下两年之间的编号必须衔接，不得间断。如北京市公证处2016年办理的民事公证的公证书编号写为"（2016）京证民字第×号"。

公证书首部一般不写当事人基本情况。但继承、收养、亲属关系公证书的首部应写当事人基本情况。当事人是自然人的，写明姓名、性别、出生年月日、住址等内容。当事人是法人或其他组织的，写明单位名称、住所地、法定代表人（或负责人）的姓名等。

2. 正文的写法。正文的公证证词应根据当事人申请公证的事项来写，因为证明的事项不同，公证证词的写法也不相同。但无论哪一种公证事项，公证证词都要求用语规范、准确无误、简明易懂。避免使用繁体字、异体字，不能出现错别字。所涉及的组织名称，第一次出现时必须使用全称；所涉及的日期要用公历，如需涉及农历时，应当用括号注明。

有强制执行效力的公证书，应当在公证证词中注明，并具体说明债务人履行债务的期限、强制执行标的物的名称、种类、数量等。

制作定式公证书应遵循一事一证的原则。如果多事一证，则可能会因证明事项过多而造成文字表述困难或引起歧义。

三、要素式公证书

（一）要素式公证书的概念和功能

要素式公证书，是指公证书内容由规定的要素构成，但其行文结构、文字表述等均由公证员酌情撰写的公证书。

根据司法部的规定，目前要素式公证书只适用于在国内使用的证据保全类公证书、现场活动类公证书、合同（协议）类公证书、继承类公证书、强制执行类公证书和法律意见书的制作。根据公证实践的需要，为切实提高公证业务的质量，我国今后将逐步扩大要素式公证书适用的范围。

由于制作要素式公证书时，其中的文字、措词、语序、结构等都是由公证员酌情撰写的，因此，对承办公证员的法律专业知识和公证执业能力提出了更大的挑战，有利于激发公证人员努力提高自己的业务素质、分析判断问题的能力和公证文书的制作技能。另外，要素式公证书是公证工作契合社会发展需要、拓展公证服务领域的体现，能够更好地发挥公证活动预防纠纷、保护当事人合法权益的职能。

（二）要素式公证书的格式

要素式公证书的格式较多，现只列合同（协议）公证书的格式，以供参考。

公　证　书

（××××）××字第×号

申请人：甲（基本情况）

乙（基本情况）

丙（基本情况）

公证事项：××合同（协议）

证词内容

一、必备要素

1. 申请人全称或姓名、申请日期及申请事项。

2. 公证处审查（查明）的事实。包括：

（1）当事人的身份、资格及签订合同的民事权利能力和行为能力；

（2）代理人的身份及代理权限；

（3）担保人的身份、资格及担保能力；

（4）当事人签订合同（协议）的意思表示是否真实，是否对合同（协议）的主要条款取得一致意见；

（5）合同（协议）条款是否完备，内容是否明确具体；

（6）是否履行了法律规定的批准或许可手续。

3. 公证结论。

（1）当事人签订合同（协议）的日期、地点、方式等；

（2）当事人签订合同（协议）行为的合法性；

（3）合同（协议）内容的合法性；

（4）当事人在合同（协议）上的签字、盖章的真实性。

二、选择要素

（1）合同（协议）标的物的权属情况及相关权利人的意思表示。

（2）当事人对合同（协议）内容的重要解释或说明。

（3）当事人是否了解合同（协议）的全部内容。

（4）合同（协议）生效日期及条件等。

（5）公证员认为需要说明的其他事实或情节。

（6）附件。

中华人民共和国××省××市公证处

公证员（签名章或签名）

××××年×月×日

（三）要素式公证书的基本内容

要素式公证书由首部、正文、尾部构成。下面以合同（协议）公证书的基本内容为例介绍要素式公证书的基本内容。

1. 首部。包括标题、编号、申请人基本情况和公证事项。

（1）标题。写"公证书"。

（2）编号。写"（××××）×××字第××号"。

（3）申请人基本情况。申请人包括申请公证的双方当事人、关系人及法定代理人。

（4）公证事项。即被证明的合同（协议）的具体名称或类别。

2. 正文。正文，即证词内容，由必备要素和选择要素构成。"必备要素"是合同（协议）公证书证词中必须具备的内容；"选择要素"是根据公证证明的实际需要或当事人的要求，酌情在合同（协议）公证书证词中写明的内容。

3. 尾部。尾部包括以下三项内容：

（1）公证机构名称和承办公证员的签名（或盖章）；

（2）公证处印章和钢印；

（3）出证日期。

（四）要素式公证书的写作方法和技巧

1. 首部的写法。标题写在文书顶端居中位置。要素式公证书的标题统一使用"公证书"字样。不能写成"××公证书"这样的具体名称。

编号写在标题右下方。编号由年度、公证处简称、公证类别代码和公证书编号组成。公证类别代码为"国内民事""国内经济""涉外民事""涉外经济""涉港澳台"等，如（2016）京证经字第21号。其中的"经"是公证类别代码，代表北京市公证处办理的经济公证业务。实践中，办证量较少的公证处可以不用公证类别代码，办证量大的公证事项可以采用专门代码。公证书的编号用阿拉伯数字书写。

编号应当以年度为单位编排，同一公证处在同一年度办理的同类公证的编号必须按出证的时间连续下去，不得间断，也不得重复。

当事人是自然人的，基本情况依次写明其姓名、性别、出生日期、住址、身份证号码。当事人是外国人的，应写明国籍。当事人有代理人的，还应写明代理人的姓名。当事人是法人或非法人组织的，依次写明全称、住所地、营业执照编号，法定代表人或代理人的姓名、性别、出生日期。当事人有多人时，应一一列明。

对公证事项应单列一行写明被证明的合同、协议的具体名称或类别。如"公证事项：借款合同"。

2. 正文的写法。该部分写作内容根据合同（协议）类别、主体、内容、签订时间、地点、方式、适用法律的不同而有所不同。

（1）必备要素的写法。

第一，申请人全称或姓名、申请日期及申请事项。依次写明申请人名称或姓名、申请日期及申请事项。如"申请人张×、马×于××××年×月×日向本处申请办理前面的《赠与合同》公证"。

当事人双方先后、分别申请公证的，具体的申请日期可以不表述。

第二，公证处审查（查明）的事实。公证处审查（查明）的事实是得出下面公证结论的前提，出证前应当审查当事人的行为能力和签订合同的意思表示是否真实。公证机构审查后如果认为合同内容和形式真实、合法，不违背社会公共利益的，才能依法制作公证书。

这部分应写明如下内容：当事人的身份、资格及签订合同（协议）的民事权利能力和行为能力；代理人的身份及代理权限；担保人的身份、资格及担保能力；当事人签订合同（协议）的意思表示是否真实，是否对合同（协议）的主要条款取得一致意见；合同（协议）条款是否完备，内容是否明确具体；是否履行了法律规定的批准或许可手续（不需经批准或许可的，不写此项内容）。

第三，公证结论。这部分应写明当事人签订合同（协议）的日期、地点、方式，签约行为、合同（协议）内容的合法性，当事人签字或盖章。

具体表述为："根据上述事实，兹证明×××（甲方名称）的法定代表人×××与×××（乙方姓名）的委托代理人×××于××××年×月×日在××（合同签订地点）在本公证员面前签订了前面的《××合同》。双方当事人的签约行为符合《中华人民共和国民法通则》第五十五条的规定，合同内容符合《中华人民共和国合同法》的规定，合同上双方当事人的签字、印鉴属实。该合同自双方签字、盖章（公证或××部门批准或登记）之日起生效。"

（2）选择要素的写法。合同（协议）公证书的选择要素一般根据情况选择下列内容：

第一，合同（协议）标的物的权属情况及相关权利人的意思表示。权属情况指所有权、使用权、担保物权、专有权、专用权等。相关权利人包括：与合同（协议）标的有关的共有权人、所有权人、使用权人、担保权人等。转让、承包或租赁合同（协议）标的物时，应按法律规定征得相关权利人的同意或认可。

第二，当事人对合同（协议）内容的重要解释或说明。

第三，当事人是否了解合同（协议）的全部内容。在签订格式合同时，此项特别重要，必须写明。

第四，合同（协议）生效日期及条件等。如法律规定合同（协议）需经登记或批准方能生效的，应在公证书中注明。

第五，公证员认为需要说明的其他事实或情节。

第六，附件。有附件时，应在公证证词中列明附件的名称、顺序号。

书写公证书正文时应注意做到：用语规范、准确、简明、流畅，对事实表述要清楚，要注意相关内容组合时的时间顺序和逻辑关系，适用法律要准确。

四、公证文书实例与评析

【实例】

公 证 书[1]

（20××）京崇证内民字第××号

申请人：袁××，女，××年××月×日生，现住崇文区××巷×号（身

---

[1]　资料来源：周道鸾主编：《法律文书格式及实例点评》，法律出版社 2003 年版，第 498 页。

份证号：×××××××××××××××××××）。

胡××，男，××年××月×日生，现住址同上（身份证号：×××××
×××××××××××××）。

公证事项：赠与合同

申请人袁××、胡××于××年××月×日向本处申请办理前面的《赠与
合同》公证。

经查，袁××与胡××系母子关系。根据崇房字第×××号房屋所有权证，
位于北京市崇文区××巷×房产两间的产权登记人为袁××，根据《中华人民
共和国婚姻法》的有关规定，上述房产属袁××和其配偶胡×共同所有。袁×
×的赠与行为征得其配偶胡×的同意。袁××、胡××订立赠与合同时具有法
律规定的民事权利和民事行为能力，赠与人与受赠人签订《赠与合同》的意思
表示真实，合同内容具体、明确。此房产符合法律规定的赠与条件。

根据上述事实，兹证明申请人袁××、胡××于××年××月×日在本处、
本公证员面前签订了前面的《赠与合同》。申请人上述行为符合《中华人民共和
国民法通则》第五十五条之规定，合同内容符合《中华人民共和国合同法》的
规定，合同上袁××、胡××的签字均属实。

中华人民共和国北京市××公证处

公证员：王××

二〇××年×月×日

【评析】

这是一份《赠与合同》公证书，公证员在出证前对赠与人和受赠人的关系
进行了确认，审查了赠与房产中其他共有人的意见、合同双方当事人的行为能
力、签订合同的意思表示以及合同的内容，确认合同内容和形式均合法、真实
后出具了该份公证书，并在公证证词中明确了上述内容。此公证书用语准确、
简明，句式规范，引用法律完整、正确。不足之处是引用法律依据不具体，如
对《中华人民共和国婚姻法》的引用欠缺具体条款。

▶ 本章思考题

1. 什么是仲裁文书？其有哪些特点？

2. 什么是仲裁申请书？怎样制作仲裁申请书？

3. 什么是仲裁裁决书？仲裁裁决书的正文包括哪些内容？如何阐述仲裁
理由？

4. 什么是公证文书？其有哪些特点？

5. 公证文书制作的基本要求是什么?

6. 要素式公证书格式与定式公证书格式相比,有哪些特点?

▶ 写作训练题

根据下列材料,写出仲裁裁决书的理由部分。

申请人杨×宇,男,1984 年 12 月 28 日生,汉族,宿城区人,居民,住宿城区×××路南村殷庄组 9 号。

委托代理人刘×,江苏钟山××律师事务所宿迁分所律师。

被申请人江苏××房地产开发有限公司,住所地宿迁市××路 401 号××商住楼 2-3 号楼。

法定代表人陈×宇,该公司董事长。

委托代理人郭×民,江苏×××律师事务所律师。

委托代理人朱×东,江苏×××律师事务所律师。

申请人杨×宇于 2010 年 10 月 31 日向宿迁仲裁委员会提出仲裁申请,请求依法裁决被申请人向申请人支付逾期交付商品房违约金 36 193.42 元,并由被申请人承担本案仲裁费用。宿迁仲裁委员会于 2010 年 11 月 10 日依法受理此案。根据《中华人民共和国仲裁法》和宿迁仲裁委员会仲裁规则的规定,指定仲裁员范×林担任本案独任仲裁员,指定本委秘书处工作人员丁×担任庭审记录。仲裁庭于 2010 年 12 月 10 日对本案进行了不公开审理,申请人的委托代理人刘×,被申请人的委托代理人郭×民到庭参加了庭审活动。仲裁庭依据《中华人民共和国仲裁法》第五十一条的规定,对本案进行了调解,双方未能达成调解协议。

申请人述称:申请人与被申请人于 2008 年 3 月 27 日签订了商品房买卖合同,约定申请人购买被申请人开发的"西湖·上城"3 幢×单元×室房屋一套,房屋价款总额合计人民币 272 131 元。合同约定房屋于 2008 年 12 月 31 日前交付,但被申请人直到 2010 年 10 月 29 日才实际交付,逾期交房 665 天。依照合同约定,被申请人应向申请人支付逾期交房违约金 36 193.42 元。

被申请人辩称:申请人未依法交存首期住宅专项维修资金,被申请人依法拒绝交付房屋没有违约。

经审理查明:2008 年 3 月 27 日,申请人与被申请人签订商品房买卖合同,被申请人将其开发的位于宿迁市西湖路南侧、平安大道东侧"西湖·上城"第 3 幢×单元×号商品房预售给申请人。合同约定:该商品房的建筑面积为 103.08 平方米,单价为每平方米 2640 元,总金额为 272 131 元;付款方式为"2008 年 3 月 27 日支付购房款 82 131 元,余款 190 000 元做银行按揭";被申请人应当在 2008 年 12 月 31 日前将经验收合格、并符合合同约定的商品房交付申请人使用,被申请人交付房屋"逾期不超过 30 日，自本合同第八条规定的最后交付期限的第二条起至实际交付之日止，出卖人按日向买受人支付房价款万分之贰的违约金，合同继续履行。逾期超过 30 日后，买受人有权解除合同。买受人解除合同的，出卖人应当自买受人解除合同通知到达之日起 30 日内退还全部已付款，并按买受人累计已付款的 0.02% 向买受人支付违约金。买受人要求继续履行合同的，合同继续履行，自本合同第八条规定的最后交付期限的第二条起至实际交付之日止，出卖人按日向买受人支付房价款万分之贰的违约金"。"商品房达到交付使用条件后，出卖人应当书面通知买受人办理交付手续。双方进行验收交接时，出卖人应当出示本合同第八条规定的证明文件，并签署房屋交接单。所购商品房为住宅的，出卖人还需要提供《住宅质量保证书》和《住宅使用说明书》。出卖人不出示证明文件或者出示证明文件不齐全，买受人有权拒绝交接，由此产生的延期交房责任由出卖人承担"。合同附件四约定"在房屋交付之前，买受人应交清房款和汽车车库款、自行车库款、政府规定标准的物业维修基金，采用按揭方式付款的买受人在房屋交付前还须还清应承担的契税、产权证费等费用；如买受人不交清上述费用，出卖人有权拒绝交付房屋，并不承担违约责任，并且由买受人按照《合同》第十一条约定的标准向出卖人支付一切相关费用"。

合同签订前，申请人于 2008 年 3 月 1 日、2008 年 3 月 23 日分别向被申请人交付购房款 67 049 元、15 082 元，余款 190 000 元申请人于 2008 年 4 月 23 日在 ×× 银行股份有限公司宿迁分行办理了银行按揭贷款手续并转入被申请人账户。

2010 年 10 月 29 日，申请人交纳了住宅专项维修资金、装潢保证金、物业管理费等相关费用，被申请人于同日将房屋交付给申请人。

另查明，2010 年 8 月 9 日，"西湖·上城"1#、3#、4#、5#楼竣工验收备案。房屋交付前，被申请人未向申请人履行书面通知交房义务。

上述事实有商品房买卖合同、房款收据、契税完税凭证、按揭贷款存折、物业费、装潢保证金、维修资金收据、物业服务协议、房屋装修管理协议、住宅使用说明书、住宅质量保证书、竣工验收备案表等证据证实。

仲裁庭于 2010 年 12 月 11 日对本案作出如下裁决：①被申请人自收到本裁决书之日起五日内向申请人支付逾期交付商品房违约金 36 193.42 元；②本案仲裁费 ××× 元，由申请人承担 ×× 元。

声　明　1. 版权所有，侵权必究。

2. 如有缺页、倒装问题，由出版社负责退换。

图书在版编目（ＣＩＰ）数据

法律文书写作教程/焦悦勤主编. —北京：中国政法大学出版社，2018.1
ISBN 978-7-5620-7897-5

Ⅰ. ①法… Ⅱ. ①焦… Ⅲ. ①法律文书—写作—中国—高等学校—教材 Ⅳ. ①
D926.13

中国版本图书馆CIP数据核字(2017)第318611号

出　版　者　中国政法大学出版社
地　　　址　北京市海淀区西土城路 25 号
邮　　　箱　fadapress@163.com
网　　　址　http://www.cuplpress.com（网络实名：中国政法大学出版社）
电　　　话　010-58908435(第一编辑部)　58908334(邮购部)
承　　　印　北京中科印刷有限公司
开　　　本　720mm×960mm　1/16
印　　　张　28.25
字　　　数　523 千字
版　　　次　2018 年 1 月第 1 版
印　　　次　2019 年 1 月第 2 次印刷
印　　　数　4001～9000 册
定　　　价　59.00 元